지은이 **김명주**

1966년에 경남 통영에서 태어나 통영고등학교와 서울대 법대를 졸업했다. 창원법원 판사를 거쳐 제7대 경상남도 도의원, 제17대 국회의원을 지낸 바 있다. 의원 시절 국회 법제사법위원회 위원으로 활동하면서 세계 여러 나라의 헌법과 헌법 개정의 역사를 더듬어보게 되었고, 당시 개헌 논의가 진행됨에 따라 헌법 개헌의 방향성에 대해 고민했다. 이 책은 헌법 개정의 방향에 대해 그간의 생각을 가다듬고, 정리한 결과물이다.

헌법에 비친 주권의 풍경

헌법사 산책

초판 발행   2010년 11월 5일
3쇄 발행   2017년 6월 20일

지은이   김명주
발행인   권윤삼
발행처   도서출판 산수야

등록번호   제1-1515호
주소   121-826 서울시 마포구 월드컵로 165-4
전화   02-332-9655
팩스   02-335-0674

ISBN 978-89-8097-222-7 03300

값은 뒤표지에 있습니다. 잘못된 책은 바꾸어 드립니다.

이 도서의 국립중앙도서관 출판시도서목록(CIP)은 e-CIP 홈페이지
(http://www.nl.go.kr/cip.php)에서 이용하실 수 있습니다.
(CIP제어번호: CIP2010003677)

헌법에 비친 주권의 풍경

헌법사 산책

김명주 지음

산수야

　헌법은 한 나라의 최고규범으로 그 나라의 정부 형태 혹은 통치구조를 규정하고, 국민과 국가 간의 기본적 권리 의무를 밝힌 것이다.

　사람들이 일정한 영토 안에 모여 하나의 국가를 형성하고 대내적으로는 최고이며 대외적으로는 다른 국가에 대해 독립된 권력, 즉 주권을 유지해 온 것은 인류가 원시인의 상태를 벗어나 문명을 이룩하면서부터 줄곧 이어져 온 인간 특유의 존재양식이다. 그러나 이런 국가가 국왕이나 일부 계급 집단의 소유물이 아니라 국민 공동의 것이라는 생각과 현실은 그리 오래되지 않았다. 그 이전에는 하늘이나 신이 정한 국왕이나 왕족이 국가를 다스리는 것이 당연하다고 여겼고, 이에 대해 큰 의문을 품지도 않았다.

　그러던 것이 국가는 한 개인이나 집단의 것이 아니라 국민 전체의 것이라는 생각이 당연시되고 이런 생각이 현실화된 것은 불과 몇 백 년 전이다. 그리고 이것은 어느 순간 갑자기 실현된 것이 아니라, 국왕의 권력이 해체되는 숱한 역사적 사례들과 국민들이 통치자들을 향해 자신의 권리를 주장하고 투쟁한 여러 역사적 사건들을 통해 이루어졌다. 이러한 과정 속에 국가를 다스리는 새로운 형태가 나타났고 국가가 국민에게 보장해야 할 기본적 권리, 즉 기본권의 목록들이 만들어졌다.

이는 단순히 국가의 통치구조를 규정하는 의미의 국가 기본법이 아니라, 국민이 국가의 주인임을 명백히 하고 통치자도 이 규범에 따라 통치해야 하며 국민의 기본권을 명백히 보장하기 위한 국가의 기본법이 출현하게 되었음을 의미한다. 이러한 의미의 국가 기본법이 우리가 말하는 헌법이다.

우리나라에 헌법이 도입된 것은 불과 60년 남짓하다. 그전에는 왕조국가였고, 그다음에는 독립을 잃은 처지에 있었다.

그러나 식민지, 한국전쟁 등을 겪으며 폐허 위에서 시작되었던 우리나라의 현대 역사도 '한강의 기적'이라는 급속한 산업화를 통해 어느덧 선진국의 문턱에까지 올라서게 되었다. 또한 우리나라 5000년 역사상 처음으로 국왕이 없는 공화정이 선포된 이래 국민들의 뜨거운 민주화 열망과 투쟁으로 통치자들에게는 한낱 거추장스러운 장식물에 불과했던 헌법이 명실공히 우리나라 국민 모두를 구속하는 최고규범이 되는 경이로운 결과를 가져왔다. 그 결과 우리나라는 제2차 세계대전 이후 후진국 중에서 아주 드물게 산업화와 민주화를 동시에 이룬 위대한 역사를 가진 나라가 되었다.

우리나라는 1948년 제헌헌법이 만들어진 이래 아홉 차례 헌법을 개정했고, 현행 1987년 헌법약칭하여 87년 헌법이라 한다이 가장 오랫동안 유지되고 있는 헌법이다. 87년 헌법은 군사정권에 맞서 국민들이 6월 민주화운동으로 쟁취해낸 헌법으로 대통령 직선제와 5년 단임제를 그 골간으로 하고 있다.

이후 이 헌법 아래 우리나라는 그야말로 눈부신 민주주의를 성취했다. 노태우, 김영삼, 김대중, 노무현, 이명박 대통령 시절로 이어져 오면서 군인 출신이 아닌 민간인 출신이 대통령이 되는 것이 당연해졌으며, 여당과 야당 간의 정권교체가 헌법적 절차에 따라 평화롭게 이루어졌다. 나아가 국민의 기본권도 넓고 깊게 보장됨으로써 1987년 당시에 행해졌던 고문이나 국가에 의한 불법적 폭력은 오늘날 상상하기도 힘들어졌다. 또한 인터넷의 발전으로 국민의 표현의 자유는 그 어느 때보다 더 활발하게 이루어지고 있다.

헌법이 단지 통치구조를 정하는 기본법일 뿐 아니라 입법·행정·사법을 실질적으로 규제하며 국민의 기본권을 보장하는 우리나라의 실질적인 최고규범이 된 것도 87년 헌법 이후다. 즉 헌법재판소가 국민의 민주주의와 법치주의에 대한 성숙한 역량과 의식에 기반하여 활발하게 그 역할을 다해냄으로써 헌법이 단지 장식용으로 만들어 놓은 꽃이 아니라 살아 있는 규범이 되었다. 특히 헌법재판소는 국회가 제정한 법률에 대한 위헌판결을 통하여 법률에 대한 헌법적 통제를 가능하게 했고, 대통령에 대한 전대미문의 탄핵소추를 탄핵심판을 통하여 해결해냄으로써 정치적 갈등의 헌법적 해결이라는 성과를 이루어내기도 했다.

이런 까닭에 87년 헌법이야말로 우리나라 역사상 처음으로 말 그대로 '국민의 기본권을 보장하고 국가의 통치질서를 정하기 위한 국가의 기본법'이 되었다. 그리하여 정치대통령의 통치행위도 당연히 포함한다가 헌법이라는 태양을 중심으로 궤도를 이탈하지 않고 공전하게 되었고, 국민의 생활이 헌법에서 보장된 기본권의 신선한 공기 속에서 이루어지게 되었다.

그럼에도 불구하고 이 헌법이 완전무결한 것이 아님은 명백하다. 특히 이승만 정권과 박정희 정권 시절의 장기집권에 따른 폐해를 예방하기 위해 도입한 대통령 5년 단임제에 대해서는 여러 가지 논의가 뒤따르고 있다. 또한 대통령 임기와 국회의원의 임기가 체계적으로 규정되지 않음으로 인해 대통령의 5년 임기 중 국회의원 선거 시기가 들쭉날쭉하게 되어 국회의원 선거의 의미가 새로운 정부 구성에 대한 의사표시인지 현 대통령의 국정 운영에 대한 중간평가인지, 그도 아니면 전임 대통령에 대한 평가인지 어정쩡한 것이 되고 있다. 더불어 1989년 베를린 장벽이 무너짐으로써 제2차 세계대전 이래 세계질서를 규정지었던 동서 냉전체제가 무너지고 세계는 근본적인 변혁의 시기에 놓이게 되었지만 87년 헌법에는 이와 같은 세계적인 변화와 우리 민족의 통일에 대비해서는 전혀 고려하지 않고 있다. 따라서 통일에 대비한 헌법적 준비도 서둘러야 한다.

2007년 초, 고 노무현 전 대통령은 헌법 개정의 필요성을 공식적으로 제안했고, 당시 국회의원이던 필자도 일정 부분 그에 공감하면서 헌법 개정에 대한 생각을 가다듬기 시작했다. 그러나 그 시기는 이미 다음 대통령 선거를 위한 각 당의 경선이 본격화되기 시작한 때였고, 한나라당의 유력한 대권주자였던 현 이명박 대통령과 박근혜 전 대표가 시기의 부적절함을 들어 거부함으로써 개헌논의는 본격화되지 못했다. 그럼에도 필자는 분명 우리 헌법이 개정될 필요가 있다고 판단했기 때문에 이후 지속적인 관심을 가지고 헌법 개정 방향에 대해 고민했다. 그런 가운데 자연스럽게 헌법은 도대체 어떤 역사적 과정을 거쳐 만들어지고 개정되어 왔는지 살펴보게 되었고, 그 과정에서 얻어진 자료들을 정리한 것이 이 책이다.

따라서 이 책은 학문적 연구를 위한 것이나 그 결과물이 아니기 때문에 전문적인 학술서와 같은 깊이와 넓이는 없다. 그럼에도 이를 책으로 묶어 내는 것은 헌법이 소수 법학도나 법학자, 법조인들만 읽거나 그들만의 전유물이 되고 있는 현실에서, 일반 국민들도 헌법에 대하여 더 쉽고 친근하게 접근하도록 도움을 줄 수 있으리라 확신하기 때문이다. 또한 앞으로 전개될 헌법 개정 논의에서 대한민국의 주인인 일반 국민들이 우리나라의 헌법이 어떠한 방향으로 나아가야 할 것인가 고민함에 있어 조금이라도 도움이 될 것이라 믿기 때문이다.

이 책은 두 부분으로 나뉘어져 있다.

앞부분에서는 우리가 헌법과 관련해 흔히 접하게 되는 선진국들의 헌법 역사를 서술하였다. 근대 헌법의 단초가 된 마그나 카르타부터 21세기 유럽의 통합을 위한 헌법 제정 움직임까지 우리나라 헌법에 영향을 미친 헌법적 사건들에 대하여 기술하였다. 이러한 헌법의 역사를 살펴보는 과정은 곧 우리 인류가 자유와 평등, 정의와 합리를 바탕으로 하나의 국가제도를 만들어가는 과정을 살펴보는 여행이기도 하다.

뒷부분에서는 우리나라 헌법의 제정과 개정사를 개괄하였다. 이는 근대 헌법을 뒷받침할 사회·경제적 토대나 시민사회가 미성숙한 상태에서 독립과 더불어 급작스럽게 이식되어진 서구식의 헌법이 우리나라에서 뿌리내리는 과정을 들여다보는 것이기도 하다. 이와 더불어 북한의 공산주의 헌법의 전개사도 개괄하여 북한을 헌법질서의 관점에서 바라볼 수 있는 기회도 마련했다.

에필로그에서는 1987년 헌법 개정 당시 법대 학생으로서 '직선제 개헌'이라는 민주화 운동의 현장에 있었고, 이후 법조인으로서, 또 제17대 국회의원으로 활동하면서 필자가 생각한 우리나라 헌법의 과제에 관한 몇 가지 생각을 정리해 놓았다.

부디 이 책을 통하여 헌법에 정해진 제도나 규범이 국민들을 위한 것이며, 국민들에게 불합리한 것은 개선되어야 하고, 누구에 의해 시혜적으로 주어지는 것이 아니라 국민들에 의하여 쟁취되는 것임을 인식하는 계기가 되었으면 하는 바람이다. 또 앞으로 우리나라 헌법이 어떻게 바뀌어야 할 것인가에 대해 고민하는 계기가 되었으면 한다.

2010년 10월

김 명 주

차 례

영국
헌법의 역사

마그나 카르타가 헌법의 역사에서 중요한 의미를 가지는 것은 최초로 왕과 귀족들 간의 합의에 의해 왕의 권력을 제한하는 내용을 문서로 만든 것이기 때문이다. 이와 같이 권력제한의 내용을 문서화한다는 것은 더 이상 무력에 의한 정당성이 아니라 인간의 이성에 의한 정당성에 호소할 수 있는 길을 여는 것이다. 그리하여 왕의 권력 행사가 잘못되었을 경우, 이를 무력으로만 항거할 방법 외에도 왕과 귀족들 간의 계약인 마그나 카르타에 의거해 그 잘못을 비판하고 항거할 준거가 마련된 것이다.

영국 의회
근대적 의미의 의회는 에드워드 1세(1272~1307) 때
2개의 잉글랜드 정부기관이 통합되어 생긴 것이다.
그 하나는 흔히 콜로퀴움으로 표현되는 대회의인데,
평신도 및 교계의 거두들로 구성되어 국왕과 더불어
국정을 논의했다. 또 하나는 왕정청으로 대회의보다는
규모가 작은 준전문가 고문들의 회의체였다. 왕은 자
신의 판단에 따라 이 두 회의체의 연석회의를 소집했
는데, 소집통고를 받은 사람만이 참가할 수 있었다.

존 왕과 마그나 카르타Magna Carta 1215년[1]

역사상 정복자 윌리엄으로 알려져 있는 노르망디현재 프랑스 지역 공작 윌리엄이 1066년 왕위 계승권을 내세우며 잉글랜드를 정복했다. 이로 인해 1만 2,000여 명의 노르만인들이 200만 명의 색슨족을 지배하기 시작하였다. 윌리엄 공작은 잉글랜드를 정복하는 데 큰 공을 세운 기사들에게 프랑스 왕들이 하는 것과 같이 봉토fief[2]를 하사했는데 봉토를 하사받은 기사들은 봉신vassal이 되어 왕을 자신들의 주군lord으로 받들면서 왕의 필요에 따라 군사적 의무를 다하는 봉건제도를 잉글랜드에 도입하였다. 이로써 영국의 중세가 시작되었다.

윌리암의 대를 이은 것이 그의 아들 헨리 1세1100~1135, 헨리 1세의 외손자 헨리 2세1154~1189[3]다. 헨리 2세의 아들로서 형인 사자왕 리처드 1세1189~1199[4]가 죽자 왕위를 계승한 사람이 동생인 존 왕John Lackland 1199~1216이다.

존 왕은 역대 국왕 중 최악의 한 명으로 간주되어, 이후 '존'이라는 이름

---

1 이때 우리나라는 고려 고종 시절이었는데, 그 이듬해인 1216년 거란이 침입하였고, 동양에서는 칭기즈칸이 금나라 연경을 함락하던 때였다.

2 봉토는 원칙적으로 세습되지 않았으며, 봉신이 죽으면 주군에게 되돌아갔다. 다만 봉신의 후계자가 상속세를 지불하면 영지를 다시 돌려받을 수 있었고, 후계자가 없는 경우 토지는 환수되었다. 만약 딸이나 처가 승계할 경우에는 그 토지가 적의 수중에 넘어가지 않도록 하기 위해 주군이 결혼 상대자를 지명할 권한이 있었다.

3 부역면제세(scutage)를 도입해 봉건체제 하에서 봉건영주가 주군에게 군사적 의무 대신 돈으로 대체하는 제도를 도입하고, 왕의 대신이 지방을 돌아다니며 재판을 행하여 각 지방마다 달랐던 재판을 통일시켜 영국에서 법의 지배를 처음 시작했다.

4 당시 중세유럽을 휩쓸었던 십자군원정에서 혁혁한 공을 세웠고, 소설 『로빈 후드』와 『아이반호우』에서 영웅적으로 묘사된 왕이다.

존 왕(John Lackland, 1199~1216 재위)
1215년 6월 15일, 잉글랜드의 존 왕은 러니미드 초원에서 자신의 폭정에 맞서 반란을 일으킨 신하들과 마주앉아야 했다. 그들은 왕에게 자신들이 작성한 '자유헌장'을 들이밀며 옥새를 찍으라고 요구했다. 이것이 바로 마그나 카르타, 대헌장이다.

을 붙인 왕이 없을 정도였다. 정복왕 윌리엄이 프랑스 노르망디 영주 출신이었으므로, 이후 영국 왕은 영국 왕인 동시에 프랑스 봉건영주의 지위도 함께 가지고 있었다. 그런데 프랑스 왕이 존 왕에게 프랑스 봉건영주로서의 의무를 이행하지 않는다며 영지를 몰수하는 일이 벌어졌다. 이에 존 왕은 전쟁을 일으켰으나 패배하여 대륙에 있는 영지 대부분을 잃게 되었다. 더군다나 캔터베리 대주교 선출 문제로 교황과 다투어 파문되었으나 1213년 영토를 바치고 공물을 보내는 대가로 파문에서 해제되는 치욕을 겪기도 하였다. 이후 1214년 프랑스 영지를 되찾으려고 시도한 유럽전쟁[1]에서 또다시 패배하였다.

이에 귀족들은 불만을 폭발시켰다. 그들은 헨리 1세가 인기를 의식하여 옛 영국의 법과 관습을 따르겠다고 서약한 특허장을 상기시키면서, 헨리 2

---

1 존 왕은 1209년 독일 황제와 동맹을 맺고, 1213년까지는 브라방 및 플랑드르의 제후들과 연합하여 프랑스 내의 영국 옛 영토를 탈환하고자 전쟁을 벌였다. 그러나 1214년 여름 부빈에서 대패함으로써 패전하고 말았다.

세가 도입한 부역면제세 폐지를 주장하였다. 그러나 존 왕은 이를 거절했다. 이에 귀족들은 반란을 일으켜 런던을 장악하고 템스 강 옆 러니미드의 한 초원으로 왕을 불러내 자신들의 요구사항을 적은 문서를 제출하였다. 이것이 마그나 카르타[1]다. 이후 존 왕은 이 문서의 효력을 부정하여 내전을 겪게 되었다. 그러나 존 왕이 병사하고 당시 아홉 살이던 아들이 헨리 3세1216~1272로 옹립되고 마그나 카르타의 효력을 인정하게 되면서 내전은 마무리되었다.

마그나 카르타는 전문[2]과 총 63개 조항으로 구성되어 있는데, 그 대부분은 귀족들이 국왕과의 관계에서 자신들의 권리를 명확히 규정한 것이다.

---

1 이 문서가 마그나 카르타, 즉 대헌장이 된 것은 1217년 재공포될 당시 삼림법을 다루고 있던 조그만 문서와 함께 공포되었기 때문에 이와 구별하여 큰 문서, 즉 대헌장이라 불리게 되었다.

2 마그나 카르타의 처음과 끝은 다음과 같이 되어 있다. "신의 은총에 의해 잉글랜드의 국왕, 아일랜드의 군주, 노르망디 및 아퀴테인공, 앙주 백작인 존은 여러 대주교, 주교, 교구장, 백작, 남작, 판관, 엽림관(獵林官), 주장(州長), 현령, 관리 및 모든 대관과 아울러 충성된 백성들에게 인사를 드린다. 삼가 신의 계시를 받들어 짐과 짐의 모든 선조 및 자손의 영혼 구제를 위하고 신의 영광과 신성한 교회의 번영을 위하며, 또 짐의 왕국의 개혁을 위하여 존경하는 여러 사부, 즉 캔터베리 대주교, 전 잉글랜드 수석 대주교, 신성한 로마교회 추기경 스티븐, 더블린대주교 헨리, 런던 주교 윌리엄, 윈체스터 주교 피터, 배드 및 그래서타운베리 주교 조스린, 링컨 주교 휴, 워세스터 주교 월터, 코벤트리 주교 윌리엄, 로체스터 주교 베네딕트, 우리 주 교황의 부사제이며 교황청의 일원인 팬델프사(師), 잉글랜드의 템플 기사단장 에이메릭 형(兄) 및 여러 귀한 신분을 가진 분들, 즉 펜브루크 백작 윌리엄 마셜, 솔즈베리 백작 윌리엄, 워렌 백작 윌리엄, 안델 백작 윌리엄, 스코틀랜드 성주 개로웨이의 알렌, 제럴드의 아들 워렌, 하버드의 아들 피터, 포아튜의 집사 바의 휴버트, 네빌의 휴, 하버드의 아들 마튜, 토머스 바제트, 에렌 바제트, 오뷔니의 필립, 롭스리의 로비트, 존 마셜, 휴의 아들 존 및 기타 짐의 충성된 인민의 충언에 의하여, (이하 제 권리에 대한 규정이 옴, 제 규정 생략), 제63조 이와 같이 짐은 잉글랜드의 교회가 자유임과 함께 우리나라의 모든 백성이 전기한 자유, 권리 및 양해 사항들이 그들 자신과 후손을 위해 짐과 짐의 후계자로부터 모든 사항, 모든 장소에서 올바르고도 평화롭게, 자유롭고도 평온하게 그리고 완전하게 영구히 보유 유지할 것을 희망하며 또한 확실하게 언약한다. 더욱이 짐과 남작 측은 전술한 모든 것을 성의 있게 또한 악의 없이 준수한다는 뜻을 선서했다. 위의 사람들과 기타 다수인을 증인으로, 윈저와 스테인즈 사이에 있는 러니미드(Runnymede)라고 불리는 초원에서, 짐의 치세 제17년 6월 15일 짐의 손으로 이 장전을 수여한다.

그런 까닭에 내용에는 영주가 사망할 경우 상속 문제에 관한 규정이 많고 심지어 미망인의 혼인, 미성년자의 후견 문제도 들어 있다, 왕의 재판에 대한 제한 규정도 있으며, 교회나 런던시의 자유에 관해서도 언급하고 있다. 그러나 무엇보다도 마그나 카르타 규정 중 후세에 커다란 영향을 미친 것은 제12조와 제39조다.

제12조 짐의 왕국에서는 왕국의 일반 평의회에 의하지 않고는 모든 부역면제세 또는 상납금을 부과하지 않는다. 그러나 짐의 몸값을 지불하기 위한 경우 및 짐의 장남을 기사로 하기 위한 경우와 짐의 장녀를 출가시키기 위한 경우에는 타당한 범위에서 부과할 수 있다. 런던시의 상납금에 대해서도 마찬가지다.

제39조 자유민은 동료들동등한 사람들, equals의 적법한 판결에 의하거나 법의 정당한 절차에 의하지 않고는 체포 또는 구금되지 않으며, 재산과 법익을 박탈당하거나 추방되지 않으며, 또한 기타의 방법으로 침해되지 않는다. 짐은 이에 뜻을 두지 않으며 이를 명하지도 않는다.

마그나 카르타가 헌법의 역사에서 중요한 의미를 가지는 것은 인류 역사상 최초로 왕과 귀족들 간의 합의에 의해 왕의 권력을 제한하는 내용을 '문서'로 만든 것이기 때문이다. 이와 같이 권력 제한의 내용을 문서화한다는 것은 단지 무력에 의한 정당성이 아니라 인간의 이성에 의한 정당성에 호소할 수 있는 길을 여는 것이다. 그리하여 왕의 권력 행사가 잘못되었을 경우, 이를 무력으로 항거할 방법 외에도 왕과 귀족들 간의 계약인 마그나 카르타에 의거해 그 잘못을 비판하고 항거할 준거를 마련한 것이다. 이후 실제로 영국 의회가 17세기에 국왕과 투쟁할 때 마그나 카르타가 법적 무기로 사용되었다. 대표적으로 1629년, 영국 의회가 당시 국왕이었던 찰스 1세에게 권리청원을 하면서 마그나 카르타 규정에 의하여 '어떤 자유민도 적법한 절차 또는 국법에 의하지 않고 체포나 구금, 소유권 및 제 특권 박탈, 신체의 자유 침해, 추방 등을 당하지 않아야 한다'라고 주장하였던 것이다. 문서화된 헌장에 의한 통치자 권력의 통제는 이후 문서화된 헌법에 의한 권력통제라는 형식으로 발전하기에 이른 것이다.

이러한 역사적 투쟁을 통하여 앞에서 든 제12조는 그 당시에는 봉건제도 아래에서 군역을 대신하는 부역면제세나 상납금 등을 의미하였으나 이후에는 국왕이 신민들에게 부과하는 세금 일반으로 확대되었고, 일반평의회는 의회로 대체되어, 의회의 동의 없이는 세금을 국가가 걷을 수 없다[1]는 헌법의 가장 중요한 원리로 발전했다. 또한 제39조는 일부 귀족자유민에 대하여 국가로부터 법이나 재판에 의하지 않고 신체의 자유를 박탈당하지 않는다는 원칙에서 모든 국민들이 적법절차에 의하지 않고는 국가로부터 신체의 자유를 박탈당하지 않는다는 원리로 발전하게 되었던 것이다. 결국 마그나 카르타는 헌법의 발전에 있어 마치 '씨앗'과 같이 뿌려져서 오늘날 민주주의 헌법으로 꽃피게 된 것이다.

우리나라 헌법 제59조에서 조세의 종목과 세율을 법률로 정하게 한 것이나 제12조에서 '모든 국민은 신체의 자유를 가진다. 누구든지 법률에 의하지 않고는 체포·구속·압수·수색 또는 심문을 받지 않으며, 법률과 적법

---

1 영국에서 의회가 마그나 카르타에 근거하여 과세 승인권을 얻게 된 것은 에드워드 1세(1272~1307) 치하다.

한 절차에 의하지 않고는 처벌·보안처분 또는 강제노역을 받지 않는다'고 규정한 것도 이와 같은 마그나 카르타의 정신이 면면히 이어져 온 것이다.

영국 의회의 기원, 1265년[1]

영국에서 의회parliament라는 명칭은 헨리 3세1216~1272, 마그나 카르타를 승인한 존 왕의 아들이자 후계자다 시대에 처음 언급되었는데 프랑스어의 동사 '말하다parler'에서 유래된 것이라 한다. 의회는 처음에 대귀족과 유력인사들이 모여 국정의 중요 문제를 논의하던 모임으로, 자문기구와 같은 것이었다. 따라서 국민 모두의 이익을 대변하는 국민의 대표라는 개념은 없었다.

시몽 드 몽포르Simon de Montfort, 1208~1265는 원래 프랑스 귀족 출신이었는데, 1229년 집안 형제 간의 합의에 의해 프랑스 가문의 권리를 포기하는 대신 어머니 쪽인 영국 레스터 백작 집안의 권리를 상속했다. 1238년에는 헨리 3세의 누이와 혼인해 영국의 핵심 귀족이 되었다.

당시 영국은 헨리 3세의 실정失政[2]으로 귀족들의 불만이 점차 고조되고 있었다. 결정적인 사건은 시칠리아 원정이었다. 헨리 3세는 1254년, 교황 인노첸시오 4세1234~1254 재위와 협약을 체결해 시칠리아의 왕위를 자신의

---

1 우리나라는 고려 원종 시절로, 몽골의 침입에 대항하여 삼별초가 항거하던 시절이다.

2 헨리 3세는 교황 이노센트 4세가 독일 황제 프리드리히 2세에 대항하여 전 유럽에서 교황의 우월권을 확립하려고 하는 데 적극 동조했다. 그래서 자신의 아들을 시칠리아의 왕으로, 교황의 동생을 로마 황제로 하자는 교황의 제안을 받아들여 이 비용을 걷고자 하여 영주들의 원성을 샀다.

시몽 드 몽포르(Simon de Montfort, 1208~1265)
1264년 반란을 일으켜 영국의 실력자가 되었다. 1265년
대귀족, 고위 성직자뿐 아니라 각 자치시의 대표까지 소집
하여 의회를 열었는데, 이를 영국 최초의 의회로 본다.

어린 아들 에드먼드에게 주는 대가로 교황이 시칠리아에서 벌이고 있는
전쟁에 자금을 지원하기로 약속했다. 그러나 재정 지원이 제대로 이뤄지
지 않자 4년 뒤 교황 알렉산데르 4세1254~1261 재위는 헨리를 파문하겠다
고 위협했고 다급해진 헨리는 귀족들에게 자금 지원을 요청했다. 이에 귀
족들은 자금 지원에 협조하는 대신 간접적으로 선출한 15명으로 구성된
추밀원을 창설해 행정 전반을 감독하고 조언하도록 하는 내용의 개혁안을
국왕에게 제출했다. 국왕은 이를 승인할 수밖에 없었다. 이것이 바로 옥스
퍼드 조례Provisions of Oxford[1]다. 그러나 1264년, 국왕이 이 조례의 폐기를

---

1 옥스퍼드 조례의 몇 가지 주요 내용은 이렇다. 첫째, 주로 영주들로 구성된 15인 회의를 두되 왕은 국정의 제
  반사에 관해 이들의 권고를 따라야 하고, 대법관·상서경·재무관을 이들의 지명에 따라 임명해야 한다. 둘째,
  종전부터 내려오던 관직들이 회복되고 모든 세입은 왕의 내실이나 그 부속기구인 의상실이 아니라 국고인 회
  계청에 납부되어야 한다. 셋째, 세리프나 다른 국왕 관리들에 대한 불평을 심리하기 위해 주 법정에 4명의 선
  출된 기사가 참여해야 한다. 넷째, 의회라 불리게 된 대자문회의를 1년에 세 차례 열어야 한다. 이와 같이 왕
  권을 제한하는 여러 개혁안들이 포함되어 있었다.

선언하자, 귀족들은 반란을 일으켰다. 이 반란을 주도했던 몽포르는 1264년 5월 루이스 전투에서 왕과 황태자를 포로로 잡는 전과를 올리면서 영국을 실질적으로 지배하기 시작했다. 이후 1265년 의회를 소집하였는데, 대귀족, 고위 성직자들뿐 아니라 각 자치시의 대표자들까지 포함시켰다. 그리하여 처음으로 의회가 선출된 대표들이 모이는 기구의 성격을 띠게 되었다. 이 의회를 영국 의회의 시초로 보고 있다. 그러나 몽포르는 같은 해 8월 탈출에 성공한 황태자 에드워드에드워드 1세와의 전투에서 패배하면서 전사했다.

이후 에드워드 1세1272~1307, 헨리 3세의 후계자는 1295년에 대귀족, 고위 성직자, 각 자치시의 대표자는 물론 각 주로부터 기사, 각 소도시의 대표들까지 망라하여 의회를 소집하였는데 이를 모범의회Model Parliament라고 한다. 이렇게 한 것은 에드워드 1세 입장에서는 폭넓은 신민의 대표를 소집함으로써 광범위한 과세가 가능할 수 있었기 때문이다. 이때부터 실질적으로 의회는 대헌장에 쓰인 원칙, 즉 왕은 납세자나 그의 대표가 동의해야 과세할 수 있다는 원칙에 입각하여 과세를 비준하는 기관이 되었다.

이와 같이 의회는 처음부터 오늘날과 같은 국민 전체의 대표기구는 아니었다. 또 왕의 권력을 견제하기 위해 탄생했던 것도 아니다. 오히려 전쟁이 발발할 경우 왕이 중세 봉건제도 아래서처럼 군사를 지원받는 것보다는 전쟁비용을 걷는 것이 더 편했기에 이런 수단으로 의회를 소집하였다. 또한 영주인 대귀족뿐만 아니라 기사, 소도시의 대표들까지 망라함으로써 왕에 대한 견제를 차단하는 역할도 수행하였다. 초기 의회는 왕의 필요에 의해 소집했다가 해산하는 왕의 통치기구 중 하나였다.

이후 에드워드 3세1327~1377, 에드워드 1세의 후계자는 프랑스가 차지하고 있던 옛 영국의 영지를 되찾기 위해 프랑스와 백년전쟁[1]을 시작하였는데 전비 마련을 위해 의회를 더욱더 자주 활용하게 되고, 그 결과 의회의 영향력도 커졌다. 한편 기사들과 소도시의 대표들이 의회의 구성원이 되었던 초기에는 단순히 과세 동의를 위한 구색 맞춤이나 형식적인 역할에 그쳤으나, 점차 그 위상이 높아졌다. 그리하여 의회 개원시에는 귀족들과 평민들이 함께 모였으나 실제 토의시에는 평민 대표들은 따로 웨스트민스터 수도원이나 참사회 회의장 혹은 휴게실에서 모여 공동의 청원을 토의하고 제출하였으며, 과세에 대한 찬반투표를 하게 되었다. 이와 같은 관행이 지속되면서 1340년경에는 귀족들로 구성된 귀족원House of Lords, 상원과 주와 도시에서 선출된 대표들로 구성된 서민원House of Commons, 하원이라는 양원제도가 시작되었다. 이 제도로 인하여 평민 대표들은 귀족들과 상관없이 독자적인 이해관계에 따라 법안을 제출하고,[2] 국왕의 세금 부과에 대한 동의권을 획득하게 되었다.

이처럼 왕의 입장에서는 전쟁비용을 걷기 위한 수단으로써, 의회의 입장에서는 적절한 세금을 내고 법령을 제정할 수 있는 기구로써 적당히 타협

---

1 영국과 프랑스가 프랑스 내 영국의 영지를 둘러싸고 프랑스에서 벌인 전쟁. 여러 차례 휴전과 전쟁을 되풀이하면서, 1337년부터 1453년까지 116년 계속되었다.

2 법률에 대한 동의권은 원래 귀족들의 권한이었으나, 에드워드 3세 시절 제한적 범위 내에서 하원에서 법률 동의권을 갖게 되었고, 하원은 공통의 청원을 종합하여 법안(bill)으로 제시하여 상원에서 이를 동의하고 왕이 이를 윤허하면 제정법이 되는 형식으로 법률제정권을 가지게 되었다.

하던 관계가 바뀌기 시작한 것은 처음 의회가 만들어진 13세기로부터 400년이 지난 1640년, 찰스 1세가 장기의회Long Parliament를 소집하면서부터다. 이때 왕과 의회는 각각 자신들의 군사력을 동원해 내전1642~1660 영국혁명 혹은 청교도 혁명이라고 불린다을 치렀는데, 왕이 패배하고 처형당함으로써 이후 왕의 권한은 대폭 축소되고 의회의 권한이 강해지는 계기가 되었다.

에드워드 쿡과 권리청원, 1628년[1]

에드워드 쿡Edward Coke 1552~1634은 영국에서 법의 지배를 확립하고, 의회 지도자로서 권리청원을 기초한 사람이다. 케임브리지에서 공부하고 1578년 법정변호사가 된 그는 1589년에는 하원의원이 되었고, 1592년에는 하원의장, 1593년에는 법무대신, 1606년에는 보통법재판소의 수석재판관이 되었다. 1620년에 다시 하원의원이 되었는데 국왕에 복종하지 않는다는 이유로 다른 의원들과 함께 6개월 동안 옥살이를 하였다. 1628년에는 권리청원의 기초자로서 활약하였다.

영국에서 법의 지배는 우리나라의 법치주의와는 조금 다른 형태이다. 우리나라는 대륙법계특히 독일법를 계수하였기 때문에 법치주의가 의회에서 '법률'의 형식으로 만들어진 법에 의해서만 기본권을 제한할 수 있다는 의

---

1 이즈음 우리나라는 조선 인조 시대였고 중국은 명나라 숭정제 시대였다. 1627년에는 후금이 조선으로 쳐들어와 정묘호란이 일어났다.

미로 사용되는 경우가 대부분이다.[1] 그러나 영국에서는 의회에서 만들어진 법률이라는 의미보다는 '보통법common law'을 의미한다.

정복왕 윌리엄이 영국을 지배하기 전까지 영국은 각 지방마다 그 지방의 불문법적인 관습에 따라 통치되고 있었다. 그러던 것이 정복왕 윌리엄의 아들이자 헨리 1세의 외손자인 헨리 2세1154~1189 때에 각 지방에 왕을 대신한 재판관을 파견하여 재판을 담당하게 함으로써 점차 각 지방의 관습에 따른 재판이 아닌 영국 전체를 통해 똑같은 법에 의한 재판이 가능하

---

1 국가가 국민의 자유·권리를 제한하든가 국민에게 새로운 의무를 부과하려 할 때에는 국민의 의사를 대표하는 국회가 제정한 법률에 의하거나 법률적 근거가 있어야 하며, 또 법률은 국민만이 아니라 국가권력의 담당자도 규율한다는 원리를 가리켜 법치주의라 한다.

게 되었는데 이런 의미에서 이 법을 보통법이라고 하게 되었다.[1]

그리고 이 당시 법은 조문형식으로 정리된 성문법이 아니라, 각 재판 때마다 재판관이 옳다고 믿는 것을 정리한 판례법이었다. 다시 말해 한 사건에 있어 그 사건과 유사한 재판이 있었다면 그 재판에 적용된 원리가 그다음 재판에도 그대로 적용되어야 한다는 방식으로 발전되는, 조문으로 정리되지 않는 불문법이었다.[2]

한편 영국은 에드워드 3세에 시작된 프랑스와의 백년전쟁, 뒤이은 장미전쟁[3]으로 국내 질서가 극도로 혼란에 빠졌는데, 이 전쟁에서 승리한 튜더 왕조는 강력한 질서유지를 위해 성실재판소Court of Star Chamber[4] 고등종무재판소Court of High Commission[5] 등을 설치하였다. 왕의 직접적 영향력 아래에 있는 이러한 재판소들이 설치됨으로써 왕은 어느 때보다 높은 권력을 행사할 수 있게 되었다.

이러한 재판소들의 탄생은 그동안 보통법에 의해 이뤄지던 보통법재판

---

1 헨리 2세는 보통법 확립에 기여했을 뿐 아니라, 배심원 제도도 도입했다. 그 결과 각 지방마다 배심원들의 토의에 의한 판결로 대체되었다.

2 이와 같이 구체적 사건에 대하여 내린 법원판결에 대하여 법적 구속력을 인정하고 그것을 제1차적인 법원(法源)으로 하는 법체제를 판례법주의(principal of prece dent)라고 한다. 이에 반하여 판례가 아니라 의회가 만든 법, 즉 성문법을 제1차적 법원으로 삼는 것을 제정법주의 혹은 성문법주의라고 한다.

3 프랑스와의 백년전쟁 이후 헨리 6세가 정신병이 발병하자 요크가의 리처드가 1455년 왕위 승계권을 내세워 전쟁을 시작하였다. 요크가가 백장미를 상징으로 사용하자 헨리 6세 측의 랭커스터는 붉은 장미를 상징으로 사용하여 이후 이 전쟁을 장미전쟁이라고 이름하였다. 요크가가 이 전쟁에서 승리하였으나 곧 랭커스터가의 피를 이어받은 헨리 튜더가 요크가의 리처드 3세를 전사시킴으로써 튜더 왕조 시대가 열렸다.

4 보통재판소에서 권리구제를 받지 못한 사람들이 국왕이나 국왕 자문기구인 평의회에 권리구제를 요청해옴으로써 15세기부터 설치된 것이 성실재판소다.

5 처음에는 종교 문제를 해결하기 위한 것으로 설치되었으나 이후 일반 사건까지 재판권을 행사하였다.

소와의 우위 문제를 일으켰다. 스튜어트 왕조[1] 최초의 왕인 제임스 1세 시절, 고등종무재판소 측에서 '국왕은 평상시에 재판관으로 하여금 재판하고 있으나 재판관도 다른 공무원과 같이 국왕의 대리인에 지나지 않으므로 국왕이 원할 때에는 언제든지 재판관을 통하지 않고 국왕 자신이 직접 사건을 다룰 수 있다'라고 하면서 국왕에게 직접 재판을 요청하는 사태가 벌어졌다.

이에 대하여 쿡은 '재판이란 오랜 기간 동안 경험과 연구를 거듭함으로써 비로소 터득할 수 있는 기술'이라고 주장하면서 보통법재판소의 우위를 인정하였다. 이에 대하여 제임스 1세가 격노하여 '그렇다면 왕이 법 밑에 있다는 말인데 그대의 그러한 주장은 대역죄에 해당한다'라고 질타했다. 이에 대하여 쿡은 '왕은 어느 누구보다 위에 있는 사람이지만, 신과 법 아래에 있다'라는 유명한 법언으로 맞섰고, 결국 보통법재판소의 우위가 인정되었다. 이로 말미암아 국왕도 보통법 아래에 있다는 법의 지배 원칙이 확실히 확립되었다.

한편 쿡은 한 사건[2]에서 의회에 의한 법률이라고 하더라도 그 자체가 비이성적이거나 모순되거나 실행될 수 없는 경우에는 보통법에 의하여 무효

---

1 엘리자베스 여왕이 후손 없이 사망하자 스코틀랜드의 제임스 6세가 영국의 제임스 1세로 등극하면서 시작되었다. 스튜어트 왕조는 영국 역사에서 가장 파란만장한 왕조로 영국혁명, 명예혁명 등이 일어나 영국이 바야흐로 입헌군주제로 나아가게 되었다.

2 토마스 보햄이라는 사람이 로열 칼리지에서 허가 없이 실험한 것을 두고 로열 칼리지가 불법이라며 그를 구속하였는데, 쿡은 보통법의 원리상 로열 칼리지가 피해자이면서 재판관이 될 수 없고 설령 그 권한이 의회의 법규로 정해져 있다고 하더라도 무효라고 판시하였다.

로 할 수 있다고 선언하여 오늘날 법률의 사법심사[1]의 단초를 열었다고 평가받기도 한다.다만 이에 대하여는 영국에서는 의회주권[2]이라는 대원칙이 성립하여 결국 위헌법률심사가 부정되었으나 미국에서는 위 주장이 결실을 맺어 위헌심사제도가 확립되었다는 평가도 있다.

한편 1628년, 찰스 1세는 세금을 걷기 위하여 의회를 소집하였다. 그러자 그 당시 의회 의원이던 에드워드 쿡이 마그나 카르타가 단지 중세시대 왕과 귀족들만의 관계를 정한 것이 아니라 영국 신민 모두에게 해당되는 권리라고 주장하면서, 특히 그중 제39조의 적법절차에 따른 재판의 중요성을 강조하였다. 쿡은 1628년 의회에서 권리청원을 찰스 1세에게 제출할 때 그 초안자로 활약하면서, 이와 같은 논리를 근거로 법률은 아니지만 기존 영국의 관행이었다며 왕에게 국왕의 권한을 제한하는 권리청원Petition of Right에 서명하여 줄 것을 요청하였다. 찰스 1세는 다급한 재정 문제 때문에 이에 서명하였으나 실천으로 옮기지는 않았다. 설상가상으로 의회 없이 통치할 것을 결심하고는 의회를 해산시켜버렸다. 결국 쿡이 앞장서서 국왕에게 제시했던 권리청원은 비록 그 즉시 시행되지는 못했지만 이후 영국 헌법사에서 헌법적 효력을 가지는 근본 규범 중 하나가 되었다.

---

1 사법부가 입법부가 제정한 법률에 대하여 유무효를 심사하는 제도. 우리나라 헌법재판소의 법률 위헌심사가 여기에 해당한다.

2 sovereignty of parliament. 국회(의회)가 국가의 주권을 가진다는 의미의 영국 특유의 개념이다. 영국은 민중 혹은 국민들의 혁명에 의하기보다는 의회가 국왕에 대항하여 민주주의를 발전시켜 왔으므로 18, 19세기에는 국가의사의 최고결정권이 국왕이 아니라 의회에 있는 것이 당연하다고 생각하게 되었다. 그리하여 의회가 제정한 법은 국왕(행정부)뿐 아니라 사법부도 당연히 구속한다고 했다. 그러나 오늘날 영국에서도 주권이 국민에게 있다는 것을 부정하지는 않는다. 다만 의회주권이라고 할 경우에는 의회가 행정부와 사법부의 우위에 있다는 점을 강조하는 의미가 있다.

1629년의 권리청원은 새로운 권리를 주장하기보다는 그동안 영국의 신민들에게 보장되어 있던 권리를 다시 한 번 확인했다. 즉 1215년 존 왕이 서명한 마그나 카르타 혹은 에드워드 1세1272~1307나 에드워드 3세1327~1337 때 국왕이 의회를 통해 확인했던 신민들의 기본 권리를 확인하고, 침해당하고 있는 권리를 지적하였으며, 이런 침해가 되풀이되지 않도록 청원하는 형태였다. 구체적으로는 의회의 동의 없는 과세 금지, 적법절차에 의하지 아니하는 체포·구금 등의 금지, 군대의 민가 숙영 금지, 왕의 수권장授權狀의 형식으로 적법절차 침해 금지[1] 등이 포함되어 있다.

찰스 1세와 영국혁명(청교도 혁명), 1642~1660[2]

1625년에 즉위한 찰스 1세1625~1649는 스튜어트 왕조의 시조인 제임스 1세1603~1625의 아들이다. 영국 역사에서 가장 유명한 여왕 중 하나인 엘리자베스 1세 여왕1558~1603[3]이 후손 없이 죽자, 당시 스코틀랜드의 왕이었던 제임스 6세가 왕위를 계승하여 영국 왕 제임스 1세가 되었는데 이때부터 영국은 스튜어트 왕조가 시작된다. 제임스 1세는 왕의 권위는 신이 부여한 것이라고 주장하면서 절대 권력을 강화하려 하였다.

---

1 왕으로부터 통치를 위임한다는 위임장을 받았다는 이유로 마그나 카르타 등 기존의 법률에 의하지 아니하고 처벌하는 것을 금지해 달라는 취지다.
2 이즈음인 1936년 후금은 국호를 청으로 바꾸고 우리나라 조선을 침략했으며(병자호란), 1937년에는 강화도를 함락했다. 1642년에는 청에서 사신 최명길을 잡아 가두었다.
3 스페인의 무적함대를 무찔러 영국이 세계로 뻗어가는 계기를 만들었고, 셰익스피어 등이 나타나 영국 문학의 전성기를 이루었다

찰스 1세(Charles I, 1625~1649 재위)
찰스 1세는 의회가 제출한 권리청원을 받아들였
으나 결국 의회와 전쟁을 벌여 패함으로써 처형
되었다. 이후 크롬웰에 의하여 영국 역사상 전무
후무한 공화국이 수립되었다.

앞서 살펴본 바와 같이 찰스 1세는 세금 문제로 어쩔 수 없이 권리청원
에 서명했지만 곧장 의회를 해산하고는 이후 11년 동안 단 한 차례도 의회
를 소집하지 않았다.

게다가 장로교 국가였던 스코틀랜드에 영국 국교회[1]를 강요하면서 절대
권력을 휘두르려고 했다. 이에 스코틀랜드에서 반란이 일어났고, 찰스 1세
는 무력으로 진압했으나 패배하였다. 궁여지책으로 찰스 1세는 전쟁 비용
을 마련하고자 1640년, 11년 동안 한 번도 소집하지 않았던 의회를 소집

---

1 엘리자베스 여왕의 부친인 헨리 8세는 앤 불린이란 여성을 사랑하게 되어 캐서린 왕비에게 이혼을 원하게 되
었는데, 로마 교황청에서 이를 허용하지 않자 영국국교회를 설립하고 스스로 교회의 수장이 되었다. 이는 영
국이 개신교 국가로 자리매김하는 결정적 계기가 되었다.

했다. 그러나 당시 청교도들이 지배하던 의회는 국왕의 전제적 권력을 제한하려는 시도를 했고 이에 찰스 1세는 의회를 해산했던 것이다.[1] 그러나 스코틀랜드가 잉글랜드 북부 지역을 침략해 오자 왕은 어쩔 수 없이 의회를 다시 소집하였다.[2] 이 의회에서는 왕의 신임을 받아 전권을 행사하던 스트래퍼드와 로드를 각각 탄핵하여 처형에 이르게 하고, 튜더 왕조 이래 왕의 권력을 뒷받침하던 성실재판소, 고등종무재판소 등을 폐지하였으며, 의회 해산 뒤 늦어도 3년 안에 다음 의회를 소집하도록 규정하는 3년 기한법, 현재 열리고 있는 의회는 자체의 동의 없이 해산하거나 정회되거나 산회할 수 없다는 이른바 영구의회법 등을 통과시키는 등 일련의 의회 권한 확대 조치를 취하였다.

한편 1641년 아일랜드에서도 반란[3]이 일어났는데, 의회는 왕을 믿지 못하겠다며 의회가 군통수권을 행사해야 한다고 주장했다[4]. 그러나 왕은 이를 거부하고 군대를 동원, 의회에 침입해 반대파 의원들을 체포하려 하였다. 이로 인해 전쟁이 발발하였다1642. 이때 왕을 옹호하는 쪽을 왕당파 혹은 기사당이라 하였고 의회를 지지하는 쪽을 의회파 혹은 단발파短髮派 Roundheads, 의회파들의 짧게 짜른 머리카락 때문에 생긴 이름이다라고 하였다.

---

1 이 의회는 소집된 이후 곧 해산되었다고 하여 단기의회(Short Parli ament)라 불린다.

2 이 의회는 소집된 후 찰스의 처형 이후까지 존속되었는데, 장기의회(Long Parliament)라 불린다.

3 아일랜드에서 가톨릭교도들이 봉기하여 수천 명의 잉글랜드 정착민을 학살하였다. 찰스 1세는 아일랜드의 국왕이기도 했기 때문에 이를 반란으로 규정, 토벌하기로 한 것이다.

4 아일랜드 민중들은 자기들이 국왕의 권위에 입각하여 움직이고 있다고 주장했다. 이 때문에 찰스가 아일랜드 가톨릭교도와 음모를 꾸미고 가톨릭 국가인 스페인과 협상하고 있으며, 1640년에 스코틀랜드를 칠 병력과 비용을 얻기 위해 교황과 교섭했다는 등의 소문이 자자하였고, 의회로서는 만일 왕에게 군대 통수권을 준다면 왕은 그것을 의회를 분쇄하는 데 쓸 것이라고 의심하였다.

크롬웰(Olive Cromwell, 1599~1658)
크롬웰은 영국 역사상 유일한 성문헌법인 정부기관이란 것을 제정하고 국왕을 대신하는 호국경 제도를 신설하여 자신이 사망할 때까지 왕과 같은 권력을 행사했다.

의회파를 이끈 지도자는 크롬웰이었는데, 그는 엄격한 군율의 새로운 군대를 조직하여 왕과의 전쟁을 승리로 이끌고, 패배한 찰스 1세가 도망하여 스코틀랜드의 지지자들과 다시 내란을 일으키자 이를 진압하였다. 이후 크롬웰이 지배하는 의회의회의 대다수 온건파들은 왕의 처형에 대하여 반대하였는데 군대는 의회에 침입, 이들을 축출하고 나머지 의원들로 의회를 구성하여 잔부의회Rump Parliament를 구성하였다[1]는 왕정 및 귀족원상원을 폐지하고, 공화국을 선포하였으며, 1649년에 찰스 1세를 처형하였다.

실질적 통치권을 움켜쥔 크롬웰은 영국 역사상 유일한 성문헌법인 정부기관Instrument of Government[2]을 제정하고 국왕을 대신하는 호국경Lord of Protector 제도를 신설하여1653 자신이 사망할 때1658까지 왕과 같은 권력을

---

1 왕과의 전쟁에서 승리한 의회는 다시 장로파와 독립파로 나뉘어져 권력 쟁탈전을 벌였는데 다수는 장로파였다. 그러나 군대가 장로파 지도자를 의회에서 축출하고 주도권을 장악하게 되었다.

2 크롬웰을 호국경으로 하고, 크롬웰이 지명하는 장군들을 중심으로 구성되는 국무회의와 3년마다 선출되는 의회를 두며, 3만 명의 군대를 유지할 것과 가톨릭교를 제외한 모든 종교에 대한 관용을 선언하는 것도 포함되었다.

행사했다.[1] 또한 1655년에 왕당파의 반란이 일어나자 영국을 군사지역으로 나누어 장군들을 파견, 통치했다. 극단적 청교도였던 그는 모든 놀이, 연극, 도박, 술집 등을 금지시켰다. 그러나 그의 사후 후계자였던 아들이 물러나자, 1660년 내전 이전의 형식대로 의원선거가 치러지고 왕당파가 다수를 차지함으로써 왕정복고가 결정되었다.

20년에 걸친 혼란 끝에 다시 왕정으로 복고가 되었지만, 영국혁명은 영국의 헌법사에 중대한 영향을 미쳤다. 비록 왕정복고가 이루어졌다고는 하나 왕은 내전 이전의 절대 권력을 가진 왕으로 복귀할 수 없어 의회와 권력을 나눌 수밖에 없는 처지에 놓이게 되었으며,[2] 이것의 영향으로 1688년 제임스 2세의 퇴위가 전쟁을 거치지 않고 평화롭게 이루어지는 명예혁명이 가능하게 되었다. 그리고 비록 그 즉시 시행되지는 못했지만 권리청원은 이후 영국에 있어 헌법적 효력을 가지는 근본 규범 중 하나가 되었다.

한편 권리청원의 내용이나 향후 벌어진 영국혁명의 과정을 볼 때, 결국 당시 왕은 존 왕 이래 귀족들과의 투쟁에서 그때그때 필요에 따라 과세와 관련한 귀족들의 권한을 승인해주고 또한 불법 감금 금지 등의 신체의 자유를 보장했지만, 일상적으로 이루어진 것은 아니었고 국왕은 여러 가지 형태로 자의에 의하여 세금을 걷거나 신민들을 구금하며 이미 문서화된

---

1 크롬웰은 왕으로 취임하라는 주위의 권고에도 끝까지 왕으로 취임하지는 않았다.
2 종교적으로는 비국교파 교회를 창출하여 영국을 개인의 자유가 보장되는 국가로 만들었고 정치적으로는 절대주의를 패퇴시키고 의회를 항구적 통치기구로 만들었으며, 사상적으로는 갖가지 정치사상과 사회사상을 발전시켰다.

권리를 박탈하기도 했다는 사실을 알 수 있다. 영국혁명도 이러한 과정에서 절대권력을 지키려고 하는 국왕과 이를 제한하려는 귀족들 사이에 벌어진 전쟁이었다. 이 영국혁명이 헌법사적으로 의의를 가지는 것은 왕과 의회 간의 갈등에서 의회가 승리함으로써 국왕의 권력이 제한되는 결정적인 계기가 되었다는 사실이다.

명예혁명The Glorious Revolution과 권리장전, 1688년[1]

윌리엄 3세는 네덜란드의 빌렘 2세영국식 발음으로는 윌리엄 2세와 영국의 찰스 1세의회와 전쟁 끝에 처형되었던 왕의 딸 메리 사이에서 태어났다. 그는 1672년 프랑스의 태양왕 루이 14세가 네덜란드로 침략해오자 육·해군 최고사령관으로 이를 막아내어 명성을 얻었다. 1678년에는 영국 요크 공찰스 2세의 동생이자 이후 제임스 2세 왕이 된다의 딸 메리와 결혼하였다.[2]

그 당시 영국의 상황은 찰스 1세와 의회 사이의 내전을 겪고, 크롬웰의 군사독재 이후 왕정복고로 찰스 1세의 아들 찰스 2세1660~1685가 즉위해 있었다.

찰스 2세 때에 소집된 의회에서는 1679년 유명한 인신보호법Habeas

---

1 우리나라는 조선 숙종, 중국은 청나라 강희제 시대였다.

2 윌리엄 3세의 어머니와 찰스 2세는 형제간이므로 윌리엄 3세는 찰스 2세의 생질이 된다. 또한 이후 윌리엄 3세는 외숙부인 찰스 2세의 동생 제임스 2세의 딸과 결혼하게 되어 제임스 2세의 사위가 된다. 윌리엄 3세는 영국혁명으로 처형된 찰스 1세에게는 외손자, 왕정복고한 찰스 2세에게는 생질, 명예혁명으로 물러난 제임스 2세에게는 사위가 됨으로써 영국왕실과 밀접한 관계가 있었다.

윌리엄 3세(William Ⅲ, 1689~1702 재위)
네덜란드 귀족이자, 영국 왕 제임스 2세의 사위였
다. 영국 의회의 요청에 따라 장인을 몰아내고 처
인 메리 2세와 함께 영국 국왕에 오름으로써 명
예혁명을 이루었다.

Corpus Act을 제정하였다. 이 법의 제정 또한 찰스 2세의 후계와 관련하여
가톨릭 신자인 제임스가 승계하게 되면 독재를 행할 것이라는 의회 내의
우려에 기인한 바가 크다. Habeas Corpus라는 말은 라틴어인데 영어로는
'you have the body'신체를 가져오라라는 뜻이다. 결국 '구금된 자를 법정으
로 데려오라'는 취지의 말로, 국가권력에 의하여 신체의 자유를 박탈당할
경우 법정에서 그 적부를 심사받을 수 있는 권리다. 이와 관련된 것은 이미
영국 보통법이 형성되면서 인정되어 있었는데, 그것이 왕이나 추밀원樞密
院, Privy Council[1]의 명령이 있다면 그럴 필요가 없다는 것이 일반적이었다.

---

1 추밀원은 왕의 자문기구로 처음에는 19명의 소수 인원이었지만 나중에는 300명에 이르는 거대 기구가 되었
다. 소위원회를 구성하여 나름대로 국정의 여러 분야를 담당했으나, 이후 국왕의 권력보다 의회의 권력이 커
짐으로써 추밀원의 권력도 형식화되었다.

그러던 것이 1640년 영국혁명 직전에 바뀌어 왕이나 추밀원의 명령도 이를 대신할 수 없다는 법이 만들어졌고, 1679년에는 체포, 구금된 자의 법정에서의 적부심사권리는 어떤 경우에도 제한될 수 없다는 법이 제정되었다. 이 법은 이후 영국의 여러 식민지와 미국 등에 계수되었고, 우리나라 헌법 제12조 제6항의 구속적부심사제도[1] 역시 그 기원을 여기에 두고 있는 등 현대 헌법상 국민의 신체 자유를 보장하는 근본원칙이 되었다.

그런데 찰스 2세 치세 이후 왕의 승계 문제가 일어났다. 찰스 2세는 18명의 서자가 있었으나 적자가 한 명도 없어 왕위 계승 서열상 동생인 제임스가 계승자가 될 수밖에 없었다. 그렇지만 제임스는 가톨릭교도였기에 의회가 가톨릭교도의 왕위 승계를 반대하자, 찰스 2세는 의회를 해산하였고, 의회 구성을 위한 새로운 선거에서 왕의 혈통에 따른 왕위 승계를 주장하는 토리[2]와 가톨릭교도는 국왕이 될 수 없다는 신교도주의자들인 휘그[3]가 대립하였다이것이 영국 정당의 시초가 된다.

찰스 2세의 후계자 논쟁에도 불구하고 가톨릭교도인 제임스 2세1685~1688가 왕위를 계승하게 되었지만, 이후 가톨릭교도인 둘째 왕비가 결혼 15년 만에 아들을 낳자 다음 왕조차도 또다시 가톨릭교도가 될 것이 명백해졌다. 이에 제임스 2세의 왕위 승계를 주장했던 토리들도 국교도가 아닌 가톨릭교도의 통치를 계속 받아들이기는 어렵다는 입장으로 돌아섰고, 급

---

1 누구든지 체포 또는 구속을 당한 때는 적부의 심사를 법원에 청구할 권리를 가진다.
2 토리는 원래 아일랜드의 산적을 낮추어 일컫는 말인데, 토리파가 가톨릭을 믿는 아일랜드인과 같이 가톨릭 신자의 왕위 승계를 주장한다는 의미에서 붙여졌다.
3 휘그는 스코틀랜드의 말 도둑을 일컫는 말인데, 스코틀랜드는 신교도국가(장로파)였다.

기야 더 이상 혈통에 의한 승계를 주장하지 않는 입장으로 선회하였다. 자연스럽게 의회는 국교도의 후계 승계를 바라는 입장이 되었다. 이런 분위기 속에서 신교도인 제임스 2세의 딸인 메리에게 왕위를 승계해야 한다는 입장이 우세하여 메리의 남편인 윌리엄에게 영국을 침공해달라고 요청하는 사태[1]가 벌어졌다. 결국 윌리엄은 대규모 함대와 1만 5,000명의 병사를 이끌고 영국에 상륙하게 되었고, 제임스 2세는 프랑스로 도주해버렸다. 이 결과 1688년 피 한 방울 흘리지 않고 윌리엄은 그의 아내와 함께 공동 왕으로 등극하여 윌리엄 3세와 메리 2세 왕이 되었다.[2] 이를 역사적으로 명예혁명이라고 한다.

이 명예혁명을 이끈 의회는 가톨릭교도의 왕위 계승을 막고, 앞으로 왕과의 관계를 명확히 하기 위하여 권리장전Bill of Rights을 만들어 승인을 요청하였다. 윌리엄 3세는 이를 기꺼이 승인하여 줌으로써 영국 헌법사에서 큰 획을 긋게 되었다. 권리장전의 정식 명칭은 '신민의 권리 및 자유를 선언하며 왕위 승계를 정한 법률'인데, 명예혁명으로 타도의 대상이 된 제임스 2세의 불법행위를 먼저 지적하고,[3] 영국 신민들의 종래의 자유와 권리

---

1 토리와 휘그 두 정파 및 종교계를 대표하는 7인의 지도자가 서명하여 윌리엄에게 군대를 이끌고 영국으로 들어와 달라고 요청하는 내용이다.

2 종래의 왕위 상속제에 의하면 제임스 2세가 생존하여 있으므로 왕위가 상속될 수 없었기 때문이다. 그리하여 왕위 계승과 관련하여 왕의 권력을 제한하는 조건부로 제임스의 복귀를 혹은 제임스 치하의 세습 체제 등을 주장하는 세력들도 있었다. 그러나 군주제가 국민과 군주의 계약인 만큼 국민은 계약을 파기한 제임스를 제거하고 윌리엄을 군주로 초빙할 권리가 있다는 휘그파의 주장과 자신에게 왕위를 주지 않는다면 네덜란드로 돌아가겠다는 윌리엄의 강경한 자세가 맞물려 윌리엄과 메리의 공동 왕위 승계가 결정되었다.

3 제임스 2세의 불법을 논한 것은 기존의 왕위 계승이 왕위 상속에 의한 것이나 명예혁명의 경우 제임스 2세가 생존해 있음에도 다른 왕을 세우는 일이었으므로 왕위 박탈의 헌법적 근거를 부여하기 위한 것이다.

를 선언하였다. 나아가 윌리엄 부처를 왕으로 하고 가톨릭교도는 왕이 될 수 없다는 내용도 포함되어 있다. 권리장전에서 영국 신민들이 종래부터 누려왔던 자유와 권리에 대한 내용은 아래와 같다.

① 국왕은 왕권에 의해 국회의 승인 없이 법률의 효력을 정지하며 혹은 법률의 집행을 정지할 수 있는 권한이 있다고 말하지만 그와 같은 것은 위법이다.

② 국왕은 왕권에 의해 법률을 무시하며 혹은 법률을 집행하지 않을 수 있는 권한이 있다고 하여, 최근 그러한 권한을 주장하여 행사하였으나 이것은 위법이다.

③ 교회 관계 사건을 처리하기 위하여 현재 존재하고 있는 종무관宗務官재판소를 설립하기 위한 위임장이나 이와 유사한 성질의 위임장 및 재판소는 모두 위법이며 유해한 것이다.

④ 대권大權의 이름을 빌어 국회의 승인 없이 국회가 승인하는 또는 승인하려는 것보다 장기간에 걸쳐 혹은 다른 별개의 방법으로 국왕의 사용에 이용하기 위하여 금전을 징수하는 것도 위법이다.

⑤ 국왕에게 청원하는 것은 신민의 권리다. 이러한 청원을 했다는 이유로 수감 또는 소추함은 위법이다.

⑥ 평시에 있어 국회의 승인을 받지 않고 국내에서 상비군을 징집하여 이를 유지하는 것은 법률에 반하는 것이다.

⑦ 신교도인 신민은 그 상황에 따라 법이 허락하는 범위 내에서 자위를 위한 무기를 소지할 수가 있다.

⑧ 국회의원의 선거는 자유롭지 않으면 안 된다.

⑨ 국회에서의 언론의 자유와 토의 또는 의사절차는 국회 이외의 어떠한 법원

또는 다른 장소에 있어서도 이를 비난하거나 문제 삼아서는 안 된다.

⑩ 과대한 보석금을 요구해서는 안 된다.

⑪ 배심명부에 등재되는 자는 정당한 방법으로 선출되지 않으면 안 되며, 그중에서 배심원은 정당한 방법으로 선출되지 않으면 안 된다. 또 대역죄로 소추된 자의 심리를 맡는 배심원은 자유토지 소유자가 아니면 안 된다.

⑫ 유죄의 판결이 있기 전에 그자에게 과해질 벌금 혹은 몰수에 관해서 권리를 주거나 약속을 하는 것은 모두 위법이며 무효다.

⑬ 또한 일체의 불평을 구제하기 위해, 법률을 수정하고 강화하며 보전하기 위해 국회는 자주 열리지 않으면 안 된다.

이 권리장전의 내용에는 종전의 과세에 대한 의회 승인권 외에도 여러 가지 새로운 권리를 인정하고 있다. 이 가운데 청원권은 우리나라 헌법 제26조에 '모든 국민은 법률이 정하는 바에 의하여 국가기관에 문서로 청원할 권리를 가진다. 국가는 청원에 대하여 심사할 의무를 진다'라고 규정하여 오늘날에도 국가에 대한 국민의 기본권으로 인정하고 있다. 오늘날에는 사법적인 권리 구제 절차의 정비가 언론이나 기타 방법으로 국민이 자신의 의사를 국가에 전달할 방법이 많이 발전되어 청원권의 중요성이 심각하게 인식되지 않지만, 전제정치 하에서는 국민이 달리 자신의 의사를 전달할 기회가 없었고, 있더라도 청원을 이유로 처벌받는 경우가 많았기 때문에 청원의 자유가 얼마나 중요한 것이었는지를 알 수 있다.

또한 권리장전에서 보장한 의원의 면책특권은 미국의 헌법에서 명문으로 인정한 이래 세계 각국에서 이를 인정하고 있다. 우리 헌법 제45조에서도 '국회의원은 국회에서 직무상 행한 발언과 표결에 관하여 국회 외에서

책임을 지지 아니한다' 라고 하여 그 제도를 받아들이고 있다. 국회의원의
면책특권은 의원의 국회 내에서의 자유로운 의사표현을 허용함으로써, 왕
정시대에는 왕의 보복적 위해로부터, 오늘날에는 다른 국가기관이 국회의
원의 자유로운 의정활동을 방해하는 것을 방지하기 위한 것이다.

한편 의회의 잦은 개원을 명시한 것도 특이한데, 그 당시 의회가 개원되
어 있을 경우 왕이 의회의 견제 때문에 자의적으로 통치할 수 없었기에 왕
이 되도록이면 의회의 개원을 하지 않으려는 것을 방지하기 위한 것이다.
우리나라의 헌정 경험에도 헌법에서 국회의 회기를 제한함으로써[1] 국회의
대통령에 대한 견제를 막으려고 했던 경우도 있었다. 현재는 헌법 제47조
에서 정기회는 100일, 임시회는 30일을 초과할 수 없으나, 1년 동안 총 회
기일수가 정해져 있지 않기 때문에 국회는 독자적으로 언제든지 국회를
열 수 있다.

명예혁명으로 인해 왕은 법의 집행을 정지할 수 있는 특권[2]을 상실했고,
정치적 논의와 활동이 궁정이 아니라 의회로 바뀌어 의회정치가 시작되었
다. 더 중요한 것은 국가권력 중 최고의 권력인 주권이 반드시 왕에게만
있는 것이 아님[3]을 밝혔다. 왕권은 제한되고 비록 일부 국민의 대표였지만 국민

---

1 유신헌법과 전두환 헌법에서 국회는 1년 중 총 150일을 넘지 않도록 하였고, 다만 대통령이 요구한 임시회
   일수는 이에 넣지 않도록 하였다. 또한 대통령이 요구한 임시회에서는 대통령이 정한 기간에 한하여, 또 정부
   가 제출한 의안에 한하여 처리하도록 함으로써 의회의 자율성을 박탈하려 하였다.

2 국왕이 의회의 법률에 대하여 법률 효력을 정지시키는 것은 국왕의 대권에 속하는 당연한 일이라는 것이 종
   래의 입장이었다. 그러나 권리장전에서는 이러한 특권을 허용하지 않기로 한 것이다. 오늘날 이와 같은 국왕
   의 대권적 권한이 헌법상 비상조치권의 형태로 남아 있기도 하다. 우리나라에서도 유신헌법에서 이런 식의 비
   상조치권을 국회의 승인도 없이 행사할 수 있도록 한 적이 있다.

3 이를 의회주권이라고 하기도 한다. 즉 국가의 최고의사결정기관이 국왕이 아니라 의회라는 것이다.

의 대표인 의회가 국가권력의 중심에 놓이게 된 것이다. 그리고 새로운 국왕은 신의 뜻이나 세습에 의해서가 아니라 의회의 법률에 의해 세워진 군주로서 왕권신수설과 같은 주장은 더 이상 영국에서 거론될 수 없게 되었고, 의회가 법률로 군주를 즉위시킬 수 있다면 또한 그를 폐위시킬 수도 있어 영국은 전제군주정에서 입헌군주정으로 나아가는 길을 더욱 확고히 다지게 된 것이다. 이와 같은 일련의 일들이 당시의 세계에서 얼마나 선진적이었는가는 같은 시대 프랑스에서는 왕권신수설을 믿는 태양왕 루이 14세가 1643년부터 1715년까지 절대군주로서 통치하고 있었다는 것에 비추어 보면 쉽게 알 수 있다.

명예혁명은 초당적 지지를 받았지만, 그 혁명에 임하는 정치사상은 토리와 휘그가 정반대였다. 토리가 내세운 정치이론의 핵심개념은 질서였다. 이를 위해서 토리는 왕의 절대적 권위와 신이 부여한 혈통에 의한 계승의 원칙을 주장하였다. 그 대표적 사상가가 로버트 필머인데, 그는 왕권신수설을 주장하면서 의회는 왕의 자문에 그쳐야 한다고 주장하였다. 이에 대해 휘그는 자유야말로 가장 중요한 가치라고 반박하였다. 휘그 이론가 중 가장 중요한 사람이 존 로크다. 그가 『정부에 관한 두 논문』에서 주장한 사회계약론은 명예혁명의 이론적 근거가 되었을 뿐 아니라[1] 미국독립에 지대한 영향을 미쳤고, 나아가 오늘날 민주주의 헌법 사상의 반석이 되었다.

---

1 이론적으로 국왕이 생존해 있음에도 의회가 법률로써 다른 국왕을 추대할 수 있는 헌법적 근거가 핏줄이 아니라 국민과의 계약에 있음을 밝혔기 때문이다. 즉 국민이 국왕을 추대하는 것은 국민의 자유와 재산을 보장하기 위한 것인데, 국왕이 그와 같은 역할을 하지 못할 경우는 당연히 국왕을 몰아내고(저항권) 새로운 국왕을 추대할 수 있다는 사회계약론을 주장하였다.

명예혁명이 헌법사에 지대한 역할을 한 것은 분명하지만, 그럼에도 불구하고 오늘날과 같은 전면적인 민주주의와는 거리가 있었음은 지적할 필요가 있다. 즉 의회가 오늘날 국민의 대표라는 점은 두말할 나위가 없지만 당시 영국 의회는 영국 국민 중 소수 귀족 특히 지주층을 중심으로 한 가진 자의 대표기관이었음은 명백하다 국가의 통치는 17세기 초에는 3,000명, 17세기 말에 이르면 5,000명 정도의 지주층인 젠트리의 수중에 있었다. 그래서 명예혁명을 폄하하는 입장에서는 혁명이라기보다는 권력을 가지고 있는 자들 사이의 쿠데타라고도 하는 것이다.

그러나 명예혁명으로 인해 영국에서는 절대왕정이 성립하지 못했고, 국왕 역시 국민을 위해 존재하는 것이지 신성불가침의 존재가 아님을 명백히 하였다. 또한 이후 의회를 중심으로 한 국정이 운영되고, 의회 자체도 소수 귀족의 의회가 아니라 국민의 의회로 진보함으로써 오늘날 민주주의 헌법사에 큰 획을 그은 것은 틀림없는 사실이다.

존 로크의 『정부에 관한 두 논문』, 1690년[1]

계몽철학 및 경험론 철학의 시조로 알려져 있는 존 로크는 헌법사에서 빼놓을 수 없는 사상가다. 그의 아버지는 소지주이자 법률가로서 영국 혁명 때는 의회군에 참가하여 왕당파와 싸웠다. 옥스퍼드대학에서 철학·자연과학·의학 등을 배웠고, 한때 공사公使의 비서관이 되어 독일 체류 중에

---

1 우리나라는 조선 숙종 시대이며 중국은 청나라 강희제 치세였다.

존 로크(John Locke, 1632~1704)
인간은 본디 자유로운데, 자연상태에서는 이 자유를 지키기 어렵기 때문에 정부를 구성하였고, 따라서 정부는 국민의 자유·재산·생명을 지키기 위하여 존재할 뿐이라는 사상을 전개하여 오늘날 입헌주의 헌법의 사상적 기초를 다졌다.

휘그파인 애슐리 경샤프츠버리 백작[1]을 알게 되어 그의 시의(侍醫) 및 아들의 교사 그리고 고문이 되었다. 백작이 실각되자 반역죄로 몰릴 것을 우려해 1683년에 네덜란드로 망명하였다. 이후 명예혁명으로 제임스 2세가 퇴위하자 1689년 사면되어 귀국하였다.

그는 1642년부터 시작된 영국의 내전을 거쳐 1688년 명예혁명을 거치는 동안 영국인으로 살면서 시대정신을 이론화, 체계화시켰다. 그 당시 '왕의 권력은 신이 내려준 것이다'라는 일반적인 믿음에 대하여 정면으로 반박하면서 왕의 권력이나 국가의 권력은 자유로운 개인이 자신의 자유, 재산 등을 지키기 위하여 위임한 것에 지나지 않는다는 그야말로 초유의 혁명 사상을 전개하였다.

---

1 샤프츠버리 백작(1st Earl of Shaftesbury, 1621~1683)은 휘그파의 지도자였는데, 1679년 선거에서 휘그파의 대승을 이끌었다. 이후 제임스 2세의 등극을 극력 저지하였으나 뜻을 이루지 못하였다. 1681년 의회가 해산된 이후 대역죄로 기소되었으나 배심원의 무죄 판결로 풀려난 뒤 네덜란드로 망명하여 그곳에서 죽음을 맞이하였다.

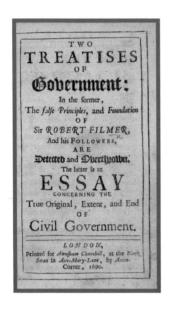

로크는 1690년도에 『정부에 관한 두 논문Two Treatise of Government』을 간행하였다. 이 책은 두 편의 논문으로 구성되어 있는데, 첫 번째 논문은 '로버트 필머 경 및 그 추종자들의 그릇된 원칙과 근거에 대한 지적과 반박'이고 두 번째 논문은 '시민정부의 참된 기원, 범위 및 목적에 대한 시론'이다. 첫 번째 것은 당시 유행하고 있던 왕권신수설에 대한 비판적인 의미를 가지고 있으나 오늘날에는 별 의미가 없다. 두 번째 논문이야말로 로크가 헌법사에 길이 남게 된 이유가 된 것인데, 여기서 그는 국가권력에 대한 자신의 특별한 사상을 전개하고 있다.

로크에 의하면 인간의 자연상태정치적 권력이 형성되지 않은, 그리하여 국가가 존재하지 않는 상태는 완전한 자유와 평등의 상태라고 한다. 그래서 인간은 타인의 허락이나 의지에 구애받지 않고 자신이 적당하다고 생각하는 바에 따라 행동하고, 소유물을 처분할 수 있다. 그리고 타인과 평등한 권력과 재판권을 가진다.

다만 이러한 자유는 방종이 아니라 자연법<small>이는 인간의 이성으로 알 수 있다</small>에 구속되는 자유로서 어느 누구도 다른 사람의 생명, 자유 또는 소유물에 대해 위해를 가해서는 안 된다는 원칙을 지키는 가운데서의 자유다. 이와 같이 자연법의 한계 안에서 각자가 자유와 평등을 누리는 것이 인간 본연의 자연상태다.

그런데 이러한 자연법을 어기고 다른 사람의 생명·자유·재산을 침해하는 자가 나타나기 마련인데, 이럴 경우에는 어떻게 할 것인가? 이와 같이 자연법을 어기고 남의 생명이나 기타에 대한 위해를 하려는 상태는 전쟁상태라고 할 수 있는데, 이때 인간 각자는 자연법의 집행자로서 행동할 수 있다. 자연법을 어기는 자는 이미 인간이 아니라 짐승으로 타락한 존재이기에 인간으로서 당연히 이에 대하여 방어할 수 있는 것이다. 그럼 누가 자연법을 어기고 누가 정당한지 누가 판정할 수 있는가? 자연상태의 인간은 모두 평등한 권력과 판단권을 가지므로 누가 누구를 판단할 수 없고 오로지 하늘만이 알 수 있을 뿐이다.

여기에 인간이 정부를 구성하는 이유가 있다. 즉 자연상태에서의 인간은 자연법의 제한 내에서 자유와 평등을 향유하나 자연법을 어기고 남을 해하는 전쟁상태에 이르러서는 서로가 서로에 대한 법 집행자가 될 수밖에 없으므로, 이러한 끊임없는 분쟁을 종식시키려고 서로가 지켜야 하는 지상의 법을 만들고 이를 집행할 기관, 즉 정부를 구성한다.

나아가 인간이 어떤 정부를 구성하는 것은 이와 같이 전쟁상태의 폐해를 예방하고자 하는 것이므로, 만약 정부가 이런 목적을 상실한 채 오히려 국민을 전쟁상태로 몰아간다면 즉 국민의 생명·자유·재산을 침해한다면, 국민들은 다시 전쟁상태로 돌입하는 것이어서 국민은 자연법에 따라 당연히 정부를 바꿀 권리, 즉 저항권을 가진다.

그리고 인간이 정부를 구성하는 것은 이와 같은 이유이므로 정부의 입법권은 '① 입법부는 공포되고 확립된 법률에 의하여 다스려야 한다. ② 이러한 법률들은 궁극적으로 다른 목적이 아니라 인민의 복지를 위해서 창안되어야 한다. ③ 입법부는 인민의 동의 없이 그들의 재산에 세금을 부과해서는 안 된다. ④ 입법부는 법률을 제정할 권력을 그 밖의 다른 사람 또는 기관에게 이전해서는 안 된다.'라는 등의 한계가 있는 것이다.

한편 존 로크는 이 논문에서 권력분립제도에 관해서도 언급하고 있는데, 그는 국가권력을 그 성질에 따라 입법권·집행권·연합권으로 나누었다. 연합권이라고 하는 것은 국가가 다른 국가나 단체에 대하여 행할 수 있는 전쟁·강화·연맹·동맹 등 국가 밖에 있는 모든 사람과 단체에 대하여 교섭할 수 있는 권력을 말한다. 그리고 이와 같은 연합권은 법을 집행하는 집행권과는 전혀 다른 성질의 것이나 집행권과 분리하거나 다른 기관에 맡기기는 곤란한 것이라고 한다. 또한 로크는 이와 같은 3권 외에도 대권大權, prerogative의 존재도 인정했는데, 대권이란 법률의 지시 없이도, 때로는 법률을 위반하면서까지 공공선을 위해서 재량에 따라 행동할 수 있는 권력이다. 그러나 로크는 이와 같은 대권의 존재를 인정하면서도 이 대권이 공공선이 아니라 사익을 추구하기 위한 것이라면 법률로써 제한할 수 있음과 동시에 저항권을 행사할 수 있음도 명백히 하였다. 로크의 이와 같은 권력분립론은 오늘날의 입법·행정·사법의 3권 분립론과 거리가 있으나, 그 당시 국왕이 모든 권력을 행사할 수 있는 분위기 속에서 국왕의 권력도 성질에 따라 당연히 권력과 제한되어야 할 권력이 있음을 선구적으로 제시하였다고 할 것이다.

존 로크 이전 국가의 최고 권력인 주권은 왕에게 있고, 그 권력은 신이 부여한 것이라는 사상이 지배적이었다. 그러나 로크는 왕도 인간이므로 다른 인간과 달리 국가권력을 태어날 때부터 가질 수 없다고 함으로써, 세습국왕의 전제정치는 옳지 않다는 것을 명백히 하였다. 결국 국가권력은 신으로부터 오는 것이 아니라 국가를 구성하는 개인이 자신의 자유와 평등을 보장받기 위하여 위임한 것에서부터 나오는 것이다. 따라서 국가권력은 이와 같이 국민으로부터 나오는 것이므로, 만약 국가권력 담당자가 국민의 권리를 침탈하면 국민은 그로부터 국가권력을 회수해 갈 수 있는 것이다. 국가권력은 하늘에서 어느 한 개인에게 부여한 것이 아니라 국민들 개개인의 선택에 의한 것이라는 존 로크의 이와 같은 사상은 오늘날 민주주의의 근본이 되었다. 그리하여 국가권력은 국민이 위임한 것이고, 국가권력은 국민의 기본권생명, 자유, 재산권 등을 보호하기 위하여 존재하는 것이며, 국가권력 담당자가 국민의 기본권을 침탈할 경우 저항할 수 있다는 원리를 명백히 하였다.

존 로크의 사상은 영국에서 벌어졌던 명예혁명을 사후적으로 정당화하는 이론적 근거가 되었다. 이 사상의 영향력은 영국을 넘어 프랑스로 건너가서는 프랑스의 절대군주제를 비판하는 논거가 되었고 미국으로 건너가서는 미국인들이 영국에 대항하여 자신의 독립을 내세우는 이론적 근거가 되었다. 그리하여 미국의 1776년 독립선언서는 로크의 사상을 실천적 혁명사상으로 만든 기념비적인 작품이 되었다.

영국 수상제도의 시작과 의원내각제, 1721년[1]

오늘날 영국에서 행정부정부를 대표하는 수상Prime Minister은 당연한 제도로 여겨지고 있다. 그러나 그 제도는 18세기 이래 점진적으로 형성되어 온 것으로 그 이전에는 국왕이 곧 정부의 수반인 수상의 역할을 해왔다. 수상제도의 발전은 영국혁명, 명예혁명을 거치면서 의회가 국왕으로부터 입법권을 가져온 데 이어 수상이 국왕으로부터 집행권행정권을 가져온 과정이다. 처음에 국왕의 집행권을 대신 집행하던 것이 오늘날에 이르러 국왕은 상징적인 존재로만 남게 되고 수상을 중심으로 한 내각[2]이 집행권을 보유하게 된 것이다.

영국에서 수상제도의 시작은 로버트 월폴이 1721년 제1재무대신으로 임명된 이래 1742년까지 재직하는 21년 동안 시작되었다고 보는 것이 통설이다. 1720년, 영국에서 남해포말사건South Sea Bubble이 터졌다. 옷가지, 농산물, 노예 등의 무역으로 막대한 이익을 올릴 것으로 예상되었던 남해 회사South Sea Company가 도산하면서 국가 재정에 큰 문제가 발생한 것이다. 정부는 바로 조사에 착수했고, 수많은 정치가들이 이 회사와 관련되어 있다는 사실을 알아냈다. 이 사건으로 당시 유명 정치인들이 대거 낙마하게 되고 이 일의 처리를 맡았던 월폴은 일약 영국에서 가장 중요한 정치인으로 떠올라 제1재무대신으로 임명받기에 이르렀다.

---

1 우리나라는 조선 경종 시대였고, 이해에 프랑스에서는 몽테스키외가 『페르시아인의 편지』를 저술하였고, 신성 로마제국에서는 바흐가 「브란덴브루크협주곡」을 작곡하였다.

2 내각은 원래 왕의 추밀원에서 발전했는데, 찰스 2세 때 처음 쓰이기 시작한 내각이라는 용어는 추밀원 의원 중에 몇몇 친한 사람들을 내실로 불러서 정사를 논하면서 시작되었다.

월폴(Robert Walpole, 1721~1742 재직)
영국 최초의 수상으로 국왕을 대신해 21년 동안이나 실질적
으로 행정부를 이끌면서 오늘날의 수상과 같은 권력을 행사했
다. 월폴의 치적은 영국헌법사에서 국왕의 집행권이 수상에게
넘어오는 시발점이 되었다.

월폴은 제1재무대신으로 임명된 후 국왕[1]을 대신해 21년 동안이나 실질
적으로 행정부를 이끌면서 명실상부하게 오늘날의 수상과 같은 권력을 행
사하였다. 월폴이 이제껏 없었던 권력을 행사할 수 있었던 것은, 우선 재
무대신으로 국가의 재정을 담당할 수 있었고, 하원으로 재직하면서 의회
의 하원을 설득할 수 있었으며, 당시 꽃피기 시작한 정당정치를 활용할 줄
알았고, 당시 횡행했던 후원제도Patronage[2] 등의 정치수완을 잘 발휘할 줄
알았으며, 의회에서는 국왕의 장관으로, 국왕의 내각에서는 의회를 위한
장관으로 두 가지 역할을 교묘하게 해내는 능력이 있었기 때문이다.

---

1 조지 1세와 조지 2세. 조시 1세는 앤 여왕(윌리엄 왕의 부인 메리 여왕의 동생)이 후손 없이 죽자 왕위 승계법
   에 따라 독일 하노버 군주가 왕으로 즉위한 것이다. 그는 영어를 읽고 쓸 줄도 몰랐으며, 영국 왕에 즉위할 당
   시 54세에서 하노버의 일에 열중한 나머지 1717년 이후에는 거의 내각회의에 참석하지 않았고, 이것을 조지
   2세도 답습하여 점차 관례화되었다.
2 이 후원제도는 후원자가 피후원자에게 갖가지 이권을 챙겨주며 자기 사람으로 만드는 것을 말하는데, 우리나
   라에서 한때 유행하던 보스정치와 비슷한 것이다.

월폴의 21년간에 걸친 집권은 그 당시 국왕들의 전적인 신임을 바탕으로 이루어진 것이어서 오늘날 하원 다수당의 당수가 당연히 수상이 되는 것과는 엄연히 차이가 있는 것이었다. 그러나 월폴의 치적은 이후 영국 헌법사에서 국왕의 집행권이 의회 지도자인 수상에게 넘어오는 시발점이 되었다.

이후 1780년대 들어 수상의 사직은 내각 전체의 사직으로 이어지는 전통이 생기게 되고, 1832년 선거법 개정 이후 내각의 장관들은 의회에서 나오는 헌법적 관습이 만들어졌다.[1] 또 20세기 초에는 수상이 장관을 해임할 수 있는 권한과 의회를 해산해줄 것을 국왕에게 요구할 수 있는 권한들이 생겨남으로써 오늘날 영국에서 볼 수 있는 의원내각제로 발전하게 되었다.[2]

결국 로버트 월폴로부터 시작된 수상제도는 역사상 처음으로 국왕의 집행권을 의회의 지도자가 행사할 수 있도록 하는 계기가 되었고, 이후 국민주권주의가 확립되면서 자연히 국민의 대표가 입법권뿐만 아니라 집행권도 행사할 수 있게 된 것이다. 나아가 17세기 영국혁명, 명예혁명을 통하여 국왕과 의회가 전쟁이나 혁명을 통하여 권력투쟁을 일삼던 것을 수상이라고 하는 국왕을 대신하는 의회의 지도자가 나타나 국왕과 의회를 잇

---

1 오늘날 내각은 전적으로 의회에서 다수석을 차지한 여당으로 구성된다. 그러나 반드시 현역 의원이 아닐 수도 있다. 현역 의원이 아닌 각료는 다음에 실시되는 가장 빠른 총선이나 보궐선거에서 신임을 묻거나, 아니면 귀족의 칭호를 받아야 한다.

2 다만 여기서 주의할 것은 영국의 이와 같은 수상제도는 우리나라 헌법과 같이 명문으로 그 권한이 정해진 것은 아니라는 사실이다. 이와 같은 수상의 권한은 영국의 헌법적 관습으로 인정되는 것으로 엄격히 명문의 법조항만으로 따진다면 지금도 대개의 수상의 권한은 국왕의 권한으로 되어 있다. 이것이 불문헌법 국가인 영국 헌법의 전형적 특징을 이루고 있다.

는 다리 역할을 하게 되었다. 이것은 프랑스와 달리 영국이 명예혁명 이후 큰 내전 없이 서서히 오늘날과 같은 민주주의 국가로 발돋움하는 밑거름이 되었다.

앞서 살펴본 바와 같이 마그나 카르타, 권리청원, 영국혁명, 명예혁명을 거치면서 의회가 입법권을 가지게 되고, 로버트 월폴 이래 수상을 중심으로 한 내각이 행정권을 가지면서 국왕이 아니라 의회에 그 존속 여부가 결정되는 과정을 거쳐 '의원내각제議員內閣制, Parlia mentary Cabinet system'라고 하는 정부 형태의 원형이 나타났다. 의원내각제의 특징은 다음과 같다. 첫째로 국왕군주제를 폐지한 나라에서는 대통령이 존재하되 상징적인 국가원수의 역할에 그치고, 둘째로 행정부는 수상을 비롯한 내각이 맡되 의회가 내각을 구성한다. 셋째로 의회는 내각에 대하여 불신임권을 가져 내각에 정치적 책임을 물을 수 있고, 내각은 의회를 해산하여[1] 국민의 뜻에 따른 새로운 내각 구성을 요구할 수 있다.[2] 의원내각제의 가장 큰 장점은 정당에 의한 책임정치가 가능하다는 것이다. 즉 총선을 통하여 의회의 다수당을 점한 정당이 행정부까지 구성함으로써 입법부와 행정부가 일원적으로 기능해 정부는 의회와 큰 마찰 없이 국정을 운영할 수 있다따라서 정부가 공약하거나 구상하는 정책이 법률이나 예산으로 쉽게 반영될 수 있다. 만약 국정을 잘못할 경우에는 언제든지 국회를 해산하여 국민의 신임을 묻는 책임정치를 구현할 수 있

---

1 실질적으로 내각이 의회해산권을 가지나 형식상 국가원수인 국왕이나 대통령이 이를 해산하기도 한다.

2 의회의 내각불신임권과 내각의 의회해산권, 의원직과 각료직의 겸직 허용, 내각의 법률안제출권과 각료의 자유로운 의회출석·발언권, 내각 내에서의 수상의 우월적 지위, 잠재적인 여당으로서의 소수의 보호제도 등을 의원내각제의 본질적 요소라고도 한다.

다.[1] 또 여러 정파가 연합하여 내각을 구성할 수 있으므로 타협의 정치가 가능하다. 지역적, 이념적, 종교적, 혹은 다른 이유로 국가가 분열되어 있을 경우 타협하여 정권을 구성함으로써 권력분점을 통한 타협이 가능한 것이다.

그러나 다수 정당이 난립하는 경우에는 정국의 불안정을 야기할 수 있고, 의원들이 정당의 명령당론에 따르지 않을 경우 정부의 붕괴로 이어질 수 있는 단점이 있다.[2]

한편 이와 같이 성립된 의원내각제 초기에는 수상과 내각은 의회의 신임에 의하여 성립되었으므로 처음에는 의회의 대리인 혹은 집행위원회와 같은 역할에 지나지 않는 것으로 치부되었으나, 이후 19세기 들어와 국가기능이 복잡해짐에 따라 오히려 수상과 내각의 힘이 더욱 커져 19세기 말이 되면 의회에 '의한' 통치가 아니라 의회를 '통한' 통치가 자리 잡게 되었다. 또 이러한 경향은 수상직을 의회선거 결과 다수당에서 당연히 맡게 되는 헌법적 관습이 정착됨으로써 의회의 정부 불신임권은 유명무실하게 된 반면 수상은 정치적 이슈와 관련하여 의회의 임기에도 불구하고 언제든지 의회를 해산하고 정치적 신임을 묻는 선거를 치를 수 있게 되었다. 그 결과 오히려 내각이 의회에 우월적 지위를 갖게 되었는데 이를 '내각책

---

1 이에 반하여 대통령제 하에서는 행정부와 입법부가 각자 따로 선거에 의하여 구성됨으로써 이원화되어 근본적으로 마찰하게 된다. 그리고 각자 임기가 정해져 있고 대통령이든 국회든 상대방에 대하여 해산을 명하거나 불신임을 할 수 없으므로 임기 동안에는 정치적 책임을 물을 수 없는 단점이 있다.

2 이에 반하여 대통령제 하에서는 의회에 다수당이 난립하더라도 정부는 독자적 선거에 의해 구성되므로 정국의 안정을 가져올 수 있고, 의원들은 자신의 소신에 따라 정당활동이 가능하다.

임제Cabinet Government'라고 하여 일반적인 의원내각제와 달리 부르기도 한다.[1] 나아가 수상은 내각의 수반일 뿐만 아니라 의회 다수당의 사령탑이고, 당수로서의 지위를 겸하고 있다. 그로 인해 수상의 내각 인선에 대한 국왕의 거부권이 사실상 폐지되고 의회를 해산할 권한 등이 있는 것이다. 따라서 오늘날 영국의 의원내각제는 '수상정부제Prime Ministerial Government'라고 불리기도 한다.

영국이 수세기에 걸친 헌정의 경험으로 만들어낸 의원내각제는 오늘날에도 민주정치의 훌륭한 유형이 되어 세계 각국에서 이를 받아들이고 있다. 우리나라에서도 4·19혁명 헌법에서 이를 도입한 적이 있다.

영국의 선거제도 개혁, 1832년[2]

영국은 1688년 명예혁명으로 의회를 중심으로 한 민주주의가 차분히 진행되었다. 그러나 1700년대에 들어서면서 끊임없는 대외전쟁을 겪게 되는데, 1701년~1713년까지 스페인과 왕위계승전쟁,[3] 1756년~1763년까지 프랑스 연합과 7년전쟁,[4] 1776년~1781년까지 미국과의 미국독립전쟁,

---

1 다만 이와 같은 엄밀한 구분 없이 의원내각제를 내각책임제로 부르기도 한다.

2 이때 우리나라는 조선 순조 말경이었는데, 영국 상선 로드 애머스트호가 최초로 통상을 요구한 해다.

3 스페인의 카를로스 2세 왕이 후사가 없어 프랑스 왕 루이 14세의 손자이자 앙주 공작인 필리프를 후계자로 지명하고 사망하자, 그가 펠리프 5세로 즉위하였다. 이에 오스트리아(신성로마제국)의 합스부르크가 스페인 왕위계승권을 주장하자 프랑스와 스페인 연합을 두려워한 영국과 네덜란드가 이에 가담하여 일어난 전쟁이다.

4 오스트리아 왕위 계승 전쟁 때 프로이센에게 빼앗긴 슐레지엔을 빼앗기 위하여 오스트리아가 프랑스와 연합하여 프로이센과 벌인 전쟁이다.

그리고 1793년~1815년까지 프랑스 혁명에 따른 프랑스와의 전쟁 등을 순차로 겪으면서 유럽의 섬나라에서 유럽의 정치 및 세계정세를 좌우하는 중요 국가로 발돋움했다.

이런 가운데 영국 왕실에는 조지 1세가 취임해 하노버 왕조가 탄생했다. 하노버 왕조의 왕들은 영국 국내 정치를 잘 알지 못했으므로 의회가 점점 더 강한 권한을 행사하기 시작했다. 영국 최초의 수상 월폴이 1721년 취임한 후 21년 동안 국정을 좌지우지하고 그 뒤를 이어서도 수상들이 국왕을 대신하면서 수상에 의한 정치가 뿌리내리게 된 것이다.

그런데 19세기에 이르러 산업혁명의 물결이 밀어닥침으로써 국가 사회가 근본적으로 변하기 시작했다. 아크라이트가 수력 방적기를 발명한 이후 일련의 기계화가 면직물 분야에서 일어났고, 1769년 제임스 와트가 증기기관을 발명해 기계에 의한 작업이 본격적으로 시작되었던 것이다. 이후 석탄, 철강 산업이 발전하다가 1820년 철도산업이 추가됨으로써 운송 수단의 비약적 발전을 가져왔다. 증기기관을 장착한 기선이 1830년대 범선을 능가하는 효율을 가져왔고, 1837년에는 전보가, 1876년에는 전화가 발명되어, 영국인의 삶을 근본적으로 바꾸어 놓았다.

이와 같은 산업혁명의 가장 큰 사회적 영향은 '공장제'라는 혁신적 산업 체제의 도입과 '도시화'였다. 공장제에서는 많은 인원들이 한꺼번에 모여 같은 시간대에, 동시에 일을 하는 것이 요구되는 새로운 노동 형태가 도입된 것이다. 그리고 도시에 공장들이 세워지면서 인구가 도시로 집중되기 시작하였다. 한편 농업사회보다 생산력은 비약적으로 발전했으나 농업사회에서 볼 수 없었던 실업과 경기순환이라는 문제가 대두되기 시작했다. 게다가 초기 산업사회는 빈부의 격차와 그로 인한 사회갈등이 급작스럽게 대두되기 시작했다.

이러한 시대적 변화는 단지 많은 땅을 소유하고 있다는 이유로 정치를 논할 수 있었던 전통적 귀족뿐만 아니라, 공장이나 상업을 운영하여 부를 이룬 부르주아지와 공장에서 한꺼번에 일하는 노동자들의 정치 참여를 요구하였다. 더구나 프랑스에서 나폴레옹전쟁 이후 들어선 반동적인 빈 체제를 해체하기 위해 1830년 7월 혁명[1]이 일어남으로써 이런 분위기는 더욱 고양되었다.

그러나 이러한 시대적, 사회적 분위기의 변화에도 불구하고 영국의 선거제도는 기존의 기득권자에게 유리하게 되어 있었다. 즉 돈과 여유를 가진 지주층만이 정치에 참여할 수 있었고, 유권자는 비합리적으로 정의되어 있었다. 게다가 전통적으로 선거권을 행사해온 농촌지역과 급성장한 잉글랜드 신흥공업지대의 도시들 간의 대표자 수에서도 현저한 불평등이 나타났다. 예를 들어 버밍엄이나 맨체스터 같은 대규모 산업중심지를 대표하는 의원이 없는가 하면 사실상 주민이 거의 없는 농촌지역, 이른바 '부패 선거구rotten boroughs[2]'라거나 지주나 귀족에 의해 선거가 좌우되는 '호주머니 선거구pocket boroughs[3]'에서는 계속 의원이 배출되었다. 인구가 적은 콘월

---

1 나폴레옹과 프랑스 공화정의 전개 참조.

2 적정 선거인수 미달의 선거구에서 원래의 대의원수 그대로를 선출하는 선거구. 19세기 초반 영국의 선거법 개혁가들이 처음으로 사용했으며 하원의 의석 통제를 목적으로 국왕이나 귀족들이 소유하고 있던 말썽 많은 선거구들을 가리켰다.

3 한 개인 또는 한 집안이 자기의 '호주머니 속'처럼 좌지우지하는 선거구. 이 용어는 19세기의 영국 의회 개혁론자들이 주민의 수가 비교적 적은 여러 선거구를 묘사하기 위해서 사용했다. 그러한 선거구에서는 선거민들이 그 지방의 유력한 가문이나 지주들에게 매수당하거나 강요받아 그들의 대표를 의원으로 선출했으며, 그 결과 의회를 지주들이 장악하고, 의석은 선거구민보다 후원자의 비위를 맞추려는 의원들로 채워졌다.

주는 44명의 의원을 내는 데 비하여 인구가 많은 런던은 단 4명의 의원을 내는 등 불합리가 계속되고 있었던 것이다.

이에 대해 의회의 개혁을 요구하는 목소리가 일어났고, 1831년 총선에서 집권한 휘그당의 그레이는 강력한 의회 개혁을 추진하였다. 1832년 선거제도 개혁안을 의회에 제출하여 하원에서는 통과되었으나 상원에서는 부결되는 사태가 발생하였다. 이에 그레이가 수상직을 사임하고 왕윌리엄 4세이 다른 수상[1]을 임명하자 큰 소요가 일어나 마치 혁명이 발발할 듯한 지경에 이르렀다. 이에 왕은 그레이를 다시 수상으로 임명하고 상원은 개혁안을 통과시키지 않을 수 없었다. 이것이 역사상 '1832년 개혁법'이라고 불리는 영국의 제1차 개정 선거법이다. 이 선거법 개정으로 50개 이상의 불합리한 선거구를 없애고 그 의석을 신흥공업도시에 배정하였으며,

---

1 나폴레옹과의 워털루 전투를 승리로 이끈 인물은 웰링턴이었다.

선거 자격을 완화하여 거의 모든 중산층이 선거권을 갖도록 하였다. 그 결과 잉글랜드와 웨일스의 유권자는 36만여 명에서 65만여 명으로 78퍼센트가량 늘었고, 전체 인구 30명 중 1인, 성인 남자 7명 중 1인이 선거권을 획득하게 되었다.

그런데 이 선거법 개정에서 노동자들은 유권자에서 빠져 있었다. 이에 노동자들은 차티스트Chartist 운동을 전개하였다. 그들은 1838년 인민헌장 People's Charter을 작성하고 ①성인남자의 보통선거 ②인구비례에 의한 평등한 선거구 설정 ③하원의원의 재산 자격 폐지 ④비밀투표 ⑤의원에 대한 세비歲費 지불[1] ⑥매년 선거 등을 요구하였다. 이듬해 125만 명의 서명을 받은 헌장청원서가 제출되었으나, 의회는 이를 거부하고 지도자들을 체포하였다. 이 운동은 1830년대부터 1840년대에 대중의 광범위한 지지를 받았으나, 1848년 5월 대규모 집회 이후 더 이상 운동의 불길을 이어가지 못하였다. 비록 이 운동은 실패했지만 노동계급의 자발적 정치운동으로, 이후 1867년 선거법 개정2차 개정 때 대부분의 도시 임금 노동자들에게 선거권이 부여되는 결과를 가져왔다. 그리고 1872년에는 비밀투표가 실시되어 뇌물과 정치적 압력에 의한 투표가 현저히 줄어들게 되었다.[2]

한편 1884년 제3차 개정으로 농민들에게 선거권이 부여되고, 1918년

---

1 의원의 재산에 의한 자격 제한 철폐와 세비 지급의 요구는 그 당시 의원은 재산이 있는 자들만이 입후보할 수 있었고 의정활동을 돈벌이로 생각지 않았기 때문이었지만, 노동자 계급의 입장에서 보면 돈 없는 사람들은 아예 의원도 될 수 없게 만드는 돈에 의한 장벽이었기 때문이다.

2 비밀투표와 관련해서는 1832년 개혁법 제정 당시에는 부패를 더 조장할 것이라 하여 반대가 많았다. 그 이유는 그 당시 일반적이었던 매표 행위를 일방이 아니라 양방으로부터 받을 가능성이 있다고 여겼기 때문이다. 게다가 투표의 비밀을 지키는 것을 낮고 비열한 짓이라고 생각하는 경향도 있었다.

국민대표법에 의하여 21세 이상의 모든 남자들과 일부 여성들이 선거권을 획득하였고, 1928년 모든 여성들이 선거권을 획득함으로써 비로소 남녀 평등의 보통선거제가 이루어졌다.

영국에서의 100년에 걸친 참정권의 확대는 단순한 선거제도의 변화 이상을 의미한다. 직접민주주의가 불가능한 현실에서 국민들은 자신들의 대표를 선거를 통해 선출할 수밖에 없고, 결국 선거권은 자신의 주권을 행사하는 가장 중요한 국민으로서의 권리가 아닐 수 없는 것이다. 따라서 선거권을 행사한다는 것은 국가의 주권자로서 자신의 주권을 행사한다는 것을 의미하고, 성인 남녀 모두에게 선거권이 부여된다는 것은 특정 개인이나 특수 집단이 아닌 국민 전체가 주권자가 됨을 의미하는 것이다.

결국 영국에서 선거권의 확대는 명예혁명 등을 통해 국왕에서 의회로 넘어간 국가의 최고의사결정 권한인 주권이 이제는 일반 국민들에게 넘어가는 과정이었다. 영국은 명예혁명 이후 점진적 개혁을 통하여 귀족정과 흡사하였던 의회정치가 민주정체로 자연스럽게 이행하여 온 것이다. 즉 1832년 선거법 개정은 그 당시로는 불합리한 선거구 조정이 주목적이었지만 이후 꾸준한 선거법 개정을 통하여 성인남녀라면 누구나 자신의 대표를 선출할 권리를 가지게 되었고, 이것은 오늘날 헌법적 가치의 중핵인 민주주의를 실현하는 가장 큰 제도적 장치가 되었다.

계몽주의 시대와
근대 헌법 이론

기술과 과학의 발전은 서구 역사에 엄청난 영향을 미쳤다. 15세기 중엽 독일의 구텐베르크가 활판인쇄술을 발명한 이래 인쇄술의 발전은 르네상스와 종교개혁을 확산시켰으며 이후 과학혁명을 가능하게 하였다. 이러한 과학의 발전은 '합리와 이성으로 세계를 파악하려고 하는' 인식의 전환을 가져왔고, 각 분야에서 계몽사상가들이 등장했다.

바스티유 감옥 습격

루이 16세가 삼부회의 최고책임자를 파면했다는 소식이 파리에 알려지면서 왕과 시민 간에 대치국면을 맞게 되었다. 군대가 도시를 에워싸자 1789년 7월 14일, 1만여 명의 시민들은 바스티유 감옥을 습격했다. 이로써 프랑스대혁명이 시작됐다.

결국 '헌법 제정의회'는 8월 4일 회의에서 봉건적 신분제와 영주제의 폐지를 단행했다. 이어 '헌법 제정의회'는 같은 달 26일 인간의 자유 · 평등 · 국민주권 · 법앞의 평등 · 사상의 자유 · 과세의 평등 · 소유권의 신성 등을 명시한 '인권선언'을 가결했다.

계몽주의 시대

1700년대를 계몽주의 시대라고 부른다. 이 시대에는 당시 발전했던 과학에 근거하여 사람의 일도 이성과 과학적 방식에 의하여 설명할 수 있다는 믿음을 가지게 되었고, 이러한 합리주의가 계몽주의를 낳아 합리와 이성으로 세계를 파악하려고 했다.

기술과 과학의 발전은 서구 역사에 엄청난 영향을 미쳤다. 15세기 중엽 독일의 구텐베르크가 활판인쇄술을 발명한 이래 인쇄술의 발전은 르네상스와 종교개혁을 확산시켰으며, 이후 과학혁명을 가능하게 하였다.

과학혁명은 코페르니쿠스가 1543년 「천구의 회전에 관하여」라는 논문을 발표해 태양중심설과 지동설을 주장한 이래, 갈릴레오가 1632년 망원경을 이용한 과학적 관찰을 통해 이를 다시 확인함으로써 기존의 중세적 세계관을 뿌리째 흔들어놓았다. 이후 아이작 뉴턴이 1687년 『자연철학의 수학적 원리Philosophiae natu ralis principia mathematica』를 발간하여 만유인력萬有引力의 법칙을 규명해냄으로써 기계론적 우주관을 확립하였다. 만유인력의 법칙the laws of universal gravitation이란 모든 물체는 중력重力, Gravitaion을 가지고 있어 서로를 끌어들이는 힘이 있다는 것으로, 이 법칙에 의하면 지구상의 물체 상호 간의 운동이나 천체의 각 행성들의 운동도 동일한 법칙에 의하여 움직인다는 것이다. 뉴턴은 그 당시 발견한 수학의 미적분학을 이용하여 지구가 둥글어도 물체들이 지구 밖으로 떨어지지 않는 이유는 중력 때문이며 지구를 비롯한 행성들이 태양을 주위로 회전하는 것도 중력 때문임을 입증하였다. 이로써 자연현상을 인간이 알 수 없는 신의 섭리나 미신으로 해석하던 종래의 세계관을 근본적으로 바꾸어놓았다. 따라서 당시 유럽인들은 신이 우주를 창조한 것은 인정하나, 우주는

뉴턴(Isaac Newton, 1643~1727)
뉴턴은 1687년 만유인력의 법칙을 발표했다. 만유인력의 법칙은 자연현상을 인간이 알 수 없는 신의 섭리나 미신으로 해석하던 종래의 세계관을 근본적으로 바꾸어 놓음으로써 근대적 세계관의 효시가 되었다.

거대한 기계로 만든 시계와 같이 과학의 법칙에 따라 움직이는 것으로 파악하기 시작하였다.[1] 이런 과학적 발견과 함께 베이컨1561~1626의 귀납적 방법론과 데카르트1596~1650의 연역적 방법론 등 새로운 자연탐구의 방법론은 세계에 대한 신학적 해석의 한계를 밝히면서 새로운 세계 이해의 틀을 보여주었다.

과학혁명에 영향을 받은 계몽사상가들은 사물에 과학의 법칙이 존재하듯 사람의 일에도 '자연법'이 존재한다고 생각하였다.[2] 중력의 법칙이 물체의 운동을 지배하듯, 인간의 행동도 이를 지배하는 다른 법칙이 존재한다고 생각하였던 것이다. 그리하여 인간의 일을 신앙의 측면으로 이해하

---

1 뉴턴의 이와 같은 혁명적 기여에 관하여 영국 시인 알렉산더 포퍼는 "자연과 자연의 법칙은 어둠 속에 있었다. 신이 '뉴턴이 있어라' 함에 모든 것은 빛 속에 드러났다."라고 하였다.

2 이와 관련하여 몽테스키외는 실정법이 명령하거나 금하는 것 이외에는 정의도 부정도 존재하지 않는다고 말하는 것은 원이 그려지기 전에는 모든 반경이 달랐다고 말하는 것과 다를 바 없다고 했다.

려고 하는 것이 아니라 세속적인 관점에서 합리적이고 과학적인 방식으로 이해하려고 노력하였다.

이와 같은 생각은 정치 분야에도 예외는 아니어서 고대 그리스와 로마에서 행해지던 민주 공화정에 대한 이해를 바탕으로 당시 왕과 귀족, 승려들이 가졌던 특권을 비판하였다. 프랑스의 볼테르는 정치체계의 모순을 신랄하게 비판해 바스티유 감옥에 투옥되기도 하였다. 그는 특히 표현의 자유와 개인의 자유를 억압하는 세태를 신랄하게 비판하였는데, "나는 당신이 하는 말을 인정하지는 않지만 그런 말을 할 당신의 권리에 대하여는 목숨 걸고 지키겠다"는 유명한 말을 남겼다. 한편 존 로크는 이미 명예혁명 직후인 1690년에 『정부에 관한 두 논문』에서 구시대적 특권에 대하여 비판한 적이 있는데, 많은 계몽사상가들이 존 로크의 사상을 채용하였다. 그중 후세에 큰 영향을 미친 사상가가 몽테스키외와 루소다.

몽테스키외 『법의 정신』, 1748년[1]

프랑스 보르도에서 태어난 몽테스키외1689~1755는 보르도에서 법률을 공부한 후, 파리로 나가서 많은 학자들과 교류하였다. 1714년에 보르도 고등법원 평정관을 지내다가 뒤에 원장이 되었다. 1721년에는 당시의 프랑스를 풍자적으로 비판한 서간체 소설 『페르시아인 편지』를 익명으로 출판해 파리 사교계에서 일약 유명해졌다. 그는 곧 아카데미 회원에 선출되어

---

1 이때 우리나라는 조선 영조 시대였고, 중국은 청나라 건륭제 통치기간 중이었다.

몽테스키외(Charles Montesquieu, 1689~1755)
『법의 정신』이란 책에서 영국 헌정을 분석하면서 입법·행정·
사법의 3권 분립을 주장하였다. 이 책은 당시 자신이 속한 나라
의 법률체계만 알고 있던 사람들의 시야를 넓혀주었고 보다 합
리적인 통치구조를 모색하게 만들었다.

1728년부터 유럽 각국을 여행하였고 영국에서 3년간 체류하였다. 그동안
각국의 정치·경제에 관해 관찰한 것을 바탕으로 1748년에 20여 년이 걸
린 『법의 정신』을 완성하였다. 이것은 곧 금서목록에 올랐으나 2년 동안
22판을 내면서 그 당시 정치사상의 독보적이면서도 중요한 책이 되었다.

　몽테스키외가 1748년 발간한 『법의 정신』의 원래 목적은 우리가 흔히
생각하듯 국민주권이나 삼권분립제도의 정당성을 입증하기 위한 것은 아
니었다. 오히려 자신이 여러 국가를 돌아다니면서 또는 여러 문헌을 정독
해 발견한 각국의 법률들이 나름대로의 원리를 가지고 입법되었음을 입증
하고, 그 원리들을 규명하기 위한 것이었다. 따라서 이 책은 여러 나라의
역사와 법률에 대하여 자세하게 설명하고 있어 비전문가의 입장에서 읽기
란 쉽지가 않다.

　그럼에도 불구하고 이 책은 당시 자신이 속한 나라의 법률체계통치구조만
알고 있던 사람들에게 다른 법률체계도 존재할 수 있음을 밝혀줌으로써
인류로 하여금 합리적인 통치구조를 모색하게 만들었다. 또한 당시 간과

하고 있던 '재판권사법권'을 집행권, 입법권과 대등한 위치로 끌어올림으로써 삼권분립제도를 처음으로 이론화하여 미국 혁명과 프랑스 혁명의 이론적 근거가 되었다.

몽테스키외는 이 책에서 한 국가의 통치구조정체를 공화정체, 군주정체, 전제정체로 나누고 다시 공화정체 안에 민주정체와 귀족정체를 두었다. 국민 전체민주정 혹은 일부귀족정가 주권을 갖는 것이 공화정체이고, 단 한 사람이 통치하지만 정해진 법에 의거하여 통치하는 정체가 군주정체이며, 통치자 자신의 의지나 자의에 따라 모든 것을 처리하는 정체가 전제정체라고 규정했다.

한편 공화정체를 작동하는 원리[1]는 덕성德性으로, 이는 조국애와 참다운 영광의 희구, 호기심, 가장 귀중한 이익의 희생, 절도節度 등과 같은 것이라고 보았다. 또 민주정체에서 가장 중요한 것은 조국에 대한 사랑인데, 조국애는 결국 민주정에 대한 사랑이고 이는 평등에 대한 사랑과 질박質朴, 소박함에의 사랑[2]이다. 만약 민주정체에 이와 같은 덕성의 원리가 작동되지 않으면 공화국은 빈 껍질일 뿐, 그 힘은 소수 시민의 권력과 만인의 자의에 불과한 것이라고 했다. 공화정체 중 귀족정체의 원리는 덕성이나, 그중

---

1 몽테스키외는 각 정체의 본성은 그 정체로 하여금 존재하게 만드는 것이고, 원리란 그것을 움직이는 것이라고 했다.

2 평등에의 사랑은 민주정체에 있어서 야심을 단지 한 가지의 욕망으로, 즉 다른 시민보다도 조국에 더 큰 봉사를 한다는 단 한 가지의 행복으로 한정한다. 질박에의 사랑은 소유욕을, 즉 자기 가족을 위해 필요한 물건을 확보하고, 나아가 조국을 위해 잉여물을 확보하는데 필요한 소유욕만으로 제한한다. 다시 말해서 평등에의 사랑은 정치적 야심이 자신이 왕이 되거나 특권층이 되기 위한 것이 아니어야 하며, 질박에의 사랑은 경제적 욕망이 개인과 국가의 필요를 벗어나 평등을 깨뜨릴 정도가 되어서는 안 된다는 의미다.

에서 가장 중요한 것은 절도로, 즉 귀족은 하나의 단체를 형성하며 이 단체가 국가를 이끄는데, 이 단체에 속한 개인이나 단체의 특권을 절제해야만 귀족정체가 유지된다고 보았다.[1]

군주정체를 작동하는 원리는 명예다. 군주정체에서는 공화정체에서 필요한 덕성이 법률로 대체되어 있으므로 덕성보다는 각 신분이 가지는 명예를 추구하는 것이 바람직한 원리라고 주장했다. 특히 군주정체에서는 귀족의 신분을 보장하는 것이 중요하며 귀족 신분이 그 명예를 유지하지 못하면 전제정체로 전락하게 될 것이라고 보았다.

한편 전제정체를 작동하는 원리는 공포인데, 전제정에서는 통치자의 자의에 의하여 통치가 행해지므로 국민들의 덕성도, 귀족들의 명예도 불필요하거나 위험한 것이 된다고 역설했다.

이 정체들에 대하여 몽테스키외는 공화국은 작은 영토를 가진 국가에,[2] 군주정은 중간 크기의 국가에, 전제정은 대제국에 걸맞은 정체여서, 나라의 크기를 현상대로 유지하는 것이 그 국가 정체를 유지하는 것이라고 했다. 이와 같은 생각은 나라의 크기에 상관없이 공화국체제를 유지하고 있는 오늘날의 관점에서 보면 이해하기 어렵다. 몽테스키외가 입헌군주제를 선호하고 있었고, 또 당시 이와 같은 공화국체제를 가졌거나 유지하고 있

---

1 절도 있는 생활태도와 순수함은 귀족정체에서 귀족의 힘을 이루고 있는 것이다. 귀족이 국민과 사귀고, 국민과 같은 옷을 입고 자기들의 모든 쾌락을 국민들과 함께할 경우에는 국민은 자기의 약함을 잊게 된다.

2 작은 공화국에서는 공공의 복지가 보다 잘 느껴지고, 보다 잘 알려져서, 서민들에게 더 가까이 있다. 또한 남용이 퍼지는 일이 보다 더 적어지고, 따라서 범위 또한 광범위하지 못하다……특수한 조건이 없는 한, 단일도시 속에 공화정체 이외의 정체가 존속한다는 것은 쉬운 일이 아니다.

었던 국가는 고대 그리스 로마 초기와 작은 도시 국가뿐이었고, 몽테스키외가 말하는 민주정이 오늘날과 같은 대의민주제간접민주제가 아닌 그리스식의 직접민주제였다는 점에 비추어 보면, 그의 사상이 가지는 시대적, 역사적 한계를 이해할 수 있을 것이다.

이런 한계에도 불구하고 그리스, 로마를 비롯하여 유럽 역사에 등장하는 거의 모든 국가를 대상으로[1] 문헌과 실제 자료를 분석하고 이를 바탕으로 그 정체와 통치원리를 밝혔다는 점에서 높이 평가하지 않을 수 없다. 게다가 국왕이 통치하는 나라를 군주국가와 전제국가로 나누어 전자가 법에 의하여 통치되는 바람직한 나라이고 후자가 국왕의 자의에 의한 공포를 바탕으로 한 나라로 결코 바람직하지 않다는 점을 명백히 하였다. 그 결과 당시 유럽대륙에 횡행하던 왕권신수설이나 절대군주제를 계몽주의적 시각에서 철저히 비판한 점은 절대 과소평가할 수 없다.

몽테스키외의 헌법과 관련한 결정적인 공헌은 『법의 정신』 11편 「국가조직과의 관계에서 정치적 자유를 구성하는 법」에 관한 것이다. 그는 여기서 국가에서 정치적 자유란 원하는 것을 행할 수 있고, 원하지 않는 것을 강요당하지 않는 것인데, 이와 같은 정치적 자유를 국가조직의 직접적 목적으로 삼는 나라[2]가 곧 영국이라고 하면서, 영국의 통치구조에 대하여 설명하고 있다.

---

1 심지어 중국과 일본에 대한 분석도 나온다.

2 몽테스키외는 모든 국가는 스스로를 유지한다는 공통의 목적 이외에도 각기 고유의 목적을 가지고 있는데, 로마는 영토 확장, 스파르타는 전쟁, 유대법은 종교, 마르세유는 상업, 중국은 공공의 안녕 등이라고 했다.

또 국가권력은 입법권·집행권·재판권의 세 종류가 있고, 입법권과 집행권이 결합되어 있다면 자유란 존재하지 않는데, 입법권으로 폭정적인 법률을 만들고 그것을 폭정적으로 집행할 우려가 있기 때문이라고 했다. 나아가 재판권이 입법권과 집행권으로부터 분리되지 않을 때에도 자유는 존재할 수 없다고 밝혔다.

만약 재판권이 입법권에 결합되어 있다면, 시민의 생명과 자유를 지배하는 권력은 자의적일 것이다. 왜냐하면 재판관이 곧 입법자이기 때문이다. 만약 그것이 집행권에 결합되어 있다면 재판권은 압제자의 힘을 가지게 될 것이다.

나아가 그는 영국 이외의 군주국에서는 자유를 직접적인 목적으로 삼지 않으며 시민이나 국가 혹은 군주의 영광만을 지향하고 삼권이 분립되어 있지 않음을 지적하면서 만약 삼권이 적절히 분리되어 정치적 자유로 접근하지 않으면 군주정체는 전제정체로 타락할 수밖에 없다고 주장했다.

비록 몽테스키외가 군주가 집행권을 담당하나 이로부터 입법권과 사법권이 분리된 입헌군주제를 이상적인 국가체제로 이해하고 당시의 영국 정부에 대하여 잘못 이해하고 있었지만 당시 영국에서 사법부의 독립은 명백히 이루어지지 않았다 그의 삼권분립론은 엄청난 반향을 불러일으켰다. 이 사상의 영향으로 1787년 미국 헌법에서 삼권분립이 제도적으로 현실화되었을 뿐 아니라, 프랑스 혁명 당시 프랑스 인권선언 제16조에서 '법의 준수가 보장되지 않거나 권력분립이 규정되어 있지 않는 사회는 결코 헌법을 가지고 있지 않다.'라고 명시해 몽테스키외의 사상이 프랑스 혁명에 미친 영향을 가늠케 하고 있다. 그리고 오늘날에도 입법·행정·사법의 삼권분립은 민주국가에서 국민의 기본권을 보장하기 위한 당연한 통치구조의 원리로 받아들여지고 있어, 몽테스키외의 사상에 현대인들이 큰 빚을 지고 있는 것은 틀림없다. 그리고 우리 헌법에서도 몽테스키외의 사상이 실현되어 삼권분립에 의한 통치구조가 규정되어 있음은 물론이다.

루소와 『사회계약론』, 1762년[1]

루소 Jean-Jacques Rousseau, 1712~1778는 스위스 제네바에서 가난한 시계공의 아들로 태어났다. 어머니가 루소를 낳다가 죽자 아버지 손에 양육되었는데 10세 때는 아버지마저 집을 나가 숙부에게 맡겨졌으며, 인근 공장에서 심부름꾼 노릇을 하면서 소년기를 보냈다. 16세 때 제네바를 떠나 청년기를 방랑생활로 보내다가 우연히 바랑 남작부인을 만나 집사로 일하면서 공부할 기회를 얻었다. 1742년 파리로 옮겨와 철학자였던 디드로와 친교를 맺고 함께 『백과전서』 간행에도 협력하였다. 1749년 디종의 아카데미 현상 논문에 당선한 『학문과 예술론』을 출간하여 사상가로서 인정받게 되었다. 이후 1761년에는 서간체 연예소설인 『신新 엘로이즈』를 출간해 큰 성공을 거두었으며, 1762년에는 인간의 자유와 평등을 논한 『사회계약론』과 소설 형식의 교육론 『에밀』 등 후세에 큰 영향을 미치는 대작을 차례로 출간했다.

그러나 『에밀』이 출판되자 파리대학 신학부가 그의 종교적 관점을 문제

---

1 이때 우리나라는 조선 영조 시대인데, 이해 사도세자가 뒤주에 갇혀 죽는 일이 벌어졌다.

삼아 고발했다. 파리 고등법원이 이를 받아들여 출판이 금지되고 루소에
게 체포령이 내려졌다. 그는 도망자가 되어 스위스, 영국 등지로 떠돌았으
며 나중에 프랑스로 돌아와 각지를 전전한 경험을 바탕으로 자전적 작품
『고백록』을 집필했다. 그러나 이 책은 그의 사후에 출판되었다. 1768년에
25년 동안 함께 지내온 세탁소 점원 출신인 테레즈 르바쇠르와 정식으로
결혼하고 파리에 정착한 루소는 피해망상으로 괴로워하면서도 『루소, 장
자크를 재판한다』를 쓰고, 『고독한 산책자의 몽상』을 쓰기 시작했으나, 완
성하지 못하고 파리 북쪽 에르므농빌에서 죽었다.

그가 죽은 지 11년 후에 프랑스 혁명이 일어났는데, 그의 자유민권 사상
은 혁명지도자들의 사상적 토대가 되었다. 1794년 그 당시 혁명 정부를 구
성하고 있던 국민공회는 루소의 유해를 위인의 전당인 팡테옹으로 옮겨
볼테르와 나란히 묻었다. 루소의 인생은 로베스피에르의 다음과 같은 헌

사로 요약될 수 있다.

오, 참되고 숭고한 인류의 벗 그대여, 선망과 음모와 전제에 의해 박해당한 그
대, 불멸의 장 자크여, 명예는 바로 그대에게 주어져야 하는 것이다.

루소가 1762년에 출간한 『사회계약론』은 헌법사에서 루소를 불멸의 이
름으로 남게 하였다. 루소는 이 책에서 '자연상태'와 그에 대립되는 '사회
상태'를 구분하고, '일반의지'와 '특수의지'를 구분함으로써, 국가의 주권이
인민에게 있음을 명백히 하였다.

"인간은 자유로운 존재로 태어났다. 그럼에도 불구하고 도처에서 사슬
에 얽매여 있다."는 유명한 말로 시작하는 이 책에서 루소는 인간의 자연
상태를 자유롭고 평등한 개인들의 상태라고 밝히고 있다. 그러나 자연상
태에서는 개인으로밖에 존재하지 못하므로 생존하는 데 방해가 되는 갖가
지 저항을 혼자서 물리칠 수밖에 없다. 이를 극복하기 위하여 개인들이 힘
을 모을 필요가 있고 이를 위해 사회상태를 구성하게 되는 것이다.

그런데 사회상태를 구성함에 있어 힘이나 정복으로 각 구성원의 권리나
의무가 발생할 수는 없다. '아무리 강한 자라도 자기에 대한 복종을 의무
로 바꾸지 않는 한, 영원히 주인일 수 있을 만큼 결코 강하지 않은데', 폭력
으로서는 일시적 굴복이 가능하나 자발적 의지에 따른 복종, 즉 의무로서
의 복종이 발생할 수가 없기 때문이다. 따라서 권리와 의무는 오로지 각
구성원 간의 자발적인 약속, 즉 계약에 의할 수밖에 없다.

한편으로 개인의 입장에서 사회계약을 하는 것은 자신의 자유와 생존을
위한 것이므로 이런 계약을 통해 자유와 생존에 대한 권리를 포기할 수는

없다. 그래서 이 계약은 '각 구성원의 몸과 재산을 공동의 힘으로 지키고 보호하는 결합의 한 형식을 찾아내면서도 동시에 이전과 같이 자유로워야 하는 것'이다. 그런 까닭에 루소는 이런 계약이 성립하기 위해서는 각 구성원 모두가 자신의 모든 권리와 함께 자신을 한 개인이나 일부 집단이 아닌 '공동체 전체'에 전면적으로 양도해야만 한다고 주장한다. 이와 같이 공동체 전체에 자신의 모든 것을 양도해야만 하는 까닭은, 개인이나 일부 집단에 양도하게 되면 다른 나머지 개인이나 집단과 구별되는 특수한 지위를 가지게 되어 구성원 간의 평등이 깨어지게 되고, 구성원들의 자유와 권리가 다시 속박받기 때문이다.

한편 이러한 계약에 의한 결합을 통해 각 계약자의 '하나의 정신적이고 집합적인 단체'를 만들어내는데 이것을 공화국 또는 정치체Corps politique 라고 한다. 그것은 수동적으로는 구성원으로부터 국가라고 불리고, 능동적으로는 주권자라고 불리며 동일한 종류의 것과 비교할 때에는 권력체라고 불린다. 구성원이란 집합적으로는 인민이란 이름을 갖지만, 개체로는 주권에 참여하는 것으로는 시민, 국가의 법률에 복종하는 것으로는 신민 Sujets이라고 불린다.

이와 같은 사회계약을 통하여 인간이 잃는 것은 자연적 자유와 마음을 끌면서도 입수할 수 있는 모든 것에 대한 무제한의 권리며, 획득하는 것은 시민적 자유와 자신이 가지고 있는 모든 것에 대한 소유권이다.

이 기본 계약은 자연적 평등을 파괴하는 것이 아니라, 자연적으로 인간 사이에 있을 수 있는 육체적 불평등 대신에 도덕상·법률상의 평등으로 바꿔놓은 것이라는 점과, 또 인간은 체력과 정신에 있어서 불평등일 수 있지만 약속에 의해, 또 권리에 의해 모두 평등하게 된다고 하는 것이다.[1]

루소는 이런 논의를 통해 국가는 국가 구성원 간의 사회계약에 의해 성립되는데, 각 구성원은 어느 한 개인이나 집단이 아닌 '전체로서의 정신적 집합체'인 정치체에 모든 권력을 이양하여 줌으로써 그 안에서 구성원 모두는 평등하며 서로 간에 자유롭게 된다고 주장한다. 그리고 이런 정치체는 개인이 개인의 의지를 가지는 것과 마찬가지로 그 고유의 의지를 갖는데 그것이 '일반의지'다. 이 일반의지는 각 개인이 가지는 개별의지·특수의지와 달리 사회의 공통된 이익에 입각하여 형성되지 않을 수 없고, 또한 일반의지의 행사가 곧 '주권'의 행사가 된다. 따라서 주권은 '전체로서의 정신적 집합체'의 일반의지므로 양도하거나 분할될 수 없는 것이다.

정치체의 일반의지가 구체화되는 것이 법이다. 법은 정치체의 일반의지를 표현하는 것이므로 모든 구성원에게 적용되는 보편성을 가진다. 따라서 개별적 대상이나 개별적 범위에 관한 것은 법이 아니라 행정이다. 이와 같이 입법이라고 하는 것은 정치체의 일반의지를 실현하는 것이므로, 입법권은 당연히 인민에 속하며 또 인민 이외의 것에 속할 수도 없다.

그러나 집행권은 일반의지의 실현이 아니라 특수한 행위에서만 이루어

---

1 이와 같은 루소의 언급은 중요하다. 왜냐하면 사회계약이 기존의 지배·피지배의 계약이 아니라, 평등한 인간 사이의 계약이라는 것이다. 로크의 국가기원론이 자유와 재산권의 소유에 중점을 둔 것이라면, 루소의 사회계약은 평등에 중점을 두고 있다. 여기에 루소의 혁명적 성격이 있다. 기존 사회 혹은 국가질서가 계급제도로 되어 있음에도 국가질서가 평등에 근거하여 존립해야만 한다는 주장은 그 당시로는 혁명적 발상이 아닐 수 없다.

지는 것이므로 인민에 속하지 않을 수도 있다. 공공의 힘으로서는 이 힘을 결집하여 그것을 일반의지의 지도에 의해 움직이고, 국가와 주권자와의 연락을 위해 애쓰며, 인간에 있어 영혼과 육체와의 결합이 행하는 일을, 말하자면 공인에 있어 행하는 적당한 대리인이 필요하다. 이것이 국가에 있어서의 정부의 존재 이유다. 즉 정부는 법률의 집행과 시민적, 정치적 자유의 유지를 임무로 하는 단체로, 이 단체의 구성원은 행정관이나 왕, 즉 지배자라는 이름으로 통칭하여 통치자의 역할을 가진다.

루소가 규정하는 입법권은 일반의지의 표현이므로 결코 인민으로부터 분리될 수 없으나, 집행권은 정부의 구성 원리에 따라 여러 가지가 있을 수 있다. 즉 집행권을 인민 전체에게 주는 민주정, 귀족들에게 주는 귀족정, 왕에게 주는 군주제 혹은 여러 가지 변형이 있을 수 있는 것이다. 그리고 이런 정부의 형태는 각 나라의 사정에 따라 달리 채택될 수 있는 것이라고 본다. 다만 정부를 만드는 것은 주권자이므로, 집행권을 맡은 사람들은 결코 인민의 주인이 아닌 그 공복이며 인민은 필요할 때 마음대로 그들을 임명하고 또 해임할 수 있다는 것을 명백히 하였다.[1]

루소의 정치사상은, 첫째, 인간은 타고나면서 자유롭고 평등하다는 것, 둘째, 정치적 결사의 목적은 타고난 자유와 평등을 보장받기 위함이라는

---

1 이런 루소의 국가관에 따르면 주권자의 일반의지를 법으로써 표현하는 입법부야말로 국가의 최고기관이다. 행정부 혹은 정부는 그 국가의사를 실행하는 기관에 지나지 않으므로 항상 입법부의 의사에 따라야 한다는 결론이 나온다. 그런 사고는 결국 국민과 국왕과의 관계를 역전시키는 결과를 낳는다. 즉 국왕은 국민의 뜻을 집행하는 공복에 지나지 않는다는 것이므로 결코 국왕이 국민에게 군림할 수 없는 것이다.

것, 셋째, 정치결사체국가는 공공의 목적을 갖는 일반의지를 가지는데, 이 일반의지는 법으로 표현되므로 입법권은 주권자인 인민에게 있다는 것, 넷째, 법을 집행하기 위해 정부를 구성하는데 주권자인 인민은 언제든지 이를 바꿀 수 있다는 것 등을 명백히 하였다.

이와 같은 사상은 당시 프랑스가 절대왕정체제 하에 있었고 심지어 영국처럼 의회제도도 발전되지 않은 상태였다는 것에 비추어 보면 가히 혁명적이라 하지 않을 수 없다. 특히 주권이 왕이나 귀족에게 있는 것이 아니라 구성원 전체인 인민에게 있음을 명백히 하고, 인민은 언제든 자신의 자유와 권리를 위하여 입법권을 행사하여 정부를 교체할 수 있다는 사상은 그의 사후 일어난 프랑스 혁명의 사상적 기초가 되기에 충분했다. 따라서 프랑스 혁명에서 채택한 인권선언 곳곳에 그의 사상이 드러나 있는 것은 당연한 결과다.

제1조 인간은 태어나면서부터 자유롭고, 권리에 있어서 평등하다. 사회적 차별은 오직 공동의 이익을 위해서만 가능하다.

제2조 모든 정치적 결사의 목적은 소멸될 수 없는, 타고난 인간의 권리를 유지하는 데 있다. 이들 권리는 자유권, 재산권, 안전권 및 억압에 대한 저항권이다.

제3조 모든 주권의 기초는 본질적으로 국민에게 있다. 어떤 단체나 개인도 국민으로부터 직접 유래하지 않는 어떠한 권력도 행사할 수 없다.

제6조 법은 일반의지의 표현이다.

⋮

루소의 '국가는 구성권 개인의 인권기본권을 보장하기 위한 계약에 의하여 구성된다'는 원리는 오늘날 헌법이라는 근본 규범의 존재 이유를 설명하는 것이기도 하다. 즉 기존의 사상으로는 국가권력은 신이나 하늘에서 부여하는 것이라는 다분히 종교적이거나 신비적인 해석을 넘어설 수 없었다. 그러나 루소 이후 국가권력 혹은 국가는 국민들이 국민들의 민복을 위하여 사회계약을 통해 만들어낸 것이고, 그 만드는 과정에서 국가권력을 누가 어떻게 행사하고 국민들의 기본권이 어떻게 보장되는지를 합의한 계약이 바로 헌법이라는 것이 명백하게 되었다. 이런 까닭에 헌법은 곧 국민들의 국가형성에 대한 기본 계약 혹은 근본 계약이라 할 수 있는 것이다.

미국
헌법의 역사

777년 독립선언 이후 대륙회의에서는 13개 식민지를 통합하는 연방
조직이 필요하다고 인정되어 연맹규약을 만들었다. 그러나 그 연맹규약은
형식상 주마다 한 개씩의 투표권을 부여한 일원제의 연방의회만을 구성하
고 있을 뿐 다른 국가기관은 전혀 존재하지 않아 행정부나 사법부 등 연방
의회가 만든 법을 집행할 기구조차 없었고 연방의회는 각 주에 지원금
을 요청할 수 있을 뿐 직접적으로 세금을 거둘 수도 없었다. 결국 이를 해
결하기 위해 1787년 5월 필라델피아에서 각 주 대표 55인이 모임을 갖고
연맹규약의 개정과 새로운 연방정부 수립의 필요성에 대한 것을 논의했다.

미국 의회
미국의 독립은 헌법사에서 커다란 의의를 가진다. 이는 당시 유럽
에서 발전되어 온 국민주권, 삼권분립, 인권사상 등을 새로운 대
륙에서 현실적으로 실현하는 계기가 되었을 뿐만 아니라 세습에
의한 군주가 아닌 국민이 선출하는 대통령 제도를 고안해냄으로
써 오늘날 현대 민주국가의 가장 중요한 모델이 되었다. 사진은
미 의회 건물이다.

독립혁명 전의 미국

유럽은 이슬람 세력 때문에 육로를 통해 동양으로 가는 길이 막히자, 그 당시 발전했던 항해술을 이용해 바다를 통해 동양 진출을 시도했다. 포르투갈은 1488년에 탐험사 바르톨로뮤 디아스Bartholomeu Diaz에 의해 아프리카 최남단 희망봉을 발견했다. 뒤이어 1498년에는 바스코 다 가마Vasco da Gama가 인도에 도착함으로써 동양으로 가는 바닷길을 열었다.

그다음 주자 스페인은 포르투갈이 지배하고 있는 아프리카 희망봉을 거치지 않고 동양으로 가는 길을 모색하기 위해 크리스토퍼 콜럼버스Christopher Columbus를 보냈다. 그는 대서양을 건너 1492년 자신은 인도라고 믿은 땅에 도착하였는데, 그곳은 인도가 아니라 현재 아메리카 대륙의 일부였다. 이리하여 대서양을 사이에 두고 전혀 교류가 없던[1] 유럽과 아메리카 대륙은 급속한 교류를 통하여 서로 간에 영향을 미치기 시작했다.

아메리카 대륙의 광대한 토지에서 나오는 각종 금, 은 따위의 귀금속과 원료 등이 유럽제국에 막대한 이익을 올릴 수 있는 기회를 제공한 덕분에 유럽제국은 앞다투어 아메리카 대륙에 식민지를 건설해 나갔다. 영국은 개인회사나 개인에게 특허장을 주는 형식으로 미국에 식민지를 개척했는데, 최초의 식민지는 1607년 오늘날 버지니아 주에 있는 제임스타운이다.[2] 1620년에는 청교도 분리주의자들인 필그림 파더스Pilgram Fathers가 현재의 매사추세츠 주에 있는 플리머스Plymoth에 정착했다. 이후에도 이

---

1 이전 바이킹들이 미 대륙을 간 사실이 있다고는 하나, 역사적 의미가 거의 없는 단순한 사건일 뿐이었다.

2 그 당시 영국 왕인 제임스 1세를 따라 지은 이름이다.

미국 독립 전 13개 주를 나타낸 지도
(뉴햄프셔, 매사추세츠, 로드아일랜드, 코네티컷, 뉴욕, 뉴저지, 펜실베이니아, 델라웨어, 메릴랜드, 버지니아, 노스캐롤라이나, 사우스캐롤라이나, 조지아)

주는 계속되어 1732년까지 13개 주가 성립하였다.

미 대륙의 식민지는 대략 왕령 식민지, 영주 식민지, 자치 식민지, 이렇게 세 형태로 나눌 수 있다. 1691년 이후 매사추세츠와 같은 왕령 식민지의 경우에는 왕실의 임명을 받고 파견된 주지사가 왕의 이름 아래 전권을 장악했다. 1691년 이전의 메릴랜드나 펜실베이니아 같은 영주 식민지의 경우에는 왕실에서 땅을 하사받은 한 명 또는 그 이상의 영주가 나름대로 통치권을 행사하였고, 1624년 이전의 버지니아와 같은 자치 식민지는 땅을 하사받은 회사의 임원들에게 지휘권이 주어졌다.

하지만 미 대륙의 영국 식민지 모두 실질적으로 대중 정부 형태를 어느 정도 갖추고 있었다. 17세기 후반의 식민지 정부는 일반적으로 총독과 양원제 의회로 구성되었다단원제는 펜실베이니아뿐이었다. 총독이 임명한 의원들로 구성된 의회를 상원이라 불렀고, 선거권이 있는 자유 시민들이 선출한 의원들로 구성된 의회는 하원이라 불렀다. 그리고 코네티컷에서는 1639년 1월 코네티컷 기본법The Fundamental Orders of Connecticut을 제정하여, 주지사와 의원의 선거를 규정하고, 매년 2회 이상의 대표자 전원회의 소집을 규정하기도 하였다. 이렇듯 미국의 영국 식민지는 유럽제국과는 달리 군주의 영향력이 비교적 적은 상태에서 나름의 독자적 민주주의를 경험해 나가고 있었다.

미국의 독립혁명과 독립선언문, 1776년[1]

미국이 1776년 7월 4일 영국으로부터 독립을 선언한 것은 헌법사에 있어 엄청나게 중요한 사건 중 하나이다. 이것은 그 당시 유럽에서 발전되어 왔던 국민주권, 삼권분립, 인권사상 등을 거대한 영토를 가진 새로운 대륙에서 현실적으로 실현하는 계기가 되었을 뿐만 아니라, 혈통세습에 의하여 국가권력을 담당하는 군주가 아니라 국민으로부터 선출되는 대통령제도를 고안해냄으로써 오늘날 현대 민주국가의 가장 중요한 모델이 되었기 때문이다.

미국의 독립전쟁은 근본적으로 식민지와 본국 간의 이해관계가 달랐기 때문에 생긴 것이다. 특히 영국이 1756년부터 1763년까지 프랑스와 7년전쟁[2]을 벌여서 승리하였지만, 막대한 전쟁비용에 따른 부채를 해결하기 위해 미국 식민지에 각종 세금을 부과한 것[3]이 직접적인 원인이었다. 1773

---

1 당시 우리나라에서는 조선의 정조가 즉위하였고, 영국에서는 애덤 스미스가 『국부론』을 출간하였다.

2 유럽 중부의 슐레지엔 지방의 영유권을 둘러싸고 유럽 대국들이 1756년부터 1763년까지 벌인 전쟁이다.

3 1764년에는 식민지로 수입되는 당밀과 설탕에 대해 관세를 부과하는 설탕법을, 1765년에는 여러 법적 문서뿐 아니라 신문도 인지세를 부과하는 인지세법을 제정하였다. 인지세법은 미국 식민지인들의 강력한 반발에 부딪혀 그 이듬해 폐기되었다. 그런데 1776년에 영국 재무상 찰스 타운센트는 전쟁 부채는 식민지도 상당 부분 책임지지 않을 수 없다며 이른바 타운센트 법을 의회를 통해 제정하였다. 유리, 납, 페인트, 종이, 차와 같은 생필품에 수입세를 부과하는 것이었다. 그러나 이것도 식민지인들의 거부로 실시가 어렵게 되자 차에 대한 과세권만 남겨두고 폐기되었다.

미국의 독립선언문

토머스 제퍼슨이 기초한 독립선언문은 1776년 7월 4일 공포되었다. 이 독립선언문에서 인간은 양도불가의 천부인권을 가지고 있고, 인간이 국가를 건설하는 것은 이런 인권을 보호하기 위함이며 국가권력은 국민들의 동의에 근거한 것이고 만약 이런 권리를 국가가 파괴한다면 인민은 이를 바꾸거나 없앨 권리가 있음을 명백히 밝혔다. 미국 독립선언문은 근대 민주주의 발전에 큰 영향을 미쳤으며 미국은 7월 4일을 독립 기념일로 정하고 있다.

년 보스턴에서 차를 내다 버리는 사건[1]이 일어나자 영국은 이에 대항하여 보스턴 항을 봉쇄하는 법률[2]을 제정하였다. 이에 1774년 미국의 각 식민지들은 대륙회의Continental Congress를 개최하여 '대표 없는 곳에 세금 없다No tax without Representation'라고 주장하며 미국 식민지에 가하는 각 악법들을 철폐할 것을 요구해 양국은 팽팽하게 대립했다. 그러다 1775년에 전쟁이 발발하게 된 것이다.

전쟁이 발발하자 영국에서 벗어나려는 식민지의 행동을 정당화하기 위하여 대륙회의는 13개 주뉴햄프셔, 매사추세츠, 로드아일랜드, 코네티컷, 뉴욕, 뉴저지, 펜실베이니아, 델라웨어, 메릴랜드, 버지니아, 노스캐롤라이나, 사우스캐롤라이나, 조지아에

---

1 당시 영국의 동인도회사는 막대한 양의 차를 보관하고 있었다. 그러자 영국 정부는 차에 대한 세법을 근거로 동인도회사에 아메리카 식민지에서 차를 독점적으로 판매할 수 있는 권리를 주었다. 보스턴에서 12월 16일 아메리카 원주민(인디언)을 가장한 '자유의 아들' 회원이 항구에 정박 중인 동인도회사의 선박을 습격해 그 배에 있던 차를 모두 바다에 던져 버린 사건이다.
2 못 먹게 된 차를 변상할 때까지 보스턴 항구를 상업적 용도로 사용할 수 없다는 내용의 법률이다.

대하여 각각의 국가를 결성하고 헌법을 제정할 것을 권고하였다. 이에 버지니아가 1776년 6월 12일 최초로 헌법을 제정하였다. 조지 메이슨1725~1792이 기초한 버지니아 헌법은 이후 여러 주와 연방헌법의 모범이 되었다.[1] 버지니아 헌법은 대체로 세 부분으로 나누어진다. 첫 번째는 권리장전, 두 번째는 통치기구, 세 번째는 헌법 비준과 관련한 일정에 관한 것으로 특히 버지니아의 권리장전은 국민의 자유와 권리가 영국에서처럼 귀족들의 신분적인 자유와 권리의 보장이 아니라, 인간의 천부적인 자유와 권리라는 것을 처음으로 명확히 밝힌 것으로 근대적 인권선언의 효시로 평가받는다.[2] 다음은 버지니아 권리장전의 제1조와 제2조다.

모든 사람은 태어나면서 평등하고 자유롭고 독립적이며 천부적 권리를 가지는데, 그들이 정치사회를 수립함에 있어서도, 그들의 자손으로부터 이러한 권리를 박탈하는 것도 불가하다. 이러한 권리는 생명과 자유, 재산의 취득과 유지, 그리고 행복과 안전을 추구하며 달성하는 것이다.

모든 권력은 인민에게 있으며 인민으로부터 나온다. 모든 공직자는 인민의 수

---

1 이후 1784년 6월 뉴햄프셔 주가 헌법을 채택할 때까지 13개 주 중 로드아일랜드(1842년 헌법 제정)와 코네티컷(1818년 헌법 제정)을 제외한 11개 주가 헌법을 가지게 되었고, 그중 버지니아를 포함한 8개 주가 헌법에 권리장전을 두었다.

2 버지니아 권리장전의 역사적 의의는 당시의 식민지 중 가장 강력했던 버지니아가 권리장전을 채택하는 최초의 식민지가 되어 다른 식민지들이 영국에 대한 지금까지의 소극적 저항을 벗어던지는 데 지도적 역할을 했다는 데 있다. 또한 미국 독립혁명의 이념적 바탕을 제공하는 데 기여했으며, 프랑스 혁명에도 이념적 차원에서 영향을 미쳤다.

탁자이고 봉사자며, 언제나 인민에 대하여 책임을 진다.

한편 식민지 전체 차원에서도 독립을 결의하기로 하고 토머스 제퍼슨이 기초한 독립선언문을 1776년 7월 4일 공포하였다.

우리들은 다음과 같은 것을 자명한 진리라고 생각한다. 즉 모든 사람은 평등하게 태어났으며, 조물주는 몇 개의 양도할 수 없는 권리를 부여했다. 그 권리 중에는 생명과 자유, 행복의 추구가 있다. 이 권리를 확보하기 위하여 인류는 정부를 조직했으며, 이 정부의 정당한 권력은 인민의 동의로부터 유래하고 있는 것이다. 또 어떠한 형태의 정부이든 이러한 목적을 파괴할 때에는 언제든지 정부를 변혁하거나 폐지하여 인민의 안전과 행복을 가장 효과적으로 가져올 수 있는, 그러한 원칙에 기초를 두고 그러한 형태로 기구를 갖춘 새로운 정부를 조직할 수 있고 이는 인민의 권리인 것이다.

이 독립선언문은, 첫째, 인간은 양도불가의 천부인권생명, 자유, 행복추구권 등을 가지고 있고, 둘째, 인간이 국가를 건설하는 것은 이런 인권을 보호하기 위한 것이며, 셋째, 국가권력은 국민들의 동의에 근거한 것이고, 넷째, 만약 국가가 이런 권리를 파괴한다면 인민은 이를 바꾸거나 없앨 권리가 있다는 것을 명백히 밝히고 있다.

이것은 존 로크가 『정부에 관한 두 논문』에서 주장했던 국가의 존재 이유와 국가권력 정당성의 근거, 국민의 저항권을 실천적 문서로 재확인한 것으로써, 미국의 독립이 기존의 유럽 대륙의 국가와는 달리 근대적 입헌 공화정의 사상에 기초하여 이루어지고 있음을 의미한다. 이어 독립선언문에는 영국이 미국 식민지에 대하여 이와 같은 천부적인 인권을 보장해주지 못하고 오히려 '오랜 동안에 걸친 학대와 착취가 변함없이 동일한 목적을 추구하고 인민을 절대전제정치 밑에 예속시키려는 계획을 분명히 하고' 있으므로 미 국민들은 자신의 권리에 근거하여 영국으로부터 독립을 선언한다 밝히고 있다.

독립전쟁은 1781년 영국의 주력군이 버지니아의 요크타운에서 패배함으로써 미국의 승리로 결말이 나고, 1783년 양국 간의 공식적인 협정이 맺어졌다.

미국의 독립은 그 당시 아직도 절대군주와 특권계급 하에서 고통받고 있던 많은 사람들에게 희망을 준 역사적 사건이었다. 미국과 같이 광대한 영토를 가진 나라가 오랫동안 인류의 자연스러운 통치 형태라고 생각해왔던 왕정체제가 아니라 그 당시 인류의 가장 선진적이었던 정치사상을 바탕으로 공화정체제로 만들어졌다는 것은 인류 역사상 큰 의미를 가진다. 미국의 건국으로 말미암아 인류는 국가의 왕정체제가 절대불변의 진리가 될 수 없고, 선출에 의한 국민의 대표가 임기를 두고 집권하는 것이 오히려 국민의 생명·자유·행복의 추구에 더 적합하다는 것을 실증적으로 알 수 있게 되었다. 버지니아 헌법의 권리장전이나 미국의 독립선언문의 정신은 단순히 미국이 영국으로부터 독립하기 위한 저항의 이데올로기에만 그치는 것이 아니라, 오늘날 전 세계 민주주의 국가의 기본정신이자 언제든 국민이 국가에 대하여 요구할 수 있는 기본적 권리로 인류가 발견한 가장 소중한 가치 중 하나인 것이다.

한편 우리나라 헌법에서도 미국 독립선언문의 '생명·자유·행복추구에 대한 천부인권'의 사상과 일맥상통하게 헌법전문에 헌법을 제정하는 이유가 '우리들과 우리들의 자손의 안전과 자유와 행복을 영원히 확보하기 위하여'라고 규정함과 아울러 제2장 국민의 권리와 의무의 첫 조항인 제10조에서 '모든 국민은 인간으로서의 존엄과 가치를 가지며, 행복을 추구할 권리를 가진다고 규정하고 있다'고 언명하여 미국 독립혁명 당시의 국가건설의 기본이념을 우리 대한민국도 같이하고 있음을 보여준다. 이는 이러한 이념이 단순히 한 국가의 이념이 아니라 인류 보편의 이념이 되었음을 보여주는 것이다.

미국 연방헌법의 제정, 1787년[1]

1777년 독립선언 이후 대륙회의에서는 13개 식민지를 통합하는 연방조직이 필요하다고 인정되어 연맹규약The Articles of Confederation[2]을 만들었다. 그러나 그 연맹규약은 형식상 주마다 한 개씩의 투표권을 부여한 일원제의 연방의회만을 구성하고 있을 뿐 다른 '국가기관'은 전혀 존재하지 않아 행정부나 사법부 등 연방의회가 만든 법을 집행할 기구조차 없었고, 연방의회는 각 주에 지원금을 요청할 수 있을 뿐 직접적으로 세금을 거둘 수도 없었다. 결국 연맹규약 아래에서의 미국은 영국과 싸우기 위하여 일시적

---

1 이 무렵 우리나라는 조선 정조 시대였고, 미 연방헌법이 제정된 2년 뒤인 1789년에는 이 헌법에 따라 조지 워싱턴이 초대 대통령으로 취임하였는데, 그해 유럽에서는 프랑스 혁명이 일어났다.

2 연합헌장으로 번역되기도 한다.

으로 독립된 각 주가 느슨히 연합한 것에 지나지 않았다.

그러나 독립 이후 사회적 혼란특히 국가 독립 이후 독립 전보다 더 많은 이익을 기대하는 각 계층들의 욕구가 봇물을 이루었고,[1] 전쟁 부채를 갚는 것도 문제가 되었다은 독립된 주 정부 체제로서는 해결하기 힘들다는 인식이 팽배하게 되었고, 이를 해결하기 위하여 1787년 5월 필라델피아에서 각 주 대표 55인이 모임을 갖게 되었다. 연맹규약의 개정과 새로운 연방정부 수립의 필요성에 대한 것은 그 당시 버지니아 주의 주지사이자 대표로 이 회의에 참석했던 랜돌프의 다음과 같은 지적에 잘 나타나 있다. 첫째, 앞으로 세워질 연방정부는 외국의 침입으로부터 국가를 방비할 수 있어야 한다. 연맹규약 아래서의 연방의회는 전쟁이 발발할 경우 그것을 수행하기 위한 징집이나 징세를 할 수 없었다. 둘째, 연방정부는 주 사이의 분쟁이나 반란을 방지할 수 있어야 한다. 연맹규약 아래서의 연방의회는 그런 합헌적인 권한과 힘을 갖고 있지 않았다. 셋째, 연방정부는 개개의 주들이 단독으로 할 수 없는 무역에 대한 규제나 국가적 사업의 개발, 국내항공, 농업, 공업 등과 같은 전체의 이익을 제공할 수 있어야 한다. 연맹규약 아래서의 연방의회는 그런 수단과 권한이 없었다. 넷째, 연방정부는 여러 주들의 도발로부터 스스로를 방위할 수 있어야 한다. 연합의 역사는 주 정부들이 끊임없이 연합의 법안에 대하여 반발한 것으로 가득하다. 다섯째, 연방정부는 주 정부보다

---

1 대표적인 것이 매사추세츠에서 일어난 셰이스 반란이다. 농민들 부채에 대하여 다른 주와 달리 매사추세츠 주의회가 이를 외면하고 정회해 버리자 대륙군 대위 출신의 셰이스를 지도자로 한 농민들이 민사법원을 장악하고 스프링필드에 있는 연방정부 무기고를 공격한 사건이 발생하였다. 이는 곧 진압되었지만, 독립 후 미국 각 주의 불안정한 정세와 무장폭동 가능성을 보여주는 대표적인 사건이었다.

우월하여야 한다. 연맹규약은 그 영향력에 있어서 주 헌법보다 뛰어난 것이 아무것도 없었다.

이 회의에서 대표들은 연맹규약의 개정은 불가피한 것으로 인정하였지만, 뉴저지 안[1]처럼 현행의 일원제의 연방의회를 유지하되 권한을 확대하는 방안이 있었는가 하면 버지니아 안[2]처럼 연맹규약을 개정할 것이 아니라 전혀 새로운 정부를 탄생시켜야 한다는 안도 있었다. 결국 버지니아 안을 기본으로 하여 연방정부를 입법부·행정부·사법부 3부로 나누고, 상하원 양원제를 채택하기로 하였다.

이 회의에서 가장 큰 쟁점 중 하나는 입법부를 어떻게 구성할까 하는 것이었다. 인구가 많은 주그 당시 가장 큰 주였던 버지니아 주(현재 서버지니아 포함)의 인구는 74만여 명이었고, 가장 인구가 적은 주였던 델라웨어 주는 6만여 명이었다.들에서는 인구에 비례하는 비례대표를 선호하였고, 인구가 적은 주들은 각 주의 대표들의 숫자가 동일한 균등대표제를 선호하였다. 인구가 많은 주들의 입장에서는 인구수에 비례하여 대표를 내는 것은 평등의 원칙상 당연한 것이

---

1 뉴저지 안의 주요 내용은 연방의회를 균등대표제에 의한 일원제로 하고 연방의회는 수입세, 인지세, 우편요금을 통해 직접 재원을 충당하고, 국내무역을 규제할 권리도 가진다. 또 의회에서 정한 조례와 협정은 모든 주가 지켜야 하고 필요하면 강제로 시행할 수 있고 의회에서 선출한 몇 명으로 운영위원회를 구성하며 운영위원회는 주에서 만든 법에 거부권을 행사할 수 없지만, 연방대법원의 구성원을 임명하여 탄핵을 처리하고 해사법, 국제협정, 각 주 간 무역규제, 연방세금 징수 등을 관리한다.

2 버지니아 안의 대부분은 오늘날 미국 헌법에 흔적이 남아 있다. 정부 구조를 입법부·행정부·사법부의 세 부분으로 나눈다. 입법부의 양원은 인구, 세금 액수 또는 양쪽의 혼합에 따른 비례대표제로 한다. 하원의원은 국민투표로 선출하고, 상원은 하원에서 선출한다. 양원의 공동으로 3인의 운영위원회를 선출하고 사법부를 임명한다.

라고 생각하였던 반면, 인구가 적은 주들의 입장에서는 만약 인구수대로 입법부를 구성한다면 결국은 인구가 적은 주들은 큰 주에 흡수될 수 있다고 여겼고 그럴 바에야 하나의 연방국가를 창설할 필요가 없다고 생각했기 때문이다.

이런 논의를 통해 결국 하원은 인구수에 비례하도록 하고 상원은 각 주마다 2명을 뽑는 균등제로 하기로 타협되었다코네티컷 대타협.[1] 그리고 의원들을 각 주 주민들이 직접 뽑을지 주 의회에서 간접적으로 선출할 것인지에 대한 논의가 있었는데, 결국 하원은 주민 직접투표로, 상원은 주 의회에서 간접적으로 뽑기로 하였다상원을 주 의회에서 선출하기로 한 것은 상원은 주를 대표하는 의원이므로 굳이 직접투표로 뽑을 이유가 없고 또 당시 상원을 영국의 상원과 비슷한 귀족원으로 생각한 경향도 없지 않았기 때문이다. 그러나 상원도 1912년 수정 헌법 제17조로 주민 직접투표로 바뀌었다.

행정부는 영국과 같은 세습적 군주를 인정할 수 없으므로 행정권을 담당한 4년 임기의 대통령 및 부통령을 선출하기로 하고,[2] 대통령의 선출은 각 주에서 상원의원과 하원의원의 숫자만큼 선거인단을 구성하여 대통령 및 부통령을 선출하도록 하였다제2조 제1항.[3] 헌법에서는 대통령선거인단

---

1 이를 '코네티컷 대타협'이라 부르는데, 이를 주장한 셔먼이 코네티컷 주의 대표였기 때문이다.

2 대통령과 관련해서도 행정을 담당하는 사람을 몇 명으로 해야 할지, 임기를 얼마로 해야 할지 의견이 분분했다. 처음에는 복수의 행정장관 안도 주장되었지만, 13주 모두 한 명의 행정장관(주지사)을 두고 있는 것과 같이 1명으로 하기로 하였다. 또 임기는 7년 단임으로 하자는 의견이 우세하였으나, 임기를 4년으로 하되 재선을 허용하는 것으로 정리했다.

3 처음에는 대통령을 의회에서 뽑는 안도 논의되었으나, 대통령은 국민들에 의해 선출되며 다른 어떠한 정부기관에 의해 선출되어서는 안 된다는 입장에서 선거인단에 의한 선거로 규정되었다.

선출방법을 각 주에 일임하였다.[1]

사법권은 입법부와 행정부에서 분리된 1개의 대법원과 하급법원에 속하게 하였고제3조, 연방대법원 및 하급법원의 판사는 중대한 죄과가 없는 한 그 직을 보유하도록 하여 임기를 따로 두지 않았다. 즉 종신제로 사망하거나 사직하지 않은 한 그 직을 임기 제한 없이 맡을 수 있게 하였다.[2]

1787년 9월, 4개월이 넘는 논의 끝에 거의 모든 협상이 끝나고, 연방헌법을 어떻게 비준시킬 것인지 토론하였다. 이에 대해 로드아일랜드 주의 경우 명백히 반대 입장을 취했으므로, 만장일치제는 불가능했고 따라서 3분의 2의 찬성, 즉 13개 주 중 9개 주가 찬성하면 성립되는 것으로 정하였다. 나아가 주 의회 의원들은 이와 같은 강력한 중앙정부를 원하지 않을 것이기 때문에 각 주의 국민들에게 직접 찬반을 묻는 식으로 비준을 하는 것으로 정해졌다. 비준 절차는 각 주마다 치열하게 진행되었는데,[3] 버지니아, 펜실베이니아, 매사추세츠, 뉴욕과 같은 부유한 주들의 주민들은 연방 없이도 독자적으로 살 수 있다는 생각이 지배적이었기 때문에 비준 논쟁이 치열하였다. 그러나 1788년 6월 21일 뉴햄프셔가 아홉 번째로 비준안

---

1 그래서 처음에는 각 주마다 선거인단을 주 의회에서 선출하기도 하고 주민들이 직접 뽑기도 하며, 각 선거구마다 선거인들이 각각 투표하기도 하고 주의 선거인단이 모두 같은 후보에게 투표하기도 하였다. 그러나 현재는 각 주들은 모두 주 의회가 아니라 주민들의 직접 투표에 의하여 선거인단을 뽑게 하는 동시에 1표라도 많은 지지를 얻은 대통령(부통령) 후보가 그 주 선거인단 모두의 투표수를 획득하는 방법으로 선거인단을 구성하고 있다.

2 이와 같이 종신직을 보장받는 것은 헌법 제3조에 의하여 성립된 이른바 헌법 법원의 판사에 한하고, 일반 법원 판사의 경우에는 그렇지 않다.

3 연방헌법 비준 과정에서 주 중심주의자들은 권한이 너무 집중된 중앙정부에 대해 불안해했고, 부채가 많은 중소 농민들은 주 정부의 지폐발행권이 없어지는 것을 경제적 입장에서 싫어하였다. 또 대지주들은 중앙정부의 과세를 두려워하였으며, 남부 지주들은 연방정부의 통상규제권을 두려워하여 비준을 반대하였다. 그러나 이런 반대가 연방헌법을 거부할 정도는 되지 못하였다.

을 통과시켜 헌법의 법적 효력이 발생하였고, 이후 연방정부 구성에 가장 부정적이었던 로드아일랜드가 1790년 5월에 비준함으로써 13개 주 모두 비준하게 되었다.

이 헌법에 의하여 독립전쟁의 영웅이자 헌법제정회의의 의장이었던 조지 워싱턴이 1789년 대통령에 당선되고 같은 해 4월 30일 초대 대통령에 취임했다. 그는 국내 여러 세력의 단합에 노력하고, 헌법을 실제 정치에 반영시키는 한편, 여러 나라와의 국교를 조정하는 일에 주력하였다. 그러기 위해서 정견을 달리한 해밀턴과 제퍼슨[1]을 각각 재무장관과 국무장관으로 기용해 국내 재정정책의 수립과 외교정책의 정비를 담당하게 했다.

초대 대통령 워싱턴은 1793년에 발발한 프랑스와 영국과의 전쟁프랑스 혁명 이후 유럽은 프랑스에 대항한 전쟁을 개시하였다에 대해서는 해밀턴의 의견을 받아들여서 중립을 선언하고, 유럽의 분쟁에는 개입하지 않는다는 전통적인 고립주의 외교정책을 수립하였다. 워싱턴은 1796년 3선 대통령으로 추대되었으나 민주주의의 전통을 세워야 한다는 이유로 끝내 사양했다.

미국 연방헌법의 내용

미국 헌법의 가장 큰 특징 중 하나는 세계 최초로 연방주의Federalism를 도입했다는 것이다. 즉 영국의 식민 지배로부터 독립을 쟁취하기 위해 북아

---

1 특히 연방의 역할과 기능에 대한 견해 차이가 심하였다. 해밀턴은 연방의 기능 강화를 주장한 반면 제퍼슨은 주 정부의 독립성을 강조하였다. 그리하여 미국 건국 초기에 연방파와 민주공화파라는 정당과 비슷한 정파가 생겨났다.

메리카 13개의 식민지가 연합하여 전쟁을 수행하고 또 이 전쟁의 수행 와중에 연맹규약을 제정하기도 했지만, 실제적으로 13개의 식민지들은 역사적 배경을 달리하면서 각자 독립된 국가와 같이 독립된 정부를 가지고 있었다.

이러던 것이 독립전쟁 이후의 혼란상을 극복하기 위하여 13개 주가 연합하여 하나의 국가연합체를 창설했고, 이것이 미합중국The United States of America, U.S.A인 것이다. 그리하여 대외적으로는 명백히 단일국가로서 기능하지만 대내적으로는 주 정부의 자치권을 거의 독립된 국가와 같이 인정하는 연방국가가 창설된 것이다.

이와 관련하여 매디슨은 새로운 중앙정부에는 단일국가적 요소와 연방주의적 요소가 혼재되어 있다는 전제 아래 다음과 같은 점을 지적하고 있다. 첫째, 정부 수립의 기초는 연방주의적이다. 이것은 연방헌법이 주의 비준 절차를 거쳐 효력을 발하였기 때문이다. 둘째, 권력의 근거는 단일국가적이면서 연방국가적이다. 이것은 하원은 단일국가적이고 상원과 행정부대통령는 연방주의적으로 구성되었기 때문이다[1]. 셋째, 권력의 작용은 단일국가적이다. 중앙정부의 권력은 주 정부를 거치지 않고 직접 시민에게 작용한다. 넷째, 권력의 범위는 연방주의적이다. 중앙정부는 연방헌법이 부여한 권한만을 행사할 수 있으며 나머지는 주 정부의 권한에 속한다.

그리하여 미국은 단일국가인 우리나라와 달리 연방정부와 주 정부의 권

---

1 즉 하원은 인구비례로 상원은 각 주마다 2명씩으로 구성되며, 대통령은 국민의 직접 투표가 아닌 각 주 대표의 간접투표에 의해 선출된다.

한이 헌법상 구분되어 있다. 연방정부의 권한은 연방헌법이 위임한 사항
으로 제한되고, 주 정부는 연방헌법이 연방정부에게 위임하지 아니하는
권한과 주 정부의 행사를 금지하지 아니하는 일체의 권한을 행사할 수 있
는 것이다.

그러나 이러한 원칙에도 불구하고 과연 구체적 사례와 관련해서 연방정
부의 권한이 어디까지인지는 오늘날까지 계속 논의되고 있는 실정이다.
그럼에도 미국 헌법은 사실상 13개의 각자 다른 나라와 같은 13주를 미국
이라고 하는 하나의 연방국가로 만들어내는 데 성공했고, 이후 오늘날 50
개 주를 하나의 국가로 묶어냈다.

다음으로 구체적인 미국 헌법을 간단히 살펴보면 다음과 같다.

입법권은 미국연방의회Congress of the United States에 속하며, 연방의회는
상원Senate과 하원House of Representatives으로 구성한다. 하원은 각 주의
주민이 2년마다 선출하는 의원으로 구성하며, 하원의원의 수는 연방에 가

입하는 각 주의 인구수[1]에 비례하여 각 주에 배정한다. 하원은 탄핵소추권이 있다. 상원은 6년 임기의 각 주마다 상원의원 2명씩으로 구성되며 각 상원의원은 1표의 투표권을 가진다. 상원의원의 총수의 3분의 1이 2년마다 개선될 수 있게 한다. 미국의 부통령Vice President은 상원의장이 된다. 상원은 모든 탄핵심판의 권한을 가진다. 미국 대통령을 탄핵심판할 경우 부통령이 아니라 연방대법원장이 의장이 된다.

상원의원과 하원의원을 선거할 시기, 장소 및 방법은 각 주의 의회가 정한다. 다만 미국의 어떠한 공직에 있는 자라도 재직 중에는 양원 중의 어떤 의원도 될 수 없다.[2] 이것은 영국의 의원내각제와는 전혀 다른 규정으로 미국의 대통령제는 행정부와 입법부의 엄격한 권력분립제를 채택하고 있음을 의미한다.

양원의 의원은 반역죄, 중죄 및 치안방해죄를 제외하고는 어떠한 경우에도 회의 출석 중에 그리고 의사당까지의 왕복 도중에 체포되지 아니하는 특권이 있다불체포특권. 양원의 의원은 원내에서 행한 발언이나 토론에 관하여 원외에서 문책 받지 아니한다면책특권. 연방의회는 반역죄를 선고할 권한이 있다.

---

1 헌법 제2조 제2항 제3호, '하원의원과 직접세는 합중국에 가입한 각 주의 인구에 비례하여 이를 각 주에 배당한다. 각 주의 인구는 자유인의 총수에 의해 결정되는데, 이것에는 군복무자를 포함하고 과세되지 않는 인디언을 제외하고 기타 총인원의 5분의 3을 더한다.' 여기에서 기타 총인원이란 흑인 노예를 의미한다. 다만 이 조항은 수정 헌법 제14조 제2항으로 수정되어, 노예제가 폐지되면서 흑인도 당연히 1인으로 셈하게 되었다. 이 인구수는 10년마다 한 번씩 법률로써 정하기로 하였다.

2 제2조 제6항 제2호, '따라서 당연히 의원은 내각의 일원이나 장관을 겸직할 수 없다.' 2009년 오바마 대통령의 국무장관이 된 힐러리 클린턴은 뉴욕 주의 상원의원직을 사직하였다.

행정권은 미국 대통령에 속한다. 대통령의 임기는 4년으로 하며, 동일한 임기의 부통령과 함께 각 주 의회가 정하는 바에 따라 그 주가 연방의회에 보낼 수 있는 상원의원과 하원의원의 총수와 동수의 선거인을 임명하여 구성한 선거인단에 의하여 선출된다.[1] 대통령은 국군통수권·사면권·조약 체결권·공무원 임면권·긴급 의회 소집권·외교사절 접수권 등의 권한을 가진다. 대통령은 법률안 거부권[2]을 가진다. 국회출석 발언권이나 법률안제출권을 가지지 않지만, 연방의 상황에 관하여 수시로 연방의회에 보고하고, 필요하고도 권고할 만하다고 인정하는 법안의 심의를 연방의회에 권고하여야 한다.

사법권은 1개의 대법원Supreme Court에, 그리고 연방의회가 수시로 제정·설치하는 하급법원들에 속한다.[3] 탄핵 사건을 제외한 모든 범죄의 재판은 배심제로 한다.

헌법 수정은 연방의회가 상·하 양원의 3분의 2가 본 헌법에 대한 수정의 필요성을 인정할 때에 발의해야 하며, 또는 각 주 중 3분의 2 이상의 주

---

1 처음 헌법에서는 대통령과 부통령을 구분 없이 선거인단에서 선출하고 최고 득점자가 대통령, 차점자가 부통령이 되게 하였으나, 토머스 제퍼슨 대통령(제3대 대통령) 선출 시에 두 명의 동점자(토머스 제퍼슨과 애런 버)가 나와 하원에서 36번의 거듭된 투표로 비로소 토머스 제퍼슨이 대통령으로 뽑혔다. 수정 헌법 제12조로 헌법을 개정하여 대통령과 부통령을 따로 뽑게 하였다.

2 상·하 양원의 의결을 필요로 하는 모든 명령, 결의 또는 표결(휴회에 관한 결의는 제외)은 이를 대통령에게 이송해야 하며, 대통령이 이를 승인해야 효력을 발생한다. 대통령이 이를 승인하지 아니하는 경우에는 법률안에서와 같은 규칙 및 제한에 따라서 상원과 하원에서 3분의 2 이상 의원의 찬성으로 다시 가결해야 한다.

3 미국 헌법 제3조에 법원 구성에 대한 규정이 있는데, 이 규정에 의하여 설립된 법원을 헌법법원이라고 한다. 미국 연방대법원, 연방항소법원, 연방지방법원 등이 이에 속한다. 이에 비하여 위 제3조 이외의 헌법에 의한 입법권에 근거하여 설립한 연방법원을 입법법원이라고 한다. 연방청구법원, 조세법원, 파산법원 등이 이에 해당한다. 헌법법원 판사는 종신제지만, 입법법원 판사는 그렇지 않다.

의회의 요청이 있을 때에는 수정 발의를 위한 헌법 회의를 소집해야 한다. 어느 경우에서나 수정은 연방의회가 제의하는 비준의 두 가지 방법 중 하나에 따라, 4분의 3의 주의 주 의회에 의하여 비준되거나, 또는 4분의 3의 주의 주 헌법 회의에 의하여 비준되는 때에는 사실상 본 헌법의 일부로서 효력을 발생한다. 다만 어느 주도 그 주의 동의 없이는 상원에서의 동등한 투표권을 박탈당하지 아니한다.

한편 처음 미국 헌법에는 국민의 기본권 보장에 대한 조항이 없었는데, 이는 대다수의 대표들이 여러 주의 헌법에서 이미 이를 보장하고 있는 마당에 달리 또 권리와 관련한 조항이 필요하다고 생각하지 않았고, 기본권 보장은 주 정부의 문제라고 생각하였기 때문이다. 그러나 헌법 비준 과정에서 반대파로부터 연방정부 차원에서도 당연히 국민의 기본권 보호 장치가 마련되어야 한다는 비난에 직면하게 되었다. 이에 헌법을 수정하기로 약정하고 헌법의 비준을 받는 곳이 생겨나, 1789년 첫 소집된 연방의회에서 국민의 권리와 관련된 수정 헌법 조항을 첨가하는 헌법 개정안이 발의되었고, 1791년 비준절차를 완료하였다. 이것을 미국의 권리장전이라고 한다. 그 내용은 다음과 같다.

수정 제1조

연방의회는 국교를 정하거나 또는 자유로운 신앙 행위를 금지하는 법률을 제정할 수 없다. 또한 언론이나 출판의 자유, 국민이 평화로이 집회할 수 있는 권리 및 불만사항의 구제를 위하여 정부에 청원할 수 있는 권리를 제한하는 법률을 제정할 수 없다.

수정 제2조

규율 있는 민병은 자유로운 주의 안보에 필요하므로 무기를 소지하고 휴대하는 인민의 권리를 침해할 수 없다.

수정 제3조

평화시에 군대는 어떠한 주택에도 그 소유자의 승낙을 받지 아니하고는 숙영할 수 없다. 전시에서도 법률이 정하는 방법에 의하지 아니하고는 숙영할 수 없다.

수정 제4조

부당한 수색, 체포, 압수로부터 신체, 가택, 서류 및 통신의 안전을 보장받는 인민의 권리를 침해할 수 없다. 체포, 수색, 압수의 영장은 상당한 이유에 의하고, 선서 또는 확약에 의하여 뒷받침되고, 특히 수색될 장소, 체포될 사람 또는 압수될 물품을 기재하지 아니하고는 이를 발급할 수 없다.

수정 제5조

누구라도 대배심에 의한 고발 또는 기소가 있지 아니하는 한 사형에 해당하는 죄 또는 파렴치죄에 관하여 심리를 받지 아니한다. 다만 육군이나 해군에서, 또는 전시나 사변시 복무 중에 있는 민병대에서 발생한 사건에 관해서는 예외로 한다. 누구라도 동일한 범행으로 생명이나 신체에 대한 위협을 재차 받지 아니하며, 누구라도 정당한 법의 절차에 의하지 아니하고는 생명, 자유 또는 재산을 박탈당하지 아니한다. 또 정당한 보상 없이, 사유재산이 공공용으로 수용당하지 아니한다.

수정 제6조

모든 형사 소추에서, 피고인은 범죄가 행하여진 주 및 법률이 미리 정하는 지역의 공정한 배심에 의한 신속한 공판을 받을 권리, 사건의 성질과 이유에 관하여 통고받을 권리, 자기에게 불리한 증언과 대질 심문을 받을 권리, 자기에게 유리한 증언을 얻기 위하여 강제 수속을 취할 권리, 자신의 변호를 위하여 변호인의 도움을 받을 권리가 있다.

수정 제7조

보통법상의 소송에서 소송에 걸려 있는 액수가 20달러를 초과하는 경우에는 배심에 의한 심리를 받을 권리가 보유된다. 배심에 의하여 심리된 사실은 보통법의 규정에 의하는 것 외에 미국의 어느 법원에서도 재심받지 아니한다.

수정 제8조

과다한 보석금을 요구하거나, 과다한 벌금을 부과하거나, 잔혹하고 비정상적인 형벌을 과하지 못한다.

수정 제9조

본 헌법에 특정 권리를 열거한 사실이, 인민이 보유하는 그 밖의 여러 권리를 부인하거나 경시하는 것으로 해석되어서는 안 된다.

수정 제10조

본 헌법에 의하여 미국 연방에 위임되지 아니하였거나, 각 주에 금지되지 아니한 권한은 각 주나 인민이 보유한다.

미국의 헌법은 여러 가지 의미가 있지만, 가장 중요한 헌법사적 의의는 그 당시 영국의 헌정 경험과 계몽주의 사상에서 산발적으로 논의되었던 민주적인 통치질서를 하나의 헌법으로 체계화시켜 한 국가에 실현했다는 점이다. 게다가 왕권신수설과 같은 중세적 가치를 완전히 탈피하여 군주왕가 아닌 국민이 선출한 '대통령'이 임기를 가지고 국가의 행정권 및 외교권을 담당하게 되었다. 그리하여 오늘날 많은 국가들이 채택하고 있는 대통령제의 모범이 되었다. 또한 영국의 헌정 역사 속에서 서서히 형성되어 온 입법부의 권한을 헌법 조문화하여 명백히 하고, 몽테스키외가 주장한 삼권분립론에 따라 사법부의 독립도 보장함으로써 오늘날 전 세계적으로 통용되고 있는 입법·행정·사법의 삼권분립 제도를 도입하였다.

이와 같은 미국 헌법도 그 시대적 한계로 인하여 오늘날의 관점에서 보면 부족한 부분이 있었다. 특히 미국 헌법은 그 당시 13개 주로 거의 독립된 나라와 같이 운용되던 주들을 하나의 국가로 묶는 최초의 연방제 국가 헌법이었기 때문에, 연방정부의 필요성은 인정하나 각 주들의 독립성 또한 유지되어야 했기 때문에 연방정부의 권한을 제한함과 동시에 각 주들의 독립적 입장을 반영하는 타협이 시도될 수밖에 없었다. 그중에서도 특히 오늘날 관점에서 비판받는 것은 노예제도의 용인, 참정권의 위임, 선거인단에 의한 대통령의 선출, 상원에서의 각 주의 동등대표 등이다.

헌법 제정 당시 노예제도를 인정한 것은 미국 헌법 초창기의 불명예를 대표하는 것이다. 독립선언문에서는 분명 모든 사람들은 평등하게 창조되었고 신이 부여한 불가양의 권리가 있다고 주장하였음에도 헌법에서는 노예제도를 인정하였다. 즉 '연방의회는 기존의 각 주 중 어느 주가 허용함이 적당하다고 인정하는 사람들의 이주 또는 입국을 1808년 이전에는 금지하지 못한다'고 규정하여 헌법 제정 이후 향후 20년 동안 노예 수입을 금지하는 법률조차 제정할 수 없도록 하였고, 또 하원의원의 정수와 세금 책정의 근거가 되는 각 주의 인구수를 산정함에 있어 자유인에 비하여 5분의 3의 가치를 갖는 것으로 하였던 것이다. 이와 같은 규정은 명백히 신생 독립국인 미국에서 노예제도가 합헌적으로 용인됨을 의미하는 것이었다. 이것은 남북전쟁을 거쳐 1863년에야 비로소 폐지되고 헌법의 개정으로 이어졌다.

다음으로 헌법은 투표권의 자격 부여 권한을 개별 주에 위임함으로써 실질적으로 아프리카계 미국인, 원주민, 심지어 여성에 대한 투표권 부여를 배제하는 결과를 가져왔다. 이 문제점도 이후 수정 헌법을 통해 비로소 고칠 수 있었다.

그리고 대통령의 선거인단에 의한 선출은 미국의 특수한 사정을 반영하는 것인데, 이 문제점은 지난 2000년 부시와 고어의 선거에서 잘 드러났다. 즉 미국 전체 국민들의 표는 고어가 더 많이 얻었음에도 부시가 선거인단 투표에서 가까스로 이겨 대통령에 당선되는 일이 벌어졌다.[1] 이와 같은 제도는 주의 독립성을 국민 다수의 대표가 대통령이 되어야 한다는 일반적인 민주주의 원칙보다 더 앞세운 것으로 미국 내에서도 많은 비판을 받고 있다.[2]

끝으로 상원에서 각 주의 동등대표 문제다. 이것은 헌법 제정 당시 활발

---

1 1876년 대통령 선거에서는 민주당의 새뮤얼 J. 틸던이 대중 투표에서 51퍼센트를 득표하고도 선거인단 선거에서 패하여 낙선하고 공화당의 러더퍼드 헤이스가 당선되었다.

2 이 선거인단 제도에 대해서는 700개 이상의 제안이 하원에 제출되었으나, 상원의 반대로 통과되지 못하고 있다.

하게 논의되었으나 인구가 큰 주와 작은 주 사이에서 타협한 결과 하원은 인구비례로 하고 상원은 각 주당 2명씩으로 하는 동등대표로 되었다. 상원의 이와 같은 동등대표는 각 주의 독립성을 유지하는 가장 큰 장치일 것이나, 한편으로 국민의 입장에서 보면 같은 미국인으로서 자신이 속해 있는 주 때문에 자신의 표의 가치가 현격히 차이 나는 정치적 불평등을 야기하고 있는 것이다.[1]

그럼에도 불구하고 그 당시 미국 헌법의 제정자들이 그 시대 상황의 제약 하에서 인류가 만들어낼 수 있었던 가장 선진적이고 독창적인 헌법을 만들었다는 점에 대해서는 평가에 인색할 이유가 없다.

존 마셜과 연방대원법의 지위 확립, 1803년[2]

연방헌법이 1787년 제정되었다고는 하나 앞으로 어떤 구체적 사건들이 발생할지는 아무도 알 수 없었다. 다만 이른바 건국의 아버지들은 그들 나름대로 미국이라고 하는 연방국가가 입헌주의의 원칙 아래 지켜야 할 통치구조와 기본권을 보장해둔 것일 뿐이었다. 그러나 제헌 당시 별 관심을 끌지 못했던 연방대법원의 헌법이 구체적 상황 아래에서 무엇을 의미하고

---

1 이외에도 주의 동의 없이는 상원에서의 동등한 투표권을 박탈당하지 않는다는 규정으로 말미암아 작은 주들에게 불리한 헌법 개정은 발의가 어려울 뿐 아니라 비준도 어렵게 되어 있는 것도 문제다. 선거인단 제도가 불합리하다는 많은 지적에도 인구가 적은 주들이 쉽게 이 제도 개선에 동의하지 않고 있기 때문에 헌법 개정이 어려운 것이다.

2 이때 우리나라는 조선 순조 시대로서 김만중이 『구운몽』을 간행했고, 미국은 프랑스 종신 제1집정관이 된 나폴레옹으로부터 루이지애나를 매입했다.

있는지 판단해 나감에 따라 헌법이 미처 명문으로 규정하지 못하고 있던 것을 하나하나 메워 나갔다.

이러한 연방대법원의 역할을 이끌어낸 인물이 존 마셜John Marshall 1755 ~1835[1]이다. 그는 1801년 제2대 대통령인 존 애덤스에 의하여 연방대법원장으로 임명되어 사망한 1835년까지 무려 34년을 재임하면서 연방대법원의 기틀을 다져놓았다.

그는 1803년 유명한 '마베리 대 매디슨 판결Marbury v. Madison'에서 의회에서 제정된 법률도 헌법에 위반되면 무효라는 원칙을 선언하여 연방대법원의 위헌법률심사 권한을 확보하였다. 이로써 연방대법원은 헌법이 단순한 통치구조와 기본권을 정한 규범일 뿐 아니라 구체적인 사건의 재판규범임을 명확히 하여 헌법의 실효성을 보장하게 된 것이다.

조지 워싱턴의 뒤를 이어 대통령직을 두고 존 애덤스와 토머스 제퍼슨이 경쟁하였는데, 존 애덤스는 연방파를 대표하였고, 토머스 제퍼슨은 민주공화파를 대표하였다. 이 선거는 파벌로 갈라져 격렬하게 진행되어, 연방파는 민주공화파가 프랑스의 자코뱅당처럼 정부를 무너뜨리려 한다고 비난하였고, 민주공화파는 연방파의 엘리트주의가 미국의 자유를 위협한다고 공격하였다.

1796년 애덤스가 71 대 68의 간발의 차이로 제2대 대통령에 취임하였

---

1 버지니아 주 블루리지 산기슭에서 태어나, 오지의 소총병으로 구성된 정예부대를 이끌고 독립전쟁에 참전하여 뛰어난 활약을 보이고 1780년 변호사 자격을 취득하여 개업하였다. 1782년, 1784년, 1789년 버지니아 주의회의원이 되었다. 1799년 연방하원의원, 1800년 애덤스 대통령의 국무장관, 1801~1835년 제4대 연방대법원장을 역임하였다.

다. 이후 4년간의 정치 경쟁 속에 1800년 제3대 대통령 선거에서는 제퍼슨이 애덤스를 이겨 대통령에 당선되었다. 그러자 애덤스는 그의 임기를 얼마 남겨놓지 않고, 사법부가 민주공화파의 영향력 아래 들어가지 않기 위하여 몇 가지 조처를 취하였다. 그중 하나가 1801년 2월 4일 당시 국무장관이었던 연방파의 존 마셜을 대법원장으로 임명하여 상원으로부터 인준을 받으면서 자신의 임기 종료 시까지 국무장관직도 겸직하도록 한 것이다. 그 외에도 1801년 2월 13일 항소심심판법을 제정하여 연방대법원의 대법관 수를 6명에서 5명으로 줄이고, 같은 달 27일에는 콜롬비아 특별구 치안판사를 대폭 늘리도록 법을 개정하고 판사들을 임명하였다. 그런데 이중 윌리엄 마베리를 포함하여 몇 명에 대하여 임명장이 발송되지 않은 상태에서 제퍼슨이 1801년 3월 4일 대통령에 취임했다. 제퍼슨은 이 임명장 발송을 금지하는 명령을 내렸다.

이에 마베리는 국무부에 임명장 발송을 청원하였으나 실패하자 신임 국무장관인 제임스 매디슨[1]을 피고로 연방대법원에 직무집행영장Writ of Mandamus[2]의 발급을 구하는 소송을 제기하였다. 마셜이 이끄는 연방대법원은 비록 1789년의 법원조직법Judiciary Act of 1789에는 직무집행영장에 대한 소송을 대법원에 제기할 수 있도록 하고는 있으나, 연방헌법 제3조에서 연방대법원의 1심 재판권은 열거적으로 되어 있고 즉 헌법에 열거한 사항들만 1심 재판이 가능하게 되어 있고 나머지는 상소법원으로서만 재판권이 있도록

---

1 미국 헌법 제정에 결정적 기여를 했고 이후 제4대 대통령에 당선되었다.
2 일반인과 공무원에게 특정행위를 명하는 영장이다.

되어 있는데[1] 이 법률에서 직무집행영장에 대한 소송에 대하여 연방대법원을 1심으로 정한 것은 헌법규정에 배치되어 위헌이므로 무효라고 선언하였다.[2] 이로써 대법원이 연방의회의 법률에 대하여 위헌 여부를 심사할 수 있다는 원칙을 확립한 것이다.

이 판결이 중요한 것은 앞서 지적한 대로 헌법적 가치가 법률에서도 보장되어야 하고 만약 법률이 헌법에 위반될 때에는 무효라는 것을 명확히 하면서 법률의 위헌심사제도를 도입한 것이다.[3] 그런데 또 다른 의의는 헌법에 따로 대법원이 의회의 법률에 관하여 위헌 여부를 심사할 권한을 부여하고 있지도 않은데 이를 판결로서 인정한 것이다. 헌법에 규정되고 있지 않음에도 대법원이 이와 같은 권한을 주장한 것은 의회의 입법권을 침해하는 권력분립의 원칙에 어긋나는 것이 아닌가 하는 강한 비판이 제기될 수 있다. 더욱이 의회는 국민들의 선거에 의해 선출되는 민주적 정당성이 있는 국민의 대표라고 할 수 있는데, 임명직의 대법관들이 국민의 대표가 제정한 법률을 헌법이라는 이름으로 무효화할 수 있는가 하는 논란이 제기되었다. 특히 입법정책적 사항을 헌법이라는 이름으로 위헌판결을 통

---

1 헌법 제3조 제2항 제2호 대사와 그 밖의 외교 사절 및 영사에 관계되는 사건과, 주가 당사자인 사건은 연방대법원이 제1심의 재판 관할권을 가진다. 그 밖의 모든 사건에서는 연방의회가 정하는 예외의 경우를 두되, 연방의회가 정하는 규정에 따라 법률 문제와 사실 문제에 관하여 상소심 재판관할권을 가진다.

2 마셜은 원래 애덤스에 의해 대법원장에 지명되고, 또 그 밑에서 국무장관을 역임하면서 임명장을 발송하지 못한 당사자였다. 마셜은 제퍼슨과는 달리 연방파의 입장이었다. 그럼에도 마베리의 청구가 잘못된 것이라고 한 것은 만약 청구를 인용하여 집행영장을 발부하더라도 제퍼슨 행정부가 이를 집행하지 않으면 대법원의 권위는 실추할 수밖에 없고 발부하지 않는다면 제퍼슨의 행동을 정당화하는 것이었기 때문에 정치적 전략으로 위헌법률심사를 하게 되었다는 평도 있다.

3 법률에 대한 위헌심사의 단초는 영국의 에드워드 쿡에 의해서였다. 그러나 영국에서는 성문헌법이 없었기 때문에 그 당시 법이 무효라고 하는 것을 헌법에 의해서가 아니라 이성이나 법원리에서 찾았다.

하여 제지하는 경우 이는 사법부에 의한 정책결정judicial policy-making 혹은 사법부에 의한 입법행위judicial legislation가 되어 사법부가 국민이 선출하고 헌법이 부여한 대통령과 의회의 정책기능을 침해한다는 비난을 받기도 하였다.

그러나 헌법이 그 생명력을 유지하기 위해서는 의회가 제정한 법률조차 헌법에 위반되지 않아야 함은 당연하다는 인식[1]으로 미 국민들은 이 판결을 받아들였고, 이후에 대법원의 위헌심사권은 당연한 것으로 받아들여지고 있다.[2] 그리고 20세기 들어 헌법의 실질적 보장을 위해 법률의 위헌심사제도가 필요한 것으로 인정되어 각국의 헌법에서 헌법재판제도가 도입되었고, 우리나라 헌법에서도 헌법재판소가 위헌 여부를 심사할 수 있도록 하고 있다.

마셜이 이끄는 연방대법원은 1819년의 매컬럭 대 메릴랜드 판결 McCulloch v. Maryland에서 헌법상 연방의회의 묵시적 권한을 확인하여 연방의회에 의한 연방 권한의 지속적 성장에 막강한 힘을 보탰다. 이 사건에

---

1 이에 관하여 마셜은 마베리 판결에서 '헌법이 가장 우월한 최고법이라면 일상적 방법으로 변경될 수 없으며, 또한 일반적인 의회제정법과 동일하다면 다른 법률처럼 입법부가 수정하고자 할 때 수정할 수 있다. 만약 전자가 참이라면, 헌법에 위배되는 의회제정법은 법률이 아니다. 만약 후자가 참이라면 성문화된 헌법은 국민의 입장에서 볼 때 성격상 제한할 수 없는 권력을 제한하려는 기이한 시도라 할 수 있다. 분명히 성문헌법을 제정한 모든 사람들은 헌법을 국가의 가장 근본적인 최고법으로 간주했으며, 따라서 이와 같은 정부이론에 따르면 헌법에 위배되는 입법부의 제정법은 무효다. 이 이론은 본질적으로 성문헌법에서 유래하며, 따라서 본 법원은 이 이론을 우리 사회의 근본원칙 중 하나로서 간주한다'고 하고 있다.

2 다만 사법부가 기본권 보호를 벗어나 헌법이란 이름으로 정책사항까지 위헌 여부를 결정하는 데 대하여 강한 비판이 오늘날까지 제기되고 있다.

서 메릴랜드 주는 주 법률로 연방은행The Second Bank of the United States의 개설을 막고자 메릴랜드 주에 의해 허가받지 않은 은행에서 발행하는 모든 수표에 대해 세금을 부과하려고 했다. 그러자 상대편에서는 연방은행이 연방의회의 법률에 의해 설립된 것이므로 이와 같은 세금 부과 조치가 부당하다고 주장했다. 그리하여 이 사건은 연방의회가 연방은행 설립에 대하여 법률을 제정할 권한이 있는가 하는 것이 쟁점이 되었다. 이것이 쟁점이 된 이유는 헌법 제1조 제8항에서 연방의회의 권한을 열거하고 있지만 여기에 연방은행 설립에 대한 권한은 언급되고 있지 않기 때문이었다.

기실 연방은행 설립과 관련해서는 처음 연방은행The First Bank of the United States이 설립될 때에도 연방정부 내에서 이 은행설립과 관련해 논란이 있었다. 워싱턴 정부 내의 연방파[1]의 리더인 재무장관 알렉산더 해밀턴

---

1 미국 독립 당시 정치파벌로는 해밀턴이 이끄는 연방파와 제퍼슨이 이끄는 민주공화파가 있었다. 전자는 미국 연방의 권한을 강화해야 한다고 주장했고, 후자는 각 주의 독립적 권한을 존중해야 하며 연방의 간섭은 최소화되어야 한다고 주장했다.

은 연방은행을 추진하였지만, 민주공화파의 리더인 토머스 제퍼슨을 위시한 반대파는 연방의회가 그럴 권한이 없다고 주장했다. 이런 논란 중에서도 연방은행법은 1791년 2월에 의회를 통과했고, 워싱턴 대통령도 이를 승인한 바 있다. 이때도 연방의회의 권한을 규정한 헌법 제1조 제8항이 문제가 되었다.

이번에는 의회 내에서가 아니라 재판에서 문제가 되었다. 이에 대해 마셜은 연방의회는 헌법 제1조 제8항 제18호에서 규정한 '필요적절입법조항'[1]을 좁게 해석하여 열거된 권한과 관련하여 필요하고 적절한 입법을 할 수 있도록 하는 것이 아니라, 넓게 해석하여 열거된 권한 외에도 연방에게 필요하고 적절하다고 판단되는 법률을 제정할 수 있도록 하는 묵시적 권한을 부여한 것이라고 해석해야 한다는 입장을 보였다. 이로써 연방의회는 연방헌법에 열거된 권한 외에도 연방에 필요하고 적절하다고 판단되는 사항에 대하여 입법할 수 있는 권한을 명확히 확보함으로써 이후 연방이 발전할 수 있는 기틀을 마련하였다.

마셜은 대법원장으로 재임하는 동안 많은 판결을 통해 헌법상에 몇 줄로만 규정되어 있던 사법부의 위상을 확립하였다. 이로써 마셜은 미국 사회가 사법부의 권위를 인정하고 헌법적 가치에 기초한 실질적 법치주의를 통해 사회적 갈등을 봉합하며 헌법이 시대에 따른 풍부한 내용을 가질 수

---

1 제1조 제8항 제18호, '위에 기술한 권한들과 이 헌법이 미국 정부 또는 그 부처 또는 그 관리에게 부여한 모든 기타 권한을 행사하는 데 필요하고 적절한 모든 법률을 제정한다.'

있도록 하였다. 이후 미국의 연방대법원은 단순히 개인 간의 사법적 분쟁의 해결을 넘어 국가적 주요 이슈에 대하여 합헌성 여부를 판단하는 미국 헌정의 가장 중요한 기관이 되었다.

노예제도의 폐지, 1863년[1]

(수정 헌법 제13조, 제14조, 제15조)

미국의 독립선언문에는 '우리들은 다음과 같은 것을 자명한 진리라고 생각한다. 즉 모든 사람은 평등하게 태어났고, 조물주는 몇 개의 양도할 수 없는 권리를 부여했으며, 그 권리 중에는 생명과 자유, 행복의 추구가 있다.'라는 유명한 문구가 있다. 그런데 흑인노예는 이와 같은 권리를 향유할 수 없는가?

미국에 흑인노예가 언제부터 들어왔는지는 확실하지 않지만 미국이 독립할 당시 이미 많은 흑인들이 노예 상태로 살고 있었고,[2] 독립전쟁 때의 이와 같은 평등사상은 미국 내에서도 대규모 노예폐지 운동을 불러일으키는 계기가 되었다. 그리하여 코네티컷, 로드아일랜드, 매사추세츠는 이미 1774년에 노예수입을 금지하였고, 매사추세츠 대법원은 1780년 노예제도

---

1 우리나라는 조선 고종이 즉위한 해로서 대원군이 정권을 잡기 시작했다. 영국 런던에서 세계 최초의 지하철이 건설되었다.

2 1662년 버지니아 식민지 의회는 노예 어머니와 백인 아버지 밑에서 태어나는 아이들의 숫자가 점점 많아지자 아이에게 아버지와 동등한 지위를 주는 영국의 보통법을 폐기하고 이후로 버지니아에서 태어나는 아이들은 모두 어머니의 지위를 따른다고 선언하고, 7년 뒤에는 주인이나 십장이 처벌을 거부하는 노예를 죽여도 죄가 되지 않는다는 '우발적인 노예살해 관련법'을 제정하기도 하였다.

를 불법으로 규정하였으며, 코네티컷, 로드아일랜드, 뉴욕, 뉴저지는 1787년 필라델피아 제헌의회가 소집되기 전에 이미 노예제도를 폐지하거나 점진적으로 폐지하는 법안을 통과시켰다.

그러나 이와 같은 경향은 산업이 발전한 북동부 지역에 한정되었다. 남부 지방은 사정이 달라서 그 지역 주요 작물인 목화와 담배 재배에 있어서 노예노동이 절대적으로 필요했기 때문에 노예제도를 폐지한다는 것은 상상하기 어려웠다.[1]

그리하여 북부의 노예제도 폐지 분위기와 남부의 노예제도 존속 주장은 서로 팽팽한 긴장을 자아냈다. 특히 서부를 개척하면서 새로 연방에 편입되는 주에 노예를 허용할 것인지의 여부는 치열한 논쟁의 대상이 되었다. 구체적으로 미주리가 1817년 주로서 연방가입 신청을 하자 미주리가 노예제도를 허용하는 주가 되어야 할지 자유주가 되어야 할지에 대한 논란이 일어났다.

인구가 많아 하원을 장악하고 있던 북부는 노예제도 금지 조항을 통과시켰으나, 상원에서는 자유주 노예주 모두 11주의 동수여서 의회가 결정을 내리지 못하였다. 그러던 중 자유주가 확실시되는 메인이 연방가입을 신청하자, 1820년 미주리는 노예주로 메인은 자유주로 가입시키되 앞으로 루이지애나 매입지에서 36도 30분 이북 지역에서는 노예제도를 금지하기로 타협하였다미주리 타협, Missouri Compromise of 1820.

---

1 남부 전체 인구의 35퍼센트가 흑인이었고, 대부분이 노예였다.

미주리 타협
노예제를 두고 북부와 남부 사이에 일어난 논란을 해결한 조치였지만 이는 결국 남북전쟁의 빌미가 되었다.

하지만 이러한 타협은 오래가지 못했다. 1845년 노예를 쓰는 텍사스가 합병되고 북부에서는 노예제도 폐지론이 더욱 거세지자 노예제도는 다시 전국적인 관심사가 되었다.

그러던 중 의회는 1854년 2월 스티븐 A. 더글러스Stephen Arnold Douglas[1]가 제안한 캔자스-네브래스카 법안Kansas-Nebraska Act을 통과시켰는데, 이 법안은 미주리 타협과 달리 루이지애나 매입지의 36도 30분 이북 지역에 있는 캔자스와 네브래스카도 각 주의 주민투표로 노예제도를 도입할 수 있다는 내용이었다. 이 법은 노예제도는 연방이 아니라 각 주의 주민들이 결정하여야 한다는 주민주권론[2]에 근거한 것이었으나 실질적으로 미주리 타협안을 폐기하는 것이었고, 결국 이 법은 노예제도에 항복문서

---

1 미국의 상원의원, 링컨과의 노예제도에 대한 논쟁이 유명하다.

2 국민주권론과 비슷하게 각 주의 문제는 그 주의 주민들이 결정한다는 사상이다. 미국은 연방국가이기 때문에 각 주는 우리가 생각하는 독립된 국가와 거의 흡사하였다. 여기에서 연방국가의 우위를 주장하는 연방파와 각 주의 독립적 지위를 중요시하는 민주공화파의 정치노선은 오랫동안 미국 정치 지형의 양대 산맥을 형성하였다. 결국 주민주권론은 연방의회가 노예 문제를 결정하는 것이 아니라 각 지역 주민이 노예제도 허용 여부를 결정해야 한다는 주장이었다.

를 만들어주는 것과 같은 것이라고 비판하며 반대하던 제 세력들은 공화당을 창당하였다.이 공화당이 오늘날 미국 양대 정당 중 하나가 되었다.

의회는 1854년 캔자스 준주를 공식적으로 승인하였는데, 원래 미주리 타협안에 의하면 자유주여야 하나, 캔자스-네브래스카 법률에 의하여 주민투표로 노예제도 도입 여부가 가려질 수 있었다. 이에 노예제도 허용을 좌지우지할 목적으로 외지인들이 쏟아져 들어와 곳곳에서 소요사태가 일어나고, 1855년 노예제도를 인정하는 선거 결과로 주 정부가 구성되자 1856년에는 노예폐지론자들에 의하여 주민투표를 통하여 새로운 주 정부를 구성하는 등 혼란이 이어졌다. 툭하면 무장군이 충돌하고 어느 쪽도 안정된 준주를 결성하지 못하는 교전지대로 바뀌면서 경쟁적으로 대표자회의가 소집되고 부정 투표로 여러 헌법이 승인되었다. 이를 '피의 캔자스'라 불렀다.

한편 이런 일련의 갈등 속에 기름을 붓는 판결이 1857년 연방대법원에서 나왔는데, 바로 드레드 스콧 판결Dred Scott decision이다. 드레드 스콧은 원래 노예였는데, 그의 주인이 그를 미주리노예주로부터 일리노이자유주를 거쳐 위스콘신미주리 타협안에 의하면 노예제가 인정되지 않는 준주으로 데리고 갔다가 다시 미주리로 데리고 돌아왔다. 스콧은 1846년 자신이 노예제를 인정하지 않는 주에서 왔으므로 자신은 자유 신분이라는 것을 확인해달라는 소송을 제기하였다.[1] 이에 대하여 원심은 자유 신분임을 인정하였으나 미

---

1 미주리 법에는 자유주에서 잠시라도 거주했던 노예는 자동적으로 자유 시민이 된다는 조항이 있었다.

주리 대법원은 그렇지 않다며 원심을 파기하였고, 이에 연방지방법원을 거쳐 최종적으로 연방대법원에 이 사건이 계류되었다. 1857년 3월 6일 마침내 연방대법원의 판결이 내려졌는데, 7 대 2의 다수 의견으로 상소를 기각하였다.[1] 그 이유는 흑인들은 자유 시민이건 노예건 미국의 시민이 아니기 때문에 연방정부에 소송을 제기할 권리가 없기 때문이라고 하였다.[2] 나아가 노예는 사유재산인데, 수정 헌법 제5조에 따라 주인들은 재산을 보장받을 권리가 있으므로 연방의회나 준주 의회는 적법절차에 의하지 않고서는 재산을 몰수할 수 없다[3]고 하면서 이런 헌법 취지에 어긋나는 미주리 타협안은 위헌[4]이라고 결론지었다. 연방대법원은 이 판결로 미국 내에서의 노예제에 대한 논란을 잠재울 의도였으나 오히려 시대정신에 전혀 반하는 판결로 전국을 논란의 소용돌이로 몰고 갔고, 연방대법원의 권위는 땅에 떨어졌다.

이에 대해 1858년 공화당 전당대회에서 링컨은 이 판결을 비난하면서, "둘로 나뉘어 서로 적대하는 집안은 결코 유지될 수 없습니다. 저는 이 정부가 절반은 노예제를, 절반은 자유를 주장하며 영원히 지속될 수는 없다

---

1 7 대 2의 다수파 의견을 가장 단적으로 대변한 인물은 메릴랜드 출신의 대법원장 로저 B. 토니였다.

2 '우리는 그들이 헌법상의 시민이라는 단어 아래 있지 않고 포함되지도 않으며, 포함시킬 의도도 없었다고 생각한다. 그러므로 그들은 헌법이 미국 시민들을 위해 규정하고 그들에게 보증하는 권리와 특권들 가운데 어느 것도 요구할 수 없다.'

3 '연방의회에 노예재산에 대해 좀 더 큰 권력을 준다거나, 어떤 다른 종류의 재산보다 노예재산을 덜 보호하게 하는 어떤 표현도 연방헌법에서 발견할 수 없다. 부여받은 유일한 권한은 당연히 그 소유자를 지키고 보호하는 의무와 결부한 권한뿐이다.'

4 이 판결이 마베리 대 매디슨 사건 이후 연방대법원이 두 번째로 연방의회의 법률에 대하여 위헌판결을 한 것인데, 첫 번째 판결이 연방대법원의 위헌심사권을 확립한 가장 중요한 판결로 남았는데 반하여 두 번째 판결은 인권사에 가장 치욕적인 판결로 남았다.

드레드 스콧(Dred Scott)
자유 신분임을 밝혀달라는 소송을 제기하였으나, 대법원에 의하
여 오히려 흑인은 미국의 시민이 아니고 노예는 주인의 사유재산
이므로 이를 연방의회의 법률로도 막을 수 없다는 미국 역사상
최악의 판결을 받았다. 이 판결이 남북전쟁의 한 원인이 되었다.

고 믿습니다. 저는 연방이 해체되는 것을 원치 않습니다. 집이 무너지는
것도 바라지 않습니다. 다만 분열이 끝나기만을 바랍니다. 그것만이 모두
가 하나되는 길입니다"라는 유명한 연설을 하였다.

이런 분위기 속에 치러진 1860년 대통령 선거는 민주당이 남북으로 갈
라져서 후보를 낸 틈을 타 노예제도의 확산을 반대하는 공화당의 링컨이
당선되었다. 선거가 끝나자 연방 해체 논란이 사방으로 번지면서 결국 사
우스 캐롤라이나 주 의회는 특별협의회를 소집하고, 12월 20일 투표를 통
해 연방 탈퇴를 선언했다. 이어 미시시피, 플로리다, 앨라배마, 조지아, 루
이지애나 등 6개 주가 탈퇴하여 남부연합을 결성하였다.

링컨이 대통령 취임식을 거행하고 한 달 뒤인 1861년 4월 남북전쟁이
발발하였다. 링컨은 남부연합이 연방으로 복귀하지 않으면 1863년 1월 1
일을 기해 남부 지역의 모든 노예를 해방시키겠다고 선언하였다.

원래 링컨은 남북전쟁을 노예해방을 위한 전쟁이 아니라 미국의 연방을
수호하기 위한 전쟁으로 여겼으나, 정치적으로 남부의 노예해방을 통하여
전쟁의 양상을 바꾸기로 결심하게 된 것이다. 당연히 남부연합은 연방에

복귀하지 않았고, 1863년 1월 1일 남부 지역의 노예해방령이 선포되었다. 전쟁은 4년을 끌다가 1865년 5월 26일에 북부의 승리로 끝났다.[1]

한편 의회는 1865년 2월 수정 제13조를 발의하여[2] 링컨이 1863년 공포한 노예해방령을 헌법에 규정하였다.

노예제도 혹은 강제 노역 제도는 당사자가 정당하게 유죄판결을 받은 범죄에 대한 처벌이 아니면 미국 또는 그 관할 하에 속하는 어느 장소에서도 존재할 수 없다.

나아가 1866년에는[3] 북부 출신 급진개혁파를 중심으로 수정 제14조로서 어떠한 주도 해방된 노예들이 불이익을 입지 않도록 하는 적벌절차 및 평등조항을 신설하였다.[4]

어떤 주도 정당한 법의 절차에 의하지 아니하고는 어떤 사람으로부터도 생명, 자유, 또는 재산을 박탈할 수 없으며, 그 관할권 내에 있는 어떤 사람에 대하여

---

1 전쟁이 거의 끝나고 북부의 승리가 명백해진 1865년 4월 14일 링컨은 암살되었다.

2 1865년 12월 18일 비준되었다.

3 남부 지역의 비준 거부로 1868년 7월 28일에야 비준되었다.

4 수정 헌법 제14조는 비단 이와 같은 노예제도 폐지에 따른 흑인 인권의 보장뿐 아니라, 이 조항을 근거로 연방정부가 주의 인권침해에 대해 직접 개입할 수 있는 근거를 마련하게 되었다. 이 조항은 인권보장 영역에서 연방정부의 우월적 지위를 나타내는 조항으로 볼 수 있으며, 이를 통하여 수정 헌법 10개 조의 권리장전이 주에 직접 적용되게 되었고, 평등권의 사법적 보장을 뒷받침하는 근거가 되었다.

도 법률에 의한 동등한 보호를 거부하지 못한다.[1]

그리고 1869년에는 수정 제15조[2]로써 헌법상 흑인들에게도 투표권이 주어지게 되었다.

미국 시민의 투표권은 인종이나 피부색, 또는 과거의 예속 상태로 인해서 미국이나 주에 의하여 거부되거나 제한되지 아니한다.

이와 같은 과정으로 노예제가 폐지되고 헌법상 선거권을 획득하였으나 현실에서 흑인 차별은 여전했다. 일례로 1896년에 내려진 플레시 대 퍼거슨 판결Plessy v. Fergusson은 수정 헌법 제14조에 의해서도 흑인의 차별이 완전히 사라지지 않았음을 시사하였다. 이 판례는 1890년 루이지애나 주 의회에서 통과된 법령, 즉 백인과 흑인에 대한 철도 객차 분리를 규정한 법령의 위헌 여부를 결정한 것이었다. 이 판례에서는 "공공교통 수단에서 흑백 간의 분리를 인정하거나 요구하는 법이 불합리하거나, 또는 컬럼비아 특구에서 흑인을 위한 별개의 학교를 세울 것을 요구하는 연방의회의 법보다 수정 헌법 제14조에 위배된다고 말할 수 없다. (중략) 법령은 인종적 특성을 없애거나 신체적 특이성에 입각한 구분을 없앨 힘이 없다. 그리

---

1 연방이 아니라 주에 대하여 이와 같은 적법절차와 평등권 보장 의무를 부과한 것은 수정 헌법에 보장된 권리는 연방정부로부터만 보호받는 것이라는 취지의 1833년 배런 대 볼티모어 판결의 효력을 없애기 위해서였다.
2 1870년 3월 30일 비준되었다.

고 그러려는 노력은 현 상태의 어려움을 더욱 가중시키는 결과를 가져올 뿐이다. 두 인종의 민권과 정치권이 평등하다면, 한 인종이 다른 인종보다 정치적 또는 민법상 열등할 수 없다. 만약 한 인종이 다른 인종보다 사회적으로 열등하다면, 미국 헌법이 두 인종을 같은 열에 둘 수는 없다"고 하면서 이른바 '분리하되 평등하면separate but equal' 위헌이 아니라는 입장이었다. 그리하여 흑백 차별이 철도, 극장, 식당, 공원 벤치를 비롯하여 심지어 묘지까지 적용되었다.

흑인이 완전한 자유시민이 되기까지는 수정 헌법 통과 후 100년 이상의 흑인 인권 운동이 필요했고, 1954년에 와서야 분리하되 평등하면 위헌이 아니라는 판결을 뒤집는 브라운 대 토피카 교육위원회 판결Brown v. Board of Education of Topeka이 나왔다. 워렌 대법원장이 이끄는 연방대법원은 공립학교에서의 흑백분리는 위헌이라고 판결했다. 그것은 분리된 교육시설 자체가 불평등하다는 것으로, 즉 "공립학교에서 '분리하되 평등한' 원리는 더 이상 받아들여지지 않는다는 것을 말한다. 분리된 학교시설은 본질적으로 불평등하다. 따라서 원고들과 이와 비슷한 상황의 사람들은 수정 헌법 제14조가 보장한 법 앞의 평등한 보호권을 박탈당하였다."는 이유였다.

이런 흑인에 대한 차별의 역사가 2008년 흑인인 버락 오바마가 대통령으로 당선됨으로써 또 한 번 새로운 국면을 맞았고, 이는 미국 민주주의의 역동성을 다시 한 번 보여주는 계기가 되고 있다.

미국 수정 헌법

미국 헌법은 1787년 제정된 이래 오늘날까지도 그 본체는 그대로 유효하게 보존되어 있는 세계에서 가장 오래된 성문헌법이면서도 가장 모범적인 헌법 중 하나로 평가받고 있다. 다만 시대적 흐름에 따라 맞지 않는 것은 '수정 헌법Amendment'이라는 형식으로 새로운 조항들이 계속 추가되어 오고 있다.[1]

원래 헌법 제5조에서 헌법의 개정은 상·하원 각 3분의 2의 발의에 의하여 미국 전체 주의 4분의 3의 비준을 얻어야 하기 때문에 헌법의 수정 조항들은 발의된 이후 몇 년이 걸리는 경우도 있었다. 수정 조항 중 유명한 것은 앞서 말한 미국의 권리장전 조항이고, 그 외에도 노예제도를 폐지한 제13조, 주 정부의 적법절차 및 평등권 보장의무 조항인 제14조, 흑인에게 투표권을 부여한 제15조, 금주법을 규정한 제18조, 여성에게 투표권을 부여한 제19조, 대통령의 3선을 금지한 제22조 등이 유명하다. 수정 조항은 그 당시 미국 헌정사를 그대로 반영하는 것들이고, 또한 그 비준 절차의 까다로움으로 인하여 그야말로 미 국민들의 헌법적 결단을 표현한 것이다. 아래에서는 이미 살펴본 권리장전과 노예제 폐지와 관련한 수정 헌법을 제외한 나머지 수정 조항에 대하여 간략히 살펴본다.

수정 제11조,[2] 1795년[3]

합중국의 사법권은 합중국의 한 주에 대하여 다른 주의 시민 또는 외국의 시민

---

1 1992년 현재 27개 조의 수정 조항이 있다.
2 1794년 3월 5일 발의, 1795년 2월 7일 비준되었다.
3 이하 수정 조항 옆의 연도는 비준된 해다.

이나 시민에 의하여 개시되었거나 제기된 보통법상 또는 형평법상의 소송에까
지 미치는 것으로 해석할 수 없다.

　헌법 제3조 제2항에서 연방법원의 관할권을 규정함에 있어 '한 주와 다
른 주의 시민 사이의 분쟁'도 그 관할 범위로 하고 있었다. 그런데 치점 대
조지아 주 Chisholm v. Georgia 사건1793[1]에서 사우스캐롤라이나 주의 알렉
산더 치점이 독립전쟁 당시 조지아 주에 물품을 제공한 적이 있는데 이에
대한 보상을 요구하는 소송을 연방대법원에 제기하였다. 연방대법원은 이
사건을 다루면서 헌법 제3조 제2항에서 이런 소송을 허용하고 있다며 원
고 승소 판결을 하였다.
　이에 대하여 이와 같은 소송을 인정하는 것은 주 정부에 인정되고 있는

---

1 이 판결은 연방헌법이 1787년 제정된 이후 처음으로 헌법에 관련한 사건을 맡았다.

주의 주권면책sovereign immunity[1] 제도에 어긋난다고 하여 수정하게 된 것이다. 1790년대의 필요에 의하여 미합중국을 창설하면서도 각 주마다 거의 독립된 국가의 권한을 행사하려 한 그 당시의 분위기상 한 개인이 자기가 속하지 않은 다른 '나라'에 소송을 건다는 것은 받아들이기 어려운 실정이었음을 감안한다면 쉽게 수긍이 가는 부분이다.[2] 다만 이 주의 주권면책 제도는 수정 14조와 관련하여 연방의회는 주 정부가 평등권을 위배한 법률을 제정한 경우에는 주권면책을 폐기하는 법률을 제정할 수 있다는 논리에 따라 약화되고 있다.

수정 제12조,[3] 1804년

선거인은 각각 자기 주에서 회합하여, 비밀투표에 의하여 대통령과 부통령을 선거한다. 양인 중 적어도 1인은 선거인과 동일한 주의 주민이 아니어야 한다. 선거인은 투표용지에 대통령으로 투표되는 사람의 이름을 지정하고, 별개의 투표용지에 부통령으로 투표되는 사람의 이름을 지정해야 한다. (이하 생략)

본래 헌법 제2조 제1항 제3호에서는 대통령을 최다득표자로 하고 부통

---

1 주권자 혹은 국가는 법적 과오를 저지를 수 없어 민사상 혹은 형사상 소추를 당하지 않는다는 의미다. 이는 영국 보통법상 '국왕은 잘못을 행할 수 없다' 및 '주권자는 그 승낙 없이 소추되지 않는다'는 원칙을 바탕으로 하고 있다. 그러나 제2차 세계대전 후 영국에서는 1947년 국왕소송절차법이, 미국에서는 1946년 연방불법행위청구법이 각각 제정되어 공무원이 공무집행 중에 행한 불법행위에 대하여 책임을 지도록 하였다.

2 따라서 수정 헌법 제11조는 원래 연방헌법이 창설되기 전에 가지고 있던 주의 주권면책을 확인하는 것에 지나지 않는다는 의견도 있다.

3 1803년 12월 12일 발의, 1804년 9월 27일 비준되었다.

령은 차순위 득표자였다. 워싱턴이 재임을 마치고 더 이상 대통령을 맡지 않겠다고 선언한 1796년 진정한 대통령 경선이 이루어졌다. 그런데 그 경선은 선거인단의 자유로운 투표가 아니라 그 당시 생겨났던 연방파와 민주공화파, 두 정파의 각축으로 나타났다. 즉 연방의 권한을 강화해야 한다는 연방파는 존 애덤스를, 주 정부의 독립성을 강화해야 한다는 민주공화파는 토머스 제퍼슨을 대통령 후보로 내세웠다. 선거인단 투표 결과 애덤스가 제퍼슨을 71 대 68로 간신히 눌러 애덤스가 대통령이 되고 파벌이 다른 제퍼슨이 부통령이 되었다. 이후 1800년 대통령 선거에서는 선거인단 투표 결과 민주공화파인 토머스 제퍼슨과 애런 버가 똑같이 73표를 얻는 결과가 나왔다연방파인 존 애덤스와 핑크니는 각 65표, 64표가 나왔다. 이 둘은 모두 민주공화파로서 내부적으로 제퍼슨을 대통령, 애런 버가 부통령으로 지명되었으나 애런 버가 사퇴를 거부하자 헌법에 따라 하원에서 대통령을 선출하지 않을 수 없었다. 하원 투표는 제퍼슨에 대한 연방파의 거부로 쉽게 결정되지 못하고 무려 36번의 투표를 거친 후에야 제퍼슨이 대통령이 될 수 있었다. 이와 같이 정파가 다른 사람들이 대통령, 부통령이 되거나 동점자가 나올 경우 선출의 어려움 등을 겪자 1804년 대통령 선거부터 대통령과 부통령을 따로 뽑기로 하고 헌법을 개정한 것이 이 수정 조항이다.

수정 제16조,[1] 1913년

연방의회는 어떠한 소득원에서 얻어지는 소득에 대하여도, 각 주에 배당하지

---

1 1909년 7월 12일 발의, 1913년 2월 25일 비준되었다.

아니하고 국세 조사나 인구수 산정에 관계없이 소득세를 부과, 징수할 권한을 가진다.

본래 헌법 제1조 제2항 제3호에서 '하원의원과 직접세는 합중국에 가입한 각 주의 인구수에 비례하여 이를 배당한다'고 되어 있고 헌법 제1조 제9항 연방의회에 금지된 권한 중 하나가 '인두세나 그 밖의 직접세는 앞서 규정한 인구 조사 또는 산정에 비례하지 아니하는 한, 이를 부과하지 못한다'고 규정되어 있다.

그런데 연방대법원은 1895년 한 사건에서 토지임대료, 주식배당금, 이자 수익과 같은 자산소득에 부과하는 세금은 직접세에 해당하므로 헌법에 따라 각 주의 인구수에 비례하여 부과하지 않으면 안 된다고 판결하였다. 이에 따라 연방정부는 결국 이들 자산소득에 대하여는 세금을 부과하지 못하는 결과가 되었고어느 해에도 각 개인의 자산소득은 다를 수밖에 없어 각 주마다 인구수에 비례하여 부과하기 현실적으로 불가능하였기 때문이다, 이를 시정하여 소득세부과권을 확보하고자 헌법을 수정하게 된 것이다.

수정 제17조,[1] 1913년

미국의 상원은 각 주 2명씩의 상원의원으로 구성된다. 상원의원은 그 주의 주민에 의하여 선출되고 6년의 임기를 가진다. (이하 생략)

---

1 1912년 5월 16일 발의, 1913년 5월 31일 비준되었다.

원래 헌법에서는 하원의원과 달리 상원의원은 주 의회에서 선출하도록 되어 있다. 이는 미국 전 국민을 대표하는 성격이 강한 하원의원과는 달리 상원의원은 독립된 주 대표의 성격이 강하다. 게다가 상원은 영국의 귀족원을 모방하여 만든 것이기 때문에 굳이 전 국민이 참여해야 하는 직접투표를 통해 선출할 필요가 없다고 여겼기 때문이다. 그러나 대중민주주의가 뿌리내림에 따라 이러한 인식도 점차 바뀌어 상원의원도 주민들이 직접 선출하게 되었다.

수정 제18조,[1] 1919년

본 조의 비준으로부터 1년이 경과한 후에는 미국 내와 그 관할에 속하는 모든 영역 내에서 음용할 목적으로 주류를 양조, 판매 또는 운송하거나 미국에서 이를 수입 또는 수출하는 것을 금지한다. (이하 생략)

미국의 유명한 금주법이다. 1917년의 엄격한 보수주의적 분위기를 반영하여 헌법에서 금주를 정한 것이다. 그러나 그 순수한 이상에도 불구하고 현실과 유리된 전형적인 규정으로[2] 결국 1933년 수정 제21조로 폐기되었다.

---

1 1917년 12월 18일 발의, 1919년 1월 29일 비준, 수정 제21조로 폐기되었다.
2 1919년 이 수정 조항의 시행 지침격인 볼스테드 법안이 통과되었다. 그러나 수많은 미국인은 이 '고귀한 실험'에 동참하기를 거부하였고, 도시 범죄 조직의 주도 아래 밀주시장이 번영하였다. 시카고의 악명 높은 알 카포네 일당을 비롯하여 여러 범죄 조직이 외국에서 들어온 증류수로 대담하게 무허가 술집을 차렸고 금주법 실시 이전의 정식업소보다 더 많은 무허가 술집이 성행하였다.

수정 제19조,[1] **1920년**

미국 시민의 투표권은 성별로 해서 미국이나 주에 의하여 거부 또는 제한되지

아니한다. (이하 생략)

이 수정 조항으로 미국에서 1919년에 비로소 여성에게도 참정권을 부여

하는 헌법 규정이 마련되었다.[2]

수정 제20조,[3] **1933년**

제1항 대통령과 부통령의 임기는 본 조가 비준되지 아니하였더라면 임기가 만

료했을 해의 1월 2일 정오에 종료하고 상원의원과 하원의원의 임기는 동일한

해의 1월 3일 정오에 종료한다. 그 후임자의 임기는 그때부터 시작된다.

제2항 연방의회는 매년 적어도 1회 집회한다. 그 집회는 의회가 법률로 다른

날을 정하지 아니하는 한 1월 3일 정오부터 시작된다. (이하 생략)

이 수정 조항은 1932년 대통령 선거가 있던 해 3월에 발의되었다. 그 당

시 미국은 1929년 불어닥친 세계대공황으로 주식은 폭락했고, 기업은 도

산했으며, 실업자는 넘쳐나고 여기저기서 굶어죽는 사람들이 속출하는 상

---

1 1919년 6월 4일 발의, 1920년 8월 26일 비준되었다.

2 물론 이전에도 각 주별로 여성 참정권을 인정한 주들이 있었다. 여성 참정권 쟁취를 위하여 전국여성참정권협회와
   전국여성당이 크게 활약하였다. 전국여성당은 당원 10만 명을 1917년 1월 백악관 앞에 모이게 하여 피켓 시위를
   하였다. 이들 현수막 중에는 "대통령 각하, 얼마나 더 기다려야 자유를 누릴 수 있습니까" 하는 구절도 있었다.

3 1932년 3월 2일 발의, 1933년 2월 6일 비준되었다.

황이었다. 그리하여 그 당시 후버 대통령은 거의 절망적 상태에 빠져버렸고, 1932년에 대통령 선거가 시작되었다.

이런 배경 하에서 대통령과 의회의 임기 개시를 종전의 3월 4일에서 1월로 앞당겨 이른바 레임덕에 따른 부작용을 막아 하루라도 빨리 새로운 대통령이 취임하여 난국을 헤쳐나갈 수 있기를 바랐다당시에는 대통령에 당선되더라도 교통이 불편해 임기 시작시까지 시간이 오래 걸렸다. 그리고 임기 개시일을 헌법에 규정해 그 전에 대통령이 사망하거나 기타 사유로 확정되지 못할 경우를 대비한 조항을 정비했다. 또한 헌법 제1조 제4항 제2호에서 의회는 12월 제1월요일을 집회일로 했으나, 이 또한 대통령의 임기 말에는 레임덕으로 인해 효과적 의정활동이 되지 않는다고 판단하여 1월로 변경했다.

그러나 이 수정 조항은 1933년 새 대통령1932년 선거에서 루스벨트가 당선되었다이 취임할 때부터 적용되지 못했다. 그것은 수정 조항 제5항에서 비준 후 최초의 10월 15일부터 효력을 발생하게 하였는데, 비준이 1933년 2월에야 완료되었기 때문이다.

수정 제21조,[1] 1933년

연방헌법 수정 제18조는 이를 폐기한다. (이하 생략)

앞서 본 바 있는 금주법을 폐지한 규정이다.

---

1 1933년 2월 2일 발의, 1933년 12월 5일 비준되었다.

수정 제22조,[1] **1951년**

누구도 2회 이상 대통령직에 선출될 수 없으며, 타인이 대통령으로 당선된 임기 중 2년 이상 대통령직에 있었거나 대통령 직무를 대행한 자는 1회 이상 대통령 직에 당선될 수 없다. (이하 생략)

원래 미국의 대통령직은 2회 이상 맡지 않는 것이 불문율로 되어 있었다. 그것은 초대 대통령인 조지 워싱턴이 주위의 모든 사람의 권유와 또 당시 분위기로 보아 3선 심지어 종신 대통령도 가능하였음에도 물러나는 용단을 내림으로써 이후 대통령들도 이런 예를 따랐던 것이다.[2] 그런데 이런 관례에도 불구하고 대공황과 제2차 세계대전을 승리로 이끈 루스벨트 대통령이 4선의 임기 중 사망하자, 이에 대한 반성으로 대통령은 2회 이상 선출되지 못한다는 대통령 3선 금지 규정이 나왔다.

수정 제23조,[3] **1961년**

미국 정부 소재지를 구성하고 있는 특별구는 연방의회가 다음과 같이 정한 방식에 따라 대통령 및 부통령의 선거인을 임명한다. 그 선거인의 수는 이 특별구가 주라면 배당받을 수 있는 연방의회 내의 상원 및 하원의원 수와 같은 수다. 그러나 여하한 경우에도 최소의 인구를 가진 주보다 더 많을 수는 없다. (이하 생략)

---

1 1947년 3월 21일 발의, 1951년 2월 26일 비준되었다.
2 대표적인 사례가 3대 대통령인 토머스 제퍼슨이 2회 재임하고 대통령직 종료를 공식선언한 것이다.
3 1960년 6월 16일 발의, 1961년 4월 3일 비준되었다.

워싱턴 DC는 잘 알려진 대로 미국의 연방정부가 소재하는 도시다. 그리하여 50개의 주와 독립된 특별구로서 운영된다. 그런데 워싱턴 DC의 인구가 1960년대 들어 50개 주 중 몇 개 주보다 많게 되자, 워싱턴 DC에서 대통령 선거인단 선거를 할 수 있도록 해야 한다는 의견이 우세하여 워싱턴 DC에서도 일반 주와 같이 대통령 선거인단을 선출하게 된 것이다. 1978년에는 의회에서 워싱턴 DC도 일반 주와 마찬가지로 하원의원과 상원의원을 선출할 수 있도록 하는 헌법 수정안이 발의되었으나 비준을 얻지 못하여 폐기되었다.

수정 제24조,[1] 1964년

대통령 또는 부통령, 대통령 또는 부통령 선거인들, 또는 연방의회 상원의원이나 하원의원을 위한 예비 선거 또는 그 밖의 선거에서 인두세나 기타 조세를 납부하지 아니했다는 이유로 합중국 시민의 선거권을 합중국 또는 주에 의해 거부하거나 제한하지 아니한다.

흑인 노예들은 1863년 노예해방이 이루어지고 1869년 수정 제15조로써 흑인이라는 이유로 선거권이 제한되지 않는다는 규정이 있었으나, 이 조항은 세금을 내지 않는 사람은 투표권을 주지 않는 각 주의 선거법에 의하여 사실상 무력화되어 있었다. 흑인들의 경우에는 오랫동안 노예생활로 인하여 세금을 낼 만한 여력이 없었기 때문에 이를 시정하기 위하여 만들어진

---

1 1962년 8월 27일 발의, 1964년 1월 23일 비준되었다.

조항이다.

한편 이 수정 조항은 연방정부 차원의 선거에서 인두세를 근거하여 선거권을 박탈한 것을 방지하는 규정이었으나, 연방대법원은 1966년 한 사건의 판결에서 수정 헌법 제14조 평등조항에 의하여 주 정부는 주 선거와 지방선거에서도 투표의 선행조건으로 인두세를 요구할 수 없다고 하였다. 이로써 미국 내 모든 선거에서 인두세를 요건으로 하는 투표권은 사라지게 되었다.

수정 제25조,[1] 1967년

대통령이 면직, 사망 또는 사임한 경우에는 부통령이 대통령이 된다. 부통령의 직에 궐위가 있을 시에는 언제나 대통령은 부통령을 지명하고 그는 의회 양원의 다수결에 의한 추인에 따라 취임한다. (이하 생략)

원래 제2조 제1항 제6호에는 '대통령이 면직되거나 사망하거나 사직하거나 또는 그 권한과 직무를 행하지 못하게 된 경우에는 대통령의 직은 부통령에게 귀속한다.'라고 정하고 있었다. 그러나 '대통령의 직이 부통령에게 귀속한다'라는 구절이 명확하지 않았다. 즉 그러한 경우 부통령이 대통령이 된다는 것인지 대통령직을 대행한다는 것이 분명하지 않았던 것이다. 그리하여 대통령 및 부통령의 궐위 상태와 관련한 명확한 규정이 필요하다고 인정되어 수정된 것이 이 조항이다. 여기에는 대통령의 궐위, 부통

---

1 1965년 7월 6일 발의, 1967년 2월 23일 비준되었다.

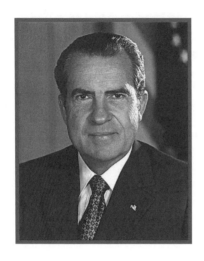

제37대 미국 대통령 리처드 닉슨
(Richard Milhous Nixon, 1913~1994)
워터게이트 사건으로 닉슨이 임기 중에 사퇴하자 수정 조항 제25조에 의거하여 포드 부통령이 대통령이 되었다. 1969년에 '아시아 각국은 내란이 발생하거나 침략을 받는 경우 스스로 이를 해결해야 한다'는 닉슨 독트린을 발표하고, 1972년에는 미국 대통령으로서는 처음으로 중국을 방문해 미국과 중국 사이의 국교 정상화의 길을 열기도 했다.

령의 궐위, 대통령의 직무불능, 사직의 경우에 대한 승계문제와 절차에 대하여 규정하고 있다.

이 수정 조항은 곧 적용되었는데, 1973년 리처드 닉슨 대통령 때 스피로 애그뉴가 부통령을 사직하자[1] 닉슨은 이 수정 조항에 근거하여 제럴드 포드를 부통령으로 지명하고 의회의 추인을 얻었다. 이후 1974년 8월 9일 이른바 워터게이트 사건[2]으로 닉슨이 사직하자 이 수정 조항에 의하여 포드 부통령이 대통령이 되었다.

---

1 1973년 여름 동안 메릴랜드의 연방검사들은 애그뉴가 메릴랜드 주지사에 이어 부통령으로 재직하는 동안 뇌물을 수수했다는 증거를 확보했다. 형을 감형해주는 조건으로 부통령직을 사직했다.

2 1972년 5월 28일 닉슨 진영이 상대방 진영을 도청하기 위하여 워터게이트 빌딩에 자리잡은 민주당 전국위원회 사무실에 도청장치를 설치하고 또다시 6월 17일 도청장치를 설치하려다가 발각되어 수사가 진행되었다. 이 수사 및 재판 과정에서 닉슨 대통령이 사건 은폐에 직접적으로 개입한 증거(테이프)가 나왔고, 의회가 탄핵을 시도하자 닉슨은 사임을 발표하였다.

수정 제26조,[1] 1971년

18세 이상의 합중국 시민의 선거권은 합중국 또는 주에 의하여 부인되거나 박탈되지 않는다. 연방의회는 적절한 입법에 의하여 본 조를 시행할 권한을 가진다.

연방의회에서 18세 이상의 국민에게 선거권을 부여한다는 법률을 통과시켰으나, 오리건 주에서 이에 대하여 주 선거에서의 선거권 부여는 주의 권한이라며 소송을 제기하였다. 이에 대하여 연방대법원은 오리건 대 미첼Oregon v. Mitchell 사건 판결1970에서 오리건 주의 손을 들어주었다. 이 결과 헌법을 개정하지 않을 수 없었고, 수정 제26조가 만들어진 것이다.

이와 같이 연방정부에서 18세 이상의 국민들에 대하여 선거권을 부여하게 된 결정적 계기는 베트남전쟁이었다. 미국에서는 베트남전쟁이 시작된 1963년 이래 투표권이 없는 많은 젊은이들이 이 전쟁에 징집되어 희생되었다. 그 당시 '싸울 수 있는 나이라면 투표 할 수 있는 나이다Old enough to fight, old enough to vote'는 슬로건이 유행하면서, 투표권 인하 요구가 빗발쳤다. 이를 정치권이 수용한 것이다.

그러나 이 18세 규정은 선거권투표권에만 미치고, 나머지 미성년자 규정은 각 주마다 다르다. 예를 들어 음주 연령 21세, 도박 가능 연령 21세, 담배 구입 연령 19세 등이다.

---

1 1971년 3월 23일 발의, 1971년 7월 1일 비준되었다.

수정 제27조,[1] 1992년

상·하원의 세비 변경에 관한 법률은 다음 하원의원 선거 시까지 효력을 발휘하지 않는다.

이 세비 규정은 1789년 미국 권리장전과 함께 각 주에 비준을 요구한 조항이었다. 그런데 이것이 비준 절차가 마무리되지 않고 있다가 1992년에야 비로소 비준이 된 것이다.

---

1 1789년 발의, 1992년 5월 12일 비준되었다.

프랑스
헌법의 역사

프랑스 인권선언이 기존 영국과 미국의 인권과 관련한 규정들과 차별되는 이유는 그동안 주장되었던 자유권 외에도 법 앞에서의 평등권을 명확히 한 데 있다. 영국은 국왕과 귀족이 권력투쟁을 벌이면서 귀족들의 자유를 쟁취하기 위한 것이었고, 미국은 영국으로부터 미 국민들의 자유를 얻기 위한 것이었다면 프랑스 혁명은 일반 시민이 기본권을 쟁취하기 위한 투쟁이었기 때문이다.

테니스코트의 서약
삼부회의에 소집된 제3계급의 대표들은 어떤 안건이든 표결에 부칠 경우 성직자와 귀족계급에 패할 것임을 깨닫고 표결 방식을 바꾸자고 주장했다. 루이 16세가 이를 거부하자 인근 테니스코드장에 모여 국민의회를 구성했다. 그림은 프랑스의 화가 자크 다비드의 작품이다.

프랑스 절대군주제의 확립

중세시대 종교개혁으로 교회의 세력이 약화되면서 1500년대에는 군주왕의 힘이 커지기 시작하였다. 이리하여 16~17세기에 이르러 서부유럽에서는 국왕을 정점으로 한 강력한 중앙집권국가, 즉 절대주의 국가가 출현했다. 스페인은 1469년 아라곤 왕국의 페르난도와 카스티야의 이사벨 여왕[1]이 결혼하여 두 나라를 통합한 후 급성장했고, 영국은 장미전쟁 이후 튜더 왕조가 성립되면서 중앙집권국가로 발전하기 시작하였다.[2] 프랑스는 백년전쟁이 끝난 후 루이 11세[1461~1483], 프랑수아 1세[1515~1547] 등의 치세에 힘입어 서서히 중앙집권국가의 틀이 짜여졌다. 절대국가의 특징은 봉건시대 때 분산된 국가권력이 국왕에게 통합됨과 동시에 국민들도 하나의 국왕 아래 통합되는 것이다. 국가권력의 통합은 중앙 및 지방행정을 담당하는 관료조직의 정비와 국내 치안과 방어를 목적으로 하는 상비군의 출현으로 나타났다. 국왕을 중심으로 하는 절대주의는 국가재정을 확충하기 위해 전 국민에게 조세를 부과함과 아울러 중상주의 정책을 통하여 국내 상업과 공업 기반을 육성하는 데 적극적인 관심을 기울였다. 이 절대주의 국가 시대에 이른바 대항해시대[3]가 열려 유럽이 유럽 대륙에만 머무르

---

1 이사벨 여왕은 콜럼버스의 항해를 후원해줌으로써 아메리카 대륙의 발견을 지원하였고, 스페인을 유럽 제1의 제국으로 만드는 데 초석을 다졌다.

2 영국은 봉건체제가 무너지면서 각 지방의 권력이 중앙으로 집중되었지만, 영국 헌정사에서 보듯 그 권력이 의회와 국왕에게 분산되어 입헌군주제라는 근대적 민주주의를 가장 빨리 확립하였다.

3 대항해시대(大航海時代)는 15세기 초부터 17세기 초까지 유럽의 배들이 세계를 돌아다니며 항로를 개척하고 탐험과 무역을 하던 시기를 말한다. 그 과정에서 유럽인들은 자신들이 알지 못했던 아메리카 대륙과 같은 지리적 발견을 이루었다.

리슐리외(Richelieu, 1585~1642)
원래 추기경이었는데 1624년 루이 13세로부터 재상에 임명된 이래 1642년 사망까지 재상직을 유지하면서 프랑스 절대왕정을 공고히 했다.

지 않고 아메리카 대륙을 발견하고 동양으로 가는 새로운 항로를 개척해 나가기 시작했다. 이때 비로소 세계가 하나의 세계로 통합되어 가면서 지구가 둥글다는 것을 경험적으로 확정하게 되었다.

한편 루이 11세 이래 중앙집권화의 길을 가고 있던 프랑스는 16세기 후반 들어 가톨릭과 프로테스탄트 사이의 종교 분쟁을 겪으면서 국가적 위기를 맞게 되었다. 그 당시 프랑스는 종교전쟁위그노 전쟁, 1562~1598[1]으로 국왕뿐 아니라 각 귀족들이 자신들이 믿는 종교를 중심으로 전쟁을 치르고 있었던 것이다. 이 와중에 앙리 4세는 1589년 부르봉 왕가의 첫 프랑스

---

1 프랑스 최초의 종교전쟁(1562~1598)이다. 위그노는 프랑스 남부를 중심으로 한 프로테스탄트의 칼뱅파를 지칭하는 말인데, 그 당시 로마 가톨릭을 지지하던 세력들과 갈등 끝에 전쟁이 벌어졌다.

국왕이 되었다. 그는 원래 프로테스탄트 일파인 위그노였으나, 왕이 되자 프랑스의 평화와 단결을 위하여 가톨릭으로 개종하고, 낭트 칙령을 발표하여 종교의 자유를 인정하였다. 이로써 프랑스 종교전쟁은 일단락되고 프랑스 국왕의 권력은 더욱 강화되었다.

한편 앙리 4세가 1610년 가톨릭 극단주의자에 의하여 암살되자 루이 13세가 즉위하였고,[1] 그는 리슐리외를 재상으로 임명하여 국정을 돌보게 하였다. 리슐리외는 왕의 권력을 강화하고 유럽에서 프랑스의 권위를 높이는 데 크게 기여하였는데, 귀족들의 권력을 약화시키고 위그노의 정치적 특권을 박탈하였으며 무역과 산업을 권장하였다. 위그노의 정치적 자유를 인정하면 한 국가 안에서 또 하나의 국가를 인정하는 결과가 된다고 생각하여[2] 1627년에 위그노의 도시들을 군사력을 동원하여 정복하고, 위그노의 종교 및 공직 취임의 자유는 인정하되 도시의 특권들은 박탈했다. 그는 각 지방에 왕의 신하인 지사intendants[3]를 보내 지역의 행정과 재정을 담당하게 함으로써 지역 귀족의 힘을 약화시키고 권력이 국왕에게 집중되도록 하였다.

1643년 루이 14세가 프랑스의 왕으로 즉위하였는데, 그의 재임기간은 72년으로 프랑스 역사상 가장 길었다. 그는 어린 시절 지방 귀족들의 반란

---

1 앙리 4세 암살 당시 루이 13세는 8세에 지나지 않았다. 이로 인해 메디치가 마리의 섭정이 7년 동안 계속되다가 1617년 루이 13세가 왕위에 올랐다.

2 위그노는 요새화된 도시에 집단적으로 거주하면서 마치 국가 안의 또 다른 국가처럼 존재했다.

3 앙리 2세의 치세부터 시작된 제도로 지사는 리슐리외로부터 광범위한 권한을 부여받았다. 그들은 지방에서 국왕의 명령을 시행하고, 사법, 타유세의 할당, 군대의 규율 등에 대한 감독, 음모 진압 등을 맡아서 처리하였다. 국왕에게 헌신적이면서 전권을 부여받은 지사들은 절대주의 체제의 특권적 대리인이었다.

프롱드의 난[1]으로 추위와 배고픔을 안고 프랑스 여기저기를 떠돌아다니는 등 어려운 시기를 보내었는데, 이것이 나중에 귀족들을 불신하고 국왕의 권력을 절대적으로 만든 원인이 되었다.

그는 베르사유 궁전을 짓고, 그곳에 귀족들을 불러 모아 거주하게 함으로써 귀족들을 왕의 신하로 만들 수 있었다. 그곳에서 그는 '짐이 곧 국가다'라는 유명한 말로 프랑스 절대군주주의 사상을 대변했다. 또 예술을 장려함으로써 프랑스 예술을 꽃피웠다.

그러나 루이 14세도 전쟁을 통한 프랑스 영광의 실현이라는 이상으로 말미암아 내부적으로 무너져내리기 시작하였다. 그는 끊임없이 당시 유럽의 전쟁에 끼어들거나 전쟁을 시작하였는데,[2] 이것이 나중에 국가재정을 엄청나게 어렵게 만들어 프랑스 혁명의 원인을 제공하였다.

프랑스 혁명과 시민의 권리선언, 1789년[3]

루이 16세Louis XVI 1754~1793는 1770년, 16살의 나이로 오스트리아의 왕

---

1 1648~1653년에 걸쳐 일어난 프랑스 내란이다. 루이 14세가 국왕의 자리를 승계한 것은 4살 때였으므로 어머니와 재상 마자랭을 중심으로 섭정이 행해졌다. 이때 일부 귀족들이 반란을 일으켜 루이 14세는 파리를 떠나야만 하는 사태가 벌어졌다. 그러나 1652년 파리가 왕당파에 의하여 점령되고 그 이듬해 반란은 진압되었다. 프롱드(fronde)란 당시 청소년 사이에 유행한 돌팔매 용구인데, 관헌에게 반항하여 돌을 던지는 것을 빗대어 쓴 말이다.

2 대표적인 것이 네덜란드 전쟁(1672~1678), 아우크스부르크 동맹전쟁(1689~1697), 스페인 왕위계승전쟁(1701~1713) 등이다.

3 이때 우리나라는 조선 정조 시대였고, 미국에서는 1788년 미 연방헌법이 발효되어 1789년 조지 워싱턴이 초대 대통령으로 취임하였다.

녀 마리 앙투아네트와 결혼하고, 1774년 루이 15세의 뒤를 이어 왕위에 올랐다. 루이 16세 하의 프랑스는 불어나는 부채를 감당하기 어려웠는데 특히 미국 독립전쟁1778~1783을 지원하면서 많은 부채를 지게 되었다.[1]

루이 16세는 이 부채를 해결하기 위하여 면세특권을 누리는 가장 부유한 특권계급에게 세금을 물리기 위하여 1787년 2월 사제와 귀족들로 이루어진 명사회[2]를 소집하려 했지만 실패하고 다시 고등법원에 호소했으나 반발만 불러일으키고 말았다.[3] 이에 1789년 5월 5일 명사회와 고등법원 같은 특권계급의 저항을 물리치고 국민의 협력과 동의를 얻어 세금을 징수하기 위하여 삼부회三部會를 소집하였다. 근 175년 만이었다.

그 당시 프랑스는 세 개의 계급으로 나뉘어져 있었는데, 전 국민의 1퍼센트에 못 미치는 제1계급 성직자, 전 국민의 2퍼센트에 못 미치는 제2계급 귀족, 나머지 97퍼센트에 해당하는 제3계급이 그것이다. 제3계급의 상위는 부르주아지라 불리는 도시 중간 계층인데, 거기에는 상공인과 법률가, 의사 등 전문직이 속해 있었다. 이들은 교육을 받은 지식인층이었다. 그 밑으로는 가난한 도시 노동자, 농촌 소작인 등이 있었다.

제3계급인 부르주아지와 노동자, 소작농민들은 각기 처지에 따른 불만을 가지고 있었지만, 한 가지 공통적인 것이 있었다. 바로 당시 프랑스에

---

1 1788년의 국고 회계 보고서에 따르면 지출은 6억 2,900만 리브르, 수입은 5억 300만 리브르로 적자는 지출의 약 20퍼센트에 달했고, 지출의 절반이 넘는 3억 1,800만 리브르가 공채 이자로 지급되었다.

2 혁명 전의 프랑스 제도로 나라의 비상시 소집되는 회의였다. 귀족·성직자·도시의 대표들로서 왕이 지명하였는데, 왕을 보좌하는 일종의 자문회의였다.

3 명사회의 반발은 민중들의 이익을 대변한 것이 아니라 지금껏 세금을 내지 않았던 성직자와 귀족들의 반발이었다.

팽배해 있던 계몽사상의 영향으로 인한 '자유'와 '평등'이라는 이념이었다. 자유와 평등은 계급마다 다른 의미로 사용되었을 것이나, 왕과 특권계층의 권력에 대항하기 위하여 함께 싸울 수 있는 충분한 무기가 되었다.

한편 삼부회 소집 결정과 함께 프랑스의 모든 지식인들에게 차기 삼부회 소집과 관련한 상소나 청원을 올릴 것을 권유하는 내각령이 발표되었다. 이는 여론의 중요성을 의식하고 있는 군주의 선의에서 나온 절차로, 18세기 동안 줄곧 행해져 온 것이었다.

이 내각령은 새로운 사상을 주장하거나 지지 또는 비판하는 글들이 쏟아져 나오는 시대적 흐름에 기름을 부은 격이었다. 1788년 말부터 1789년 1월 말까지 2~3개월 사이에 수천 개의 저작물이 쏟아져 나왔다. 그 가운데 1789년 1월 초에 출간되어 폭발적인 인기를 얻은 저작물이 바로 시에예스의 『제3신분이란 무엇인가』하는 소책자였다. 이 책자는 그해 터진 프랑스혁명의 이론적 근거가 되기도 했다.

이 책에서 시에예스는 철저히 제3신분의 입장에서 기득권층을 통렬히 비판했다. 그는 현재 국왕이나 귀족과 같은 특권 계급에 의하여 프랑스가 좌지우지되는 것은 잘못되었으며, 제3신분이 프랑스의 주인이 되어야 한다고 주장했다. 제3신분이야말로 사회를 유지시키는 생산활동의 근간이며 완벽한 하나의 국민[1]인데 지금까지 정치적으로 완전히 소외되어 자신의 이익을 대변할 수 없었다는 것이었다.[2] 따라서 시에예스는 제3신분의

---

1 시에예스에 의하면, 동일한 입법부에 의하여 대표되며, 공통의 법률 하에서 살아가는 구성원들의 집단을 말한다.
2 제3신분은 현재까지 삼부회에서 진정한 대표를 갖지 못했다. 따라서 제3신분의 정치적 권리는 존재하지 않았다.

대표자는 진정 제3신분에 속하는 시민 중에서만 선출될 것, 제3신분 대표자의 수가 특권신분 대표자의 수와 동일할 것,[1] 삼부회에서는 신분별이 아니라 개인별로 투표할 것[2] 등이 요구되어야 한다고 주장하였다.

더 나아가 그는 국가의 기본질서를 정하는 헌법을 제정할 수 있는 권리는 오로지 국민 전체가 가지고 있다고 하였다.[3] 그런데 제1신분과 제2신분의 대표는 특권신분으로서 약 20만 개인의 힘만 가지고 있으며 그들의 특권만을 고려하고 있는 데 반하여, 제3신분의 대표는 2,500만 명을 대표하고 전체 국민의 이익에 대하여 심의하므로 제3신분이야말로 국민 전체를

---

1 이 요구의 근거를 시에예스는 제3신분이 전체 과세액의 절반 이상을 부담하고 있고, 인구 또한 두 특권층의 인구가 20만 명에도 못 미치는 데 반하여 제3신분은 2,500만 명~2,600만 명에 이른다는 점을 들었다.

2 만약 신분별 투표가 행해지면 '권력 남용을 향유하는 자들에게 거부권을 남겨두는' 결과를 초래해 진정한 과반수를 무시하는 데 이르기 때문이라고 했다.

3 국민은 모든 것 이전에 이미 존재하고 있으며, 국민은 모든 것의 기원이다. 국민의 의사는 항상 적법하며, 국민의 의사가 곧 법률이다. 국민의 의사 이전에, 그리고 그 상부에는 자연법만이 있을 뿐이다.

대표한다고 주장하였다. 그리고 제3신분의 대표는 3개의 신분 중 하나의 신분을 대표하는 것이 아니라 국민 전체를 대표하는 것이므로 다른 두 신분의 대표들과는 상관없이 특별대표국민의회를 구성하여 프랑스 헌법을 제정할 수 있다고 하였다. 위와 같은 주장은 제1신분, 제2신분과 같은 귀족들이 아니라 제3신분인 일반 국민들에게 국가의 기본질서를 정할 수 있는 권리가 있다는 것을 명백히 한 국민주권원리,[1] 헌법을 제정하는 권력의 주체 또한 귀족들이 아니라 일반 국민에게 있다는 헌법제정권력론,[2] 직접민주주의가 아니라 대표에 의한 민주주의라는 국민대의제도를 국가의 기본적 제도로 이론화한 것[3]이었다.

특히 제1신분과 제2신분을 국민들에게 재앙이라거나, 건강한 삶을 갉아먹는 무시무시한 질병 혹은 환자를 괴롭히는 악성 고름과 같은 존재로 격

---

1 이것은 영국이 중앙집권화 과정에서 국왕의 권력에 대항하여 귀족들이 의회를 중심으로 민주주의를 발전시켜오면서 국가의 의사결정은 국왕이 아니라 의회가 한다는 '의회주권'을 성립시켰다가 이후에 (주로 선거권 확대로 인한) 민주주의가 발전하면서 자연스럽게 국민주권이 확립된 것과는 대비된다. 이에 대해 시에예스는 귀족들이 특권이 없었던 영국에 비해 프랑스에서는 특권이 존재하기 때문이라고 설명한다.

2 헌법을 제정할 수 있는 권력의 주체는 누구인가 하는 것이다. 그 주체가 제3신분이라는 주장은 이전까지 절대군주주의에 입각한 통치가 행해지고 있었던 프랑스에서 혁명적인 사상임이 명백하다. 시에예스의 이와 같은 헌법제정권력 이론은 오늘날 헌법의 기초 이론 중 하나로 여겨지고 있다.

3 시에예스는 최소한의 정치사회를 형성하는 시기를 셋으로 나눌 수 있다고 한다. 제1시기는 서로 결합하고자 하는 상당수의 고립된 개인들의 시기인데, 이때에는 개인적 의사들이 모든 권력의 원천이 된다. 제2시기는 공통적 의사의 실행을 특징으로 하는 시기인데, 이때에는 개인들이 하나의 공동체를 형성하여 권력이 개인이 아니라 민중에게 속하게 된다. 제3시기는 위임에 의하여 운영되는 정부의 시기인데, 이때에는 더 이상 실질적으로 작용하는 공통적 의사가 존재하지 않고 다만 대의적 공통의사만 존재한다. 제1시기에 국민은 하나의 국민으로서 모든 권리를 가지고 있다. 제2시기에 국민은 그 권리를 스스로 행사하지만, 제3시기에는 공동체의 유지와 훌륭한 질서를 위해 필요한 모든 것을 대표자로 하여금 행사하게 한다. 이와 같은 논의는 오늘날 결국 정치사회(국가)를 구성함에 있어 모든 국민이 직접 의사를 표시하여 국가의사를 결정할 수는 없고 국민의 대표가 국민의 위임에 의하여 국가의사를 결정할 수밖에 없다는 대의민주제 혹은 간접민주주의의 선구적 이론으로 여겨지고 있다.

하게 공격하고 이들이 결코 국민의 대표가 될 수 없을 뿐 아니라 국가의 기본질서를 정하는 권리를 가질 수 없음을 드러냄으로써 프랑스 혁명의 평등사상을 극단적으로 보여 주었다.

한편 삼부회는 선거를 거쳐 성직자 대표 300명, 귀족 대표 300명, 제3계급 대표 600명이 선출되었다. 그런데 종전에는 각 대표단별로 1표씩을 행사하여 의사를 결정하였으나, 이때 소집된 삼부회의 제3계급 대표들은 이해관계가 비슷한 성직자 대표와 귀족 대표가 연합하면 2 대 1로 자신들이 질 수밖에 없으므로 개인별 1표씩을 주는 방식으로 변경하자고 주장했다.

루이 16세가 이 방식을 거부하였고 이에 제3계급 대표들은 인근 테니스 코트장에 모여 자신들을 국민의회National Assembly라고 명명하면서 다른 계급 대표들의 참가를 권유하고, 새로운 헌법이 만들어지기까지 해산하지 않기로 결의하면서테니스코트 서약 왕을 압박하였다.

이에 루이 16세는 어쩔 수 없이 국민의회의 성립을 인정하였으나, 한편으로 파리와 바스티유 쪽으로 군대를 배치시켰다. 루이 16세가 무력으로 국민의회를 해산시킬 것이라는 우려가 제기되면서 1789년 7월 14일 파리 시민들이 바스티유 감옥을 습격하는 사건이 벌어졌다. 또 파리 사건이 전국적으로 알려지면서 지역에서 소요가 일어났다. 혁명의 불길이 전국으로 퍼진 것이다.[1]

---

1 이와 같은 프랑스 혁명이 단지 자유와 평등의 확보를 위한 정치적인 이유 때문만은 아니었다. 1788년 여름에 발생한 기록적인 흉작, 1788~1789년 겨울의 혹한, 1786년 맺은 영국-프랑스 무역협약을 계기로 값싼 영국 공산품이 프랑스 시장에 범람한 상황 등이 겹쳐 빵값 폭등, 기아, 실업률 증가, 사회불안으로 이어진 것도 한 원인이다.

이에 국민의회는 1789년 8월 4일, 국민들의 불만을 달래기 위하여 프랑스 봉건체제 폐지를 단행하고[1] 같은 달 26일 '인간과 시민의 권리 선언'약칭하여 프랑스 인권선언이라 한다을 채택하였다. 국민의회는 이 인권선언에서 인권에 대한 무지, 태만, 경멸이 공공 재난과 정부 부패의 원인이라고 지적하면서 시민들이 자신의 권리와 의무를 명백히 알 수 있게 하고 동시에 행정부와 입법부의 권력행사가 그 제도적 취지에 부합할 수 있도록 인간이 가지고 있는 양도할 수 없는 타고난 권리를 선언했다.

프랑스 인권선언 제1조에서는 '인간은 태어나면서부터 자유롭고, 권리에 있어서 평등하다. 사회적 차별은 오직 공동의 이익을 위해서만 가능하다.'라고 하면서, 인간의 자유와 평등에 대한 천부인권을 선언하였다. 또 제2조에서는 '모든 정치적 결사의 목적은 소멸될 수 없는, 타고난 인간의 권리를 유지하는 데 있다. 이들 권리는 자유권·재산권·안전권 및 억압에 대한 저항권이다'라고 하여 국가의 존재 이유가 국민의 자유·재산·안전 및 억압에 대한 저항권을 보장하기 위한 것이라고 명백히 선언하였다. 그 외에도 제3조 국민주권, 제4조 자유권의 제한 한계 및 형식, 제5조와 제9조 법의 한계, 법 앞의 평등, 죄형법정주의罪刑法定主義, 인신의 보호, 무죄추정의 원칙, 제10조 종교상의 관용, 제11조 사상과 언론의 자유, 제12조 여러 권리의 보장을 위한 공권력의 존재 인정, 제13조 조세의 필요성과 그 평등, 제14조 조세에 관한 권리와 의무, 제15조 공무원의 행정상의 보고 의무, 제16조 권력의 분립, 제17조 소유권의 신성불가침과 그 보상이 언급

---

1 농민세의 부분 폐지, 교회의 십일조, 귀족의 특권, 개별 도시와 지방의 특권 등을 폐지하는 내용이었다.

되어 있다.

프랑스 인권선언이 기존 영국과 미국의 인권과 관련한 규정들과 차별되는 이유는 그동안 주장되었던 자유권 외에도 법 앞에서의 평등권을 명확히 한 데 있다. 영국은 국왕과 귀족이 권력투쟁을 벌이면서 귀족들의 자유를 쟁취하기 위한 것이었고, 미국은 영국으로부터 미 국민들의 자유를 얻기 위한 것이었다면 프랑스 혁명은 일반 시민특히 부르주아지이 기본권을 쟁취하기 위한 투쟁이었기 때문이다.[1] 특히 인권선언 제6조는 모든 국민이 법 앞에 평등함을 잘 나타내고 있다.

제6조 법은 일반 의지의 표현이다. 모든 시민은 직접 또는 대표자를 통하여 법의 제정에 참여할 권리를 가진다. 보호하는 경우든 처벌하는 경우든, 법은 모든 사람에게 똑같이 적용되어야 한다. 법 앞에 평등한 모든 시민은 그들의 덕성이나 재능에 의한 차별 이외에는 아무런 차별 없이 각자의 능력에 따라 모든 공직, 직위, 임용에 대해 동등한 자격이 있다.

한편 국민의회는 나아가 전국을 83개의 지역으로 구분하여 이제까지 귀족들만 담당했던 지방관료를 모든 사람들에게 개방하여 선출하게 하는 등의 정부개혁을 단행하고, 가톨릭 교회의 재산을 압수하여 국민들에게 되

---

1 이와 관련하여 '프랑스 혁명은 자연권에 호소하는 보편적 자유의 혁명이었을 뿐 아니라 권리의 평등을 제시하고 그것을 뛰어넘는 평등의 혁명이었다. 이처럼 프랑스 혁명은 어떻게 하면 자유를 상실하지 않고 평등을 실현할 것인가 하는 이상을 제시하고 실험했다. 이 점에서 프랑스 혁명은 이후 인류사에서 본보기로서의 가치를 갖는다'는 평가를 얻고 있다.

팔았다.[1] 가톨릭 성직자에 대하여는 국가가 봉급을 주는 형태로 바꾸었다. 그러나 이런 가톨릭의 개혁은 교황으로부터 반대에 부딪혔고, 가톨릭이 혁명을 반대하는 계기가 되었다.

국민의회는 또 1791년 프랑스 최초의 성문헌법[2]을 제정하였는데, 군주제를 인정하되 정부를 입법·행정·사법부로 나누었다. 국왕은 행정부를 맡았으나 더 이상 법률의 제정에 관여할 수 없고, 다만 법률안의 거부권을 행사할 수 있었다. 국왕의 대신[3]은 의원을 겸직할 수 없고, 정부는 의회를 해산할 수 없었다. 입법부는 새 헌법에 의하여 선출되는 입법의회Legitive Assembly가 맡기로 하였다. 의회는 대신의 책임을 추궁할 수는 없었다. 선거제도는 25세의 능동적 시민[4]이 재산세액이 가중된 2급 선거인을 선출하고, 이 2급 선거인이 의원들을 선출하도록 하였다즉 오늘날과 같은 직접·보통선거가 아니었다. 결국 프랑스도 영국과 비슷한 입헌군주제를 도입한 것이다.

입법의회는 군주제 존속을 인정하면서 개혁을 하려고 하는 보수주의자와 군주제를 폐지하고 근본적인 변화를 요구하는 급진주의자 간의 극단적 충돌을 피하면서 사안에 따라 보수주의자나 급진주의자의 의견을 따르는 중도주의자로 나뉘어졌다. 각 분파들은 같은 구역에 앉았는데, 보수주의자

---

1 교회가 그 당시 소유하고 있던 토지는 경작 가능한 토지의 6~10퍼센트에 해당하여 이것의 압수와 매각은 프랑스 재정의 위기를 모면하게 하였고 헐값으로 땅을 사들인 도시 부르주아지와 대토지 소유자들은 재산을 불리는 계기가 되었다.

2 1791년 9월 3일 공포되어 같은 달 13일 왕의 승인을 얻었다. 총 210조.

3 지금으로 치면 각부의 장관격이다.

4 프랑스 혁명 때 시에예스는 시민을 능동적 시민과 수동적 시민으로 분류하였는데, 이 주장을 헌법에서 받아들여 참정권을 향유할 수 있는 시민들을, 프랑스인으로서 하나의 도시 또는 일정 지역에 1년 이상 거주하고 3일분의 노임에 해당하는 직접세를 낸 자로 규정하였다.

들은 오른쪽, 급진주의자들은 왼쪽, 중도주의자들은 중간에 자리를 하여 오늘날 우파는 보수주의를 좌파는 급진주의를 일컫는 말이 되었다.

입법의회는 국내 문제에 관하여서는 이와 같이 견해가 갈리었으나, 국외 문제에 관해서는 견해가 크게 다르지 않았다. 특히 루이 16세의 아내 마리 앙투아네트의 형제가 오스트리아의 레오폴트 2세 황제였기 때문에, 오스트리아는 공공연히 프랑스 혁명에 대하여 적의를 드러내었다. 입법의회는 1792년 4월 20일 이런 오스트리아에 대하여 전쟁을 선포하였는데, 프로이센뿐만 아니라 많은 유럽제국들이 오스트리아를 지지하면서 결국 오스트리아와 프로이센은 프랑스를 침략하였다.

초기 전황은 프랑스에게 불리하였다. 국내의 경제적 파탄이 심해지자 파리의 급진주의자들은 파리 시 정부를 장악했다. 이들은 1792년 8월 10일 프랑스 왕이 외세특히 오스트리아와 연합하여 헌법을 파괴하려 한다고 설파하면서 국왕 부부를 체포하고 입법의회에 왕정폐지를 주장하였다. 이 주장을 받아들인 입법의회는 왕정폐지에 따른 헌법제정을 위하여 입법의회의 해산과 새 헌법 제정을 위한 국민공회National Convention 소집을 결의하였다. 외국과의 전쟁과 국내 정치의 소용돌이 속에 완전한 정부의 변화가 일어난 것이다.

국민공회는 1792년 9월 20일 첫 회의를 가지고, 그다음 날 21일 왕정폐지와 공화정 출범을 공식 선언하였다제1공화국, 1792~1804. 국민공회 또한 세 그룹으로 갈라졌는데, 그중 왕정을 지지하는 그룹은 찾아보기 어려웠다. 지롱드파는 파리의 급진 정부에 의한 프랑스 지배를 우려한 반면 자코뱅파는 이를 지지하면서 급진적 변화를 요구하였다. 그리고 중간의 입장을 취한 세 번째 그룹은 이후 자코뱅파의 입장을 지지하게 되었다.

국민공회는 먼저 1793년 1월 루이 16세를 재판하여 처형하였는데, 유럽 제국은 이 사건에 대해 경악을 금치 못하였다. 또한 프랑스가 오스트리아 와 프로이센군을 격파시키자, 왕정을 유지하고 있던 유럽제국은 프랑스 혁명이 확산되는 것을 방지하기 위한 동맹을 맺기에 이르렀다. 이에 대하 여 국민공회는 외세로부터의 침략 위협에 대응하기 위해 공안위원회를 설 치하였다. 공안위원회는 결혼하지 않은 18세부터 25세 사이의 남자들 모 두에 대해 징병제를 실시했고, 애국심에 넘치는 프랑스 젊은이들은 이를 계기로 새로운 프랑스군을 만들어냈다.

국민공회는 프랑스 내에서 혁명에 반대하는 세력에 대하여 공포정치를 시행하였다. 1793년 9월부터 1794년 7월까지 벌어진 공포정치는 로베스 피에르가 주도하였는데, 귀족들뿐만 아니라 일반인 특히 자신의 정적을 없애기 위한 방편으로 활용된 처형기계, 즉 그 당시 발명된 단두대기요틴에 숱한 사람들의 목이 잘려 나갔다. 급기야 로베스피에르와 함께 공포정치 를 주도하던 당통마저 사형됨으로써 공포정치는 막을 내리게 되었다.

국민공회는 새로운 1795년 헌법공화정 3년의 헌법을 제정하였는데,[1] 500명 의 하원과 250명의 상원으로 구성된 양원제 의회프랑스 최초의 양원제, 상원에 서 선출되는 5명의 집정관이 이끄는 행정부로 정부가 구성되었다. 하원인

---

1 1793년 자코뱅당의 초안을 중심으로 한 헌법이 제정되었으나, 국내외 정세의 긴박함에 따라 이 헌법은 결국 시행되지 못하고 공안위원회에 막강한 권한을 부여하는 결과만 낳았다. 이 헌법은 국민투표의 채택(법령이 아 닌 법률은 모두 국민투표에 회부되었다. 즉 의회에서 의결된 법률안은 각 도로 보내지는데 과반수가 이의하지 않으면 확정되나 이의가 있으면 의무적으로 국민투표가 행해지도록 하였다), 직접·보통선거의 도입 등이 특 징이다.

500인회에서 법률을 제출하면 상원원로원이 법안을 토의·표결하였다.다만 상원은 법안을 수정할 수는 없었다. 의원은 3년 임기로 매년 3분의 1씩 개선되고, 5명의 집정관은 5년 임기의 5명으로 구성하되 매년 1명씩 개선된다.[1] 의회와 집정관 정부는 서로 독립되어 있어, 의회는 집정관 정부에 대해 질문하거나 설명을 요구하거나 책임을 추궁할 수 없고, 집정관 정부 역시 의회를 해산하거나 소집을 요구할 수 없다.[2] 그런데 5명의 집정관 정부는 자신들끼리 싸움을 그치지 않았고 그 권력도 약하여 쿠데타가 계속 시도되다가 결국 구체제와 같이 인기 없는 정부로 전락하고 말았다.

한편 외세와의 전쟁 중에 나폴레옹이 전쟁 영웅으로 떠올랐다.[3] 나폴레옹은 1799년 11월 당시 집정관이자 유명한 혁명 이론가였던 시에예스와 손잡고[4] 쿠데타를 일으켜 헌법의 기능을 중지시켰다. 이후 나폴레옹과 시에예스를 포함한 3인의 집정관으로 구성된 행정집정위원회와 500인회, 원로원에서 각 25인으로 구성된 위원회를 만들어 함께 헌법제정 업무에 착수하였다. 이리하여 1799년 헌법공화정 8년의 헌법이 제정되었다. 이 헌법

---

1 집정관 선거를 위하여 500인회(하원)는 공석마다 10명의 후보자 추천 명단을 작성하고, 원로원(상원)은 비밀투표로 총재를 선출하였다. 그런데 실제 원로원의 선택을 강요하기 위하여 500인회는 일반적으로 평범한 9명의 후보자와 필요불가결한 1명으로 된 명부를 제출하였다.

2 이 결과 집정관 정부와 의회 사이에 균형억제의 수단을 규정하지 않았기 때문에 양자간의 협동의 결여로 말미암아 결국 분쟁이 생겼다.

3 나폴레옹은 코르시카 섬 출신의 장군이었는데, 1795년 9월 파리에서 폭도들을 진압함으로써 권력의 핵심에 진입하였고, 이탈리아 원정과 이집트 원정의 성공으로 화려한 명성을 얻었다.

4 그 당시 집정관 중 한 명이었던 시에예스는 헌정 혼란을 수습하기 위해서는 실력(군사력) 있는 지도자에 의한 쿠데타가 필수적이라고 생각하여 그 당시 인기 높았던 장군들을 접촉하게 되었는데, 모로 장군은 제안을 거절하였고 주베르 장군은 전사하였기 때문에 그 당시 이집트 원정에서 돌아온 나폴레옹과 손잡았다.

에 의하면 상원을 통해 10년 임기로 선출되는 3명의 통령들이 행정부를 이끈다. 그러나 제1통령이 국가의 진정한 원수고 행정부에서와 마찬가지로 입법부에도 거대한 권한을 가짐에 대하여, 그의 두 동료 통령은 단지 의견불일치의 경우에 투표권 없는 발언권만을 가지며 그들 의견을 장부에 기입하는 데 지나지 않았다. 따라서 제1통령이 된 나폴레옹에게 권력이 집중된 것은 당연했다. 이에 비하여 입법권은 4분되어 법률안 기초 기관인 국사원, 법률안을 토론·제안하는 법제심의원, 이를 표결하는 입법원, 법률의 합헌성을 심리하는 원로원으로 나누었다. 이후 나폴레옹은 실질적으로 독재를 시행하면서 1799년 프랑스 혁명이 끝났음을 선포하였다. 1789년부터 시작된 프랑스 혁명이 10년의 태풍 끝에 1799년 나폴레옹에게 그 시대적 역할을 맡기고 끝난 것이다.

1789년에 일어난 프랑스 혁명은 영국의 명예혁명1688, 미국의 독립혁명1776에 이어 중세적 절대왕정을 무너뜨리고 오늘날의 민주공화정을 만든 가장 큰 사건이다. 프랑스 혁명은 결국 왕이 없는 공화정을 세우기는 하였으나1792, 미국의 독립혁명처럼 안정적인 민주공화정을 유지하지는 못하였다. 그것은 식민 기간 동안 공화정과 비슷한 체제를 각 주마다 운영해 보았던 미국과 달리 프랑스는 공화정을 운영해본 경험이 없었고, 유럽과 동떨어져 있던 미국과 달리 유럽에서 왕정을 유지하고 있던 주변의 나라들과 혁명전쟁을 수행하지 않을 수 없었기 때문이다. 결국 다른 나라와의 혁명전쟁 과정에서 영웅으로 떠오른 나폴레옹에 의하여 다시 왕정으로 복귀함으로써1804 프랑스 혁명으로 세워졌던 공화정은 종말을 고하게 되었다.

그러나 프랑스 혁명 과정에서 고조되었던 자유와 평등에 대한 갈망은 주변 국가에 엄청난 영향을 주게 되었다. 프랑스 혁명이 깨뜨려 버린 중세적 부자유와 차별은 나폴레옹 몰락 이후 잠시 수면 아래로 들어갔으나, 도도한 역사의 물줄기로 다시 나타나 유럽을 중세에서 근대로 확실히 이동시키는 원동력이 되었다.

나폴레옹과 프랑스 공화정의 전개

나폴레옹은 1802년 자신을 10년의 임기가 있는 제1통령이 아니라 종신토록 통령을 할 수 있도록 국민투표 방식[1]으로 헌법을 통과시켜 종신통령이 되었다공화정 10년의 헌법. 나폴레옹은 1804년에 다시 국민투표를 거쳐 프랑스를 왕정체제로 되돌리고[2] 자신은 나폴레옹 1세로 황제에 즉위하였다제1제정시대 1804~1814. 이로써 제1공화정은 프랑스 혁명 전쟁의 와중에 와해되고 말았다. 그런 나폴레옹도 결국 1815년 워털루전투에서 패함으로써 11년이 넘는 자신의 황제 시대를 마감했다.

이후 유럽 각국은 빈회의를 열어 프랑스 혁명과 나폴레옹에 의해 무너진 유럽의 구질서를 복구하기로 결정하였고, 프랑스에서는 부르봉 왕가의 복귀가 결정되어 루이 18세가 왕위에 올랐다.[3] 이것이 역사상 빈체제라고

---

1 국민은 '나폴레옹 보나파르트는 종신통령이 될 것인가'라는 질문에 관해 투표하도록 소집되었다.

2 종신통령과 황제가 다른 것은 사망 시까지 절대권력을 가진다는 것은 마찬가지지만 황제는 그의 사후 후계자가 선거 등의 방법으로 후계자가 선정되는 것이 아니라 핏줄에 의하여 당연히 승계된다는 것이다. 이와 같은 변화는 프랑스 혁명 이래 능력과 국민의 지지에 의한 출세라는 패러다임이 핏줄에 의한 출세라는 봉건적 가치로 다시 되돌려지는 것을 의미한다.

3 루이 18세는 루이 16세의 동생으로 그가 만든 헌장은 군주주권을 기초로 하면서 영국식 의원내각제를 일부 모방하였다.

불리는 반동체제였다. 이후 1824년 루이 18세가 병사하자 그의 동생 샤를 10세가 즉위하였다. 그러나 그는 의회 내에서의 급진왕정복구주의자의 수를 늘리기 위하여 1830년 5월 16일 의회를 해산하고 같은 해 6월 23일과 7월 6일에 새 선거를 명령하였다. 그런데 선거결과는 오히려 급진왕정복고주의자들이 아닌 자유주의자들이 더 늘어나는 결과를 가져왔다. 이에 그는 7월 25일 반동적인 긴급명령을 발포하여 '출판의 자유를 폐지한다. 새로 선출된 의회를 해산한다. 선거법을 개정한다.' 등 국민의 의사를 철저히 무시하려고 하였다. 이는 프랑스 혁명으로 촉발된 국민들의 인권 및 정치의식을 전혀 이해하지 못한 조치였다. 이로 인해 다시 1830년 7월 혁명이 일어났으며 샤를 10세는 퇴위하지 않을 수 없었다. 혁명세력은 루이 필리프를 입헌군주제의 왕으로 추대하였다.

이 새로운 체제1830~1848는 7월 왕정 혹은 부르주아지 왕정으로 불리기도 하는데, 왕권신수설 대신 국민주권의 원리가 확립되고 사회의 중심이 지주귀족으로부터 부르주아지로 이동하였기 때문이다. 한편 이 시기의 정부는 영국의 의원내각제와 같은 형태로 발전하기 시작하여, 국왕은 대신을 의회 여당에서 선임하였다.

그러나 이 체제는 1846년부터 시작된 식량부족과 실업문제 등으로 사회적인 불만이 고조되다가 1848년 2월 혁명의 발발로 다시 수정되었다. 파리의 시민들은 제2공화정을 선포하고 국민의회가 선출되었다. 국민의회는 4년 단임제를 근간으로 하는 대통령제 및 단원제 의회를 도입하고 연령이 되는 남성들은 투표할 수 있는 보통·직접선거 제도를 도입하였다.

1848년에 실시된 대통령 선거에서 나폴레옹의 조카 루이 나폴레옹[1]이 선출되었다. 그의 임기는 1852년까지였으므로 의회가 헌법을 개정해줄 것을 요청하였지만 여의치 않자[2] 1851년 쿠데타를 감행하여 의회의 반대파를 체포하고 파리의 전략지점을 군대로 점거하는 한편, 의회 해산과 헌법 개정을 선포하고 국민투표를 통하여 10년 임기의 대통령제를 도입하였다. 루이 나폴레옹은 1852년 다시 국민투표를 통하여 왕정체제로 전환하는 헌법 개정을 했고, 스스로 나폴레옹 3세로 즉위하였다.

이와 같은 나폴레옹 3세의 황제 즉위는 나폴레옹 1세와 비슷하게 친위쿠데타와 국민투표에 의한 정당성 확보라는 방식을 밟음으로써 이후 20세기 왕정국가였다가 서구의 민주주의가 이식된 많은 나라에서 답습하게 되는 합헌을 가장한 헌법 파괴 행위였다. 이런 방식이 가능했던 것은 무엇보다도 나폴레옹 3세의 권력욕 때문이었겠지만, 당시 프랑스 국민의 수준이 생소한 공화정이나 민주정을 확고히 받아들일 수 없었던 시대적 상황 때

---

1 나폴레옹 1세의 동생이자 1806~1810년에 네덜란드 왕을 지낸 루이 보나파르트의 셋째 아들이다.
2 개정안의 찬성 반대가 각각 446 대 278로 나왔지만 의결정족수 4분의 3에 모자랐다.

문이기도 했다.

나폴레옹 3세는 1870년 프로이센과의 보불전쟁[1]에서 패하여 포로가 되었고, 국민의회는 같은 해 9월 4일 즉각 제3공화국을 선포하면서 임시정부를 구성하였다. 그러면서 계속 항전하였으나, 비스마르크가 주도하던 프로이센은 1871년 1월 파리를 점령하고[2] 1873년이 되어서야 군대를 프랑스로부터 철수시켰다.

국민의회가 제3공화국의 성립을 선언했다고 하더라도, 보불전쟁 패배로 인한 정국의 혼란으로 말미암아 곧바로 통일된 공화국체제를 가질 수는 없었다. 여전히 왕정복고를 기대하는 세력도 많았고, 실제로 1789년 혁명에 의하여 없어진 부르봉 왕가를 복원하려는 세력,[3] 1830년 7월 혁명으로 들어선 부르주아지 왕정의 루이 필리프의 자손[4]을 왕위에 올리려는 오를레앙파, 심지어 나폴레옹 3세의 황태자를 왕위에 복귀시켜야 한다는 세력도 있었다. 그런 와중에 선거와 정치투쟁 과정에서 공화주의파가 우세를 점하며 제3공화국의 통치구조가 서서히 형성되었다.

그 결과 1875년이 되어서야 제3공화정의 헌법은 하나의 단일한 헌법이 아니라 '제공권력의 조직에 관한 법률', '상원의 조직에 관한 법률', '제공

---

1 스페인의 국왕으로 프로이센 빌헬름 1세의 인척인 레오폴트를 추대하려는 비밀협상이 진행 중이었는데, 프랑스는 자국의 안전이 위협된다며 레오폴트의 왕위계승 철회를 요구하였다. 이와 관련한 프랑스 대사와 프로이센 왕과의 접견 내용에 대한 전보를 비스마르크가 교묘히 조작하여 프랑스 대사의 오만불손한 태도가 부각되는 언론 보도가 연이어졌다. 이에 격분한 프랑스 나폴레옹 3세가 전쟁을 선포하였다.

2 이를 계기로 1971년 1월 18일 프로이센 왕 빌헬름 1세가 프랑스의 베르사유 궁전에서 독일제국 황제(카이저)로 즉위함으로써 독일 통일이 달성되었다.

3 이들은 샤를 10세의 손자인 드 상보르 백작을 왕위에 복귀시키려 했다.

4 루이 필리프의 손자 파리 백작을 가리킨다.

권력 간의 관계에 관한 법률'의 형식으로, 즉 세 개의 헌법적 법률 형식으로 만들어졌다. 하원은 4년 임기의 직선의원으로, 상원은 9년 임기의 간선의원으로 구성되었다. 대통령은 7년 임기로서 국민의회에서 집회한 상원과 하원에 의하여 다수로서 선출되는데, 장관을 임면하고 법률발의권을 가지며 법률재의결 요청권과 상원의 동의를 얻어 하원을 해산할 수도 있었다. 이에 대하여 의회는 정부불신임권을 가졌다.

이 헌정질서는 프랑스 헌정사에서 70년 넘게 운영됨으로써,[1] 가장 오래 지속되었다. 실제 운영에 있어서는 의회의 정부불신임권이 하원해산권을 압도하여 '강한 의회, 약한 정부'라는 도식 하의 고전적 의원내각제를 꽃 피웠다.[2] 또한 이 제3공화국 헌법으로 오늘날 프랑스 민주주의의 기반을 형성했다고 평가받고 있다. 하지만 제3공화정은 1940년 히틀러의 침략으로 프랑스에 괴뢰정부가 들어섬으로써 그 막을 내렸다.

이와 같이 1789년 혁명 이래 19세기 프랑스는 군주정—공화정제1공화국—군주정나폴레옹 1세—공화정제2공화국—군주정나폴레옹 3세—공화정제3공화국 등으로 끊임없이 통치체제를 바꾸었고 그에 따라 헌법도 계속해서 개정되었다.

프랑스의 이와 같은 혼돈스러운 헌정 경험은 민주주의가 일찍 발전한

---

1 다만 1875년 헌법은 1940년까지 4차에 걸친 부분 개정이 있었다.

2 이와 같이 의회가 정부에 대하여 우세하였던 것은, 역사적 맥락에서 절대왕정이 구시대적 혹은 올바르지 않은 통치구조라는 경험으로부터 국가의 최고의사결정을 국왕 혹은 이를 대신한 대통령이 아니라 국민의 대표들의 모임인 의회가 행하여야 한다는 의회주권주의가 팽배하였기 때문이었고, 제도적으로는 행정부의 수반인 대통령을 국민이 직접 선출한 것이 아니라 간선하였기 때문이다.

선진국에서는 유례가 없는 것으로서, 마치 인류의 헌정질서에 대하여 왕정을 중심으로 한 기존의 물결과 공화정을 중심으로 한 새로운 물결이 어울려 요동치는 거대한 헌정질서의 실험장과 같은 역할을 하였다. 그럼에도 불구하고 프랑스는 자유 · 평등 · 박애라는 프랑스 혁명 이념을 지켜냄으로써 오늘날 많은 나라들이 공화정과 민주주의를 기초로 한 헌정질서를 가질 수 있게 한 원동력이 되었다.

독일과 일본의
입헌군주제의 발전

독일이 영국이나 미국, 프랑스와 다른 점은 국민의 요구에 의해서가 아닌 황제의 필요에 의해 헌법이 제정되었다는 점이다. 그렇기 때문에 독일제국의 헌법을 진정한 의미의 입헌주의 헌법이 아닌 외견적 입헌주의 헌법이라고 한다. 한편 메이지 유신을 통해 근대화되기 시작한 일본은 서양문물의 가장 핵심적 내용 중 하나라고 여긴 입헌주의를 나름대로 수용하여 봉건국가에서 근대적 민족국가로 탈바꿈시키는 법적 장치를 마련했다. 그것은 영국식 의원내각제나 미국식 대통령제도가 아닌 독일 프로이센 헌법을 모델로 한 왕권주의 헌법이었다.

독일 연방의회
제국의회였다가 독일 연방
의회로 명칭을 바꾼 독일
국회의사당이다. 프로이센
에 의한 통일독일제국 건립
과 동서통일에 의한 독일의
재통일, 이 두 번의 통일을
지켜본 역사적 건물이다.

1848년 3월 혁명과 프로이센 1851년 헌법

프랑스 혁명이 유럽을 휩쓸 당시 독일은 신성로마제국[1]이란 이름으로 존재하고 있었다. 그런데 이 신성로마제국은 중앙집권적인 로마나 그 이후 제국과는 달리 이름만 제국일 뿐 오히려 지방 세력들의 느슨한 연합이었다. 프로이센과 오스트리아와 같은 왕조 국가가 있었는가 하면, 교회 공화국, 도시국가, 그리고 많은 제후들소지배자들도 있었는데 그 갖가지 정치체들은 빈에 있는 황제에게 명목상으로는 충성하면서 서로 간에는 독립적인 관계를 갖고 있었다.

프랑스 혁명이 발발하고 왕권을 위협받자 그 당시 프로이센의 빌헬름 2세와 오스트리아 황제 레오폴트 2세는 프랑스의 구질서 회복을 선언하고 프랑스와 전쟁을 시작하였다. 그러나 나폴레옹에 의하여 오히려 패퇴당하여, 독일 전역은 1803년 제국대표자회의에 의하여 수많은 제후령이 해체되고 교회령이 몰수되었으며 소규모 지배권과 제국도시들의 주인이 바뀌었다. 그 결과 한때 300개를 넘었던 정치체들이 40개로 축소되었다. 또 1806년 나폴레옹에 의하여 라인동맹[2]이 결성되자 기존의 신성로마제국은 없어지고, 1807년에는 베스트팔렌왕국이 인위적으로 만들어졌다.[3]

---

1 962년에 로마에서 교황 요한네스 12세로부터 오토 1세가 황제로 대관한 때로부터 1806년 나폴레옹에 의해 붕괴될 때까지 약 800년 넘게 지속된 독일제국의 정식 명칭이다. 다만 신성로마제국이라는 명칭은 15세기부터 쓰였고, 그 이전에는 제국 혹은 단순히 로마제국이라 칭했다.

2 남부와 서부 독일 제후 16인이 모여 라인동맹의 헌장에 서명하고 나폴레옹을 동맹의 총수로 받아들였다. 이 동맹은 오스트리아와 프로이센을 제외한 39개 제후령에 인구 1,460만 명의 거대한 정치체였다.

3 이와 같이 나폴레옹이 이끄는 프랑스에게 패배를 맛보면서, 독일에는 역설적으로 프랑스의 혁명이념과 제도가 확산되었고 독일 민족주의 정신이 각성되었다. 이것이 독일통일의 밑거름이 되었다.

1848년 프랑크푸르트의 성 바울 성당에서 열린 국민
의회 현장이다. 이 의회에서 프랑스 혁명의 영향을 받
은 독일의 통일헌법을 마련하였으나 프로이센 왕이
거부함으로써 무위로 끝났다.

1815년 나폴레옹 몰락 이후 빈회의에서는 독일연방의 창설을 결의하였
는데, 그것은 오스트리아와 프로이센을 비롯한 4개의 주권 국가와 함부르
크, 프랑크푸르트 등 4개의 자유 도시를 포함한 전체 359개의 정치체로 이
루어진 느슨한 국가연합 형태였다. 이 독일연방의 중앙기구는 프랑크푸르
트에 설치된 연방의회가 유일했다.

연방의 각 영방LAND들은 독자적으로 외국과 조약을 체결할 권리를 유지
했는 데 비해 독일연방은 중앙 행정기구나 재정 조직을 갖출 수 없었다. 결
국 독일연방은 하나의 국가라기보다는 국가들의 연합이었다.

한편 각 영방들 중 일부는 헌법을 제정하거나 군주가 헌법을 만들어 다
스리기 시작했는데 그것은 주로 의회제도를 도입하고 사법권을 독립시키
는 등의 형태였다. 이는 본격적으로 입헌주의를 도입했다기보다 그 시초였
고, 정부의 대신은 여전히 군주가 임명하였다.

그런데 1830년 7월 프랑스에서 혁명이 일어나 샤를 10세가 루이 필리프
로 바뀌는 일이 벌어지자 독일에서도 자유와 통일을 요구하는 자유주의 운
동이 급속히 확대되었다. 그러나 각 영방들이 강경하게 대처해 독일에서
자유주의 운동은 성공을 거두지 못했다.

이후 1848년 2월 프랑스에서 다시 혁명이 일어나 공화국제2공화국이 선포되자, 독일에서도 그 영향으로 3월 혁명1848년 3월 혁명이 곳곳에서 일어났다. 이에 일부 영방에서 자유주의자들로 구성된 내각이 탄생했는가 하면, 오스트리아에서는 빈체제 반동의 기수인 메테르니히가 런던으로 망명하였고, 프로이센의 수도 베를린에서도 혁명이 일어나 당시 왕이던 빌헬름 4세가 자유주의자인 캄프하우젠을 중심으로 새 내각을 구성하는 등의 조치를 취하지 않을 수 없게 되었다.

이 혁명의 결과 1848년 5월 프랑크푸르트의 성 바울 성당에서 국민의회가 개최되었다. 의회의 목표는 독일연방을 하나의 국가로 전환시키는 것이었다. 이와 관련하여 미래 독일국가의 기본체제에 대한 문제가 심도 있게 토론되었고, 여기서 대독일주의와 소독일주의가 대립하였다. 대독일주의는 오스트리아의 독일계 주민들과 함께 합스부르크 왕국 전체를 포함한 제국을 주장한 데 비하여, 소독일주의는 주로 프로이센을 주도로 프로이센왕을 세습왕으로 하고 오스트리아를 제외한 독일국가 창설을 주장하였다.

결국 이 국민의회는 프로이센 왕에게 오스트리아를 제외한 전 독일의 황제로 취임하게 하여 독일의 통일과 동시에 입헌군주제를 도입하려고 하였다. 그러나 프로이센의 프리드리히 빌헬름 4세가 이 국민의회의 결정이 독일 전체 제후들의 합의가 없는 소독일적 결정에 불과하다며 거부하는 바람에 프랑크푸르트의 국민의회의 국가창설 계획은 수포로 돌아갔다.[1]

---

1 프로이센 내각은 황제의 관을 수용하는 문제에 대하여 대체로 찬성하는 쪽이 우세했다고 한다. 그러나 프리드리히 빌헬름 4세는 의회를 통한 황제 선출이 정당성이 없다며 무시했다.

이에 독일의 각 영방 정부들은 의회에 파견한 대표를 소환하였고, 잔여 의원들은 군대에 의하여 1849년 6월 18일 강제 해산되었다. 1848년 독일 혁명이 실패하게 된 것이다.

그러나 비록 이 혁명이 실패했다고는 하나 아무런 성과 없이 끝난 것은 아니었다. 특히 프로이센에서는 1851년 헌법을 제정하여 형식적인 입헌군주제도를 도입하였다. 그 주요 내용에는 연 1회 이상의 의회 소집, 완전한 예산권, 국왕과 의회의 공동입법권, 국왕의 군사명령권, 정부에 의한 의회 해산 금지 등이 들어 있었다. 그리고 귀족과 왕실 대표로 구성된 상원도 설치하고, 하원은 3등급 선거제를 도입하여 선거인의 수를 3등분하여 과세액이 많은 부자들 4.7퍼센트 집단과 그다음의 12.6퍼센트 집단, 나머지 82.7퍼센트 집단에게 각 3분의 1씩 배정하였다. 이 결과 적은 수의 부자들이 80퍼센트가 넘는 사람들과 똑같은 수의 선거인단을 가지게 되어 보수 세력이 자신의 이익을 관철할 수 있게 되었다. 이 헌법은 1918년 통일된 독일제국이 제1차 세계대전에서 패전하기까지 프로이센의 헌법으로 유지되었다.

비스마르크와 독일통일, 1871년[1]

독일의 통일은 1862년 프로이센의 수상으로 임명된 비스마르크에 의하여

---

1 이해 우리나라는 조선 대원군의 집권 시기였는데 신미양요가 일어났고, 일본에서는 메이지 천황이 폐번치현의 개혁을 단행하였다.

비스마르크
(Otto Eduard Leopold von Bismarck, 1815~1898)
독일의 재상으로 철혈정책으로 통일독일을 이루었다. 독일을
강대국 대열에 올려놓았다는 점에서 높은 평가를 받는다.

실현되었다. 그는 프로이센의 쇤하우젠에서 융커지방귀족의 아들로 태어나, 괴팅겐과 베를린 두 대학에서 공부한 후 프로이센의 관리가 되었다. 1848년 베를린의 3월 혁명 때는 반혁명파로 활약했고, 보수당 창립단원의 한 사람이었다. 혁명 후 프랑크푸르트에서 열린 국민의회에 프로이센 대표1851~1859로 임명되어 프랑크푸르트에 부임하였다. 그는 독일의 통일 방식에 대해 오스트리아와의 협조를 주장하였지만 결국 오스트리아가 프로이센을 동등하게 취급하지 않는다는 판단을 갖게 되어 오스트리아와 자주 대립하였다.

1848년 전후 보수적인 정치가에 불과했던 그는 러시아 주재 대사1859, 프랑스 주재 대사1862를 거치면서 정치적으로 성장하였다. 1862년 국왕 빌헬름 1세가 군비 확장 문제로 의회와 충돌했을 때의회가 국가 예산에서 군사비 항목을 삭감하였다 프로이센 수상으로 임명되었다.

비스마르크는 취임 첫 연설에서 이른바 '철혈정책鐵血政策', 즉 현재의 큰 문제는 언론이나 다수결에 의해서가 아니라 철과 피에 의해서 결정된다고 언명하면서, 의회의 반대로 차년도 예산안이 확정되지 못한 상황에서 긴급 명령권을 발동하여 의회의 승인 없이 예산을 집행했다. 이는 헌법에 규정된 의회의 예산 심의권을 무시하는 처사였고, 그 당시 의회의 제1당이자 자유주의적인 성향을 가지고 있던 독일진보당의 즉각적인 반발을 불러일으켰다. 독일진보당은 납세 거부 운동 등을 펼치면서 헌법 투쟁을 시작했다.

국내의 이런 정치적 대립 상황에도 비스마르크는 1866년 슐레스비히 - 홀슈타인 지방의 영유권과 관련한 오스트리아와의 7주 전쟁에 승리함으로써[1] 빈회의 이래로 약 50년간 유지되었던 유럽의 세력 균형을 파괴했다. 이로써 독일의 맹주로 떠올랐다. 한편 이 당시 벌어진 의회 선거에서 진보당이 참패하고, 이 틈을 타 비스마르크는 1862년 이후 의회 승인 없이 군사비로 지출한 예산을 사후 승인하는 안을 의회에 제출해 승인받기에 이르렀다. 이로써 몇 년 동안 헌법에 위반된 상태로 예산이 집행되어 헌법 분쟁을 일으켰던 초기 입헌군주제의 갈등을 해소했다.

비스마르크는 1867년 마인 강 이북의 영방들과 조약을 체결하여 22개 영방의 북독일연방을 성립시켰다. 1870년 비스마르크는 스페인 왕위 계승 문제를 기화로 프랑스를 자극해 보불전쟁을 일으켰다. 이 전쟁은 1871년 독일이 파리를 점령함으로써 막을 내렸다.

---

1 원래 슐레스비히-홀슈타인 지역은 형식적으로 덴마크의 지배 아래 있었으나, 많은 독일계 주민들이 거주, 광범위한 자치권을 행사하고 있었다. 그런데 덴마크가 강제로 이 두 공국을 합병하려 하자 프로이센과 오스트리아를 중심으로 한 독일연방이 덴마크와 전쟁을 벌여 이 지역을 덴마크로부터 분리시켰다. 분리된 이 지역에 대한 처리 문제를 두고 오스트리아는 독립된 영방국으로서 연방의 일원으로 삼으려 했으나, 프로이센은 병합하여 직접 지배하려고 하였다. 이에 양국 간에 전쟁이 터져 프로이센이 승리하였다.

이런 승리를 바탕으로 각 남부 독일 지역의 영방들과도 협상이 이루어졌고 1871년 1월 18일 프로이센 왕 빌헬름 1세가 프랑스의 베르사유 궁전에서 독일 제국의 황제카이저로 즉위함으로써 독일 통일을 이룩하였다.[1]

제1차 제국의회는 1871년 4월 14일 북독일연방의 헌법을 기본 골격으로 한 신헌법을 만장일치로 채택했다. 신헌법에는 국가의 주권이 22개의 영방과 3개의 자유시로 구성된 제국의회에 있다고 명시했다. 프로이센 국왕은 제국의 황제를 겸하면서 각 주에서 차출하여 편성한 연합군의 최고 지휘권을 장악하고, 행정권은 황제가 임명하는 재상에게 맡겨졌다. 재상은 프로이센의 대신이며 황제를 대표하여 연방참의원 의장의 역할을 수행하도록 했다.[2]

입법부는 양원제였는데, 하원인 제국의회Reichstag는 25세 모든 남자들에게 부여된 선거권에 의하여 보통·평등·직접 그리고 비밀선거에 의하여 397개의 선거구에서 1명씩 선출하도록 하였다. 상원인 연방참의원Bundesrat은 각 영방의 대표들로 구성되었다. 연방참의원은 25개의 영방들이 각각 최저 1명의 전권대표를 임명하고, 투표수는 영방의 크기에 비례하여 주어졌는데, 예를 들어 바이에른은 6표, 프로이센은 17표라는 식으로 주어져 총 58표가 되었다.

---

1 이를 역사적으로 신성로마제국에 이은 제2독일 제국이라고 하기도 한다. 히틀러는 자신의 제국을 제3제국이라고 했다.

2 실제로 제국 재상은 프로이센의 외상이었을 뿐 아니라 매우 단기간의 예외를 제외하면 모두 프로이센 수상도 겸하였다.

연방참의원은 제국의 최상급기관으로서 입법은 원칙적으로 상원인 연방참의원에서 하원인 제국의회의 동의하에 이루어지게 되고, 대부분의 조약비준권과 황제의 선전포고권에 대한 동의권도 보유했다.

독일이 이와 같이 통일을 이루고 제국헌법을 만들었지만, 영국이나 미국, 프랑스와 다른 점은 국민혹은 국민 일부의 요구에 의해서가 아닌 황제의 필요에 의해 헌법이 제정되었다는 점이다. 즉 중세 이후 처음으로 통일을 이루면서 통일된 독일의 통치체제를 만들기 위해 헌법이 제정된 것이지 독일 국민들의 기본권을 보장하기 위하여 헌법이 제정된 것은 아니라는 점이다심지어 기본권에 관한 규정조차 존재하지 않았다.

그리하여 독일 황제인 카이저는 국민들이 선출한 의회에 일정한 권한을 부여했지만 여전히 자신의 신임에 전적으로 의존하는 수상을 임명하여 제국을 자신의 의지대로 통치할 수 있었다. 이와 같은 이유로 독일제국의 헌법을 진정한 의미의 입헌주의 헌법이 아닌 외견적 입헌주의 헌법이라고 하는 것이다.

일본의 메이지유신과 헌법제정, 1889[1]

개항 전의 일본은 1603년 도쿠카와 이에야스가 지금의 도쿄인 에도에 막

---

1 이즈음 우리나라는 1876년 강화도조약으로 일본에 문호를 개방하고, 1881년에는 신사유람단이 일본에 파견되었으며, 1882년에는 임오군란, 1884년에는 갑신정변이 일어났다. 1889년에는 함경도 감사 조병식이 함경도에 방곡령을 실시하고, 유길준의 『서유견문』이 완성되었다. 갑오농민전쟁과 청일전쟁은 1894년에 일어났다.

부幕府, 바쿠후를 설치하고 일본을 지배하고 있었는데, 도쿠카와 막부는 나가사키 항을 제외하고 모든 대외무역을 금하는 정책을 폈다. 그런데 1854년 미국의 페리가 군함을 앞세우고 강제적으로 일본 개항을 이끌어냈다.

이후 막부는 각 열강들과 차례로 개항 조약을 맺었는데 이는 열강과 전쟁을 해서는 안 된다는 현실인식이 있었기 때문이다.[1] 더구나 개항에 머뭇거리는 천황天皇, 텐노으로 하여금 반강제적으로 이를 용인하게 만들었다. 막부의 이러한 태도는 '존왕양이尊王攘夷, 손노조이'라는 명분을 쥐고 막부를 비판하는 세력을 키우게 되었다. 상당수의 무사武士, 부시들이 당시 법적으로 자신의 한[2]을 벗어나지 못했는데 이를 어기고 한을 탈출하여 급진적 운동에 전념하는 이들도 나타났다.

사쓰마 한과 조슈 한은 그 당시 가장 힘 있는 한들로 원래 개국반대파존왕양이파였으나, 사쓰마는 영국과 전쟁을 겪으면서[3] 개국파로 돌아섰다. 조슈 또한 막부와 외국 함대의 연합 세력에 패해막부의 제1차 조슈 정벌 개국파로 돌아섰다. 이후 조슈 한에서 반란이 일어나 막부를 반대하는 세력이 실권을 장악하자 막부는 1866년 조슈를 정벌하러 나섰다. 그러나 1차 토벌과

---

1 중국은 1842년 이미 아편전쟁의 패배로 맺은 난징조약으로 5개 항구를 개항하고 홍콩을 할양하였다.

2 藩(번)의 일본어. 영주들이나 가신이 지배하던 봉토를 일컫는 말이다. 중앙정부의 지배권에 종속되는 것이었지만 한은 독자적으로 운영되었으며 고유의 군사력을 가졌다. 모든 한은 경제적으로는 자급자족했으며 통행세 등과 같은 독자적인 제도를 갖추고 있었다.

3 1862년 사쓰마 한 영주의 아버지 행렬을 영국인들이 어지럽혔다는 명목으로 영국인 1명이 살해당하고 3명이 상해를 입는 사건이 발생하였다. 영국이 이 사건의 사죄와 배상을 요구하자 사쓰마 한은 거절했다. 그러자 영국의 동양함대 7척이 같은 해 8월 가고시마를 포격, 전쟁이 시작되었다.

**메이지 천황이 1868년 3월
교토에서 도쿄로 입성하는 장면**
1868년 1월 쇼군은 최후의 일전을 메이지 천황파와 치
렀는데(보신전쟁). 이에 패하자 천황의 도쿄 입성을 받아
들이지 않을 수 없었다.

달리 조슈는 사쓰마와 은밀하게 막부 타도를 목적으로 하는 사쓰마·조슈
동맹삿초동맹을 맺어 막부의 군대를 패배시켰다. 이로써 막부의 위신은 땅
에 떨어지게 되었다.

　1867년 막부와 사쓰마·조슈동맹 간의 전운이 감도는 가운데 중재안이
나와 합의했는데 그 중재안은 막부의 수장을 일컫는 쇼군도 일반 한의 수
장인 다이묘와 같은 지위를 차지하고, 쇼군은 천황에 책임을 지는 추밀원
으로 대체하는 것이었다. 추밀원은 다이묘 등으로 구성된 상원과 무사 및
평민들의 하원으로 구성된 양원이었다.

　이에 1867년 10월 14일 쇼군의 모든 권한을 천황에게 헌납하는 대정봉환
大政奉還, 다이세이호칸이 이루어지게 되었다. 그 당시 쇼군이었던 도쿠가와 요
시노부로서는 자신이 추밀원장이 되고 추밀원을 장악한다면 내전을 막으면
서도 실리는 챙길 수 있는 방법이라고 생각하여 이를 수락한 것이었다.

　그러나 삿초동맹의 맹주들은 요시노부가 추밀원장의 되는 것을 막았고
이는 두 세력 사이의 군사적 충돌로 이어졌다보신전쟁.[1] 그러나 교토 부근에

1　우리말로는 무진(戊辰) 전쟁이다.

서만 전투가 치열하게 벌어졌을 뿐 쇼군 군사가 싱겁게 패하고 이후로는 삿초동맹의 영주들이 행진하듯 쇼군의 본거지인 에도로 밀고 나갔다. 이에 양 세력 사이에 다시 합의가 되어 1868년 3월 천황이 에도에 무혈입성하고, 요시노부는 사쓰마보다 조금 적은 토지를 보유하는 데 그치게 됨으로써 도쿠가와 막부는 완전히 없어지게 되었다.

1869년에는 당시 메이지 신정부에서 실권을 장악하고 있던 사쓰마, 조슈, 도사, 히젠 한 들이 공동으로 한을 폐지하고 그 통치권을 천황에게 일임하는 건백서를 제출했다. 잇달아 메이지 신정부는 모든 한을 폐지하고 한이 소유하고 있던 토지와 농민을 천황에게 되돌려주는 판적봉환版籍奉還, 한세키호칸을 단행하고, 1871년에는 한을 전부 폐지하고 현縣을 설치하는 폐번치현廢藩置縣, 하이한치켄이라는 행정개혁을 단행하기에 이르렀다.[1]

이 조치로 인해 그동안 번을 통치했던 다이묘는 자신의 영지 수입의 1할을 받게 되고, 무사들은 연금을 받게 되었으며, 사농공상의 계급제도가 철폐되었다. 이로써 일본은 각 지방이 독자적 권력을 갖는 중세적 지배구조를 일소하고 중앙정부가 전국의 토지와 인민을 직접 다스리는 근대적 통일국가 건설의 기초를 마련하게 되었다.

그리고 같은 해 11월에는 이른바 '이와쿠라 사절단'이라 하여 이와쿠라

---

1 신정부는 사쓰마·조슈·도사 3한 군사 약 8,000명을 도쿄에 불러들여 친병(근위병)으로 조직한 뒤, 1871년 7월 폐번치현을 감행하여 전국에 있던 261한을 모두 폐지하고 이어서 이전의 한의 구획과 관계없이 전국을 부·현으로 나누어 3부 302현을 설치했다. 정부는 한의 군대를 해산시켜서 무기, 성곽 등을 접수하였다. 여러 한은 이미 재정적으로 어려운 상황에 놓여 있었는데, 신정부가 부채를 떠맡았기 때문에 폐번치현은 큰 저항을 받지 않고 성공하였다.

도모미岩倉具視를 특명전권 대사로 한 정부의 수뇌부들 100여 명이 미국, 영국, 독일 등 12개국을 시찰하며 서구문물 및 제도를 조사할 목적으로 출국하였다1871~1873.

이와쿠라 사절단은 기본적으로는 막부가 맺은 불평등조약을 개정하기 위한 예비교섭 차원의 명목으로 출발하였으나, 새롭게 구성된 천황정부의 고위직이 대거 참가한 점과 또 이들을 수행한다는 명분으로 50여 명의 수행원들과 49명의 유학생들이 동행한 점으로 미루어 실제적으로는 일본이 국가적 차원에서 서구문물을 흡수하려는 의지를 보인 것이라고 평가할 수 있다.[1]

한편 1876년에는 무사들에게 연금 대신 정부채를 일시불로 지급하기로 하고, 실력에 따라 채권액을 차등지급했다. 전직 다이묘들은 안락한 생활을 유지할 만큼의 충분한 자금을 받았으나, 가장 빈곤한 전직 무사들은 이 수입으로 생활이 불가능하였다.

이와 같은 새로운 정부 차원에서 이루어진 일련의 조치들은 메이지 유신明治維新이라 불리며 중세적 일본을 근대화시키는 혁명적 변화를 가져왔다. 그러나 이런 변화들에 대해 불만을 품는 세력들도 나타났는데, 대표적인 것이 최후의 사무라이라고 불리는 사이고 다카모리西鄉隆盛의 서남전쟁西南戰爭, 세이난전쟁이다.

원래 사이고 다카모리는 사쓰마 한의 장군으로서 막부 타도에 혁혁한

---

1 이 사절단 중 오쿠보 도시미치는 이후 메이지 정권의 1인자가 되었는데, 그는 프로이센의 비스마르크에 깊은 영향을 받고 귀국한 후 일본을 독일식 근대화로 이끌었다. 메이지 헌법을 기초하고 조선 초대 총독으로 취임했다가 안중근 의사에 의하여 하얼빈에서 피살된 이토 히로부미도 이 일행이었다.

공헌을 한 인물이다. 그는 조선이 1876년 메이지 천황의 즉위를 승인하지 않았다는 데 불만을 품고 정한론을 주장하였다. 그러나 이 정한론이 국가 재정과 국제 정세상 불가하다는 반대파의 입장으로 거부되자 공직을 사직 하고는 불만을 품은 무사들을 규합해 1877년에 반란을 일으켰다. 그러나 반란은 실패하고 그는 자결하였다.

한편 신정부를 불신하고 농업정책에 불만을 품었던 농민들 역시 반란을 일으켜 1880년대에 그 절정에 이르렀다. 동시에 서구 자유주의 사조의 도 입으로 고양된 자유민권운동[1]은 점차 헌정憲政의 창출과 민선의회를 통한 폭넓은 정치참여를 요구하고 나섰다.

정부는 1881년 이러한 압력에 대응하여 1890년까지 헌법을 제정한다는 성명을 발표했다.[2] 이어 1885년에 내각제도를 창설했으며[3], 1886년부터 초대 총리대신이 된 이토 히로부미伊藤博文를 중심으로 헌법 제정작업을 시 작했다.

결국 1889년 2월 천황이 국민에게 하사하는 형식으로 헌법이 공포되었 고 제한선거에 의해 양원제 의회가 설립되었으며, 1890년에는 첫 의회가 소집되었다.

---

1 1874년 1월 이타가키 다이스케(板垣退助) 등 8인이 정부에 민선의원설립건백서(국회설립건의서)를 제출한 것 이 근대 일본의 자유민권운동의 시초라고 할 수 있다.

2 당시 정부를 구성했던 삿초 주류파를 부패 연루사건으로 분쇄하려는 음모에 맞서 주류파가 역습적으로 주모 자를 파면하면서 천황의 재가를 받아 1890년에 국회를 개설한다는 칙유가 발표된 것이다.

3 이전 태정관 제도에서는 태정대신과 조우대신이 천황을 보필하는 책임이 있었는데, 실제로 국무를 심의·집행 하는 참의나 경은 3대신을 보좌할 뿐 책임이 없었다. 새로운 내각제도 아래에서는 궁중과 정부를 분리하고, 정부에서는 총리대신 이하 외무, 내무 등의 대신을 두고 각 대신은 직접 천황을 보필할 책임을 지게 했다.

이와 같은 헌법의 제정은 일본 스스로 근대적 국가로 탈바꿈하기 위하여 서양문물의 가장 핵심적 내용 중 하나라고 여긴 입헌주의를 나름대로 수용하여 헌법에 기초한 국가질서를 건설하는 시발점이었고, 대정봉환이 일어난 이후 끊임없이 불안정했던 일본의 근대적 통치체제를 정비하는 의미가 있었다.

이와 같이 일본은 비록 그 헌법이 오늘날과 같은 완전한 입헌주의 헌법이 아니라 하더라도, 근대적 헌법을 도입함으로써 국가구조를 일본식 봉건국가에서 근대적 민족국가로 탈바꿈시키는 법적 장치를 마련했다.

한편 일본제국헌법메이지헌법은 아시아에 있어 최초의 근대적 헌법이기는 했지만 그것은 영국식 의원내각제나 미국식 대통령제도가 아닌 독일 프로이센 헌법을 모델로 한 왕권주의王權主義 헌법이었다.

그 이유는 일본과 독일의 역사적 배경이 비슷한 데서 찾을 수 있다. 한편으로는 독일이 당시 프랑스와의 전쟁에서도 승리해 체제의 우월성을 입증했기 때문이기도 했다.

메이지 헌법은 모두 7장천황·신민권리의무·제국의회·국무대신 및 추밀고문·사법·회계·보칙 76조로 구성되어 있다.

천황의 장에서는 제1조에서 '대일본제국은 만세일계의 천황이 이를 통치한다', 제3조에서 '천황은 신성하므로 이를 범할 수 없다'라고 하는 등 천황의 지위를 헌법에 앞서 밝혀 놓음으로써 천황이 국가원수이자 국가 최고통치자임을 명백히 하였다.

이어 제국의회의 협찬에 의한 입법권·법률의 재가집행공포·제국의회의 소집, 개회, 폐회, 정회 및 중의원의 해산·긴급칙령의 발포·육해군의 통수권, 선전강화조약체결 등 광범위한 천황의 대권을 열거하고 있다.

의회에 관해서는 거의 대등한 권한을 가지는 귀족원과 중의원의 양원제를 취하면서 천황의 대권사항, 특히 군의 통수권과 외교권에 대해서는 권한 외의 것으로 하였다. 헌법상의 권한은 입법과 예산에 관한 '협찬권'이었다. 그러나 입법권은 천황 통치권의 일부로 법률의 재가·공포·집행은 천황의 권한이었다. 그나마 천황은 긴급칙령을 발포할 수 있어 그 권한은 더 축소될 수밖에 없었다.

내각에 대해서는 헌법에 명문을 두지 않고 단지 제55조에서 천황에 대한 국무 각 대신의 단독보필 책임과 법령 등에 대한 부서에 관해서만 규정되어 있었다.

한편 신민의 권리에 관해서는 공무담임권·거주 이전의 자유·신서信書의 비밀·신교信敎의 자유 등이 규정되어 있었으나, 모든 권리에 대해 '법률이 정하는 경우를 제외하고' 혹은 '안녕과 질서를 방해하지 않고, 신민으로서의 의무에 위배되지 않는 한'이라는 유보 조항과 여러 가지 예외 규정이 붙어 있었다.

이렇듯 일본의 제국헌법은 의회를 설치하여 일부 국민들의 정치참여를 허용하고 있으나 그 권한이 극히 제한되어 있음을 알 수 있다. 그것은 국민도 천황의 신민이라는 이름으로 규정하고 있는 것과 또 국민에게 일정 정도의 기본권을 허용하되 이것이 누구도 침범할 수 없는 인간 주권의 원칙에 입각한 인간으로서 혹은 국민으로서 당연히 누리는 권리가 아니라 천황의 시혜적 사항이라는 점을 명백히 하고 있는 것이다.

결론적으로 말하면 일본제국헌법은 외형적으로는 근대 입헌주의 헌법

의 형태를 가지고 있었으나 실질적으로는 국민의 기본권 보장과 권력분립
이 되어 있지 않은 헌법이었다.

20세기 이후 각국의 헌법

세가 해체되고 산업혁명이 진행되면서 이른바 임금노동을 중심으로 하
는 자본주의 사회가 도래하였다. 노동자들은 이전의 농민들과 달
리 토지에서부터 벗어날 수 있는 자유가 주어진 대신 밥벌이를 위해서는
새로운 형태의 노동, 즉 일정 시간 이상 공장에서 일하고 자본주로부터 월
급이나 주급 등의 임금을 지불받는 형식으로 바뀌었다. 특히 초기 자본주
의 사회에서는 오늘날과 같은 광범위한 사회보장제도가 마련되어
있지 않았기 때문에 임금 노동자들은 낮은 임금, 장시간 노동, 열악한 노
동환경 등에 그대로 노출될 수밖에 없었다.

피의 일요일
1905년 1월 22일 러시아 상트페테르부르크에서 일어난 평화시위를 진압하며 벌인 대학살. 이로 인해 100명 이상의 시위 참가자가 죽었고 수백 명이 부상을 당했다. 이 사건은 1905년 러시아 혁명의 도화선이 되었다.

러시아 공산혁명, 1917년[1]

중세가 해체되고 산업혁명이 진행되면서 이른바 임금노동을 중심으로 하는 자본주의 사회가 도래하였다. 이전에 토지에 의한 농사를 바탕으로 하는 사회에서는 토지에 묶여 있는 농민이 생산의 대부분을 차지하였으나, 산업화에 따른 자본주의 사회에서는 공장에서 일하는 노동자들이 생산의 대부분을 차지하였다. 노동자들은 이전의 농민들과 달리 토지에서부터 벗어날 수 있는 자유가 주어진 대신 밥벌이를 위해서는 새로운 형태의 노동, 즉 일정 시간 이상 공장에서 일하고 자본주로부터 월급이나 주급 등의 임금을 지불받는 형식으로 바뀌었다. 특히 초기 자본주의 사회에서는 오늘날과 같은 광범위한 사회보장제도가 마련되어 있지 않았기 때문에 임금노동자들은 낮은 임금, 장시간 노동, 열악한 노동환경 등에 그대로 노출될 수밖에 없었다. 이 때문에 노동자들의 처우 개선을 위한 목소리가 높아졌고, 나아가 노동자들의 이런 상태를 근본적으로 바꿔야 한다고 생각하는 사람들이 늘어났다.

그중에서도 노동자들의 이와 같은 처지는 결국 공장이나 그 설비 등과 같은 생산수단을 개인이 소유하기 때문이라며 사유재산제도를 폐지해야 한다는 일련의 사상이 나타났는데, 이를 사회주의 혹은 공산주의라고 불렀다. 초기 사회주의자들은 소규모 집단거주지에서 생산수단을 공유하며 평화롭게 살 수 있다고 생각했는데, 이를 실제로 실천한 인물 중 한 사람

---

1 이 시기 우리나라는 일제강점기로, 1917년에는 광복단이 평북과 경북 지방 부호들에게 군자금 모집 취지서를 배부하다 발각되는 사건이 발생하였고, 이광수가 『매일신보』에 『무정』을 연재하였다. 1919년에는 3·1운동이 일어났다.

보리스 쿠스토디예프가 그린 러시아 혁명
혁명가 같은 거인이 붉은 깃발을 들고 전진하고 국민들이
이를 따르고 있다.

이 로버트 오언1771~1858이다. 그는 성공한 사업가였는데, 좋은 노동 환경
에서는 노동자들이 이기적으로 행동하지 않을 것이라고 믿고 노동자들을
위한 집, 그들의 자녀들을 위한 학교, 좋은 식사와 의복을 지급하기도 하
였다. 그러나 그는 근본적으로 노동자들이 자본가사업자에게 의존하지 않
고 서로가 서로에게 의존하며 독립된 사회를 건설하는 것이 더 바람직한
것이라고 여겼다. 그래서 그는 미국으로 건너가 사회주의적인 마을을 건
설하기도 했으나 실패하였다. 오언 외에도 이와 같은 이상사회를 건설하
려는 노력들이 19세기 후반부터 20세기 초에 일어났다.

그런데 이와 같은 사회주의를 공상적이라고 비판하면서 이후 사회주의
공산주의의 흐름을 이론적으로 이끌어낸 인물이 마르크스다. 그는 자신의
사상을 '과학적 공산주의'라고 지칭하면서 단순히 사유재산제도의 폐지
만을 주장한 것이 아니라, 사유재산제도의 폐지에 뒤이은 공산주의 도래
가 역사적으로 반드시 일어날 수밖에 없음을 역설하였다. 그는 당시 유행
하던 헤겔의 역사철학의 변증법역사는 그 발전 과정에서 스스로 내부에 존재하는 모순
으로 말미암아 자신을 부정하는 것이 생기고 다시 이 모순을 스스로 지양함으로써 보다 높고 새

로운 것에 이르는 과정이라는 이론과 의식이 물질을 규정하는 것이 아니라 물질이 의식을 규정한다는 유물론文化와 제도 등이 경제구조를 규정하는 것이 아니라 경제구조가 문화와 제도 등을 규정한다는 이론을 결합하여 변증법적 유물론을 완성하였다. 변증법적 유물론에 따르면 인류의 역사는 생산수단土地, 철도, 광산, 공장, 은행 혹은 기계 등의 지배를 중심으로 한 계급투쟁의 역사로, 인류 기술문명의 발전에 따라 자본주의 사회가 도래한 것은 역사적으로 필연적인 것이다. 그러나 이 사회는 생산수단을 갖지 못하고 오로지 자신의 노동으로 살아가면서 자신의 노동력을 착취당하는 광범위한 프롤레타리아 계급을 양산할 수밖에 없다. 즉 소수의 부르주아지가 사회 전체의 부를 소유하고 사회의 다수를 차지하는 프롤레타리아 계급은 절대적 다수임에도 불구하고 부를 소유하지 못하는 모순이 발생할 수밖에 없다. 이러한 모순은 극복되어 더 높은 사회로 지양되어야 하는데, 그것은 착취당하던 프롤레타리아 계급이 부르주아지 계급을 타파하여 사유재산제도를 폐지하고 계급제도를 없애는 공산혁명으로 공산사회가 도래함으로써 가능해진다. 그리하여 인류는 '능력에 따라 일하고 필요에 따라 가져가는' 이상사회에 도달한다. 그리고 이런 공산혁명과 이에 따른 공산사회의 도래는 인간 역사의 필연적 결과이다.

그의 이 같은 사상은 당시 자행되었던 초기 자본주의 사회의 자본가계급부르주아지에 의한 무자비한 노동력 착취 현상을 설명하고, 그와 같은 모순 혹은 부정을 극복하기 위한 강력한 저항 이데올로기가 되었다. 그리고 실제 이 사상을 기반으로 한 정치운동이 서구 곳곳에서 일어났다. 그런데 실제로 이 마르크스 사상을 기반으로 하여 혁명이 발발하여 성공한 곳은 영국, 프랑스 등과 같은 산업화가 먼저 이루어진 국가가 아니라 유럽에서 산업화 정도가 가장 낮았던 러시아였다. 이것은 공산혁명 이론이 단지 자본주의 타파를 위한 이론으로서만 아니라, 자본주의는 물론 그 당시 잔존하였던 봉건적 압제에 대한 저항 이데올로기로서, 정치적 대항 논리로서 기능하였음을 의미하는 것이다.

러시아에도 19세기 자유주의와 민족주의 물결이 밀어닥쳤으나 러시아 황제차르는 이를 억압하였다. 당시 러시아는 정치적으로는 차르 1인 통치의 군주전제정이었고 경제적으로는 농노제가 여전히 유지되는 데다 서유럽 사회들에 비해 자본주의 발달이 현저히 지체된 나라였다. 그러나 알렉산드르 2세가 1855년 황제로 즉위하면서 나름대로 개혁조치를 취하였는데, 1861년 농노제를 폐지하고 지방에 자치의회를 개원하며 민형사 법정을 개설하였다. 그러나 이런 조치들은 급진주의자들을 전혀 만족시킬 수 없었고, 러시아 곳곳에서 테러가 끊이지 않았다. 그런 와중에 1881년 알렉산드르 2세가 테러를 당해 사망하는 사건이 일어났다. 이에 알렉산드르 3세의 러시아 정부는 급격히 보수화되었고, 알렉산드르 2세의 개혁은 후퇴했다.[1]

그러나 러시아가 조선우리나라에서 일본과 벌인 전쟁러일전쟁에서 참패하자 1905년 보통·직접·평등·비밀 선거에 의한 헌법제정 회의의 개설, 인신의 불가침성, 농민에의 토지 이양, 노동조건의 개선 등 시민의 기본적인

---

1 다만 정치적으로 수구화되었으나, 경제적으로는 국가 주도의 산업화가 급격히 진행되었는데, 그것은 농노해방령에 따른 값싼 노동력의 확보, 국가의 산업화 재원 마련 및 서부 유럽 기술의 도입과 금융기관, 철도망 확충 등에 기인한 바가 크다.

정치 경제적 권리를 위한 시위가 일어났고 이에 군사들이 시위대에 발포하는 사건 '피의 일요일' 사건[1]이 일어나자 혁명1905년 혁명이 발발하였다. 이에 차르 니콜라이 2세는 헌법과 시민적 자유를 보장하며 선거를 통해 구성된 입법의회두마를 설치하는 등의 개혁안을 제시하는 유화책을 쓰는 한편 무력으로 혁명을 진압하는 데 성공했다. 이 혁명에 의하여 1906년 헌법에 해당하는 '제국기본법'이 제정되어 차르가 그 당시 가지고 있던 무제한의 입법권과 예산권이 어느 정도 제한되었으나, 이는 혁명에 대한 최소한의 타협이었고, 혁명은 실패하였다.

그런데 제1차 세계대전[2]이 발발하자 러시아도 독일, 오스트리아-헝가리, 터키 등에 맞서 영국, 프랑스 등과 함께 연합군을 형성하여 참전하였다. 이 전쟁에서 러시아는 효과적으로 전쟁을 수행하지 못하였다. 농민들은 전쟁터로 끌려나가 전방에서 총알받이가 되었고 후방에서는 농사를 짓지 못해 토지가 황폐화되어 갔다. 결국 1917년 러시아 국민들은 차르와 정부에 대한 믿음을 잃고 수도인 페트로그라드[3]에서 파업과 데모를 일으켰

---

1 당시 러시아 국민은 차르에 대한 믿음을 가지고 있어 차르가 부당한 자본가의 착취를 막아줄 것이라는 기대를 하였다. 그래서 이 행렬에 참가한 군중들은 축제일처럼 나들이옷을 챙겨 입었고, 행렬의 선두는 교회의 깃발과 성상, 그리고 그때까지도 믿음을 가지고 있던 차르의 대형 초상화를 높이 들고 행진했다. 그러나 그 당시 차르 니콜라이 2세는 이런 국민의 기대를 저버리고 무력으로 진압했다.

2 1910년까지 유럽의 주요 국가들은 독일·오스트리아·이탈리아를 중심으로 하는 3국동맹이나 프랑스·영국·러시아를 중심으로 하는 3국협상에 가맹함으로써, 잠재적 적대관계에 있는 양 세력으로 갈라져 있었다. 이러한 상황에서 1914년 6월 28일 세르비아의 한 민족주의자 청년이 오스트리아-헝가리 제국으로부터 남부 슬라브족의 '해방'을 위해 사라예보를 순방중인 오스트리아 황태자 프란츠 페르디난트 대공을 암살하는 사건이 일어나 이 사건 해결을 둘러싸고 결국 전쟁이 발발하게 된 것이 제1차 세계대전이다. 1918년에 3국동맹의 패배로 끝이 났다.

3 제정 러시아의 수도로서 원래 상트페테르부르크였으나 제1차 세계대전 이후 명칭이 바뀌었다.

고 의회두마는 정부 개혁을 요구하는 등 혼란이 빚어졌다. 더욱이 지금까지 정부의 편에 서왔던 군대마저 시위대에 가담하는 일이 벌어지고, 차르의 해산 명령에도 두마는 해산하지 않고 저항하였다. 결국 1917년 3월 차르니 콜라이 2세는 퇴위하였다1917년 2월 혁명.[1]

차르가 퇴위하자 두마의 지도부로 구성된 자유주의적인 임시정부가 구성되었다. 임시정부가 구성될 무렵, 페트로그라드를 중심으로 한 여러 도시에서 노동자와 병사들의 대표들로 구성된 소비에트노병평의회, 勞兵評議會[2]를 구성하였는데, 이 소비에트의 지도자들이 사회주의자들이었다. 소비에트는 각 지방에도 생겨나 제2정부와 비슷한 조직으로 만들어져 갔다.

이에 당시 러시아 사회민주노동당[3]의 볼셰비키를 지도하던 레닌은 1917년 4월 오랜 망명 생활을 접고 귀국하여 '임시정부는 부르주아지 계급 정부에 불과하고 이 정권 하에 진행되고 있는 전쟁은 제국주의 전쟁으로 당장 중지해야 한다'면서 임시정부 타도와 소비에트에 의한 러시아 정권 장악을 주장하였다.[4]

이에 따라 볼셰비키는 7월 쿠데타를 일으켰으나 실패하고 레닌을 비롯한 지도자들에 대한 검거령이 내려졌다. 그런데 당시 정부의 최고 실력자

---

1 오늘날 우리가 쓰는 그레고리력이 러시아에 도입된 것은 1918년 2월부터다. 그전에는 러시아력을 사용했는데, 1917년 3월은 당시 러시아력으로는 2월이 되어 보통 2월 혁명이라고 한다.

2 소비에트는 우리말로 평의회(評議會)로 번역된다. 영어로는 council. 소비에트는 1905년 처음 모습을 드러내었다. 노병평의회는 처음에는 노동자 1,000명당 1인, 1개 중대당 1인의 대표가 선출되어 구성되었다.

3 소련공산당의 전신인 마르크스주의 혁명당. 1898년 민스크에서 창당되었다.

4 이를 이른바 '4월 테제'라고 부른다. 당시 대다수의 사회주의자들은 이른바 2단계 혁명론, 즉 부르주아지 혁명 다음 공산혁명인 프롤레타리아 혁명이 와야 한다는 이론에 따라 부르주아지 혁명인 2월 혁명에서 정권장악을 해서는 안 된다는 입장이었다.

와 군대 총사령관 사이의 알력[1]으로 군사 쿠데타가 시도되자 정부는 다시 소비에트측에 도움을 청하고 동시에 볼셰비키에 대한 정치적 복권을 단행했다. 볼셰비키는 이 기회를 이용 11월 7일 자신들을 따르는 부대를 모아 수도를 장악하고 정권을 탈취했다1917년 10월 혁명.

이후 볼셰비키는 다른 정파들과 함께 헌법 제정을 위한 의회 선거를 실시하였는데, 볼셰비키가 24퍼센트밖에 얻지 못하자,[2] 1918년 1월 6일 의회를 강제해산시키고 이른바 프롤레타리아 독재정권을 수립하였다. 이후 독일 및 그 동맹국들과 단독강화조약1918년 3월, 브레스트-리토프스크조약을 맺어 제1차 세계대전에서 빠져나왔으나, 볼셰비키를 반대하는 제정파[3]와 러시아가 독일과 전쟁을 계속하기를 원하는 연합국의 지원에 의한 내전이 1918년에 발생해 1921년에야 끝낼 수 있었다이 내전에서의 승리가 볼셰비키 입장에서는 10월 혁명보다 더 어려운 일이었다. 볼셰비키는 3년에 걸친 내전을 통해 비로소 10월 혁명의 성과물을 지켜낼 수 있었다. 이런 과정을 거쳐 정권을 확고히 한 볼셰비키는 1922년 이웃 공산주의공화국들[4]과 연방을 결성하고 나라의 이름을 소비에트 사회주의자 공화국 연합USSR, 즉 소련이라고 바꾸었다.

---

1 총사령관인 라브르 G. 코르닐로프가 당시 알렉산드르 케렌스키가 이끄는 임시정부에게 전권의 이양을 요구하면서 군대를 이끌고 수도로 진군하면서 쿠데타를 기도하였다.

2 이 선거에서 우파인 사회혁명당이 50퍼센트를 넘는 압도적 다수 의석을 차지하였는데, 그 이유는 볼셰비키가 혁명의 진원지인 대도시와 공업중심지, 군대에서는 압도적 지지를 받았으나 농촌 배후지에서는 농민들이 대부분 자신들의 전통적 지지정당이었던 사회혁명당에 표를 던졌기 때문이다.

3 여기는 온건한 사회주의를 주장하는 세력에서부터 왕정복고와 소유관계의 복원을 외치는 다양한 세력들이 존재했다.

4 우크라이나, 벨로루시, 지카프카지예(이는 그루지야, 아르메니아, 아제르바이잔의 3공화국이 연합하여 수립된 공화국이다).

소련 공산헌법의 전개

10월혁명 이듬해인 1918년 7월 10일 제5차 전러시아소비에트대회에서 세계 최초의 공산주의 헌법인 '러시아사회주의연방소비에트공화국헌법 1918년 헌법'이 만들어졌다.

이 헌법의 주목표는 부르주아지의 완전한 억압, 인간에 의한 인간 착취 폐지, 계급의 차별이나 그로 인한 국가의 강제도 더 이상 존재하지 않는 사회주의 건설을 보장하기 위하여 빈농을 포함한 도시와 농촌의 노동자의 독재를 확립하는 데 있었다9조. 즉 프롤레타리아트의 독재권력 확립이 주목적이었다.

여기서 주목해야 할 것은 러시아 공산주의 헌법과 서구 자유민주주의 헌법의 차이점이다. 즉 서구의 자유민주주의 헌법이 국민의 자유와 권리를 최대한 보장하고, 국민들의 정치 참여를 확대하여 결국 국민의 뜻에 따라 국가를 운영함을 최대의 목적으로 삼는 데 반하여, 러시아 헌법의 목적은 프롤레타리아트의 독재권력을 확립하는 것이다. 공산주의자들에게 서구의 헌법에서 말하는 자유와 권리를 향유하는 '국민'이란 자본주의체제 하에서는 생산수단을 가지고 있는 자본가들을 의미할 뿐 노동자, 농민 등의 프롤레타리아트를 의미하는 것은 아니다.[1] 그들은 자본가계급에 의하여 자유와 인간의 기본적 권리를 박탈당하고 착취당하는 계급일 뿐이다. 따라서 프롤레타리아트가 혁명을 통하여 국가 권력을 얻게 되어도, 이전

---

1 이와 같은 모순이 초기 서구 헌법의 발전과정에 있었던 것은 역사적 사실이다. 그러나 역사가 발전하면서 노동자, 나아가 재산이 없는 무산자까지도 자유민주주의 헌법에서 보장하는 자유와 권리의 주체가 되었음은 두말할 나위가 없다.

의 자본가계급들은 자신들의 이익을 위하여 끊임없이 반동을 획책할 수밖
에 없다. 그러므로 자본가계급의 완전한 소멸이 있을 때까지 프롤레타리
아트는 독재권력을 행사하여 이와 같은 반동을 분쇄하여야 한다. 이것이
그들이 말하는 프롤레타리아트 독재의 의미이다.

　이와 같은 프롤레타리아트 독재를 실현하기 위하여 프롤레타리아트계
급의 대표 기관인 '전러시아소비에트대회'가 국가 최고기관으로서 자신들
의 관할권에 속한다고 스스로 간주하는 모든 사항에 대하여 결정내릴 수
있는 권한을 보유한다.

　이것은 서구의 의회와는 근본적으로 다른 것이다. 의회는 왕이나 대통
령 혹은 행정부의 집행 권력을 견제하고 입법권을 행사하는 기관이지만,
전러시아소비에트대회는 입법권은 물론 집행권까지 행사할 수 있는 그야

말로 전권을 가진 기관이다_즉 서구식 권력분립이 아니라 권력통합이 원칙이다. 이로써 프롤레타리아트 독재가 가능한 것이다.[1] 한편 이 대회의 휴회 중에는 이 대회에서 선출된 '중앙집행위원회'[2]가 그 권한을 대행하도록 하였고, 이 중앙집행위원회는 '인민위원회'를 구성하였는데, 이것이 정부에 해당한다.

또한 프롤레타리아트 독재를 실현하기 위하여, 헌법은 '근로하고 착취당하는 인민의 권리선언'의 내용을 헌법의 제1편에서 수용하였다. 이러한 '근로하고 착취당하는 인민의 권리선언'은 프랑스 혁명 당시 '인간과 시민의 권리선언'과 대비되는 것으로 프랑스의 그것이 서구적 인간의 자유와 권리에 대한 것이라면 이것은 공산주의적 관점에서의 노동자의 권리에 관한 것이다. 이것은 1918년 1월 제3차 전러시아소비에트 대회에서 채택되었다. 주요 내용은 노동자·병사·농민의 대표자대회인 소비에트의 최고기관성, 계급착취와 계급분열의 소멸을 위한 토지 및 주요 천연자원의 공유, 생산수단의 국유, 착취 계급의 공직취임금지, 군사 및 국제문제, 당면한 전쟁 종결문제 등에 관한 것이었다.

그리고 '일하지 않는 자는 먹어서도 안 된다'는 구호 아래 근로의 의무를 부과하고_{18조}, 사회주의 조국을 방위할 의무를 명시하였다_{19조}. 한편 선

---

1 이와 같이 사회주의 국가의 일반적 정부 형태는 '회의제'인데, 이 회의제가 실제로 회의를 거쳐 의사결정을 하지는 않는다. 공산당에 의하여 이미 결정된 사항을 의결하는 수준에 그치는 경우가 허다하다. '다수인으로 구성되고, 정당에 의존하는 다원적 회의가 집행가능하고 실현가능한 정책결정에 도달하는 것은 불가능하다. 이 통치 형태가 실제로 적용될 때에는 정치의 중심은 공통 행동을 취할 수 있는 소수의 동질적이며 탄력성이 풍부한 집단에의 이행으로 도약한다.'

2 중앙집행위원회는 원래 200명이었으나, 1920년 300명, 1921년에는 386명으로 늘어났다.

거권과 피선거권은 프롤레타리아트만이 향유하고, 소위 착취 계급인 사업가, 신부, 목사 등은 향유할 수 없다65조. 그리고 기본권 제한의 일반조항을 두어23조, '근로자 계급 전체의 이익에 따라 러시아사회주의연방공화국은 개인과 단체로부터 그들에 의해 사회주의혁명의 이익을 침해해서 행사되는 권리는 박탈한다'라고 하여 국민의 기본권도 결국 공산혁명을 달성하는 범위 내에서 허용됨을 명백히 하였다.

이후 앞서 본 바와 같이 내전을 끝내고 1922년 12월 30일 제1차 전연방소비에트대회를 개최하여 주위 위성공화국들과 함께 소비에트사회주의공화국연방USSR,[1] 즉 소련을 결성하였다. 이후 이 결성에 따른 헌법1924년 헌법을 제정하여 1924년 1월 31일 제2차 전연방소비에트대회에서 이를 비준하였다. 이 헌법은 주변 자본주의 국가에 대항하기 위하여 공산주의 국가들이 연방을 결성한다는 취지를 명백히 하였다. 그래서 이 연방의 주요한 임무를 모든 나라에 있어 노동자의 자본에 대항하는 투쟁 및 세계 소비에트사회주의공화국 결성을 위한 요새가 되는 것이라고 규정하였다.

통치구조는 1918년 헌법과 비슷하였으나 연방정부의 성격이 더해졌다. 최고 권력기관은 '전연방소비에트대회'이다. 이를 대행하는 것은 '중앙집행위원회'인데, 연방정부의 성격을 반영하여 '연방회의'와 '민족회의' 양 회의로 구성된다. '연방회의'는 소비에트대회가 각 연방 구성 공화국의 인구비례로 선출하고, '민족회의'는 각 연방 구성 공화국 및 자치공화국에서

---

1 Union of Soviet Socialist Republics.

각 5명씩, 각 자치주에서 1명씩의 대표로 구성되었다제13조~15조. 그리고 중앙집행위원회는 양원합동회의로 간부회를 구성하였는데 간부회는 중앙집행위원회의 회기와 회기 사이에 중앙집행위원회를 대신하여 그 권한을 행사하였다. 따라서 실제적으로 1년에 한 번 일주일 혹은 수 년에 몇 차례 며칠 동안 열리는[1] '전연방소비에트대회'나 '중앙집행위원회'는 형식적 통과대회로 전락하였고 이 간부회가 실질적 권한을 행사할 수밖에 없었다.

그리고 행정부 격인 인민위원회는 그 아래 10개의 인민위원부를 설치하여 운영하였다. 인민위원회는 1920년대 후반기 이후 소련 행정영역이 확대됨으로써 그 기능도 강화되었다. 그리고 이전 헌법과 달리 연방최고법원과 검찰 같은 사법제도가 신설되어 중앙집행위원회에 예속되었다. 한편 이 헌법에는 기본권과 관련한 규정은 없었다.

레닌이 1924년 1월 사망하자 치열한 권력투쟁 속에서 소련의 1인자가 된 사람은 1922년부터 당 서기장을 맡고 있던 스탈린[2]이었다. 스탈린은 당내 경쟁자를 숙청해 나가면서 자신의 권력기반을 확고히 하고, 서서히 정치적 안정을 이루었다. 그는 곧 새로운 헌법의 제정을 단행했다. 이 헌

---

1 전연방소비에트대회는 점차 비대해져 2,500명에 이르렀는데, 해가 갈수록 소집시기가 늦어져 1931년에서 1935년 사이에는 4년 간격으로 늘어났다. 중앙집행위원회도 헌법 제정 당시 500명 정도였다가 1930년대에는 750명으로 증가했다. 그리고 1년에 세 번 개최하기로 했던 것도 전연방소비에트대회 회기와 회기 사이 최소 세 번 개최하는 것으로 바뀌었다.

2 스탈린(1879~1953)은 레닌의 뒤를 이어 소련을 이끌었다. 그는 소련을 제2차 세계대전의 승전국 중 하나로 만듦으로써 전 세계에 공산정권이 들어서는 데 혁혁한 공을 세웠고, 이후 공산세계의 맹주로서 냉전시대를 이끌었다. 한편 공업화와 집단화를 통하여 소련을 명실상부한 산업국가로 만들었다. 그러나 그의 잔인한 공산독재는 사후에 곧바로 비판의 대상이 되었다

법스탈린 헌법, 1936년 헌법이 1977년 개헌 전까지 44년 동안 유지된 헌법으로 다른 여러 공산권 국가들의 모범이 된 것이다.

1936년 헌법은 이와 같은 정치, 경제, 사회적 변화를 수용한 것으로 가장 중요한 변화는 부르주아지나 부농들과 같은 기존의 계급들이 생산수단의 국영화와 토지의 재분배나아가 집단화 등으로 없어진 것이었다. 그리하여 헌법 제1조에서는 '소련은 노동자와 농민의 사회주의 국가다'라고 규정하였다. 이것은 예전의 헌법에서 이와 비슷한 구절들이 그것을 지향하는 의미로 담겨 있었던 것과 달리 이 헌법에서는 소련 사회에서 현실적으로 존재하는 계급이 노동자와 농민뿐이라는 것을 의미하는 것이다.[1] 그리고 모든 권력은 소비에트에 의해 대표되는 도시와 농촌의 노동자에 속한다3조는 것을 강조한 것이다.

이 헌법에서는 생산수단의 국유화 등 공산주의 사회의 소유권 개념을 '사회주의적 소유'라고 규정하였다. 생산수단과 같은 것은 국유화하고, 다만 타인의 노동을 착취하지 않는 범위에서 농민과 수공업자들의 소규모 개인영업을 법률에 정하는 바에 따라 허용하며, 개인의 노동에 대한 소득과 저축, 주택 등에 관해서는 개인의 소유권을 보장하는 것이 1936년 헌법의 내용이다.

통치구조는 그대로 연방제로 유지되었고, 최고국가권력기관은 '연방최

---

1 이 당시 노동자, 농민 이외에 지식을 토대하는 관료, 공산당원, 전문가 등이 있었지만 이들 인텔리겐차는 하나의 계급이라기보다는 계층으로 파악되었다.

고소비에트'인데, 이는 '연방회의'와 '민족회의' 양원으로 구성되었다. 연방회의는 전 연방의 유권자로부터 인구 30만 명당 1인의 비율로 선출되고, 민족회의는 연방구성공화국, 자치공화국 등으로부터 각자 일정한 기준 아래 선출되었다. 연방최고소비에트 소집은 연 1회로 되어 있으나, 1953년 이후 평균 2회 소집되었다. 연방최고소비에트는 전 연방적 법률의 제정과 공포, 헌법의 개정, 간부회, 각료회의, 최고법원판사, 검찰총장 등의 선임권을 행사하였다. 양원은 평등한 권리를 가지며 양원의 의견이 일치하지 않을 때는 다시 양원에서 심의되고, 그래도 일치하지 않으면 간부회가 연방최고소비에트의 해산 선거를 다시 치러 새로 최고소비에트를 구성하도록 하였다.

한편 '연방최고소비에트 간부회'는 헌법기관으로서 연방최고소비에트에서 선출되는데 연방최고소비에트가 휴회 중이면 그 권한을 대행하고 그 외에도 ①최고소비에트의 소집, 해산, 선거의 공시 ②법률의 해석, 간부회령의 제정, 연방 및 구성공화국 각료회의의 결정 및 처분이 법률에 반했을 경우의 취소 ③인민투표의 실시 ④훈장의 제정 및 수여, 사면 ⑤소련군 최고사령관의 임명과 교체 ⑥연방최고소비에트 폐회 중에 있어 전쟁상태의 선언, 동원령의 포고 ⑦대사의 임명, 외교사절의 접수 ⑧조약의 비준 ⑨계엄선포 등의 권한을 가졌다제49조. 이 간부회 의장은 국가원수의 위치에 있다고 볼 수 있다.

행정부는 '각료회의'가 맡았는데, 그 구성원은 연방최고소비에트 및 간부회에서 선출되었다. 각료회의에는 1명의 수상과 여러 명의 부수상 및 다수의 각료가 있어 일반적인 행정업무를 담당하였다.

이 헌법에서 처음으로 공산당에 대한 규정을 두었다. 제126조에서 인민대중의 조직적 자주성과 정치적 활동을 발전시키기 위한 여러 단체들을 언급한 뒤에, 노동자 계급에서 가장 적극적이고 자각적인 시민들이 공산주의 사회건설을 위해 노동자의 전위이고 노동자의 모든 국가적, 사회적 단체의 지도적 핵심인 소련공산당에 자발적으로 단결한다고 하여, 공산당의 국가지도를 당연한 것으로 규정하였다.

그리고 1924년 헌법에서 삭제되었던 기본권 규정을 부활하고, 계급 차별적 요소를 배제하여 전 인민에게 기본권을 부여하였으며, 민주적 선거제도를 도입하기도 하였다.

이와 같은 러시아 혁명과 레닌 시대의 헌법을 거쳐 스탈린 시대의 헌법은, 당시 영국, 프랑스, 독일, 일본 등의 서구 선진제국들로부터 침략을 당하여 식민지로 전락한 민족과 국가에 큰 영향을 주었다. 공산주의 이데올로기는 이들 나라의 식민지 해방투쟁에서 사상적 무기가 되었다. 중국의 공산당이 공산주의로 일본침략에 맞서고 결국 중국을 통일하게 된 것이 가장 단적인 예이다. 그리고 제2차 세계대전 이후에는 소련이 전승국이 됨으로써 소련의 영향 아래 세계의 수많은 나라가 공산주의 국가로 편입되었고1945년 북한도 마찬가지로 편입되었다 세계의 절반에 가까운 나라가 이 혁명과 헌법의 영향을 받게 되었다. 바야흐로 동서 냉전시대가 열리게 된 것이다.

이러한 배경에는 국제 정세의 역학관계도 있었겠지만, 공산주의 이론이 가지고 있는 유토피아적 성격과 사회의 다수임에도 억압을 받아왔던 국민들의 권익의 관점에서 국가와 역사를 바라보는 저항적 성격도 큰 몫을 하였다고 볼 수 있다.

그러나 이 헌법 체계는 인류 역사상 실패한 것으로 판명되었다. 그것은 생산수단의 사유화를 폐지하여 국민들 사이에 생산수단을 가지고 있는 자 부르주아지와 그렇지 못한 자프롤레타리아트의 계급을 없애기는 했지만, 생산수단을 소유하게 된 국가, 그리하여 전 국민을 자신의 노동자로 가지게 된 국가가 효율적 자원분배와 생산력 향상에 실패했기 때문이다.

독일 바이마르 헌법, 1919년[1]

독일은 1871년 통일을 이룩한 후 후발 산업화 국가로 빠르게 성장하였는데, 이러한 성장을 바탕으로 당시 불고 있던 제국주의적 열풍에 재빠르게 편성해 전 세계를 식민지화하는 대열에 뛰어들었다. 결국 제국주의 국가들 사이의 패권 다툼으로 제1차 세계대전이 발발하였고, 독일은 1918년 11월 패전하였다.

패전이 명백해지던 1918년 제국의회는 의회대로 새로운 개혁방안을 마련하였으나, 같은 해 10월 수병들의 출동 명령 거부와 폭동이 발생해 독일 전역으로 반란사태가 확산되었다. 11월 4일에는 노병평의회勞兵評議會[2]가 결성되고 전국으로 퍼져나갔다. 11월 9일에 베를린에도 혁명이 일어나자 빌헬름 2세는 네덜란드로 망명하고, 공화국이 선포되었다.

패전의 혼란 중에도 1919년 1월 19일 제헌의회 선거가 실시되고, 같은

---

1 우리나라에서는 3·1운동이 일어난 해다.

2 러시아 혁명 때 나타났던 노병평의회와 동일한 성격이었다. 따라서 사회주의 혁명의 성격을 띠었다.

해 8월 헌법이 공포되었다. 이 바이마르 헌법은 국민은 국가로부터 자유로울 뿐 아니라 나아가 국민의 인간다운 삶을 보장하기 위해 국가가 여러 가지 의무를 해야 한다는 의무사항을 지움으로써 현대적 헌법의 효시로 불린다. 이 헌법은 크게 통치구조와 관련된 부문과 기본권과 관련된 부문으로 나누어진다.

먼저 통치구조와 관련하여 연방과 각 지방주의 관계를 설정하면서 외교·이민·국방·화폐·관세·우편 및 전신의 문제들은 연방 관할로 하였다. 연방의회Reichstag의 하원의원은 전 연방을 대표하는 의원으로 20세 이상의 남녀가 보통·평등·직접·비밀의 비례대표선거제[1]에 따라 선출하되 4년의 임기를 가졌다. 연방 상원은 각 영방주을 대표하는 의원들이 모인 곳으로, 제안된 법률안을 심의하여 거부할 수 있는 권한을 가졌다. 이와 관련하여 상원이 거부한 법률에 관해서는 하원에서 3분의 2의 찬성으로 유효한 것으로 만들 수 있었다.

대통령은 국민으로부터 7년 임기로 직접 선출되는데 재선이 가능하였다. 대통령은 수상과 장관을 임면할 수 있는 권리가 있었고다만 수상과 장관은 연방의회의 불신임에 의하여 강제적으로 물러나야 했다, 하원의 소집 및 해산권과 비상조치권긴급명령권을 행사할 수 있었다. 이 비상조치권은 헌법 제48조에 규정되어 있는데, 공공의 안녕과 질서에 중대한 장해가 발생하거나 또는 발

---

1 선거인으로부터 다수표를 얻은 사람을 당선자로 결정하는 다수대표제와 달리 소수자에게도 그 득표에 비례하여 의석수를 주는 제도. 이 제도로 인하여 수많은 정당들이 의회에 진출하게 되어 의회는 다수파를 형성하기 힘든 상황이 초래되었다. 바이마르 공화국 시절 평균 10여 개가 넘는 정당들이 원내에 진출하였다. 그리하여 14년 공화국 기간 동안 14번이나 수상이 바뀌었고, 1923년부터 10년간 열한 번이나 내각이 바뀌었다. 우리나라도 국회의원 중 일부는 지역구가 아니라 정당별 득표율에 비례한 의석을 배정함으로써 비례대표제를 일부 도입하고 있다.

히틀러(Adolf Hitler, 1889~1945)
제1차 세계대전의 패전과 세계대공황이라는 정치·경
제적 어려움에 편승해 극우정당인 나치당을 통하여
정권을 장악하고 바이마르 헌법을 파괴했는가 하면
독일을 전체주의 국가로 만들어 제2차 세계대전을
일으킨 장본인이다.

생할 우려가 있을 때 대통령은 질서회복을 위하여 필요한 조치를 취할 수
있으며 필요시 병력을 사용할 수 있도록 한 것이다. 그리고 이를 위하여
대통령은 잠정적으로 인신의 자유, 주거의 자유 등 기본권을 전면적으로
혹은 부분적으로 정지시킬 수도 있었다. 이 비상조치권이 남용됨으로써
바이마르공화국은 대통령 독재에 이은 히틀러 독재국가가 되었다.[1] 그리
고 바이마르 헌법에서는 대통령은 의회에서 제정된 법률에 대하여 이를

---

1 이 비상조치권은 비상시에 사용되어야 함에도 불구하고 실제로는 확대 해석되어 의회가 국민의 불평을 살 입
법을 꺼리는 경우 대통령이 이를 사용하는 결과를 가져왔다. 이로 인해 의회는 국가통치의 주도권을 상실하고
오히려 대통령이 입법권조차 광범위하게 행사하는 대통령 독재가 가능하게 되었다. 뿐만 아니라 국민의 기본
권을 자의적으로 제한하게 되었고, 실제 히틀러는 이를 이용해 정권을 장악하였다.

선포하거나 국민투표[1]에 부칠 권한이 있었다.

다음은 기본권과 관련해 바이마르 헌법 제2편에서 규정하고 있는 내용이다. 전통적인 기본권의 범주에 속한 권리들을 인정함과 동시에 제2절 공동생활, 제4절 교육과 학교, 제5절 경제생활의 장 등에서 새로운 기본권 유형으로 사회적 기본권이 광범위하게 규정되었다. 또한 재산권도 절대적인 것이 아니라 정의의 원칙에 부합해야 한다고 규정하였다.[2]

이 기본권 목록을 잠시 보면, 제119조 양성의 평등, 혼인과 가족의 보호, 제120조 자녀교육과 국가의 감독, 제122조 소년의 보호, 제143조 소년의 교육과 교원의 육성, 제144조 학교의 감독, 제157조 노동력의 보호, 제159조 노동조건의 유지개선, 결사자유의 보장, 제165조 노사의 동등권, 노동자회의, 경제회의 등 현대 복지국가 헌법에서 보이는 여러 조항들이 규정되어 있다.

이와 같은 사회적 기본권의 광범위한 보장은 바이마르 헌법의 가장 큰 특징이다. 1215년 마그나 카르타 이후 헌법은 국가권력을 국왕의 손에서 빼앗아 그 기능에 따라 분리하여 국민의 대표에게 수여하고 국가가 국민들의 자유권이나 재산권 등을 침해하는 것을 방지하기 위한 제도를 만들

---

1 바이마르 헌법에서는 직접민주제적 요소가 많았는데, 특히 제73조에서 국민은 의회가 심의한 법률을 대통령이 국민투표에 부치는 경우, 공포를 연기한 법률 중 일정 유권자가 국민투표를 요구하는 경우, 선거유권자 10분의 1이 법률안의 제출을 청원하는 경우 등에 국민투표를 행함으로써 법률제정권을 행사하였다. 두 번에 걸친 국민투표가 바이마르 시대에 있었다.

2 제153조, ①소유권은 헌법에 의하여 보장된다. 그 내용과 한계는 법률로써 정한다. ②소유권은 의무를 포함한다. 소유권의 행사는 동시에 공공의 복리에 적합하여야 한다.

어내면서 발전하였다. 그러나 이 바이마르 헌법에 이르러서는 단순히 국민의 자유와 재산을 보호한다는 소극적 기능에서 벗어나 국민들이 인간다운 삶을 살 수 있도록 국가가 적극적으로 개입하여 보장하는, 국민의 사회적 기본권 보장을 국가의 중요한 기능으로 명백히 하였다. 이러한 태도는 국가가 야경국가에서 복지국가로 변화하는 큰 흐름을 반영한 것이고, 이후 현대 헌법에 있어 필수불가결한 요소가 되었다.

그러나 이러한 화려한 수사에도 불구하고 바이마르 헌법은 실제적 효과를 가질 수 없었다. 그것은 패전 이후 혼란을 수습하기에는 너무나 이상적인 헌법이어서, 우익으로부터는 군사 대국화를 위한 헌법 무용론이 나왔고, 좌익으로부터는 볼셰비키 혁명을 위한 헌법 파괴 운동의 빌미를 제공했다. 그리고 정당들의 난립으로 인해 의회는 다수결에 의한 입법조차 제정하기 곤란한 상황에 직면했고, 다수당의 지지에 의한 내각을 구성하는데 실패했으며, 각 정당들의 연립내각을 구성할 수밖에 없어 정국은 늘 불안하였다.

특히 제1차 세계대전 이후의 정치, 경제, 사회의 혼란은 이런 경향을 부추겼을 뿐 아니라, 1929년부터 시작된 세계대공황은 독일경제를 거의 파탄지경으로 만들었다. 이런 와중에 나치당을 중심으로 한 극우세력들이 극단적 민족주의, 반유태주의, 반공산주의를 기치로 내세우며 베르사유조약의 파기와 독일의 재무장을 주장하고 나서 극심한 경제적 고통과 사회적 혼란에 빠져 있던 국민들로부터 큰 호응을 얻었다. 한편 공산주의자들은 1917년 러시아에서 일어난 볼셰비키 공산혁명의 성공에 고무되어 독일에서도 공산혁명만이 독일을 구원할 수 있는 유일한 길임을 주장하며 지지세력을 넓혀갔다.

1932년 의회선거에서 나치당은 득표율 37.4퍼센트로 총의석 608석 중 230석을 얻는 대승을 거두고 제1당이 되었다.이때 공산당도 그전보다 10여 석이 늘어난 89석을 얻었다. 그후 히틀러가 수상직을 향한 권력투쟁에 성공해 1933년 1월 마침내 수상으로 임명되었다.[1] 수상이 되자 그는 같은 해 2월 대통령을 설득한 끝에 대통령의 의회해산권과 비상조치권을 이용하여 의회를 해산하고 집회와 출판을 통제함으로써 공산주의자들과 좌익세력을 탄압하였다.

이와 같이 집회와 출판을 통제하여 언론을 장악함과 동시에 독일에 대한 장밋빛 전망을 국민들에게 불어넣음으로써 같은 해 3월 5일 실시된 선거에서 승리하였다. 새로 구성된 의회를 장악한 히틀러는 3월 23일 '국민과 국가의 비상사태를 극복하기 위한 법률'이라는 명칭의 수권법授權法을 통과시켜, 입법권을 4년간 정부에게 위임하는 법을 제정하였다. 이 법은 헌법 제48조와 달리 비상시에 대통령에게 비상조치권을 주는 것이 아니라 정부실제 수상인 히틀러에게 4년 동안 조건 없이 필요한 입법을 할 수 있는 권한을 주는 것이었다.

의회가 그 고유한 권한인 입법권을 정부에게 넘겨줌으로써 의회는 자살한 꼴이 되었고, 바이마르 헌법은 사망선고를 받게 되었다. 나아가 1934년

---

1 1932년 7월 선거 이후 히틀러는 정권 인수를 요구하며 의회에서 당시 수상이었던 파펜을 불신임결의하였다. 이에 힌덴부르크 대통령은 의회 해산으로 맞섰다. 그해 11월 선거에서 나치당이 다시 제1당이 되었어도 힌덴부르크 대통령은 여전히 슐라이허를 수상으로 임명했다. 그러나 결국 정치적 혼란을 이겨내지 못하고 1933년 1월 그를 사임시키고 히틀러를 수상으로 임명하였다.

파울 폰 힌덴부르크 대통령이 노환으로 죽자, 히틀러는 대통령과 수상을 겸임하는 총통, 곧 명실상부한 독재자가 되었다. 히틀러의 전체주의가 시작된 것이다.

바이마르 헌법의 교훈은 명백하다. 헌법에 온갖 미사여구의 기본권이 보장되어 있다 하더라도 국민들이 현실적으로 그 기본권을 지킬 의사와 능력이 없다면 헌법은 한낱 종잇조각에 지나지 않는다는 사실이다. 그리하여 바이마르공화국은 '민주주의자 없는 민주주의a democracy without democrats'라는 평판을 가지게 되었다. 역사상 가장 선진적인 헌법에서 역사상 가장 최악의 권력이 탄생하였다는 이 아이러니는 헌법과 헌법 현실 사이의 괴리를 가장 극명하게 드러낸 하나의 예가 될 것이다.

독일의 분단과 서독 기본법, 1949년

1945년 5월 8일 자정을 기하여 유럽에서의 제2차 세계대전은 종결되었다. 독일은 패전하였고, 미국, 영국, 프랑스, 소련 4대 강국은 독일을 분할 점령하였다. 이는 종전 직전 1945년 2월 크림 반도의 얄타에서 합의한 바에 따른 것이고, 종전 이후 7월 포츠담에서 정해진 구체적인 영토획정에 따른 것이었다.

이와 같은 분할 점령은 처음에는 단순히 독일의 무장해제를 위한 편의적인 것이었으나 제2차 세계대전의 종결과 함께 찾아온 서방을 중심으로 한 자유민주주의체제자본주의체제와 소련을 중심으로 한 공산주의체제 사이의 이데올로기 경쟁으로 인한 냉전이 시작됨으로써 동서독 분단으로 이어졌다. 전후 독일 문제를 처리하기 위해 설치된 4대 강국에 의한 '관리위원

서독 초대 수상 아데나워
(Konrad Adenauer, 1876~1967)
그는 1949년 기독교민주당의 당수 및 총리가 된 이래
1963년까지 서독의 총리를 지냈다. 패전 후 서독을 친서
방적인 국가로 확실히 변모시켰고 공산권과는 타협을 거부
하였다. 그는 서독의 경제부흥을 일컫는 '라인강의 기적'을
이끈 지도자다.

회'는 처음부터 삐걱거렸다. 소련은 전후 처리에서 배상 문제가 우선되어
야 한다고 주장한 데 비하여, 미국과 영국은 우선 독일 경제의 복구가 시
급하다고 주장했다. 나아가 미국과 영국은 각 점령지에 '통합지대'를 만들
고 각 주 의회 대표 1인으로 구성된 경제평의회를 발족시켰고, 처음에 이
에 주저하던 프랑스도 여기에 참여함으로써 이 통합지대가 확대되었다.
그러자 소련은 서부 3개 지구가 통합된 데 항의하며 관리위원회에서 전격
철수해버렸다.

1947년에는 마셜 플랜Marshall Plan이 발표됨으로써 미국 주도의 본격적
인 독일 재건이 시작됐다. 1948년 6월에는 서방 3개국 점령지에 통화개혁
이 이루어졌고 이틀 뒤에는 소련 점령지에서도 통화개혁이 독자적으로 이루어져 독일은 실질
적으로 두 개의 경제권으로 분할되었다. 소련의 베를린 봉쇄에 맞서 서방이 물자를
비행기로 실어 나르는 등의 공수작전이 펼쳐져 세계의 이목을 집중시켰다.

이런 과정을 거쳐 동서독에는 다른 형태의 정치체제가 들어설 수밖에 없다는 인식이 팽배해졌고, 1948년 서방 3개국은 서독 지역에서의 제헌의회 소집과 독자 정부 구성을 권고하기에 이르렀다.

독일 정치지도자들은 이 권고가 독일의 분단을 영구화시킬 것이라고 우려하였으나, 서방 3개국 연합군측과 협상을 통하여 통일을 방해하지 않는 선에서 임시정부를 구성하는 데 합의했다. 그리하여 독립된 국가의 헌법 Verfassung이 아니라 최소한의 정치 질서를 유지하는 데 필요한 기본법 Grundgesets을 제정하기로 합의하고, 또 제헌의회가 아니라 점령지역 11개 주의 주 의회에서 선출된 대표로 구성된 의회평의회에서 기본법을 제정하기로 하였다. 이런 과정을 거쳐 1949년 5월 8일 제정된 이 법서독 기본법은 서독의 정치적 안정을 가져왔을 뿐 아니라 이후 동독과의 통일에도 무리 없이 적용되어 독일이 그동안 거쳤던 정치적, 헌법적 혼란을 정리하는 법이 되었다.

서독 기본법은 전문, 제1장 기본권, 제2장 연방과 주, 제3장 연방의회, 제4장 연방참의원, 제5장 연방대통령, 제6장 연방정부, 제7장 연방의 입법, 제8장 연방법률의 집행과 연방행정, 제9장 사법, 제10장 재정제도, 제11장 경과 및 종결규정 등으로 구성되어 있다.

먼저 전문)에서 이 법이 독일 전체의 법이 아니라 바덴 등 11개 주 독일

---

1 (생략) 세계평화에 봉사할 것을 결의하며, 바덴, 바이에른, (생략), 제주의 독일 국민은 과도기의 국가생활에 새로운 질서를 확립하기 위하여 헌법제정권력에 의하여 이 독일연방공화국 기본법을 의결한다. 이 기본법은 참여하지 못한 독일인들의 문제도 다루었다. 모든 독일 국민들에게는 자유로운 자기결정으로 독일의 통합과 자유를 성취할 것이 요청된다.

국민에 의하여 통일될 때까지 만든 법임을 명시하면서 독일 통일을 민족 자주의 입장에서 성취할 것을 결의하고 있다.

다음으로 기본권의 장에서는 제1조에서 ①인간의 존엄성은 불가침이다. 이를 존중하고 보호하는 것은 모든 국가권력의 의무다. ②따라서 독일 국민은 불가침·불가양의 인권을 지상의 모든 인간공동체, 평화 및 정의의 기초로 신봉한다. ③후속하는 기본권은 직접 적용되는 법으로서 입법, 행정 및 사법을 구속한다고 규정함으로써 국가질서의 근본이 인간의 존엄성과 인권임을 명백히 하고 있다. 그리하여 기본권은 단지 국가가 이를 보장해야 한다는 소극적 의미를 벗어나 국가권력을 직접적으로 구속하는 규범이 됨을 명백히 하였다.

이와 같이 헌법 제1조에 인간의 존엄성과 인권을 규정하는 것은 나치에 의하여 인권이 유린되는 참혹한 제2차 세계대전의 경험을 반성하면서 새로운 독일은 인간의 존엄성과 인권에 기초한 국가가 되어야 한다는 독일 국민들의 헌법적 결의라고 하겠다.

통치구조와 관련해서는 연방의회는 연방의회연방하원와 연방참의원연방상원으로 구성되는데, 연방의회는 국민의 보통·직접·자유·비밀·평등 선거에 의하여 선출된 4년 임기의 국민대표로 구성되고 연방참의원은 각 주의 정부대표자각 주가 임명하고 해임하는 주 정부의 구성원으로써 구성된다.[1] 연방 법

---

1 각 주는 최소한 3개의 투표권을 가지고 200만 이상의 주민이 있는 주는 4개, 600만 이상의 주민이 있는 주는 5개의 투표권을 가진다. 각 주는 그 투표권과 동일한 구성원을 파견할 수 있다. 주의 투표권을 통일적으로 행사하고 출석한 구성원이나 그 대리인에 의해서만 행사된다(제51조).

률은 하원인 연방의회에 의해 의결된 법률이 연방상원이 법률 성립에 동의가 필요한 경우 동의하거나 법률 성립에 동의가 필요 없는 경우 이의를 제기하지 않거나 이의를 철회하는 경우, 또 연방상원의 이의가 연방하원에 의해 기각될 경우 성립한다.

연방대통령은 5년의 임기로 중임이 가능하며 연방의회 의원과 동수의 지방의회 의원으로 구성되는 연방회의에서 선출되며 주로 형식적, 의례적 권한을 갖는다. 이와 같이 대통령이 국민의 직접선거가 아니라 간선되고 실질적 권한이 없는 형식상의 국가원수가 된 이유는, 바이마르 정부 시절에 대통령을 직선하고 군통수권과 비상조치권을 주었다가 이것이 대통령 독재에 이은 나치 독재가 있게 된 원인이었다고 보았기 때문이다. 그리하여 서독기본법에서의 대통령은 영국 의원내각제의 왕과 같은 존재로 상징적 국가원수가 되었다.

연방정부는 수상과 장관으로 구성되며 수상은 대통령의 추천으로 연방의회연방하원에서 선출되고 장관은 수상의 추천에 따라 대통령이 임명한다. 수상은 조각권을 비롯하여 정책의 대강을 결정하며 이에 대한 책임은 의회에서 진다. 한편 연방의회는 수상을 불신임할 수는 있으나, 차기 수상을 의회에서 과반수 찬성으로 선출한 다음 대통령에게 수상 해임을 건의하는 방법으로만 수상의 불신임을 표명할 수 있다.[1] 이를 건설적 불신임제라고

---

1 제67조, ①연방하원은 그 의원의 과반수로서 연방 수상의 후임자를 선출하여 연방 대통령에 대해 연방 수상을 해임할 것을 요구하는 방법으로만 연방 수상에 대한 불신임을 표명할 수 있다. 연방 대통령은 그 요청에 따라 선출된 자를 임명해야 한다.

하는데, 바이마르공화국 시절 의회의 불신임권이 남용됨으로써 14년이라는 공화국 기간 동안 14명의 수상이 바뀌는 정치적 불안정을 경험하였기 때문이다. 이로써 의원내각제가 가지기 쉬운 의회의 정부 불신임권 행사에 따른 정국의 불안정을 막아내는 제도적 장치를 마련한 것이다. 그리고 수상은 연방의회에 신임결의를 요구할 수도 있는데, 만약 이 신임요구의 동의가 과반수 동의를 얻지 못할 경우 대통령은 수상의 제안에 의해 연방의회를 해산할 수 있다.[1]

한편 이 기본법에서는 헌법재판소 제도를 도입하여 연방과 주간의 쟁송, 기관쟁송을 비롯하여 추상적 및 구체적 규범통제, 헌법소청, 정당의 위헌 결정 등에 관하여 심판하게 하였다. 독일의 헌법재판소 제도는 1987년 우리나라의 현행 헌법에 도입되어 지금까지 우리나라 민주주의와 입헌정치 발전에 큰 역할을 하고 있다.

프랑스 제4, 5공화국 헌법

제2차 세계대전 당시 독일의 프랑스 점령으로 헌정이 중단되고 비시 괴뢰정부가 들어섰다. 제2차 세계대전 이후 1946년 10월 새로 제정된 헌법은 임시정부의 수반이었던 드골의 반대에도 불구하고[2] 여전히 의원내각제적 헌법이었다제4공화국.

---

1 다만 해산권은 연방하원이 그 의원의 과반수로 다른 수상을 선출하면 즉시 소멸한다(제68조 제1항).
2 드골은 미국식 대통령제를 선호하였다.

의회는 국민의회와 공화국참의회 양원제도로서 5년 임기의 직선의원으로 구성된 국민의회가 지방단체의 대표들로부터 간접적으로 선출되는 공화국참의회를 압도하였다.[1] 대통령은 양원합동회의에서 선출되었고, 내각의 의장수상을 지명할 수 있도록 했다. 대통령은 의례적인 국가원수의 역할을 했고, 수상은 실질적인 행정부의 수반으로 법률의 시행을 보장했다. 국민의회는 내각을 불신임할 수 있었으며 내각은 이에 대항하여 의회해산권을 가졌다. 제3공화국과 같이 '강한 의회, 약한 정부'의 형식으로 헌정이 유지됨으로써 정부의 불안정이 이어졌다.[2] 그리고 전후 경제 재건이라는 힘겨운 난관 앞에 그 당시 정국을 이끌었던 주요 정당, 곧 공산당,[3] 사회당, MRP인민공화주의운동이 어느 하나도 다수파를 형성하지 못하고 서로 연합과 분열을 반복하였다.

이런 와중에 1954년 발발한 알제리 전쟁은 정국을 더 혼미하게 만들었다. 알제리는 1830년 이래 프랑스의 식민지가 되었는데 제2차 세계대전 이후 각 국의 독립이 잇따르자 알제리에서도 민족해방전선FNL을 중심으로 프랑스로부터 독립을 추구하게 된 것이다. 그러나 다른 식민지와 달리 알제리는 인구 900만 명 중 유럽인이 100만 명이나 되어 프랑스로서는 알

---

1 공화국참의원은 상원을 대신하였으나 아주 축소된 권한을 가질 뿐이었다. 이것은 결정하는 원이 아니라 심사하는 원이었다. 의견이 불일치하는 경우에는 국민의회의 의견이 승리하였다.
2 제4공화국이 12년간 존속하는 동안 25차례나 정권이 바뀌었는데, 이는 평균 6개월 간격이었다.
3 공산당은 전쟁 중 7만 5,000명이 처형되었는 데도 자신의 역할을 수행해내었으므로 사회당과 함께 각광을 받아 제1당으로 부상한 적도 있다. 그러나 1947년 사회당 출신의 폴 라마디에 수상이 공산당을 정부 여당에서 축출하기로 결정하고, 1947년 미국의 트루먼 대통령이 공산주의 봉쇄정책을 주장하면서 공산당은 정치의 주변부로 밀려나갔다.

드골(Charles de Gaulle, 1890~1970)
제2차 세계대전 중 프랑스의 대독일 해방 투쟁을 이끈 독립
투사로서 그의 리더십이 제5공화국 헌법을 만들었다.

제리를 쉽게 포기 할 수 없었다. 이 전쟁이 프랑스 본토에 테러를 불러일
으키고 프랑스 군대가 알제리에서 방첩 수단으로 고문을 자행하기 시작하
자 끝까지 전쟁을 원하는 수구세력과 진보세력이 대립해 인권 유린을 비
판하는 등 프랑스 정국은 혼란으로 빠져들었다. 심지어 1958년 5월에 알
제리 백인 식민주의자들이 쿠데타를 일으켜 정권을 장악하는 사태가 벌어
지자 프랑스에서는 내전의 분위기마저 감돌았다.

이런 위기에 레지스탕스의 전력으로 좌우로부터 지지를 받던 드골에게
새로운 기회가 주어졌다. 즉 드골에게 프랑스가 당면한 비상사태를 해결
하기 위한 모든 권력이 주어졌는데, 1958년 6월 3일 국민의회는 헌법개정
권과 함께 6개월 임기의 전권을 그에게 부여할 것을 의결하였고, 곧 공화
국참의원에서도 이 안이 가결된 것이다. 이로써 제4공화국은 종말을 고하
게 되었다.

4공화국의 의원내각제를 못마땅하게 생각하던 드골은 집권을 하자마자

대통령의 권한을 강화하는 드골 헌법제5공화국 헌법을 제정하였다. 이 헌법이 오늘날도 그 골격을 그대로 유지한 채 제5공화국 헌법으로 되어 있다.

드골은 처음에 대통령을 7년 임기로 간접선거를 통해 선출하도록 하였다. 그러나 대통령의 민주적 정당성 강화를 위해 1962년 개헌을 통해 직접선거로 바꾸고, 의회 임기와 대통령 임기가 다름으로 인해 생기는 좌우 동거정부의 문제점을 해소하기 위해 2003년 개헌으로 7년 임기에서 5년으로 줄여 국회의원 임기와 같도록 했다. 그리고 직접선거에서 대통령이 1차 투표에서 절대다수50퍼센트 이상의 유효투표를 얻지 못할 경우 2차 투표에서 1차 투표의 상위 두 후보자만 경선할 수 있는 결선투표제 방식으로 바꾸었다.[1]

대통령은 국민투표부의권이 있다제11조. 이는 3, 4공화국에 없던 것으로 대통령이 의회를 통하지 않고 국민투표를 통하여 직접 국가의 중요한 정책이나 법률에 대하여 가부를 물을 수 있도록 하였다. 드골은 국민투표를 적극적으로 이용하여 자신의 정치적 입지를 다지며 동시에 대통령의 권한을 강화하였다.

그는 네 차례에 걸쳐 국민투표를 실시하였는데, 1961년 1월 알제리 자치에 관한 국민투표, 1962년 4월 에비앙 협정[2]의 동의에 관한 국민투표,

---

1 우리나라 현행 헌법은 결선투표제도가 없어 대통령 후보가 난립하는 경우 국민 중 30퍼센트의 지지만으로도 대통령이 될 수 있도록 하고 있다. 그러나 이는 국민의 70퍼센트가 그를 원하지 않는다는 것이 명백함에도 불구하고 국민의 대표로 취임하는 불합리한 면이 있다. 이와 달리 결선투표제는 대통령이 적어도 국민 과반수의 지지를 얻어 당선되게 함으로서 대통령의 민주적 정당성을 확보할 수 있다. 대통령의 민주적 정당성의 확립을 위해 우리나라도 결선투표제를 도입할 필요가 있다.
2 알제리의 독립과 관련한 프랑스와 알제리 간의 정전 협정.

같은 해 10월 대통령 직선에 관한 국민투표, 1969년 4월 새로운 지방자치제 창설과 상원개혁에 관한 국민투표였다. 그는 1969년 국민투표에서 패배하자 대통령직을 사임하였다.

또한 대통령은 의회하원해산권을 가지고 있는데 수상과 양원의장의 의견만 구하면 어떠한 조건 없이도 행사할 수 있다제12조. 대통령은 이 하원해산권을 바탕으로 자신과 다른 정파가 의회의 다수를 점하고 있을 경우 의회를 해산하여 자신과 같은 정파가 의회의 다수파가 되도록 할 수 있다.[1]

제5공화국 헌법은 대통령에게 비상조치권비상대권을 부여하여제16조, '공화국 제도, 국가의 독립, 영토의 보전 또는 국제협약의 집행이 중대하고 직접적으로 위협받는 때와 헌법상 공권력의 정상적인 기능이 중단되는 때에는 대통령은 수상, 양원 각 의장 및 헌법위원회에 공식적인 자문을 거친 후 상황에 따라 필요한 조치를 취한다'라고 하고 있다. 이 비상조치권은 드골이 강력히 주장하여 마침내 헌법에 수용된 것이다. 그러나 이 비상조치권이 헌법을 합법적으로 파괴할 소지가 있다며 우려하는 목소리도 크다. 다행히 프랑스 헌법 실제에서는 이 비상조치권은 1961년 알제리 사태와 관련하여 행사된 이래, 달리 행사되지 않았기에 제도적 문제에도 불구하고 현실적 문제는 불러일으키지 않았다.[2]

그 외에도 대통령은 수상을 임명하고 수상의 제청에 의하여 각료를 임

---

1 실제 사회당 출신의 미테랑 대통령은 1981년, 1988년 의회 해산을 통한 재선거를 통해 의회의 다수파를 우파에서 좌파로 바꾸는 데 성공한 바 있다.

2 이에 비하여 이 비상조치권을 모델로 도입되었던 유신헌법에서의 비상조치권은 실제 유신정권 독재를 위하여 국민들의 기본권을 억압하는 수단으로 사용되었다.

면하며제8조, 군의 통수권자이며제15조, 외국과의 조약을 협상하고 비준하는 등의 외교에 대한 권한을 갖는다제52조.

행정부는 국가의 정책을 결정하고 집행하는데, 수상이 이를 지휘한다. 즉 행정부의 수반은 대통령이 아니라 수상이다. 그러므로 헌법에서 특별히 대통령의 권한으로 정하지 아니하는 행정부에 관한 권한은 모두 수상이 행사한다. 각료장관는 수상의 제청에 의해 대통령이 임명하는데, 국회의원을 겸할 수 없다이 점이 의원이 정부의 각료가 될 수 있는 의원내각제와 결정적인 차이점이다.[1]

수상과 각료에 대하여 의회는 불신임권을 행사할 수 있다. 그런 까닭에 대통령이 수상을 임명하기는 하지만 의회는 언제든지 불신임권을 행사할 수 있으므로 실제적으로는 의회의 다수파의 지지를 받는 수상을 대통령이 지명하지 않을 수 없다.

이와 같이 대통령이 국민투표부의권, 비상조치권, 의회해산권 외에도 일상적인 국방 외교의 권한을 가짐에도 행정부의 수반은 수상이 되고 수상은 의회에 대하여 책임을 지기 때문에 이를 반대통령제半大統領制, 이원정부제二元政府制, 혹은 분권형 대통령제라고 한다.

이런 형태 하에서는 대통령과 수상이 같은 정당 혹은 정파에서 나온다면 문제가 되지 않으나[2] 만약 다른 정당 혹은 정파가 되었을 경우는 문제

---

1 다만 실제로 국회의원이 각료로 임명되는 경우가 많고 이런 경우 보궐선거로 다른 의원이 선출되거나 각료를 그만둘 경우 그 다른 의원이 사직하여 다시 의원이 될 수 있도록 하는 경우가 많다.

2 이런 경우는 대통령의 강력한 권위로 인하여 수상 및 각료가 대통령의 뜻을 따르게 되어 미국 대통령보다 더 막강한 권한을 갖는 대통령제로 운영된다.

가 발생한다. 이와 같이 대통령과 수상이 다른 정당 혹은 정파일 경우를 동거정부同居政府, cohabitation라고 한다.[1]

의회는 상하원 양원제도다. 하원의원은 직접선거, 상원의원은 간접선거에 의한다고 헌법에서 규정할 뿐 나머지 임기, 징수 등은 조직법으로 따로 정하도록 하고 있다.

현재 법률에 따르면 국민의회하원의 임기는 5년이며 2회 다수대표제로 선출한다. 즉 1차 투표에서 유효투표 과반수를 획득한 자가 당선되나, 당선자가 없을 경우 일정 이상을 득표한 후보들을 상대로 2차 투표를 실시하여 상대적으로 다수를 획득한 후보가 당선되도록 하고 있다. 상원의 임기는 9년으로 3년마다 3분의 1씩 개선하도록 하고 있다. 상원의원은 각 도의 상원의원 선거인단에 의해 선출된다.

한편 우리나라의 헌법재판소가 행하는 법률의 합헌성 여부와 권한쟁의 등의 심판은 프랑스 헌법에서는 9년 임기의 9인의 임명직 헌법위원으로 구성된[2] 헌법위원회가 맡는다전직 대통령은 당연직 헌법위원이 되나 실제 위원으로 참

---

1 1986년 3월부터 1988년 5월까지 사회당의 프랑수아 미테랑 대통령 밑에 공화국연합(RPR, 우익정당)의 자크 시라크가 수상이 되었다. 이후 1988년 미테랑이 대통령 선거에서 이기고 해산된 의회 선거에서 사회당이 승리하자 동거정부는 막을 내렸다. 그런데 1993년의 하원 총선에서 우파가 의석의 80퍼센트를 차지하는 압승을 거둠에 따라, 미테랑은 다시 한 번 공화국 연합(RPR)의 에두아르 발라뒤르를 총리로 지명하게 되었다(제2차 동거정부, 1993~1995). 그런데 1995년 자크 시라크가 대통령이 됨으로써 좌우 동거정부가 해소되었지만, 1997년 좀 더 강력한 정권 기반 형성을 위한 조기 선거를 실시하였으나 패배함으로써 오히려 좌파연합이 과반수를 차지하게 되었다. 이로써 시라크 대통령은 좌파의 리오넬 조스팽을 총리로 임명할 수밖에 없었는데, 조스팽은 2002년 대선에서 패배할 때까지 총리로 재임하였다(제3차 동거정부, 1997~2002).
2 헌법 제56조, 헌법위원회는 3년마다 3분의 1이 갱신된다. 3명의 위원은 대통령이, 3명은 국민의회 의장이, 3명은 상원의장이 임명한다. 전직 대통령은 당연히 종신위원이 된다.

가하는 예는 드물다. 이 헌법위원회는 우리나라 헌법재판소와 같이 법률이 제정 시행되고 나서 헌법소원 기타의 방법으로 위헌소송이 제기된 이후에 위헌성 여부를 따지는 것이 아니라, 법률이 공포되기 전에 사전적으로 위헌 여부를 심사한다. 즉 법률은 그 공포 전에 대통령·수상·국민의회의장·상원의장 또는 60명의 국민의회의원이나 60명의 상원의원에 의하여[1] 이를 헌법위원회에 부의할 수 있고, 위헌이라고 선언된 규정은 이를 공포 또는 시행할 수 없으며, 이 결정에 대하여는 어떠한 불복도 인정되지 않는다제61조. 결국 헌법위원회는 법률제정과 관련하여 의회와 정부, 의회 내부의 다수파와 소수파의 대립이 있는 경우 다수파의 횡포에 대한 적절한 통제를 가하여 정치적 대립을 중재하고, 소수자를 보호하는 역할을 한다고 하겠다.

일본의 전후 평화헌법, 1946년

일본은 1945년 8월 15일 무조건 항복을 선언하고 9월 2일 도쿄만에 정박한 미국 기함의 갑판 위에서 항복 문서에 서명하였다. 이로써 연합군이 일본에 상륙하여 점령을 시작했다. 미군을 중심으로 한 연합군은 항복 문서에 근거하여 연합군 최고사령관 총사령부GHQ를 설치하였다.

　연합국 총사령부는 맥아더를 정점으로 군사와 민사 행정을 담당하기 위

1　처음에는 청구권자를 대통령·수상·국민의회의장·상원의장으로 한정하였으나 1974년 개헌으로 60명의 국민의회의원이나 60명의 상원의원도 청구가 가능하도록 변경하였다.

맥아더(Douglas MacArthur, 1880~1964)
히로히토 일본 천황(裕仁 1926~1989 재위)
맥아더는 연합군 총사령관으로 부임하던 제2차
세계대전 전후 일본의 헌법을 제정하는 데 막
강한 영향력을 행사하였고, 히로히토는 1946
년 천황의 신격을 부인하는 '인간선언'을 함으
로써 일본 헌법 제정과 함께 상징적 국가원수
가 되었다.

하여 4부 9국으로 조직되었다. 연합군의 점령 관리 방식은 직접 군정이 아
니라, 최고 사령관이 일본 정부에 지령·권고하고 일본 정부가 그에 의거
하여 정치를 하는 간접통치방식이었다. 연합국의 대일 점령 기본 방침은
대일 전쟁에 참가한 11개국의 극동위원회에서 정하고, 이를 받는 미국 정
부가 총사령부에 전하면 총사령부가 도쿄에 있는 미국, 영국, 중국, 소련
의 대일이사회에 자문을 구한 다음 일본 정부에 지령을 내리는 것이었다.
그러나 실제로 연합군의 일본 점령은 미국의 단독 점령과 다름없었다.

　이와 같은 점령정책은 시기에 따라 3단계로 나눌 수 있는데, 제1단계는
1945년부터 1947년까지로서 점령정책의 주목적이 일본의 비군사화와 민
주화였다. 제2단계는 1947년부터 1950년까지로서 미국과 소련을 중심으
로 한 냉전체제가 성립되고 중국의 공산화 등에 따라 일본을 자본주의 진

영으로 편입하여 자본주의의 전초기지로 만들기 위한 시기였고, 제3단계
는 1950년부터 1952년까지로 한국전쟁이 발발하자 일본에 경찰예비대,
해상경비대를 창설하고 동시에 일본에 군비강화를 종용하면서 점령을 끝
낸 시기다.

이러한 점령은 미국이 1952년 소련의 반대에도 불구하고 일본과 대일강
화조약샌프란시스코 강화조약과 미일안전보장조약을 체결하고 이 조약들이 발
효됨에 따라 연합국 총사령부가 폐지됨으로써 종결되고, 일본의 주권은
완전히 회복되었다.

한편 맥아더가 1945년 10월 일본제국헌법의 개정을 정부에 요구하자
정부는 천왕주권 원칙을 고수한 개정안을 제출하였다. 이에 연합국 총사
령부는 이를 거부하고 다른 헌법 초안[1]을 기초해서 채용하도록 요구하였
다. 정부는 이 초안을 토대로 헌법 개정 초안을 만들어 다음해 3월 발표하
였다. 구 일본제국헌법에 따라 추밀원의 심의와 제국의회의 수정을 거쳐
1946년 11월 3일 공포되고 1947년 5월 3일부터 시행되었다.

이 헌법과 관련하여 가장 쟁점이 된 것은 천황제도였다. 패전 전까지 천
황은 신과 같은 존재로 인식되어 왔고, 메이지 헌법에서도 제1조 '대일본
제국은 만세일계의 천황이 이를 통치한다', 제3조 '천황은 신성하므로 이
를 범할 수 없다'라고 천명하고 있었다. 그런데 제2차 세계대전의 책임을
천황이 질 수밖에 없었으므로 천황제도의 폐지가 검토되었던 것이다. 그
러나 천황에 대한 일본 국민들의 감정을 이해하였던 연합국 총사령부에서

---

1 일명 맥아더 안으로서 상징적인 천황제, 전쟁 포기 등을 주요 내용으로 하고 있다.

는 천황제도를 존속시키되 형식적 국가원수로서만 기능하도록 하였다. 그래서 신헌법 제1조에서는 '천황은 일본국의 상징이고 일본 국민통합의 상징이며 이 지위는 주권을 가진 일본 국민의 총의에 의한 것이다'라고 규정하고, 이하에서는 국가원수로서의 형식적 권한국회의 지명에 따른 내각총리대신의 임명, 내각의 조언과 승인에 의한 헌법 개정, 법률, 정령 및 조약을 공포하는 것 등등만을 인정하고 있다.

이 헌법의 가장 큰 특징은 제9조에서 전쟁의 포기를 선언한 것이다. 제9조에서 '일본 국민은 정의와 질서를 기조로 하는 국제평화를 성실히 희구하여 국권의 발동인 전쟁과 무력에 의한 위협 또는 무력의 행사는 국제분쟁을 해결하는 수단으로서는 영구히 이를 포기한다. 전 항의 목적을 달성하기 위하여 육·해·공군 기타의 전력은 이를 보지하지 않는다. 국가의 교전권은 이를 인정하지 아니한다'고 규정하였다. 이는 일본이 세계대전을 일으켜 인권을 유린한 책임을 지고, 전쟁을 포기하고 군사력을 보유하지 않겠다고 선언한 것이다.

그러나 1950년 한국전쟁의 발발로 일본 주둔 미군이 한국으로 건너가자 방위력 공백이 생겼고, 이를 해결하기 위하여 연합국 사령부는 1950년 7월 일본에게 경찰예비대의 신설을 지령하게 되었고, 이에 따라 같은 해 8월 경찰예비대가 창설되고 1952년에는 해상경비대가 설치되었다.

이후 1952년 대일강화조약과 미일안전보장조약이 발효되고 미국의 점령 시대가 종결되자, 1954년 6월 방위청 설치안 및 자위대 법안을 성립시키고 7월부터 새로 항공자위대를 설치해 육·해·공군 3개 자위대를 발족시켰다. 이로써 헌법의 규정에도 불구하고 일본은 실질적인 군대를 가지게 된 것이다.[1] 일본 내에서는 이 전쟁 포기 조항의 개정을 요구하는 여론도 있었으나, 일본이 제2차 세계대전 당시에 저지른 만행에 대하여 반성하고 국제평화주의를 지지하여야 한다는 입장에서 이 조항이 존치되고 있다.

일본 헌법에 따른 통치구조는 전형적인 의원내각제다.

국회는 국권의 최고기관이며 국가의 유일한 입법기관인데제41조, 4년 임기의 중의원衆議院과 3년마다 의원의 반수를 개선하는 6년 임기의 참의원参議院으로 구성된다.[2] 법률안은 양의원에서 가결할 경우 법률이 되는데, 중의원에서 가결하고 참의원에서 이와 다른 의결을 한 법률안은 중의원에서 출석의원 3분의 2 이상의 다수로 재차 가결할 경우 법률로 된다제59조. 예산안은 중의원에 제출되는데, 참의원과 중의원이 다른 의결을 할 경우, 또 양의원의 협의회를 열어도 의견이 일치하지 않거나 참의원이 국회 휴회 중의 기간을 제하고 30일 이내에 의결하지 않을 경우 중의원의 의결이 국회의 의결이 된다제60조. 따라서 국회는 중의원 중심이다.

행정권은 내각에 속하는데제65조, 내각의 수장은 내각총리대신으로 국회의 국회의원 중에서 의결을 통해 지명한다제67조. 내각총리대신은 국무대

1 이와 같은 사태와 관련하여 미일안전보장조약에 의한 미군의 주둔이 위헌이라거나(스나가와 사건, 1959년), 자위대가 헌법위반이다(나가누마 소송, 1973년)라는 하급심 판결이 있었으나, 최고재판소에서는 그러한 것들이 고도의 통치 행위로서 합헌이라고 판결하였다.

2 중의원의 선거는 1개 선거구에서 3~5인을 선출하는 중선거구제였으나 1994년 소선거구제로 변경되었고, 일부는 11개 블록에 각 정당의 득표수에 비례하여 미리 정한 명부의 순서에 따라 의석을 배분하는 비례대표제도 도입되었다. 참의원 선거는 도도부현의 단위의 선거구의 선거로 선출하되, 일부는 전국 단위로 후보자의 이름 혹은 소속 정당의 이름을 기입하여 투표하고 개인명과 정당명의 합계 득표로 정당의 의석수를 결정하여 선출한다.

신을 임명하는데, 그 과반수는 국회의원 중에서 선임한다제68조. 내각이 중의원에서 불신임 결의안을 가결하거나 또는 신임 결의안을 부결할 때는 10일 이내에 중의원이 해산되지 않는 한 총사직해야 한다제69조. 하지만 내각은 중의원을 해산할 수 있으므로제7조 내각은 국회의 불신임권에 대해 중의원해산권으로 맞설 수 있다.

사법권은 최고재판소와 법률이 정하는 바에 따라 설치되는 하급재판소에 속한다. 최고재판소는 위헌법률심사권을 가지는데[1]61조, 현재까지 위헌으로 판결된 것은 극히 적다.[2]

헌법 개정은 각 의원의 총의원 3분의 2 이상의 찬성으로 국회가 이를 발의하여 특별한 국민투표나 혹은 국회가 정하는 선거시에 행하는 투표에 있어 과반수 이상의 찬성을 얻어야 한다.

중국 공산정권 수립과 헌법 제정, 1954년

한때 동양뿐 아니라 전 세계에서 자신의 위상을 자랑하던 중국의 청조는 1840년 발발한 아편전쟁에서 영국에 패하여 1842년 굴욕적인 조약을 맺

---

1 헌법 제81조에서 최고재판소는 헌법에 적합한지 여부를 결정할 권한을 갖는 '종심재판소'라고 규정하고 있어 하급심도 위헌 여부를 결정할 권한이 있다고 본다. 다만 위헌 여부의 최종결정을 최고재판소가 하는 것은 일반 사건과 같다.

2 위헌 판결이 난 것은 6건이 있다. 존속살해죄를 범한 사람을 사형 또는 무기징역에 처한 형법 제200조, 행정관청이 가까운 곳에 약국이 있다는 이유로 새로운 약국 개설을 허가하지 않도록 한 약사법 규정, 투표 가치의 불평등이 매우 심하게 된 중의원 의원 정수 부분 2건, 공유하는 삼림 중 자신의 할당분만을 단독으로 처분하지 못하게 한 삼림법 규정, 우편에 의한 손해배상을 제한하는 우편법 규정 등이다.

기에 이른다. 이 내용은 홍콩을 할양하고 상하이 등 다섯 항구를 개항하는 한편, 영국에 배상금을 지불하고 영사 재판권, 최혜국 대우 등을 인정하는 등 근본적으로 불평등조약인 난징조약남경조약을 체결함으로써 자신의 허약함을 만천하에 드러내었다. 이제 중국도 대항해시대와 산업혁명을 거친 서구의 거센 제국주의적 침략 앞에 한낱 먹잇감으로 전락하고 만 것이다.[1] 이런 와중에 태평천국운동과 같은 국내적인 위기가 잇따라 일어났고 청조의 양무운동과 같은 나름대로의 개혁도 표류하였다. 게다가 1894년 청일전쟁에서의 패배는 청이 서양뿐 아니라 동양에서도 패권적 지위를 잃게되는 계기가 되었다.

이런 정세 속에서 한편으로 청조를 무너뜨려 새로운 중국을 건설하자는 혁명파와 청조를 개조하여 입헌군주국으로 만들자는 입헌파가 치열한 논쟁을 거치면서 세력을 확대해 나갔다.

1911년 청 정부가 그동안 민영으로 운영되던 철도를 국유화하여 이를 담보로 외국으로부터 차관을 들어오려고 하자 이에 반대하는 운동이 거세게 일어났다. 그중 1911년 10월 10일 혁명파인 공진회와 문학사를 주축으로 한 우창武昌, 무창에서 일어난 봉기가 성공하였고신해혁명, 이 여파로 중국의 각 성에서 비슷한 봉기가 잇따르면서 각 성들이 청조로부터의 독립을 선언하였다. 각 성의 대표들은 난징에 모여 쑨원孫文, 손문을 임시 대총통으로 추대하기로 하고, 1912년 1월 1일 공화국인 중화민국이 건국되었다.

---

1 이를 중국 헌법 서언에서는 '1840년 이후, 봉건의 중국은 점차 반식민지, 반봉건국가로 변하였다'라고 표현하고 있다.

그러나 베이징에는 아직 청조가 살아 있었으므로, 쑨원은 중국 전체를 중화민국으로 만들기 위해 당시 청조의 군사 실력자였던 위안스카이袁世凱, 원세개와 협상하여 위안스카이에게 임시 대총통의 자리를 양위하는 대신 청황제를 퇴위시키기로 하였다. 이에 위안스카이는 1912년 2월 12일 청의 마지막 황제 푸이선통황제를 퇴위시킴으로써 청나라는 268년 만에 막을 내렸다.

그런데 위안스카이는 국회에서 정식으로 대총통이 된 이후 국회를 해산하고 그 당시 의원내각제의 임시 약법을 총통제로 고친 이후 대총통은 임기 10년에, 그것도 연임할 수 있도록 하였다. 위안스카이는 그것에 만족하지 않고 중국은 공화정보다는 제정帝政이 좋다는 여론을 조작하여 1915년 12월 국민대표회의를 소집, 황제로 추대되었다. 이에 각지에서 호국군이 결성되어 위안스카이에 맞서자 그는 황제 자리를 내놓았고 1916년 사망하였다. 위안스카이의 사망 이후 중국은 군사력을 기반으로 한 각 군벌들의 각축장이 되어, 베이징에는 북쪽 군벌들을 중심으로 한 기존의 위안스카이를 뒤이은 베이징 정부가, 광둥에는 1921년 쑨원을 대총통으로 하는 광둥 정부가 수립되었다.

한편 1921년 상하이에서 중국공산당이 창당되었는데, 이것은 1917년 러시아 공산혁명으로 정권을 잡은 소련에 의하여 만들어진 세계공산기구인 코민테른제3인터내셔널의 지원에 의한 것이었다. 코민테른은 이와 비슷한 시기에 쑨원과 접촉하여 쑨원이 이끄는 중국 국민당에 공산당원이 입당하여 활동할 수 있도록 하였는데, 이것은 1924년 1월 중국 국민당 제1기 전국대회에서 연소·용공·부조농공의 3대 정책을 승인함으로써 공식화 되었다제1차 국공합작.

그런데 1925년 베이징 정부와 협상을 벌이려 갔던 쑨원이 병사하자 광둥 정부가 국민정부로 개조되었다. 그러자 이 정부 내에서 좌우 대립이 심각해졌고, 그 당시 실권을 쥔 장제스蔣介石, 장개석는 1926년 공산당원의 활동을 제한하기 시작하였다.[1] 국민정부는 1926년 7월 1일 북벌을 선언하고는 북쪽에 있는 군벌들을 정벌하기 시작했다. 이 정벌은 성공적으로 끝나 1928년 6월 베이징이 점령됨으로써 중국은 통일되었다. 같은 해 10월 정식 발족한 왕징웨이 정권남경국민정부은 쑨원의 이념에 따라 오원제五院制, 입법, 사법, 행정, 고시, 감찰 정부에 의한 훈정[2]을 실시하였다. 1928년 10월 훈정 강령, 1931년 5월 훈정 시기 약법이 공포되면서 다른 모든 정당·정치 결사의 정치 행위를 금하는 일당 지배가 실행되었다.

한편 1927년 제1차 국공합작 붕괴 후 궤멸상태에 빠졌던 중국공산당은 1927년 추수봉기 이래 1930년까지 각지에서 무장봉기를 일으켰으나 모두 실패하였다. 이런 와중에 도시에서의 공산혁명이 아니라 농촌에서 농민을 중심으로 한 공산혁명이라는 전략을 마오쩌둥이 제안하고, 실제 1927년 10월 징간산井岡山, 정강산에서 최초의 농촌 근거지를 마련하면서 농촌 중심의 공산 세력 확장이 이어져 갔다. 결국 1931년 11월에는 장시 성江西省의 루이진瑞金, 서금에서 마오쩌둥을 정부 주석으로 하는 중화소비에트공화국 임시정부를 설립하고 당의 지도부도 이에 합류하였다.

---

1 이후 1927년 4월 12일 장제스가 상하이의 공산당원을 체포하고(상하이 반공 쿠데타), 좌파에 의해 성립되었던 무한 국민정부도 같은 해 7월 반공을 표방함으로써 1차 국공합작은 결렬되었다.

2 헌정(憲政)을 실시하기 전의 과도기 체제

중국 통일 이후 여러 세력으로부터 도전을 받던 장제스는 이와 같은 공산세력에 대하여 4차례에 걸친 정벌전을 벌였으나 뚜렷한 성과를 내지 못하였다. 그리하여 장제스는 1933년에는 또다시 중국공산당의 주력이 있던 장시 성 루이진에 대하여 대대적 공세를 펼쳤고, 결국 중국공산당은 루이진을 포기하고 생존을 위한 대장정을 시작하였다. 이 대장정은 1년 동안 계속되었는데 국민당 군의 포위와 추격을 뚫고 18개의 산맥, 17개의 강, 12개의 성을 하루 80~90킬로미터씩 걸어나갔다. 결국 처음 8만이 넘는 병력이 8000여 명으로 줄어드는 희생을 치르면서 1935년 10월 산시 성, 陝西省섬서성 북쪽 연안에 도착함으로써 대장정을 마무리하고 생존할 수 있었다.

한편 일본은 1928년 왕징웨이 정권이 성립되고 이듬해 세계대공황이 닥쳐오자 만주·몽골에서의 이권 확보에 대한 위기감이 고조되었다. 이에 일본은 1931년 중국 동북 지역을 무력으로 점령하고 1932년에는 청조의 마지막 황제 푸이를 수반으로 하는 괴뢰국가인 만주국을 성립시키더니 1937년에는 베이징 인근의 루거우차오노구교에서 사변을 일으켜 본격적인 중국 침략을 시도하였다. 중일전쟁이 시작된 것이다. 일본은 중국의 수도인 난징을 점령하기는 하였지만 전쟁은 곧 교착상태에 빠졌고, 일본이 1941년 태평양전쟁을 일으킴으로써 중일전쟁은 제2차 세계대전의 일부가 되었다.

장제스는 1936년 12월의 시안사건西安事件, 서안사변[1]을 계기로 공산당에

---

1 1936년 12월 12일 장제스는 새로운 반공작전을 독려하기 위해 장쉐량(張學良)의 사령부를 방문했는데, 장쉐량은 장제스를 감금하고 국민당과 공산당 간의 내전 중지, 항일을 위한 거국적인 통일전선 수립, 국민정부의 개각을 요구했다. 공산당은 장쉐량 부대의 요구조건에 전적으로 동조했으며, 저우언라이(周恩來)가 대표로 협상과정에 참여했다. 1936년 12월 25일 장제스는 이 제안에 대해 구두 승낙한 후 석방되었다.

중화인민공화국의 수립을 선포하는 마오쩌둥
(毛澤東, 1893~1976)
마오쩌둥은 중국에서 일본을 몰아내고 국민
당과의 내전에서 승리하여 중국을 공산주의
국가로 만들었다.

대한 토벌을 중지하고, 1937년 중일전쟁이 본격화되자 제2차 국공합작으로 공산당과 함께 항일전쟁에 참여하게 되었다. 그러나 1945년 8월 항일전쟁이 승리로 끝나자 이런 협력은 오래가지 못하고 장제스는 1946년 6월 중국공산당이 점령하고 있는 지역을 공격함으로써 본격적인 국공내전이 시작되었다.

결국 이 내전은 마오쩌둥이 1949년 10월 1일 베이징의 천안문 광장에서 중화인민공화국의 성립을 선포하고 같은 해 12월 장제스가 대만으로 패주함으로써 공산당의 승리로 마감되었다. 동양의 가장 큰 중심 국가가 공산국가가 된 것이다.

공산중국은 건국을 앞둔 1949년 9월에 중국인민정치협상회의를 소집하여 임시헌법의 성격을 띤 '중국인민정치협상회의 공동강령'을 제정하였다. 당시는 아직도 완전히 내전이 끝나지 않은 상태였지만 중국공산당뿐 아니라 중국 내에 있는 각 정파 및 사회단체를 아울러 신생 중국을 건설하기 위하여, 중국공산당과 여러 정파들이 함께 신생 중국의 국가 기본질서에 대한 공동의 강령을 마련한 것이다. 따라서 이 강령은 중국 인민들이 선거를 통해 자신들의 대표를 정한 것이 아니라 중국공산당과 다른 단체들이 정치협상을 통하여 만들어낸 과도적인 국가 기본질서에 관한 것이다.

이 강령은 서언과 총강, 정권기구, 군사제도, 경제정책, 문화교육정책, 민족정책, 외교 정책의 7장으로 나뉘어져 총 60개 조문으로 되어 있다. 공동강령의 서언과 제1조는 신민주주의,[1] 즉 인민민주주의는 중화인민공화국의 정치 기초이고, 중화인민공화국은 노동자계급이 영도하고, 노동자 농민 연맹을 기초로 각 민주계급과 국내 각 민족의 단결로써 인민민주전정人民民主專政[2]을 실시하고, 제국주의·봉건주의·관료주의를 반대하고, 중국의 독립·민주·평화·통일과 부강을 위해 분투한다고 규정하였다.

한편 공동강령 제12조에서는 인민이 국가정권을 행사하는 기관은 인민이 보통선거 방식으로 구성하는 각급 인민대표대회와 그 인민대표대회가 선거하는 인민정부라고 규정하고 있다. 결국 최고 국가정권기관은 전국인민대표대회가 되고 그 폐회 중에는 중앙인민정부가 최고 국가정권의 행사

---

1 신민주주의란 전통적인 공산혁명 이론에서 말하는 자본주의 국가 건설을 위한 부르주아지의 혁명이 아니라, 사회주의 국가 건설을 위한 기초를 조성하기 위하여 노동자 농민 등 프롤레타리아트가 다른 인민들과 연합하여 일으킨 혁명에 의하여 만들어지는 정치질서를 말하는 것으로 사회주의 혁명의 전 단계 혁명에 의한 것이다. 마오쩌둥의 이론이다.

2 소련 헌법의 프롤레타리아트 독재와 비슷한 개념이다. 노동자 농민을 중심으로 한 인민에게는 민주적 권리를 보장하지만 인민의 적에 대해서는 독재를 행한다는 의미다. 실제 공동강령 제5조에서는 인민들의 사상·언론·출판·집회·결사·통신·인신·주거 이전·종교 신앙 및 시위의 자유권을 보장하고 있으면서도, 공동강령 제7조에는 중화인민공화국은 반드시 일체의 반혁명활동을 진압하고, 일체의 제국주의, 국가모반, 인민민주사업을 반대하는 국민당 반혁명전쟁범죄와 기타 잘못을 저지르고 뉘우치지 않는 반혁명요인과 결탁하는 것을 엄밀히 징벌함을 규정하고 있다.

기관이 된다. 이것은 소련 헌법에 있어 '전연방소비에트대회'가 최고 권력 기관이 되는 것과 마찬가지로, 서구식의 3권분립론에 기초한 권력체계가 아니라 인민의 대표기관이 모든 권력을 집중하여 행사할 수 있는 체계라고 할 수 있다.

한편 이 공동강령에서는 사회주의 목표에 대해서는 규정하지 않았는데, 그 이유는 당시 중국의 현실이 사회주의를 실현하기 어려운 여건이었고 또 공산당뿐 아니라 각 정파들이 연합하여 정권을 구성한 이른바 신민주주의 단계였으므로 굳이 공동강령에 명시할 필요가 없다는 것이었다.

중국은 각 지방마다 정권이 수립되어 통치체계가 완성되었고, 1950년부터 1953년 사이 전국의 토지제도 개혁으로 수천 년 동안 계속된 봉건제도의 기초인 지주계급 토지소유제가 소멸되었으며, 국가 경제가 회복되는 등 사회가 안정되어 가자 1953년 하반기부터 전국적으로 보통선거에 의하여 각급 인민대표대회를 소집하여 제1기 전국인민대회의 대표 1,226명을 선출하였다. 이 인민대표대회는 1954년 9월 베이징에서 소집되어 '중화인민공화국헌법'1954년 헌법을 통과시켰다. 이로써 중국은 정식으로 공산주의 국가의 성문헌법을 가지게 된 것이다.

이 헌법의 가장 큰 특징은 공동강령이 사회주의를 명시하지 않았음에 비해 이 헌법에서는 중국의 발전 방향이 사회주의 국가 건설임을 명백히 한 것이다. 헌법 서언에서 사회주의 방향과 노선을 확정하면서 이를 위하여 사회주의 공업화의 점진적 실현, 농업·수공업·자본주의 상공법의 사회주의 개조를 점진적으로 실현함을 규정하였다. 다만 중국이 당시 처한 여건상 당장 사회주의를 구현할 수 없었으므로 점진적으로 사회주의를 건설해야 하고 따라서 1954년 헌법은 사회주의 헌법도 자본주의 헌법도 아닌 사회주의 건설의 과도기적 헌법으로서 착취제도의 점진적 소멸을 보증하고 사회주의를 건설하는 헌법이었다.

한편 이 헌법은 서언을 제외하고도 4장 106조로 구성되어 있다. 제1장은 총강으로서 국가의 성질, 인민의 국가 권력 행사의 기본 방식, 기본적인 정치·경제와 문화제도 등에 관하여 구체적으로 규정하고, 제2장은 국가기구 부분, 제3장은 공민의 기본 권리와 의무 부분, 제4장은 국기·국휘 및 수도를 규정하였다. 이러한 기본적인 체제는 이후 중국 헌법의 기본이 되어 현재까지도 유지되고 있다.[1]

이 헌법의 권력체계와 관련하여 전국인민대표대회가 최고권력기관인 점은 다름이 없으나, 전국인민대표대회에서 선출되는 국가주석 제도를 신설하여 국가를 대표하게 하였다. 이것은 소련의 헌법1936년 스탈린 헌법이 국가의 대표를 따로 두지 않았던 것과 대비되는 것이다. 다만 국가주석은 미국의 대통령과 같은 위치에 있는 것이 아니라, 최고행정기관인 국무원중화인민공화국 국무원 혹은 중앙인민정부과 전국인민대표대회의 상설기관인 전국인민대표대회 상무위원회의 사이의 완충역할을 하는 것이었다.

중국 공산헌법의 전개

마오쩌둥은 1953년부터 시작한 1차 5개년 계획이 예상외로 잘 이루어지자 1958년부터 각 산업의 비약적 발전을 꾀하는 이른바 '대약진운동'을

---

1 다만 1982년 이래 공민의 권리 의무의 장을 총강 다음의 2장으로 옮겼다.

벌였다. 또한 인민공사를 창립하여 공동생산 공동소비라는 공산주의적 이념을 실현하기 위하여 식사도 가정이 아닌 공동식당에서 해결하는 집단주의를 도입하였다.

그러나 이 대약진 운동과 인민공사가 실패로 판명되고 대기아로 약 2,000만 명이 죽는 사태가 발생하자 1960년대 초반 마오쩌둥은 2선으로 물러나고 이를 대신하여 류사오치劉少奇, 유소기와 덩샤오핑鄧小平, 등소평의 주도로 실용주의적 입장에서 경제정책을 조정해나갔다. 그런데 마오쩌둥은 1965년 상하이의 문회보가 역사학자 우한吳晗, 오함의 '해서파관' [1]을 비판하자 이를 두둔하면서 나아가 1966년에는 공개적으로 '사령부를 포격하라'고 교시함으로써 전국적으로 중국 현지도부를 공격하고 중국의 고유한 문화를 파괴하는 '문화대혁명'을 일으켰다. 이 투쟁에 동원된 것이 대학생과 중고등학생이 중심이 된 홍위병인데, 홍위병은 거칠 것 없이 중국 전역을 휩쓸었다. 반혁명인사로 지목된 사람들은 홍위병이 개최한 집회에 끌려나와 자아비판을 강요당했고, 심지어 국가 주석 류사오치를 비롯한 많은 당지도부 인사와 수많은 지식인, 학자들이 비판과 모독을 당하고 실각·투옥되었으며, 학대 끝에 목숨을 잃거나 자살하였다.

이 결과 마오쩌둥은 개인 숭배 대상이 되면서 권력의 정점에 다시 서게 되었고 그의 아내 장칭을 비롯한 이른바 사인방장칭, 야오원위안, 왕훙원, 장춘차오이 당권을 장악하게 되었다. 이런 와중에 1975년 1월 제4차 전국인민대

---

1 해서는 명나라 시대 청백리인데 부패한 황제에 의하여 파면되었다. 이를 주인공으로 해서 희곡으로 만든 것이 해서파관(海瑞罷官)이다. 이 연극이 인기를 끌고 해서에 대한 칭송이 높아지자, 장칭 등은 이것이 마오쩌둥에게 도전한 펑더화이(팽덕회)를 두둔한 것이라며 비판하고 나선 것이다.

표대회에서 새로운 '1975년 헌법'을 통과시켰는데, 이는 문화대혁명을 헌법적으로 뒷받침한 것이었다.

그리하여 이 헌법에서는 문화대혁명의 이론적 근거였던 무산계급전정 하의 계속혁명 이론을 기본노선으로 확정하였다. 무산계급전정이란 프롤레타리아트 독재의 중국식 이름이고 계속혁명이란 무산계급프롤레타리아트이 유산계급에 대하여 계속적으로 계급투쟁을 해야 함을 뜻하는 것이다. 그리하여 마오쩌둥이 일으킨 문화대혁명은 무산계급이 수정자본가계급과 이를 두둔하는 국가 지도부를 혁명적으로 전복한 것임에 정당성을 부여하려 한 것이었다.

한편 이 헌법에서는 국가주석직을 폐지하였는데, 이는 마오쩌둥의 후계자로 지목된 린뱌오가 국가주석직을 존속시켜 자신의 권력을 강화하려는 시도에 대하여 장칭 등의 사인방이 이를 견제함으로써 이루어진 변화다.[1] 그리고 이 헌법에서는 공산당의 영도를 강조하여 '중국공산당은 전국인민의 영도핵심이다'라고 규정하였을 뿐 아니라 전국인민대표대회도 중국공산당 영도 하의 최고 국가권력기관이라고 규정하여제16조 중국공산당이 최고 국가권력기관인 전국인민대표대회보다 우위에 있음을 규정하였다. 또한 문화대혁명으로 지방에 결성된 각급 혁명위원회를 지방의 정권 형식으로 하기도 하였다.

---

1 린뱌오는 1969년 마오쩌둥으로부터 후계자로 지목되기도 하였지만 권력투쟁 과정에서 밀려나 1971년 쿠데타를 음모하였으나 실패하고 몽골로 도주하다 사망하였다.

그러나 1976년 9월 마오쩌둥이 사망하자 문화대혁명은 종결되었고, 사후 집권을 노리던 사인방이 체포되고 국무원 총리였던 화궈펑華國鋒, 화국봉이 정국의 주도권을 장악하였다. 이에 1975년 헌법의 지나친 좌경화를 바로잡기 위하여 1978년 제5기 전국인민대표대회에서 헌법을 개정하였다1978년 헌법. 그러나 이 헌법은 당시 중국을 이끌던 화궈펑이 마오쩌둥의 문화대혁명을 철저히 극복하지 못한 채 임시방편적으로 개정한 헌법이 되었다.[1]

그리하여 국가를 농업·공업·국방과 과학기술 현대화의 위대한 사회주의 강국으로 만든다고 하여 처음으로 4개 현대화 건설목표를 헌법에 확립하고 공민의 기본권리와 의무도 비교적 확대되었으나, 1975년 헌법의 골자였던 무산계급전정 하의 계속혁명, 공산당의 영도, 지방혁명위원회 제도 등은 그대로 존치되었다.

한편 화궈펑은 자신의 통치원리로 '양개범시兩個凡是'를 주창하였는데 이는 마오쩌둥의 결정은 모두 확고히 지켜져야 하고 그의 지시는 변함없이 따라야 한다는 것이었다. 그러나 이는 마오쩌둥의 교조적 노선을 무비판적으로 수용한 것으로 문화대혁명으로 피폐해질 대로 피폐해진 중국의 현실을 간과한 것이었고, 이는 덩샤오핑의 사상해방과 실사구시 주장에 의하여 거센 도전을 받았다.

그리하여 1978년 12월 개최된 중국공산당 11차 중앙위원회 총회 3차

---

1 1978년 헌법은 (중략) 신구 교체의 과도적 특성을 갖게 되었고, 배회 중에 전진하는 모순적 특색을 갖게 되었으며 필연적으로 문화대혁명의 영향을 받게 되었다.

회의11기 3중 전회에서는 화궈펑의 양개범시론은 철저히 배격되고 덩샤오핑의 '사회주의 현대화 건설' 노선이 채택되어 덩샤오핑이 권력을 장악하게 되었다. 덩샤오핑은 이를 바탕으로 1979년 이래 개혁·개방 정책을 추진하면서 중국을 계급투쟁의 정치 중심 국가에서 경제의 현대화를 지향하는 경제 중심 국가로 만들어갔다.

　마오쩌둥이 제국주의와 봉건주의 그리고 부패한 자본주의 세력과 맞서 중국을 독립시키고 근대화시키며 사회주의 국가로 만들었다면, 덩샤오핑은 이런 중국을 현대화시켜 물질문명에 있어 서구 열강에 뒤지지 않는 나라로 건설하기 위한 새로운 대장정을 시작한 것이다. 중국의 제2혁명이 시작된 것이다. 이와 같은 덩샤오핑의 개혁·개방 정책을 뒷받침하기 위해 마련한 헌법이 1982년 헌법이다. 이 헌법은 이후 1988년, 1993년, 1999년, 2004년에 개정되었으나 시대에 맞게 일부 개정했을 뿐 근본적인 변화는 없다. 따라서 현행 중국 헌법은 1982년 헌법의 골격을 그대로 잇고 있다.

　이 헌법의 지도 사상은 덩샤오핑이 제기한 4항 기본원칙이고, 이것은 사회주의 노선의 고수, 인민민주전정의 고수, 중국공산당 영도의 고수, 마르크스레닌주의와 마오쩌둥 사상의 고수다. 이것은 중국 개항 이래 100년의 역사 동안 투쟁하면서 얻은 성과로 무엇과도 바꿀 수 없는 것이라고 밝힌다. 그리하여 헌법 서언에서 '중국 신민주주의의 승리와 사회주의 사업의 성취는 모두 중국공산당이 각 민족 인민을 영도하여, 마르크스레닌주의와 마오쩌둥 사상의 지도 하에 진리를 고수하고 착오를 수정하여, 많은 험한 난관을 극복하고 취득한 것이다'라고 전제하고, 헌법 총강 제1조 제1항에서 '중화인민공화국은 노동자 계급이 영도하고 노동자와 농민을 기초로

미국 카터 대통령과 자리를 같이 한
덩샤오핑(鄧小平, 1904~1997)
덩샤오핑은 마오쩌둥 사후 실권을 장악하고 1979년
부터 1997년 사망할 때까지 중국의 개방, 개혁을 이
끌면서 중국을 정치국가에서 경제국가로 탈바꿈시켰
다. 그러나 전 세계적인 공산주의 몰락 이후 밀어닥친
중국의 민주화 요구에 대하여 무력으로 이를 진압하
고 정치에 있어 공산당 1당 독재에 대해서는 양보하
지 않았다.

하는 인민민주전정의 사회주의 국가'라고 주창하면서 제2항에서는 '사회
주의 제도는 중화인민공화국의 근본제도다. 어떠한 조직과 개인도 사회주
의 제도를 파괴할 수 없다'고 규정하고 있다. 이 헌법은 이러한 전제 위에
서 국가의 근본임무를 사회주의 현대화 건설에 집중하고, 공업·농업·국
방과 과학기술의 현대화를 실현하고, 국가를 고도문명·고도민주의 사회
주의국가[1]로 건설시키는 것으로 규정하였다헌법 서언. 그리하여 중국의 현
대화가 국가의 기본 목표임을 명백히 하였다.

  권력체계와 관련해서는 폐지되었던 국가주석직을 부활시켰다. 다만
1954년 헌법과 달리 전국무장역량의 통솔, 국방위원회 주석 및 최고국무
회의의 주석을 담임할 수 없게 되었다전국무장역량의 통솔, 즉 국군통수권은 신설된
중앙군사위원회가 맡았다.[2] 또한 전국인민대표대회의 권한을 구체화하였으며

---

1 1993년 개정으로 고도문명 고도민주의 사회주의 국가를 문명, 민주, 부강의 사회주의 국가로 고쳤다.

2 그래서 1954년 헌법에 의한 국가주석은 실세라면 1982년 헌법에 의한 국가주석은 허세라고 할 수 있다는
  평이 있다.

전국인민대표대회 상무위원회의 권한을 확대하여 입법권과 헌법 실시 감독의 권한을 포함시켰다.[1] 이로써 장기간 국가기관이 고무도장으로 불릴 정도로 힘없는 지위였으나 1982년 헌법 이후 진정한 권력기관으로서 작용하고 권력을 행사하게 되었다. 지방정부는 문화대혁명으로 구성된 혁명위원회에서 인민정부로 대체하였고, 현급 이상 지방각급인민대표회의에 상무위원회를 설치하였다.

한편 1982년 헌법은 상당히 안정적이었으나, 경제 부문에 있어서는 개혁 개방에 따른 결과를 반영하는 것에 있어서 미흡하였다. 이 헌법 제6조에서는 사회주의 경제제도의 기초로서 '생산자료의 국유제전민소유제'[2]와 '노동군중집체 소유제'[3]만을 인정하여 다른 형태의 소유제도를 인정하지 않았다. 그리하여 1988년 헌법 개정으로, '국가는 사영경제가 법률규정의 범위 내에서 존재하고 발전함을 허용한다. 사영경제는 사회주의공유경제의 보충이다. 국가는 사영경제의 합법적인 권리와 이익을 보호하고, 사영경제에 대하여 지도 감독과 관리를 실시한다'라고 규정하여 사경제의 헌법상 지위를 명확히 하고 시장경제를 도입할 근거를 마련하였다.

---

1 전국인민대표 상무위원회의 입법권은 전국인민대표대회의 입법권에 대하여 보충적인 것이다. 즉 전국인민대표대회 상무위원회는 전국인민대회가 당연히 제정하여야 할 법률 이외의 기타 법률의 제정과 개정 권한과 전국인민대표대회가 폐회기간 중 전국인민대표대회 제정의 법률에 대하여 부분적인 보완과 개정권한을 갖는다(제67조).

2 기계 공장 등과 같은 생산수단의 국유제.

3 집단 소유제.

그런데 소련에서 1985년 고르바초프가 공산당 서기장을 맡으면서 페레스트로이카개혁와 글라스노스트개방을 시작하자 동유럽의 공산권이 급격히 몰락하는 사태가 벌어졌다. 결국 1989년에 동독에서 베를린 장벽이 무너지고 루마니아, 체코슬로바키아 등지에서 공산당이 무너지면서 세계적인 변혁이 일어났다.

이런 분위기에서 중국에도 자유화의 바람이 불기 시작하였다. 1989년 4월 자유화를 두둔하였던 후야오방胡耀邦, 호요방 전 당총서기장이 사망하자 학생들을 중심으로 수많은 인민들이 천안문 광장에 모여 그의 죽음을 애도하고 민주화 시위를 계속하였다. 이에 중국공산당 지도부 내에 혼란이 일어나 강온파 간의 대립이 있었으나 온건적 입장을 취하였던 자오쯔양趙紫陽, 조자양 당총서기장이 물러나면서 강경파가 득세, 무력으로 이를 진압하였다천안문 사건.

이후 중국의 개혁 개방정책이 후퇴의 조짐을 보였는데, 그것은 동유럽뿐 아니라 공산혁명의 종주국인 소련마저 1991년 무너져내려 공산중국의 앞날이 한치 앞을 내다볼 수 없는 위기였기 때문이다.

그런데 덩샤오핑은 1992년 1월부터 2월까지 사이에 중국 남방의 경제특별구인 선전심천, 상하이상해, 우창무창, 주하이주해 등지를 시찰하면서 중국은 새로운 국제정세 속에서 개혁과 개방을 더욱 가속화시켜야 하고, 시장경제를 과감히 받아들여야 한다고 주장하였다.[1] 그는 계획경제가 사회주의에만 있는 것이 아니고 자본주의에도 있듯이, 시장경제 또한 자본주

---

1 이를 덩샤오핑의 남순강화라 한다.

의에만 있는 것이 아니라 사회주의에도 있다고 했다. 그리하여 사회주의 안에서의 시장경제를 주장했다. 이것을 계기로 보수화되던 공산당이 다시 과감한 개혁과 개방으로 나서게 되었다. 이에 맞추어 1993년 제8기 전국 인민대표대회 제1차 회의에서 변화된 시대에 걸맞게 헌법을 개정하게 되었다.

1993년 개정 헌법에서는 기존의 헌법 제15조에서 '국가는 사회주의 공유제의 기초 위에서 계획경제를 실행한다'라고 규정된 것을 '국가는 사회주의 시장경제를 실행한다'로 개정하였다.

이로써 중국은 시장경제를 중심으로 지속적인 개혁과 개방을 할 수 있는 헌법적 근거를 가지게 되었다. 또한 공산권이 몰락한 세계적 변화에 대응하여 헌법 서언에 단순히 '국가의 근본임무는 사회주의 현대화 건설 진행에 역량을 집중한다'고 하였던 것을 '우리 국가는 현재 사회주의 초급단계에 처해 있다. 국가의 근본임무는 중국 특색의 사회주의 건설의 이론에 근거하여 사회주의 현대화 건설 진행에 역량을 집중한다'로 개정하였다.

다시 말해 중국은 몰락한 소련이나 다른 동유럽의 공산국가와는 달리 중국 특유의 사회주의 국가 건설이론에 따라 독자적인 국가 발전의 길을 걷고 있다는 것을 명백히 한 것이다. 그리고 헌법 서언에서 중국공산당의 영도 하에 있기는 하지만 다당합작과 정치협상제도를 인정하여 서구식의 복수정당제를 형식적이나마 인정하기도 하였다.[1]

개혁 개방의 설계자 덩샤오핑이 1997년 사망하고, 장쩌민江澤民, 강택민이

---

1 중국공산당이 영도하는 다당합작과 정치협상제도는 장차 장기간 존재하며 발전시킨다.

집권을 한 후[1] 2000년 새로운 세기를 앞두고 중국은 1999년 헌법 개정을 단행하였다. 이 헌법에서는 덩샤오핑 이론을 마르크스레닌주의, 마오쩌둥 사상과 나란히 사회주의 현대화 건설을 지도하는 헌법원칙으로 명기하였다. 또한 헌법 제5조에 제1항으로서 '중화인민공화국은 의법치국을 실행하고 사회주의 법치국가를 건설한다'고 규정하여 근대 헌법의 기본원칙인 법치주의를 수용하는 결정을 했다.[2]

경제제도와 관련해서도 단순히 시장경제제도를 도입할 뿐 아니라 공산주의식의 공유제도에 기초한 경제뿐 아니라 개인의 소유권에 기초한 경제도 사회주의 시장경제의 한 부분임을 명백히 하였다.[3]

한편 2002년 당 총서기, 2003년 국가주석직을 장쩌민으로부터 물려받은 후진타오胡錦濤, 호금도는 2004년 헌법 개정을 통하여 마르크스레닌주의, 마오쩌둥 사상, 덩샤오핑 이론뿐 아니라 전임자인 장쩌민의 '3개 대표 중요사상'[4]을 중국을 이끄는 지도 이념으로 정립하면서, 중국의 목표를 '부강·민주·문명의 사회주의 국가 건설임을 명백히 하였다. 그리고 시장경제에 따른 사인의 재산권 보호를 더욱 명확히 하여 헌법 제13조에서 '국가

---

1 장쩌민은 상하이 시의 시장 및 당서기장을 역임하였는데, 1989년 천안문 사태 당시 덩샤오핑에 의하여 발탁되어 공산당의 총서기장이 되었고, 1990년 덩샤오핑이 마지막까지 보유하고 있던 국가중앙군사위원회 주석이 됨으로써 확실한 실권자가 되었다.

2 사회주의 법제건설의 16자 방침은 다음과 같다. '법이 있어야 의거할 수 있고, 법이 있으면 반드시 그에 의거하고, 법 집행은 반드시 엄격해야 하며, 위법에 대하여는 반드시 책임을 추궁한다(有法可依, 有法必依, 必法有嚴, 違法必究).'

3 헌법 제11조, '법률이 규정한 범위 내의 개체경제, 사영경제 등 비공유제경제는 사회주의 시장경제의 주요한 부분이다. 국가는 개체경제, 사영경제의 합법적인 권리와 이익을 보호한다.

4 당이 중국의 선진생산력, 선진문화, 인민의 이익을 대표해야 한다는 이론이다.

는 공민의 합법적인 수입, 저축, 주택과 기타 합법재산의 소유권을 보호한 다'는 규정을 더욱 엄격히 개정하여 '공민의 합법적 사유재산은 침범을 받지 아니한다'라고 개정하였을 뿐 아니라 공민의 사유재산을 징수 혹은 징용할 때에는 보상을 하도록 규정하였다.

중국은 1989년에 전 세계적으로 몰아닥친 공산주의의 몰락에도 불구하고, 덩샤오핑식의 개혁, 개방 정책으로 살아남았을 뿐 아니라 오히려 21세기 세계의 공장으로서 미국 다음가는 슈퍼파워로 부상하고 있다. 이러한 중국을 지탱하는 국가질서의 가장 큰 헌법적 이론은 '사회주의 시장경제'와 '중국 고유의 사회주의 건설'이다. 이것은 결국 자본주의 사회체제에서의 '시장경제'는 받아들이되, 정치적인 면에서는 서구의 자유민주주의체제는 수용하지 않고 공산당의 1당 독재를 지속한다는 것을 의미한다. 이것은 경제에서의 자유와 정치에서의 부자유라는 모순적 상황이다. 과연 이런 상황이 언제까지 가능할지는 지켜볼 일이지만, 인간의 본성상 '자유·평등·인권·정의' 등을 핵심적 가치로 하는 자유민주주의 체제를 어떤 형식으로든 받아들이지 않을 수 없을 것이다. 인간은 빵만으로 살 수 없는 노릇이기 때문이다.

독일 통일과 통일헌법, 1990년

제2차 세계대전 이후 동서의 체제 경쟁은 1980년대 들어 소련이 경제적 어려움을 겪으면서 서서히 막을 내리고 있었다. 특히 1985년 고르바초프가 소련의 공산당 서기장을 맡으면서 소련이 앓고 있던 내부적 문제를 드러내놓고 치유하기 위한 정책인 페레스트로이카와 글라스노스트를 시작하면서 공산주의는 몰락하기 시작하였다. 1989년 여름에는 폴란드에서 비공산정권이 수립되었고, 헝가리에서는 비공산계열 정당들이 허용되었다.

이런 변화에 대하여 동독은 철옹성과 같이 자신의 체제를 지키기 위한 노력을 했으나, 세계적 변화에서 예외일 수 없었다. 1989년 초부터 동베를린에서 문을 연 서베를린 출장소에는 서독행 신청자들이 몰려들었다. 같은 해 7, 8월에 헝가리 정부가 오스트리아와의 국경에 설치된 철조망을 제거하자 헝가리에 휴양 왔던 수천 명의 동독인들이 귀국하지 않고 오스트리아를 거쳐 서독으로 향하는 사태가 벌어졌다. 급기야 9월 10일 동독 내에서 신 포럼Neues Forum이라는 정치조직이 나타나 반정부 활동을 펼치며 내정 개혁을 요구하였다.

고르바초프가 동독 정권창립 40주년 기념제에 참석하여, '동독도 개혁을 해야 하며 동독 내부의 문제에 소련이 개입하지 않을 것이다'라는 취지의 연설을 하고 난 뒤인 1989년 10월 9일 라이프치히에 약 7만 5,000명의 시민이 모여 거주 이전의 자유, 여행의 자유, 독일 통일 등을 주장하며 반정부 시위를 벌였고, 월요일마다 대규모 시위를 할 것을 결정하였다. 동독의 혁명10월 혁명이 시작된 것이다.[1] 공산당은 호네커를 대신하여 크렌츠를 새로 서기장으로 선출하며 이에 대한 대응책을 모색하던 중 정치국이 여행의 자유를 심의한다는 보도가 나가자 11월 9일 베를린 장벽이 무너지는

---

1 이에 비하여 중국에서도 1989년 4월 15일 후야오방의 사망을 계기로 민주화를 요구하는 시위가 천안문 광장에서 벌어졌으나, 같은 해 6월 4일 중국 정부는 군을 앞세워 이를 무력 진압하였다(천안문 사태).

**베를린 장벽 붕괴 후
춤을 추는 사람들**
1989년 베를린 장벽의 붕괴는 1917년 러시아 공산혁명 성공 이후 20세기 세계를 자본주의 진영과 공산주의 진영으로 나누어 놓았던 철의 장막이 걷히는 것을 상징하는 사건이었다. 이후 독일은 통일되었고, 전 세계는 세계적 자본주의 경제체제로 개편되어 갔다.

사태가 벌어졌다. 그 뒤 나흘 동안 무려 200만 명이 넘는 동독 시민들이 서독으로 밀물처럼 밀려들었다.

이런 사태를 맞아 공산당은 다시 서기장을 바꾸고 당명을 민주사회당 PDS, 민사당으로 교체하고는 부패 공직자와 당원을 당에서 추방하는 등 나름의 개혁을 시도하였다. 그러나 이런 개혁에도 불구하고 사태는 진정되지 않았고, 1989년 12월 8일 혁명 이후 새롭게 정비된 정당들의 간부들이 모여 원탁회의를 열어 이들 정당원들이 인민회의에 진출하기 위한 선거를 요구하게 되었고, 마침내 1990년 3월 18일 나치 집권 후 60년 만에 처음으로 동독에서 자유선거가 실시되었다.

이 선거는 서독 여러 정파들의 압도적 영향력 아래 치러졌는데, 서독 콜 수상의 영향 아래 결성된 독일연합이 48.1퍼센트를 얻어 다수가 되었고, 공산당의 후신인 민사당은 16퍼센트에 그쳤다. 이로써 동독은 평화적이고도 민주적인 혁명을 통해 공산당 정권을 붕괴시키고 독일연합의 드 마이지엘을 수상으로 하는 서구식 민주주의 정권을 형성, 동·서독 통일을 위한 정치적 기반을 마련하였다.

1990년 4월 12일에는 서독 마르크와 동독 마르크를 1 대 1로 교환하는 것에 합의하고, 같은 해 5월 19일에는 동·서독이 '화폐·경제·사회동맹을 창설하는 조약' 제1차 국가조약을 체결하였다. 이 조약은 전문과 38조로 구성되어 있는데, 동독이 더 이상 독립된 경제주체로 존재할 수 없음을 확인하고 동독을 서독 기본법 제23조에 따라 경제적·정치적으로 통합할 것을 그 내용으로 하고 있다.

당시 동독은 서독과의 통일을 원했기 때문에 통일할 것인지 말 것인지의 문제가 아니라 어떤 방법으로 통일할 것인가가 문제였다. 즉 동·서독이 모두 인정하는 새로운 헌법을 제정하는 방법으로 할 것인지, 아니면 서독 기본법 제23조에 따라 서독연방에 동독 지역이 가입하는 방법으로 할 것인지가 문제되었다. 원래 서독은 기본법을 제정할 당시 독일의 통일을 염두에 두고 만든 헌법Verfassung이 아니라 최소한의 정치 질서를 유지하는 데 필요한 기본법Grundgesets을 제정하였다. 그리고 제146조[1]에서는 통일 헌법이 제정되면 기본법이 효력을 잃는다고 되어 있었다. 그러므로 당연히 통일 헌법의 제정을 통하는 방법이 옳을 것이다. 그러나 당시 독일 국민들의 빠른 통일에 대한 열망과 동독이 기존의 국가제도를 포기하고 서독의 자유민주주의 체제를 완전히 수용하는 형태의 통일이어서 굳이 새로운 헌법을 제정할 필요가 없다는 지적에 따라 기본법 제23조에 따른 연방가입 형식의 통일을 추진하게 되었다.

이 조약은 7월 1일부터 효력이 발생하였고, 같은 해 8월 23일 동독인민

---

1 이 기본법은 독일 국민의 자유로운 결정에 의하여 의결한 헌법이 효력을 발생하는 날에 그 효력을 상실한다.

회의는 서독 기본법 제23조에 따라 서독 가입을 의결하였다. 그리하여 같은 달 31일 동·서독 사이에 통일조약제2차 국가조약을 체결하여, 같은 해 10월 3일 동독 지역의 5개 지방영방이 서독에 가입하는 형식으로 통일을 이루기로 하면서 통일에 따른 제반사항에 대하여 두 나라가 합의하였다.

통일조약은 전문, 제1장 가입의 효력, 제2장 기본법, 제3장 법령의 조정, 제4장 국제법상 조약 및 합의사항, 제5장 공공행정과 법률 집행, 제6장 공공재산과 부채, 제7장 노동·사회보장·가족·부녀·보건·환경보호, 제8장 문화·교육·과학·체육, 제9장 경과 및 최종규정으로 전체 45조로 이루어져 있다.

통일조약 제1조에서 브란덴부르크 등 동독의 5개 지방이 서독 기본법 제23조에 의하여 1990년 10월 3일부로 독일연방공화국서독의 지방이 되기로 하고, 제2조에서 수도는 베를린으로 정했다. 통일조약 제2장제3조~제5조에서는 기본법과 관련한 문제를 다루었다. 제3조에서는 기본법이 새로이 가입한 5개 지방에 효력이 있다는 것을 정하였다. 제4조에서는 기본법 중 전문前文[1], 제23조 삭제[2], 연방참의원의 의결권 재조정[3], 동독재산권 이양,

---

1 '…세계평화에 봉사할 것을 결의하며, 바덴, 바이에른… 제주의 독일 국민은 과도기의 국가생활에 새로운 질서를 확립하기 위하여 헌법 제정 권력에 의하여 이 독일연방공화국 기본법을 의결한다. 이 기본법은 참여하지 못한 독일인들의 문제도 다루었다. 모든 독일 국민들에게는 자유로운 자기결정으로 독일의 통합과 자유를 성취할 것이 요청된다'는 것을 '…독일 국민은 헌법 제정 권력에 의거 이 기본법을 제정하였다. 바덴뷔르템베르크… 튀링겐 지방의 독일인은 자유로운 자결권 행사를 통하여 독일의 통일과 자유를 완성하였다. 이로써 이 기본법은 모든 독일 국민에게 적용된다'라고 개정하였다.

2 제23조는 '독일의 다른 부분에 있어서는 가입에 의하여 효력이 발생한다'는 규정을 삭제함으로써 통일이 완성되었음을 의미하고 다른 영역의 독일 가입을 막아 주변국의 의구심을 없앴다.

3 동독 지역의 가입에 따른 연방참의원(상원)에서의 투표권을 재조정한 것이다.

1992년 12월 31일까지는 구동독의 법질서가 기본법에 합치되지 않더라도 계속 시행될 수 있다는 것, 통일조항인 146조[1] 등을 개정하도록 하였다. 제5조에서는 통일 후 헌법을 2년 내에 통일과 관련된 문제를 해결하기 위하여 기본법을 보완하든가 개정하도록 권고하였다.

위와 같은 통일조약이 동·서독 의회에서 각 9월 비준됨으로써 통일조약에 정한 10월 3일 동·서독은 통일이 된 것이다.

한편 동·서독의 통일은 주변국의 이해 없이는 이루어질 수 없었고, 이를 위해 주변 여러 국들과 회의를 거쳤다. 그리하여 1990년 9월 12일 모스크바에서 열린 미국, 영국, 프랑스, 소련의 네 전승국과 양 독일의 외무부 장관 회의에서 '독일 문제의 규제종결에 관한 조약' 일명 2+4 조약이 체결되어 베를린과 독일 전체에 대한 점령 정책의 종결이 공식적으로 선포되었다. 이러한 절차를 거쳐 같은 해 10월 3일 0시를 기해 독일 민주주의 공화국동독은 소멸되고 새로운 독일연방공화국이 탄생함으로써 독일 통일이 이루어졌다. 이 순간부터 동독 인민회의 대의원 144명은 연방의회에 합류하였다.

그런데 통일조약 제5조에서는 통일과 관련된 문제를 해결하기 위하여 통일 이후 2년 내에 기본법을 개정하도록 권고하고 있었기 때문에 새로운 통일헌법을 제정해야 한다는 논의가 진행되었다. 그리하여 연방의회와 연방참의원이 동수로 파견되어 64명으로 구성된 공동헌법위원회를 설치, 이

---

1 통일헌법이 제정되면 기본법이 효력이 잃는다는 취지로 되어 있던 것을, 통일이 이루어진 현재에도 효력을 존속하되 다만 새 헌법이 제정되어 효력이 발생하면 실효된다는 의미로 개정하였다.

위원회에서 헌법 제정 혹은 개정에 대한 논의를 했다. 그러나 결국 새로운 통일헌법의 제정보다는 기존의 기본법을 개정하기로 하고 1994년 42차 기본법 개정을 이룸으로써 통일에 대한 헌법 논의는 일단락되었다.

소련의 붕괴와 러시아의 변혁, 1991년

1985년 고르바초프가 소련공산당 당서기장으로 등장한 이후, 소련은 급격한 변화에 직면하였다. 그것은 1970년대 후반부터 시작된 경제성장의 둔화, 군비경쟁과 동유럽 및 제3세계 우방국가의 원조에 따른 부담 등으로 소련 체제가 내부적으로 견딜 수 없는 지경에 이르렀기 때문이다.

고르바초프는 이런 현상을 타개하기 위하여 독자적으로 페레스트로이카와 글라스노스트 정책을 과감하게 시행하면서 소련을 근본적으로 바꾸기 시작했다.

1977년 브레주네프 시절에 개정된 헌법[1]을 1988년 12월, 1989년 12월, 1990년 3월, 이렇게 세 차례 대폭 개정하면서 기존의 공산주의적 헌법을 자유민주적 헌법으로 과감하게 탈바꿈시켜 나갔다. 그리하여 소련인민대의원대회를 신설하고 여기서 소련최고회의를 구성하도록 하여 '소련최고회의'가 서구에서의 의회와 같은 기능을 하도록 하고, 복수정당제도를 인

---

1 1977년 헌법은 소위 '발달된 사회주의'의 헌법인데, 이것은 소련이 프롤레타리아트 독재 단계를 넘어 성숙한 사회주의 단계에 도달하여 모든 인민이 동일한 인민으로서 권리를 누리는 '전인민국가'가 되었다는 전제 아래 만들어진 헌법이다. 따라서 '소련의 모든 권력은 인민에게 속한다(2조)'고 하여 예전 스탈린 헌법이 '모든 권력은 노동자 농민에게 속한다'고 한 것과 다르게 규정했다. 그러나 통치구조에 있어서는 스탈린 헌법과 큰 차이는 없었다.

정하였으며, 대통령제[1]를 신설하는 등 제도 개혁을 단행하였다.

그러나 고르바초프의 이런 개혁은 마치 판도라의 상자를 연 것처럼 소련 국민들의 새로운 체제에 대한 열망이 분출되도록 하였고, 고르바초프의 개혁 속도보다 더 빠른 개혁을 요구하는 세력들이 등장하게 하였다. 바로 1990년 5월 29일 러시아공화국의 최고회의 의장에 당선된 보리스 옐친이다. 그는 러시아공화국의 최고회의 의장에 당선되자 같은 해 6월 8일 러시아공화국 영토에 대한 주권독립선언을 통하여 러시아 영토 내에서의 러시아공화국 법률이 소련연방 법률보다 우위에 있다고 선언하는 한편, 1991년 6월 12일 러시아 역사상 최초로 실시된 공화국 대통령 선거에 당선되었다. 옐친은 대통령에 취임한 후 1991년 7월 20일에는 공산당 활동 금지의 포고령을 내리고 시장경제체제 도입 등으로 고르바초프가 제어할 수 없을 정도로 빠른 개혁을 추진해나갔다.

이와 같은 러시아의 움직임 외에도 발틱 3국을 비롯한 여러 소련 소속 공화국들이 독립하려는 움직임을 보이자, 고르바초프는 연방의 권한을 공화국으로 대폭 넘겨 소련을 유지하려는 노력을 하였다. 그리하여 1991년 6월 3일에는 고르바초프와 9개 공화국 지도자가 참가한 가운데 '1+9 회

---

1 이와 같은 대통령제의 도입 이유는 다음과 같다. 첫째, 오랫동안 소련에서는 공산당서기장이 국가를 대표하고 정치국이 정부를 대신하여 정치 결정을 하고, 당 기구가 결정을 집행하는 메커니즘이었으나, 복수정당제가 됨으로써 이런 제도는 폐지되어야 했다. 둘째, 1988년 헌법 개정으로 설치된 소련최고회의 의장은 반은 대통령이고 반은 의회 의장인데 고르바초프는 그 어느 쪽도 충분히 수행하지 못하고 있었다. 셋째, 의회에 해당하는 소련인민대의원대회나 소련최고회의는 강력하지만 신속하고 틀림없는 문제 해결능력이 없었다. 넷째, 페레스트로이카의 진행 속에서 심각한 분쟁이 잇따라 발생하였지만 강력한 권력이 없어 적시에 효과적 대응이 어려웠다. 다섯째, 보수 세력의 저항을 배제하고 소련경제의 재건, 소유제도의 개혁을 지렛대로 하는 근본적인 경제개혁의 실행을 위한 권력이 필요했다.

담'을 모스크바에서 개최하고 새로운 연방안의 골격에 합의하였다.

그런데 이런 신연방안이 결국 소련의 해체를 가져올 것이고 자신들의 기득권을 상실할 것이라고 판단한 보수파들이 신연방조약안의 최종 서명을 하루 앞둔 1991년 8월 19일 쿠데타를 감행하였다. 그러나 이 쿠데타는 사흘 만에 실패로 끝났고, 쿠데타를 저지하는 데 앞장선 옐친은 국민적 영웅으로 떠올랐다. 옐친은 이를 계기로 확고한 정치적 기반을 마련하고 연방정부에 대한 재정지원 중단 등의 수단을 통하여 연방 해체와 고르바초프 무력화를 도모하였다.

결국 1991년 12월 8일 러시아공화국, 우크라이나공화국, 벨라루스공화국 등 3개 슬라브계 공화국 대통령이 모여 소련연방 해체와 독립국가연합 창설을 선언함으로써 사실상 소련연방이 와해되었다. 이어 12월 21일 카자흐스탄공화국의 수도 알마아타에서 발틱 3국과 그루지야를 제외한 구소련의 11개 공화국 대통령이 모여 독립국가연합 출범에 관한 협정에 서명함으로써 1992년 1월 1일자로 구소련연방은 공식적으로 해체되고 각 공화국은 완전한 주권독립국가가 되었다.

소련이 붕괴되고 러시아가 독립된 공화국으로 성립되었으나, 옐친을 중심으로 한 개혁 세력과 옛 공산당과 군부 인사 등을 중심으로 한 보수 세력과의 싸움은 그치지 않았다. 옐친은 대통령으로서 권한을 행사하여 러시아를 자본주의국가로 만들기 위한 과감한 정책을 시행하려 했고, 보수파는 의회를 장악하여 옐친의 시도를 막으려고 노력했다. 이에 옐친은 1993년 9월 21일 인민대표회의를 비롯한 의회를 강제로 해산하고[1] 12월 12일 신헌법제정 국민투표와 의회총선을 동시에 실시하였다. 이로써 1992년 1월 1일 정치적으로 독립국가가 된 러시아가 1993년 12월 25일 공고 발효된 새로운 헌법을 가짐으로써 명실상부한 새로운 국가가 된 것이다.

러시아 신헌법 제1조 제1항에는 '러시아연방, 즉 러시아는 공화제의 통치 형태를 가지는 민주적인 연방제의 법치국가다'라고 규정하고, 제3조 제1항에는 '러시아연방의 제 민족은 러시아연방 내 주권의 주체이며 권력의 유일한 원천이다'라고 하여 러시아가 다민족 연방국가이며 민주주의를 지향함을 밝히고 있다. 그리고 국가권력도 입법부·행정부·사법부 3권으로 분리된다고 규정했다. 러시아도 바야흐로 서구식 통치구조를 도입한 것이다. 그러나 대통령이 의회에 우월적인 권한을 가진 제왕적 대통령제에 가깝다.

---

1 옐친은 러시아 국가구조가 심각한 위기상황에 있으므로 기존의 헌법질서가 무효임을 선언함과 동시에 '러시아연방의 점진적 헌법 개혁에 관한 대통령령 제400호'를 발령하였다. 이 명령에 항거하여 의회 보수파는 의회 건물을 점거하고 대통령 측과 무장 대치했다. 이어 의회파가 시청과 텔레비전 방송국을 무력 검거하려는 시도를 하자 옐친은 의회 건물에 포격을 가하여 이를 진압하였다. 헌법적으로 옐친의 이와 같은 행동은 친위 쿠데타에 해당한다.

대통령은 국민들의 직접선거에 의하여 선출되며 임기는 4년으로 중임만
이 허용된다. 대통령은 국가원수로서 러시아연방헌법, 인간과 시민의 권
리와 자유를 수호하는 자로서 국가권력기관의 기능과 조정의 상호작용을
보장한다제80조. 그 외에도 국군통수권·법률안거부권·각료임명권국무총리,
최고재판소장·조약체결권·공무원임면권·하원두마해산권·비상조치권계엄
령, 비상사태 선포권[1], 침략을 받을 경우 선전포고 등의 권한을 가진다. 특히 대통령
은 헌법 제90조에 따라 명령과 포고를 발하는데, 이것은 일반적인 경우와
같이 법률이 위임한 범위 내에서 대통령령을 발하는 것이 아니라, 헌법과
법률에 위배되지만 않으면 언제든지 법률적 사항까지 규정할 수 있는 것
으로 대통령이 실제적으로 입법권을 행사할 수 있도록 한 것이다. 이와 같
이 러시아는 대통령제를 취하고 있는 여느 나라에서 볼 수 없는 막강한 권
한을 가지고 있어 이를 '초월적 대통령제' 혹은 '초연적超然的 대통령제'라
고 부른다. 대통령은 탄핵의 대상이 될 수 있지만 탄핵이 되려면 하원인
두마에서 발의하여 러시아연방최고법원 및 헌법재판소가 유죄를 인정하
고 상원인 연방의회에서 탄핵을 결정하게 함으로써 탄핵의 절차가 매우
까다롭다. 한편 연방정부는 국무총리·부총리·연방장관으로 구성되며 러
시아연방의 집행권을 행사한다. 국무총리는 두마의 동의를 얻어 대통령이
임명하고제111조, 러시아연방헌법·연방법률·대통령의 명령에 따라 연방
정부의 기본활동 방향을 결정하고 그 업무를 조직화한다제113조.

---

1 러시아연방 대통령은 연방헌법 및 연방의 헌법적 법률에 정하는 사유가 있는 경우에 그 절차에 따라 러시아
전영토나 그 일부 지역에 비상사태를 선포하고 이를 지체없이 연방의회와 국가두마에 통보한다(제88조).

의회는 연방회의상원와 국가두마하원로 구성되며, 연방회의 의원은 러시아연방을 구성하는 각 구성주체로부터 2인의 대표, 즉 국가권력의 대의기관과 집행기관의 대표 1인씩으로 구성되고, 국가두마 의원은 450명으로제95조 소선구제에 기반을 둔 지역대표선거와 정당의 후보자 명단에 기초한 전국적인 비례대표선거에서 선출되며 임기는 4년이다.[1] 연방회의상원는 외교정책에 관하여 승인권·대통령 탄핵 최종결정권·대통령의 계엄령비상사태 선포에 대한 승인권 등을 가지며제102조·국가두마하원는 총리임명 승인권[2] 및 정부불신임권[3] 등을 가진다제103조. 법안은 대통령, 의회뿐 아니라 러시아연방정부, 러시아연방 구성주체의 입법대의기관에게도 있다. 또한 헌법법원, 연방대법원, 최고중재법원도 그 소관 사항에 관하여 법률발의권이 있다제104조. 제안된 법안은 국가두마에서 1차로 심의하여 연방회의로 이송되는데, 재적 과반수로 찬성되거나 14일 동안 연방회의가 심의하지 않으면 연방회의를 통과한 것으로 본다. 부결될 경우에는 연방회의와 국가두마가 조정위원회를 구성하는데, 합의에 도달하지 못할 경우 재적의원 3분의 2이상의 찬성으로 재의결해 법률이 된다제105조.

그리고 경제질서와 관련해서도 제8조에서 경제활동의 자유를 보장하고, 사유재산제를 인정하여 러시아가 더 이상 공산주의 국가가 아님을 명

---

1 다만 제기 의원은 2년이다.

2 추천된 러시아연방정부 국무총리 후보를 두마가 3회 거부하는 경우 대통령은 국무총리를 임명하고, 두마를 해산하여 새로운 선거를 실시한다(제111조).

3 그러나 대통령은 두마의 정부불신임에 동의하지 아니할 수 있고, 만약 두마가 불신임을 재의결한다면 대통령은 정부 총사직을 공표하거나 두마를 해산할 수 있다(제117조).

백하게 하였다. 그리고 기본권 규정들은 서구 입헌주의 헌법의 일반적 수준에 이르는 내용의 권리장전을 가진 것으로 기본권 보장의 면에서 큰 발전을 이룬 것으로 평가받고 있다.

이 헌법에 의하여 1996년 옐친이 재선되었고, 2000년에는 푸틴이 대통령으로 당선되었다. 2008년 재선 임기를 마친 푸틴은 중임 제한의 러시아 헌법에 따라 자신의 후계자에게 대통령직을 물려주고 자신은 국무총리로 일하고 있다.[1] (편집자 주, 현재 푸틴은 러시아 대통령으로 다시 선출되었다.)

유럽 통합을 위한 유럽헌법의 시도

EU는 1991년 기존의 EC의 정상들이 모여 마스트리히트 조약을 체결하면서[2] 1995년 1월 1일 정식으로 성립된 단체다. EU는 제2차 세계대전 이래 꾸준히 제기되어 왔던 유럽 통합의 노력들이 하나의 결실을 맺은 것으로 현재 영국, 독일, 프랑스를 비롯한 27개국이 회원국으로 되어 있다.[3]

EU의 실질적 모태는 1952년 설립된 유럽석탄철강공동체European Coal

---

1 이와 같은 푸틴의 행보는 러시아 역사에서 형식적이나마 서구식 헌법질서가 뿌리내리고 있는 반증이다. 만약 푸틴이 헌법에 대한 최소한의 양식이 없었다면 당연히 헌법 개정을 통하여 대통령의 임기를 늘렸을 것이고, 이런 방식은 동서고금을 막론하고 시민사회가 성숙하지 않은 국가에서 늘 보아왔던 것이기 때문이다.

2 마스트리히트 조약은 1993년 11월 1일자로 발효되었다.

3 EU는 원래 프랑스, 독일, 이탈리아, 벨기에, 룩셈부르크, 네덜란드 6개국이 ECSC의 형태로 시작하여, 1973년에는 영국, 덴마크, 아일랜드가, 1981년에는 그리스가, 1986년에는 스페인과 포르투갈이 합류하였다. 1995년에는 오스트리아, 핀란드, 스웨덴이 참가하여 15개국이 되었다가, 2004년에는 체코, 사이프러스, 에스토니아, 라트비아, 헝가리, 몰타, 슬로베니아, 슬로바키아, 리투아니아, 폴란드가 참가하여 25개국이 되었다가 2007년에는 불가리아와 루마니아가 참여하여 27개국이 되었다(편집자 주, 2016년 영국은 국민투표를 실시하여 브렉시트(Brexit)가 확정되었고, 2017년 3월 유럽연합에 탈퇴의사를 공식 통보했다).

and Steel Community, ECSC다. 이는 제2차 세계대전 이후 독일 루르 지방의 석탄, 철강을 어떤 식으로 관리할 것인가에 대한 논의 과정[1]에서 석탄, 철강의 공동시장을 만들고, 이를 초국가적인 기구가 공동관리함으로써 생산물에 대한 균등한 기회를 가지며 아울러 참가국 사이에 일체의 무역장벽과 차별을 없앤다는 프랑스의 제안[2]을 독일이 수락함으로써 시발된 것이다. 그 뒤 이탈리아와 1948년에 이미 관세동맹을 설립한 바 있는 벨기에, 네덜란드, 룩셈부르크 3국이 참여함으로써 ECSC가 설립되었다.

위 6개국은 1957년 로마 조약을 통해 노동, 상품, 서비스 그리고 자본의 자유로운 이동을 목적으로 하는 유럽경제공동체European Economic Community, EEC와 원자력 에너지의 공동관리를 목적으로 하는 유럽원자력에너지공동체European Atomic Energy Community, Euratom를 창설하였다. 1967년에는 앞서 본 ECSC, EEC, Euratom 등 세 공동체를 합하여 유럽공동체European Community, EC라고 총칭하게 되었다.[3]

이후 1973년에는 영국, 덴마크, 아일랜드가, 1981년에는 그리스가, 1986년에는 스페인과 포르투갈이 EC에 가입함으로써 서유럽의 12개국이 참가한 명실상부한 유럽적 조직으로 전환되었다. 그런 가운데 1985년에는 단일유럽의정서Single European Act, SEA가 채택되어 1987년부터 발효되

---

1 제2차 세계대전 이후 철강과 석탄은 전략물자였으므로 독일의 루르 지방은 전후 연합국측이 생산을 통제하고 있었다. 전후 독일 재건 과정에서 이를 독일로 돌려주어야 했으나 이는 또다시 전쟁의 위험이 있다는 논의가 있었다.

2 프랑스의 쉬망(Robert A, S, Schuman) 외무장관이 이를 제안하였다고 하여 쉬망계획이라고도 한다.

3 엄격한 의미에서는 세 개의 공동체를 통합한 것이 아니라 세 개의 공동체 기구를 단일화시킨 것이다. 따라서 법적으로는 세 개의 법인이 존재하지만, 실제로는 하나의 법인이 존재하는 셈이다.

유럽의회
유럽연합의 입법 기관으로 집행위원회를 감독하고 집행위원의 임명에 동의하며 불신임투표를 통해 해임할 수 있다. 또한 유럽 연합의 예산 감독권을 가진다. 프랑스 스트라스부르에 있다. 27개 유럽연합 회원국의 시민들에 의해 5년에 한 번씩 직접선거로 선출된다.

었는데, 이는 1993년 1월부터 유럽 단일시장을 출범시키는 것을 목표로 하였다. 그리고 1991년 네덜란드의 마스트리히트에서 EC의 12개국 정상은 그때까지 진행되어 왔던 부분별 통합에서 한 걸음 더 나아가 유럽의 정치 및 경제 통합을 위한 단일체계를 구상하였는데유럽연합조약, Treaty on European Union, TEU[1], 이에 따라 설립된 것이 EU다.

EU의 조직은 크게 유럽위원회, 각료이사회, 유럽의회, 유럽사법재판소, 회계감사원 등이 있다.
이중 유럽위원회는 집행위원회라고도 부르는데, EU 내 주요정책을 제

---

1 혹은 이를 마스트리히트 조약이라고도 한다.

안하고 그 이행을 책임지는 곳으로, 입법제안권과 행정권을 갖고 있어 정부와 비슷한 기능을 한다. 유럽위원회는 유럽의회에 대해 책임을 지며 유럽의회에 출석해 질문에 대답할 의무가 있다. 2004년 11월부터 모든 회원국이 각 1명씩의 위원을 선임하여 총 27명으로 구성된다.

각료이사회는 각 회원국 정부의 대표인 장관으로 구성되는데, 유럽위원회의 제안에 기초하여 원칙적으로 최종결정권을 행사할 수 있는 EU의 입법기관이다[1]. 주로 정치문제를 다루는 각국 외무장관의 모임인 일반이사회, 경제분야의 경제재무각료회의, 농업장관이사회 등 9개 부문에 걸쳐 회원국 각 장관들의 이사회들이 있다. 의사결정은 사안의 중요도에 따라 단순다수결, 가중다수결[2], 만장일치 중 한 형태를 취한다. 그리고 각료이사회의 상부기관으로 유럽이사회가 있는데 각국의 국가원수 혹은 정부 수반들이 모여 EU 정책에 대한 전반적인 결정을 하는 기구로서 결국 EU 정상회의와 마찬가지다. 각료이사회 및 유럽이사회의 의장국은 각 회원국이 6개월씩 맡는다.

한편 유럽의회는 일반 국가의 의회와 달리 입법권을 전적으로 행사하는 기관이 아니라 제한된 입법권을 가진 자문역할을 하는 기관이다.[3] 유럽의

---

1 각국 장관들의 모임인 각료이사회에서 입법이 결정된다는 점에서 일반 국가들에서 의회가 입법권을 행사하는 점과 다르다. 이는 EU가 아직도 연방국가 수준이 아니라 각국 간의 상호 협력단체에 지나지 않음을 방증하는 것이다. 다만 각료이사회는 마스트리히트 조약 등에 의하여 유럽의회와의 협력 절차 또는 공동결정 절차를 밟도록 하였다.

2 가중투표결은 각 나라의 장관이 속해 있는 국가의 크기에 따라 부여된 투표권을 행사하는데, 예를 들어 독일, 프랑스, 영국 등은 29표인데 반하여 몰타는 3표를 가지는 방식이다. 2009년 4월 현재 총 345표이다.

3 다만 마스트리히트 조약에 공동결정 절차가 도입된 이래 유럽의회는 정책결정의 열다섯 분야에서 각료이사회가 승인한 입법에 대하여 거부할 수 있다.

회 의원을 선거하기 위한 직접선거는 5년마다 치러지는데, 27개국 각 회원국에서 총 785명의 의원을 선출한다.[1] 유럽의회는 유럽위원회 불신임권과 예산의결권을 가지고 있고, 주요 안건에 대한 심의와 공동결정 권한이 있으나, 법안 제안권이 없다.

그리고 유럽재판소는 27명의 판사와 9명의 법률고문관Advocates General 으로 구성되어 있으며 EU 내 최고 사법기관이다. 회계감사원은 27명의 위원으로 구성되는데, 주요 업무는 조세 징수 및 지출의 적정성을 감사하는 기구다.

이와 같은 경위로 설립된 EU는 1995년 12월 15일 스페인 마드리드에서 열린 EU 정상회의유럽이사회에서 15개 회원국들이 1999년 1월 경제통화동맹EMU을 출범시키고 단일통화의 명칭을 '유로'로 하는 데 합의하였다. 그리하여 1999년부터 유로가 도입되었고, 2002년부터 유로를 사용하는 회원국은 자국 화폐를 사용하지 않음으로써 미국의 달러화에 이은 또 다른 기축통화가 등장해 유럽의 경제적 통합이 그만큼 앞당겨진 것이다.[2] 그러나 경제적 통합과는 달리 정치적 통합은 쉽게 달성되지 않고 있다. EU는 2002년 2월 28일 그전 해 유럽이사회의 결의니스 조약에 따라 유럽미래회의 일명 유럽회의를 개막하였는데, 그 목적은 세계 상황의 변화, 유럽 시민의 요구 및 EU의 미래에 부합하는 EU의 새로운 틀과 구조를 제안하는 것이었

---

1 각 회원국의 규모에 따라 의원수도 다르다. 독일이 99명으로 가장 많고, 몰타가 5명으로 가장 적다.
2 다만 EU 회원국 중 영국, 덴마크, 스웨덴은 아직 유로를 도입하지 않고 있다.

다. 이는 곧 '유럽헌법'을 제정하려는 것이었다. 따라서 이 회의에서 논의
된 유럽헌법을 2004년 6월에 열린 브뤼셀 유럽이사회에서 채택하고 같은
해 열린 로마 유럽이사회에서 서명했다. 유럽헌법은 EU 대통령직을 신설
하여 지금까지 유럽이사회의 의장을 순번제로 하던 것을 임기 2년 6개월
의 EU 대통령이 상임의장이 되며 동시에 대외적으로 EU를 대표하는 역할
을 하게 하였고, EU 외무장관직을 신설하며 공동외교안보정책을 EU가 수
행할 수 있게 하였다. 이와 같은 대통령직과 외무장관직의 신설은 진정한
정치통합의 시작이었고, 나아가 미국과 같은 연방국가로 나아가는 중요한
첫걸음이 되었을 것이다. 그런데 회원국 모두의 비준을 받아야 효력이 발
생하는 이 헌법에 대하여 2005년 프랑스와 네덜란드의 국민투표 결과 비
준이 부결됨으로써 '유럽헌법'이라는 이상은 교착상태에 빠져버리고 말
았다.

이런 교착상태를 타개하기 위하여 2007년 리스본에서 개최된 유럽이사
회에서는 유럽헌법에서 헌법적 성격을 제외하고[1] 유럽통합을 위한 내용만
을 채택하기로 하면서 유럽헌법이 아닌 기존의 EU와 관련된 조약을 개정
하는 방법으로 'EU 조약 및 EC 설립 조약을 개정하는 리스본 조약' Treaty
of Lisbon amending the Treaty on European Union and the Treaty establishing the
European Commuity, 약칭 리스본 조약 혹은 개혁 조약을 체결하였다.

리스본 조약의 주요 내용은 이제껏 6월 순번제로 하던 유럽이사회의장

---

1 따라서 헌법이라는 용어를 쓸 수 없음은 물론 헌법적 상징을 갖는 깃발, 국가 모토 등과 같은 것에 대하여 규
정할 수 없고, '유럽법'이나 '유럽골격법' 등의 용어를 쓸 수 없다.

을 2년 6월의 임기로 하여 의장의 지속성을 유지하고,[1] EU 헌법에서 도입하려고 했던 외무부장관 대신에 'EU 고위대표자' 제도를 도입하며, 유럽의회의 권한을 강화하고, 유럽위원회집행위원회도 각 회원국마다 1인의 27명 위원이 아니라 각국의 크기에 비례하여 선출되는 18명으로 하며, 기존 조약에서는 유럽공동체만이 법적 형태를 띠고 있으나 이제는 EU 자체가 법적 형태가 된다.[2] 특히 지금껏 거의 만장일치제로 진행되던 각료이사회를 원칙적으로 '다중다수결Double Majority Voting'로 의결할 수 있도록 하였다. 다중다수결이란 회원국 55퍼센트27개국 중 15개국와 회원국 전체 인구 65퍼센트 이상이 이중적으로 찬성해야 안건이 채택되는 것이다. 그리하여 EU의 복잡한 의사결정구조를 단순화하였는데, 이중다수결제도는 2014년에 도입하여 2017년부터 전면 실시하기로 하였다. 한편 리스본 조약은 2008년 각 회원국들의 비준을 받아 2009년 1월 1일부터 발효될 예정이었으나 몇 개국의 비준이 늦어져 같은 해 12월 1일에 발표되었다.[3]

유럽의 이와 같은 통합의 노력은, 근본적으로 제2차 세계대전 이후 세계 정세가 유럽 중심에서 미국과 소련 양대 진영으로 나누어짐으로 말미암아 유럽의 각 나라들이 힘을 합칠 필요가 있다는 현실적 자각에서 비롯

---

1 그렇다고 유럽이사회의 의장이 국가원수의 자격을 가지는 대통령은 아니다.

2 지금껏 EU는 정치 경제적 실체는 있었으나 법인격이 없는 상태여서 자신의 이름으로 조약을 체결하거나 국제기구에 가입할 수 없었다. 그리하여 리스본 조약에서는 EU가 기존 EC를 대체 계승하도록 하여 EU의 이름으로 법적 행위를 할 수 있게 하였다.

3 리스본 조약은 유럽헌법조약과 달리 국민투표에 의하지 아니하고 의회의 의결만으로 비준이 가능하도록 하였으나, 아일랜드는 자국 헌법상 국민투표를 거칠 수밖에 없었다. 그런데 처음 아일랜드에서의 국민투표는 부결되었으나 2009년 10월 3일 재투표 결과 통과되었다. 2009년 10월 5일 현재 폴란드, 체코가 대통령의 서명 절차만 남겨놓고 있어 리스본 조약은 곧 발효될 것이다.

한 것이지만, 동시에 제2차 세계대전 당시 전쟁터로 변한 유럽을 평화와 번영의 대륙으로 만들기 위한 것이기도 했다. 그리고 오늘날에는 전 지구적인 경제전쟁에서 우위를 점하기 위해 전 유럽적으로 통일된 시장과 정치체제가 필요하다는 인식 때문이기도 하다.

과연 유럽이 지금과 같은 느슨한 국가연합의 형태를 벗어나 미국과 같이 하나의 헌법을 바탕으로 한 확실한 연방국가로 나아갈 것인가 하는 문제는 향후 세계 정치 경제사에 큰 영향을 미칠 것은 틀림없다. 그러나 유럽헌법을 만들어 EU를 하나의 국가와 비슷한 형태로 만들려고 했던 지난 유럽헌법조약이 일부 회원국들의 국민투표에서 부결됨으로써 좌절된 경험에 비추어, EU가 빠른 시일 내에 그와 같은 결과를 가져올 수는 없을 것이다. 그러나 한 가지 분명한 사실은 유럽이 미국, 중국, 러시아 등을 뛰어넘는 슈퍼파워가 되기 위해서는 통합은 불가피하다는 것이다.

대한민국임시정부와 헌법

우리는 우리 헌법의 역사를 3·1운동과 그 운동의 영향으로 만들어진 상□□이 임시정부의 헌법부터 시작하는 것이 옳다. 그래서 우리 헌법 전문에□ '우리 대한국민은 3·1운동으로 건립된 대한민국 임시정부의 법통과 불□□에 항거한 4·19 민주이념을 계승하고'라고 하여 우리나라 헌법의 역사□ 3·1운동과 대한민국 임시정부로부터 시작되고 있음을 명백□ 하고 있는 것이다.

©동아일보사

3·1운동

우리나라 헌법의 역사는 3·1운동과 4·19 민주이념을
계승하고 있다. 사진은 1919년 3월 1일 서울시청 앞의
만세 군중이다.

대한민국 임시정부와 헌법, 1919년

우리나라 헌법의 역사는 언제부터 시작되어야 할까? 물론 우리나라가 해방된 이후 1948년에 제정한 제헌헌법이 대한민국 최초의 헌법이다. 그러나 비록 그때 대한민국이 주권, 국민, 영토를 가지고 현실적인 국가가 되고 이에 기반한 헌법이 만들어졌다고 하더라도, 이런 국가와 헌법을 만들기 위한 노력은 그 이전부터 있어 왔다. 즉 1910년 일본에 의해 우리 국토가 강제로 합병된 이후 1919년 3·1운동을 계기로 우리 민족은 한반도에 국민이 주권자가 되는 대한민국을 건설하기 위한 대장정을 시작한 것이다. 그래서 우리는 우리 헌법의 역사를 3·1운동과 그 운동의 영향으로 만들어진 상하이 임시정부의 헌법부터 시작하는 것이 옳다.[1] 그래서 우리 헌법 전문에도 '우리 대한국민은 3·1운동으로 건립된 대한민국임시정부의 법통과 불의에 항거한 4·19 민주이념을 계승하고'라고 하여 우리나라 헌법의 역사가 3·1운동과 대한민국 임시정부로부터 시작되고 있음을 명백히 하고 있는 것이다.

일본은 한일병합조약 이후 한반도를 식민지화하기 위해 폭압적인 지배를 강화했고, 국민들 사이에는 반일감정이 점점 커져가고 있었다. 1914년 시작된 제1차 세계대전이 독일의 패전으로 끝나면서 1918년 미국 윌슨 대

---

1 물론 근대 입헌주의적 헌법이 아니라 단순히 한 국가의 통치구조 혹은 국가의 조직원리를 밝히는 의미의 헌법은 역사 이래 존재하였음은 명백하다. 그러나 그것은 국민의 기본권 보호와 국민주권과는 전혀 상관없는 것이므로 이를 오늘날 우리가 가지고 있는 헌법의 모태로 볼 수는 없다. 예를 들어 조선시대에는 그 통치구조를 경국대전에 정하여 두었는데, 그것을 헌법의 일종으로 볼 수는 있으나, 오늘날 우리 헌법의 모태 혹은 시작이라고는 할 수 없다.

통령은 14개조로 된 전후 처리 원칙을 파리강화회의에 제출하였는데, 그 가운데 '각 민족의 운명은 그 민족 스스로 결정한다'는 민족자결의 원칙을 제창하였다.[1] 이것은 전 세계의 피압박민족에게 자극제가 되었고, 항일투쟁을 계속해온 우리의 독립운동가들에게 용기를 불어넣었다. 게다가 조선의 마지막 왕 고종이 1919년 1월 21일 갑자기 승하하자 일본인에 의한 독살설이 유포되어 우리 민족의 일본에 대한 증오가 극에 달했다.

이러한 역사적 배경으로 우리 민족은 1919년 3월 1일 민족대표 33인의 이름으로 독립선언문을 선포하고 전국적으로 '대한독립만세'를 외치며 우리 민족의 독립과 민족국가 건설에 대한 염원을 담은 3·1운동을 전개했다.

비록 이 운동은 성공하지 못하고 미완으로 그쳤으나, 불과 석 달 사이에 시위 참가자가 200만 명이 넘었고, 사망자 수가 7,509명, 부상자 수가 15,961명에 이르는 등 국민이 중심이 된 대규모 혁명과 같은 운동이었다. 이로 인하여 우리 민족의 민족의식이 각성되었으며, 이후 체계적인 민족국가 건설을 위한 장도를 시작하게 되었고, 이 영향으로 중국에서도 5·4운동이 벌어지는 등 민족독립운동의 선구적 역할을 하였다.

한편 3·1운동 이후 일본 통치에 조직적으로 항거하고 새로운 민족국가 건설을 위한 운동이 활발히 벌어졌다. 이중 4월 13일 중국 상하이에서 이동녕 등 독립운동가들을 중심으로 대한민국 임시정부 성립을 대외적으로 선포하고 '대한민국 임시헌장'을 제정하였다. 총 10개 조문으로 된 간단

---

1 이 원칙은 제1차 세계대전 이후 승리한 연합국 측의 전후 처리 원칙 중 하나가 되었다. 그 결과 패전한 오스트리아-헝가리 제국과 오스만투르크 제국은 실제 여러 민족국가 단위로 신생국가가 생겼다. 그러나 이 원칙은 패전국의 전후 처리 문제에 적용되었을 뿐 승전국의 식민지들에 적용되지는 않았다.

한 헌법이었다.

제1조에서는 '대한민국은 민주공화국로 함'으로 규정하여 처음으로 우리 민족이 새롭게 만들 국가의 호칭이 '대한민국'이며, 그 성격이 군주국이 아닌 공화국이고 그것도 주권이 국민에게 있는 민주공화국임을 선포하였다. 정부 형태는 임시정부가 임시의정원의 결의에 의하여 통치하는 의원내각제의 형태였고,[1] 제4조에는 '대한민국의 인민은 신교·언론저작·출판·결사·집회·신서信書·주거 이전·신체·급及 소유의 자유를 향유함'이라고 하여 고전적 기본권에 대한 규정을 간단히 두었다.

이후 상하이 임시정부는 국내에서 만들어진 임시정부인 한성정부,[2] 연해주에서 만들어진 대한국민의회[3]와 통합하면서 같은 해 9월 제1차 헌법개정을 하였다.[4] 이 헌법으로 정식으로 '대한민국임시정부'가 탄생하게 된 것이다. 헌법은 8장 58조로 이루어진 것으로 비교적 오늘날의 헌법과 비슷한 체계로 구성되었다.

한편 이 헌법에서는 대통령제도를 도입하였는데, 이는 대한민국 임시정부가 의원내각제 형태였음에 비하여 한성 임시정부가 집정관총재 체제여

---

1 임시의정회 의장은 이동녕, 임시정부 국무총리는 이승만이었다.

2 1919년 4월 23일 서울에서 13도 대표 24명으로 조직된 국민대회 명의로 이승만을 집정관 총재로 하고 이동휘를 국무총리 총장으로 하여 선포된 임시정부다.

3 대한국민의회는 원래 연해주 지방의 러시아 교민들이 1917년 러시아 혁명 이후 '전로한민족중앙총회'를 결성했다가 1919년 2월에는 이를 '대만국민의회정부'로 개칭하였으며 1919년 3·1운동 이후인 3월 27일에는 문창범을 국민의회 회장에 추대하면서, 손병희를 대통령, 이승만을 국무총리로 추대했다.

4 통합하면서 상하이와 연해주에 있던 임시정부를 없애고, 한성의 임시정부를 계승하여 임시정부의 각료들이 정부를 인계하기로 하였다. 다만 정부의 위치는 상하이에 두기로 하고, 기존 대한민국 정부가 실시한 행정은 유효한 것으로 하였다.

서, 이를 통합하면서 정부체제를 한성정부와 같이 하기로 하고 집정관총재를 대통령으로 명칭을 변경한 것이다.[1] 하지만 미국식 대통령제도와 달리 의원내각제 요소가 많이 가미된 것이다.[2]

이와 같이 임시정부가 수립되었다고는 하더라도 그것이 국내·외의 모든 독립단체를 아우를 수도 없었고, 통일적 지휘를 할 수도 없었다. 게다가 내부적으로는 각 인사들 간의 갈등까지 겹쳐 그 활동은 일사불란하지 못했다.[3] 더욱이 임시 대통령인 이승만을 탄핵하는 일[4]까지 생겨 1925년 4월 7일 2차 개헌을 통하여 의원내각제로 체제를 바꾸어 임시정부는 의회인 임시의정원에서 선출되는 국무령(오늘날의 수상과 비슷한 직제)과 국무원(오늘날의 내각과 비슷한 기관)으로 조직된 국무회의의 결정으로 행정과 사법을 맡기로 하였다.

---

1 다만 한성정부에서 국가원수로 지목한 '집정관총재' 라는 명칭이 오늘날 우리가 알고 있는 대통령제 하의 대통령이 아니라, 임시정부를 '왕정으로 일단 복귀시켰다가 공화국을 만들자' 는 복벽주의자들의 주장과 타협하는 과정에서 창안된 것이라고 한다.

2 개헌의 동기가 정부 통합이었고, 구체적으로는 이승만이 이미 자칭하고 있는 대통령 칭호를 합법화시키기 위한 것이었기 때문에 개정헌법의 정부 형태는 부득이 대통령제를 채택하게 된 것이지만 실제로는 의원내각제 요소가 더 많은, 양 제도의 절충식 형태가 되었다.

3 대표적인 것이 1923년에 개최된 '국민대표회의' 다. 여기에서 각지에서 독립운동을 하는 사람들이 모여 하나의 통일된 조직을 건설하자는 논의를 진행하였는데, 기존의 임시정부를 새롭게 창조해야 한다는 창조파와 임시정부를 개조해야 한다는 개조파 등이 치열한 논쟁을 벌였다. 그러나 100여 차례의 회의에도 아무런 결론을 내지 못하고 해산했다.

4 이승만은 임시 대통령으로 선출되었으나, 그 임기(1919~1925)동안 외교상의 이유로 미국에 주재하면서 대한민국 임시정부에는 6개월(1920년 12월~1921년 5월)만 근무하였다. 임시정부는 실제로 임시 대통령의 지휘를 받을 수 없는 상황에서 국민대표회의의 무산으로 인한 혼돈이 있었고, 이를 수습하는 과정에서 임시의정원과 이승만은 충돌하였다. 임시의정원은 1924년 12월 박은식을 2대 대통령으로 선출하였는데, 이에 대하여 이승만은 이 의결이 불법이라고 반격하였다. 그리하여 1925년 3월 13일 탄핵안이 발의되었고, 같은 달 23일 심판위원회에서 면직 결정이 내려졌다.

백범 김구(金九, 1876~1949)
대한민국 임시정부의 주석을 역임한 민족의 지도자. 임시정부가 수립된 직후부터 해방될 때까지 끝까지 이를 지켜내고 임시정부를 통하여 독립운동을 함으로써, 대한민국의 헌법적 정통성과 우리 민족의 독립 열망을 대내외적으로 알렸다. 해방 이후에는 남북 분단에 맞서 싸우다가 암살당했다.

이 헌법에서는 현실상 대한민국 국민이 임시정부를 구성할 수 없으므로, 광복이 되기 전까지는 '광복운동자'가 전 국민을 대신하여 주권을 행사할 수 있도록 하였는데, 구체적으로는 광복운동자가 임시의정원을 선거하며 임시정부 및 임시의정원에 청원할 수 있도록 하였다.

또한 이 헌법은 앞선 헌법과 달리 국민의 권리의무의 장을 삭제하였고, 사법기구에 대한 규정도 없애는 등 보칙을 포함하여 총 6장 35조로 헌법이 간략화되었다. 이는 1919년 임시정부가 처음 수립될 때 제1차 세계 대전 이후 당시의 약소 민족의 독립이라는 희망찬 미래가 단지 희망에 지나지 않았음이 명백해지면서, 독립운동이 어렵게 되어가고 있음을 반증하는 것이었다.

이후 초대국무령을 맡았던 이상용이 조각에 실패하고 사임한 후 양기탁, 안창호, 홍진 등이 차례로 국무령에 선출되었으나 자진 사퇴하거나 임시정부를 제대로 운영하지 못하게 되자 1926년 12월 김구가 국무령에 선출되었다. 국무령에 선출된 김구는 임시정부의 운영 개선책을 마련하기 위하여 1927년 3월 5일에는 3차 개헌으로 국무령도 폐지하여 순수한 국무위원의 의결로써 임시정부를 구성하였다.따라서 집단지도체제 형식이 되었다. 이와 같이 된 것은 그 당시 임시정부의 처지가 인재난과 경제난으로[1] 한 사람의 국무령이 내각을 조각하기도 어려웠기 때문이다.[2]

한편 1930년대는 국제정세가 급격하게 변하였다. 즉 1929년 미국 뉴욕에서 주식이 대폭락하면서 시작된 세계대공황이 미국을 비롯하여 유럽을 휩쓸기 시작한 것이다. 이에 일본도 대공황을 극복하기 위한 일환으로 1931년 만주사변, 1932년 상하이 침공을 거쳐 1937년에는 본격적으로 중국을 침략하는 전쟁을 일으켰다.

이런 국제정세의 변화 속에 김구는 임시정부 아래 비밀단체인 한인애국단을 조직하여 1932년 1월 8일에는 이봉창 의사로 하여금 일본 천황에게 폭탄을 투척하게 하고, 같은 해 4월 29일에는 윤봉길 의사로 하여금 상하이 침공 승리와 일왕의 생일을 축하하기 위해 상하이 홍커우 공원에서 열린 기념 행사장에 도시락으로 만든 폭탄을 터뜨리는 거사를 성공시켜 일

---

1 그 당시 독립운동은 침체기에 들어 임시정부도 정부라기보다는 하나의 독립단체로 전락한 듯한 형국이었다. 그리하여 임시정부에 남아 있는 명망 있는 독립운동가도 드물었고, 재정적으로도 어려웠다. 이에 대하여 김구는 "나는 최초에는 정부의 문파수를 청원하였으나, 끝내는 노동총판, 내무총장, 국무령, 국무위원, 주석으로 중임을 거의 역임하였다. 이렇게 된 것은 나의 문파수 자격이 진보된 것이 아니라, 임시정부의 인재난·경제난이 극도에 달하였기 때문이다. 그것은 마치 명성이 쟁쟁하던 인가가 몰락하여, 그 고대광실이 걸인의 소굴이 된 것과 흡사한 형편이었다"라고 하고, "청사 가옥세가 불과 30원, 고용인 월급이 20원을 넘지 않았으나, 집세 문제로 집주인에게 종종 소송을 당하였다. (생략) 잠은 청정에서 자고 밥은 직업이 있는 동포들 집에서 얻어먹으며 지내니, 나는 거지 중에서도 상거지였다"라고 하고 있다.

2 이에 대하여 김구는 "또한 조각이 심히 곤란한 것을 절감하여 국무령제를 국무위원제로 고쳐 의정원에서 통과되었다. 이제 명색이 국무위원회 주석이지만 그것은 개회할 때 주석일 뿐이었다. 또한 국무위원들이 주석을 돌아가며 맡아 모두 평등한 권리를 가졌다"라고 했다.

본인의 간담을 서늘하게 만들었다.

이로 인하여 지리멸렬하던 임시정부의 활동이 전 세계적인 주목을 받게 되었고, 그동안 우리나라의 독립운동을 경원시하던 중국 장제스의 국민당 정부가 적극 시원하기에 이르렀다. 뿐만 아니라 재미교포들까지 재정적 지원에 나서 임시정부는 재정적 압박에서 조금은 벗어나 그 활동 영역을 넓혀나갔다. 그러던 중 1940년 중국 국민당 정부와 함께 충칭重慶으로 임시정부가 옮겨진 이후 임시정부 아래 자체 군대인 광복군[1]을 조직하여 일본군과 항전태세를 갖추었다.

이런 가운데 임시정부는 같은 해 10월 9일에는 제4차 개헌을 단행하여 국무위원회에 주석을 두는 주석제주석은 대통령제의 대통령이 아니라 의원내각제의 수상과 가깝다. 주석은 김구가 맡았다를 채택하였다. 이로써 그간의 집단지도체제에서 1인 지도체제로 전환되었다.[2]

주석은 임기 3년으로 재선될 수 있었는데, 국무위원과 함께 임시정부 조직, 국무위원회 소집, 임시정부 대표, 국군 통수, 법률 공포, 명령을 발하며, 국무위원회의 의결로 긴급명령을 발하고, 정치범을 사면하는 등의 권한이 있었다.

1941년 12월 8일 일본이 전선을 넓혀 미국과 태평양전쟁을 일으키자 임시정부는 대일선전성명서를 선포함으로써 무력으로 독립전쟁을 실현할

---

1 총사령관에 이청천, 참조장에 김홍일, 부사령관겸 제1지대장에 김원봉, 제2지대장에 이범석, 제3지대장에 김학규가 임명되었다.

2 제4차 개헌은 김구의 높아진 위상을 반영한 개헌이다. 따라서 김구의 영도력을 막강하게 제도화하려는 의도가 다분히 반영되었다.

것을 선언하였다. 중국의 국민당 정부도 이와 같은 임시정부를 적극적으로 지원하였고, 1943년 카이로에서 미·중·영 3국의 루스벨트, 장제스, 처칠이 전후 일본 문제를 토의하면서 대한민국의 독립을 보장하기로 결정하였다.

조국 독립의 전망이 밝아지자 임시정부도 초기 3·1운동 직후의 활기를 되찾게 되었다. 이런 정세 아래에서 독립운동 세력을 통합하여[1] 새로운 헌법을 만들기로 하고 개정된 것이 바로 1944년 4월 22일의 5차 개헌이다.

이 개헌에는 전문을 넣어 그간 우리 민족의 독립을 위한 결의와 노력을 대외적으로 선포하였다.

우리 민족은 우수한 전통을 가지고 스스로 개척한 강토에서 유구한 역사를 통하여 국가생활을 하면서 인류의 문명과 진보에 위대한 공헌을 하여 왔다. 우리 국가가 강도 일본에게 패망된 뒤에 전 민족의 참상에도 국가의 독립을 갈망하였고 무수한 선열들은 피와 눈물로써 민족 자유의 회복에 노력하여 3·1 대혁명에 이르러 전 민족의 요구와 시대의 추향에 순응하여 정치·경제·문화·기타 일체 제도에 자유평등 및 진보를 기본정신으로 한 새로운 대한민국과 임시의정원과 임시정부가 건립되었고, 아울러 임시헌장이 제정되었다. 이에 본원은 25년 경험을 적하여 제36회 의회에서 대한민국임시헌장 범 7장 공62조로 개수하였다.

---

1 1940년을 전후히여 국내외의 정세가 급진전함에 따라 중경임시의정원에는 많은 재아인사, 특히 조선민족혁명당계 인사들이 참가하여 전시거국체제를 이룩하고 혁명역량의 단결을 과시하였다. 개정된 임시헌장은 그와 같은 민주적 대단결의 산물이며 복국을 눈앞에 바라보는 굳센 혁명의지의 표현이라 할 수 있다.

1944년 5차 개헌의 가장 큰 특징은 국무위원회에 주석·부주석제주석 김구, 부주석 김규식를 도입한 것이다. 이것은 5차 개헌이 김구의 세력뿐만 아니라 모든 정파를 통합하여 민족독립운동 역량을 총집합시키기 위한 제도적 장치였다는 것을 시사한다.

한편 임시정부는 1945년 광복군 일부를 미국의 전략사무국Office of Strategic Service, OSS으로부터 비밀훈련을 받아 국내로 침공할 계획을 세우고 훈련을 받게 하였다.

그러나 일본이 1945년 8월 15일 무조건 항복을 선언함으로써 우리 민족의 손으로 일본을 몰아내지 못하고, 외세의 세계대전 결과로 광복을 맞게 되었다.[1]

대한민국 임시정부는 비록 현실적으로 영토·국민을 가지지 못하고 대내적으로 최고이자 대외적으로 독립한 최고의 권력인 주권을 행사하지 못했다고 할지라도, 우리 민족이 최초로 왕정이 아닌 공화정으로, 독재체제가 아닌 민주체제로 정부를 운영한 귀중한 경험이 되었다.

게다가 임시정부가 존재함으로 말미암아 3·1운동으로 촉발된 우리 민족 전체의 독립에 대한 열망의 구심점이 될 수 있었고, 우리 민족의 독립의지를 대외적으로 널리 알릴 수 있었다. 그리고 헌법사적으로 보자면 삼

---

1 일본이 항복했다는 소식을 들은 김구는 "아! 왜적이 항복"이라는 말을 하였다고 전해진다. 그리고 그는 "이 소식은 내게 희소식이라기보다는 하늘이 무너지고 땅이 꺼지는 일이었다. 수년 동안 애를 써서 참전을 준비한 것도 모두 허사로 돌아가고 말았다. (생략) 그런데 그러한 계획을 한 번 실시해 보지도 못하고 왜적이 항복하였으니, 지금까지 들인 정성이 아깝고 다가올 일이 걱정되었다"라고 『백범일지』에 적고 있다.

권분립과 국민의 기본권 보장을 근간으로 하는 근대적 헌법을 통한 국민 통합과 통치를 이룬 최초의 시도였다.

대한민국의
건국과 제헌헌법

948년 7월 17일 우리나라에서 최초로 실질적인 헌법이 제정, 공포되었다. 그리고 1948년 8월 15일에 대한민국 정부수립 선포식이 거행됨으로서 우리나라는 대한민국으로 정식으로 출범하게 되었다. 이로써 우리나라는 일제강점기와 미군정을 거쳐 명실상부한 독립국가, 그것도 몇천 년동안 내려오던 군주정이 아니라 민주공화정의 국가로서 새롭게 출발하게 되었다.

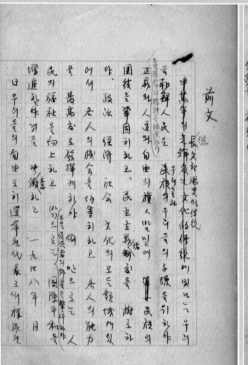
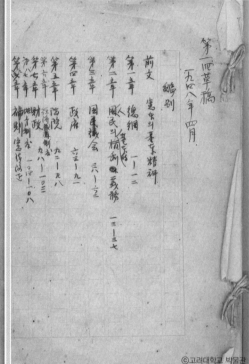

©고려대학교 박물관

제헌헌법 초안
나중에 고려대 총장을 역임하는 현민 유진오(1906~1987)
가 마련한 대한민국 헌법 초안(1948년 4월)이다. 이를 토대
로 제헌헌법이 제정된다. 사진은 당시 유진오의 친필 원고다.

대한민국 정부수립, 1948년

1945년 8월 15일 일본은 연합군에 대하여 무조건 항복을 선언하였다. 이에 우리 민족은 단일민족국가 구성을 위하여 각 정치 세력들을 중심으로 활발한 활동을 벌였다. 그러나 당시 세계적으로 밀어닥친 미국과 소련을 대표로 한 자본주의 체제와 공산주의 체제의 대립은 한반도에 그대로 재현되었다. 즉 미국이 점령한 위도 38도 이남의 남한은 자본주의 체제로, 소련이 점령한 38선 이북은 공산주의 체제로 치달았던 것이다. 이런 가운데 좌우를 아울러 통일국가를 이루고자 했던 김구를 중심으로 한 세력은 남북 어디에도 자리를 잡지 못하고, 남한에서는 공산주의 세력이 북한에서는 자본주의 세력이 불법화되거나 거세되어 갔다.

  해방을 맞게 되자 여러 정치 세력들이 새로운 나라 건설을 위한 준비를 하였는데, 그중 대표적인 것이 남한 지역에서는 여운형이 이끌던 건국준비위원회약칭 건준,[1] 김구의 임시정부 계열, 이승만의 독립촉성중앙협의회약칭 독촉,[2] 김성수의 한국민주당약칭 한민당,[3] 박헌영의 조선공산당 등이었고, 북한 지역에서는 김일성을 주축으로 한 공산 세력과 조만식의 민족주의 세력 등이었다.

---

1 건국준비위원회는 본디 여운형의 지하 독립 조직인 건국동맹을 근간으로 전국적으로 설립된 단체였는데, 1945년 9월 6일 조선인민공화국(약칭 인공)을 선포하였고, 11월 12일에는 조선인민당(약칭 인민당)이 여운형에 의하여 창당되었다.

2 이승만은 독자적인 정당을 만들지 않고 자신을 중심으로 하는 정치 세력의 결집을 주장하면서 11월 2일 정당·사회단체 대표들로 구성된 '독립촉성중앙협의회'를 결성하였다.

3 김성수, 송진우, 장덕수 등을 중심으로 1945년 9월 16일 결성되었다.

1945년 8월 15일 서울
제2차 세계대전은 1943년에
접어들면서 연합군 측에 유리
하게 돌아갔다. 1945년 5월에
독일이 항복했고, 그해 8월
15일 일본도 무조건 항복을
선언했다. 그날 정오에 일본
천황의 항복 방송이 라디오로
중계되었다. 이에 우리 민족
은 단일민족국가 구성을 위하
여 각 정치 세력들을 중심으
로 활발한 활동을 벌였다.

그러나 38선 이남 지역을 점령한 미군은 1945년 9월 7일 맥아더 사령부
포고 제1호로 '조선 북위 38선 이남 지역과 동주민에 대한 모든 행정권은
당분간 맥아더 사령관의 권한 하에서 시행한다'고 하여 미군에 의한 남한
군정통치를 공식화하였다. 미군정은 자체적으로 38선 이남 지역을 통치하
는 기구들을 신설하여 대한민국이 정식으로 건국된 1948년까지 통치하였
다. 즉 초기에는 조선 총독부 기구를 기초로 통치하다가 1946년 12월에는
'남조선과도입법의원'을 개원하였고, 1947년 6월에는 '남조선과도정부'
를 구성했다.

남조선과도입법의원은 오늘날 국회와 비슷한 기능을 했으나, 정원 90명 중 45명은 선출하되, 45명은 군정장관이 임명하게 되어 있었고, 또 미군정 장관이 거부권, 결재권과 감독권을 가지고 있어 반쪽짜리 입법기관에 그 쳤다. 한편 남조선과도정부는 민정장관으로 안재홍을 임명하여 미군 군정 장관 아래에서 입법, 사법, 행정 사무 전체를 관장하게 하였다. 또한 당시 까지 각 부처의 장을 맡았던 미국인들은 고문으로 물러나고 한국인이 실 무를 담당하게 했다. 그러나 여전히 모든 권력은 주둔 사령관에게 있었고, 민정장관은 미군정장관의 통제를 받았다. 결국 미군정은 우리 민족이 자 생적으로 조직한 정부조직을 인정하지 않고 제헌헌법에 의한 정부가 구성 될 때까지 군정을 실시한 것이다.

그 결과 여운형의 조선인민공화국은 물론이고[1] 심지어 김구의 대한민국 임시정부마저 정통성을 인정받지 못하여, 임시정부를 이끌던 김구 등은 개인 자격으로 국내에 들어올 수밖에 없었다.

한편 미군정 당시의 법령체계는 태평양 미국육군 총사령부포고, 재조선 미국육군 사령부 군정청 법령, 남조선과도정부 법률로써 대별할 수 있다. 그중 태평양 미국육군 총사령부포고는 남한을 일본과 같이 하나의 점령지 로서 접수한 태평양 미국육군 총사령부가 점령통치 시작과 함께 발령한 것으로 한국민에게는 점령기간 중 헌법에 상응하는 권위를 가진 것이었

---

1 조선인민공화국은 여운형이 주도하였기보다는 박헌영의 공산세력이 '궁정혁명'의 결과로 만들어져 건준의 관 계자들도 잘 알지 못하는 사이 결정되었다. 인공의 각료는 주석 이승만, 부주석 여운형, 내무부장 김구, 외교부 장 김규식, 군사부장 김원봉, 체신부장 신익희 등이었다. 그러나 여운형을 제외하고 나머지 사람들로부터 이에 대한 동의는커녕 상의도 없었다. 그러므로 임시정부 주석인 김구가 내무부장을 맡을 리도 없었고, 국내에 귀 국한 이승만은 인공이 공산세력이라며 주석 취임을 거절하였다.

다. 재조선 미국육군 사령부의 군정청 법령은 재조선 미국육군 사령관의 명령에 의하여 미군정청 군정장관이 발한 것인데, 미군정 대부분의 법령이 이 형식으로 만들어졌다.[1] 한편 미군정청은 1946년 제1차 미·소 공동위원회가 성과 없이 끝나자 남한만의 입법기구를 만들기로 하고 같은 해 10월 12일 '남조선과도입법의원 설치에 관한 군정법령 제188호'를 발표하고 12월 12일 남조선과도입법의원이 정식으로 발족되었다. 이 입법의원에 의하여 제정되고 군정장관이 이를 인준하여 시행했던 법률이 남조선과도정부 법률이었다.

그런데 미국, 영국, 소련 3개국이 1945년 12월 16일 모스크바에서 제2차 세계대전 전후 문제 처리를 위한 외상회의를 열었다모스크바 3상회의. 여기에서 우리나라의 문제에 대하여도 논의가 되었다. 중국[2]을 포함하는 4개국 대표에 의한 신탁통치를 기본 취지로 하는 미국측의 제안과 임시정부 수립을 기본 취지로 하는 소련측의 수정안이 토론되었다. 회의 결과 우리나라와 관련하여 다음과 같은 내용이 발표되었다.

첫째, 한국을 독립국가로 재건설하며, 민주주의적 원칙 하에 발전시키고, 일본 통치의 잔해를 빨리 청산할 조건들을 조성할 목적으로 민주주의 임시정부를 수립한다. 둘째, 연합국이 한국 임시정부의 수립을 원조·협력할 방안의 작성은 민주주의적 정당·사회단체들과의 협의를 통해 미·소 공동위

---

1 남조선과도입법의원 존속 중 입법의원의 제정과 군정장관의 인준으로 제정된 법령이 12건인데 반하여 군정청장이 직접 제정 공포한 법령은 65건이었다.

2 그 당시 중국은 공산화되기 전이었다.

원회가 수행한다. 셋째, 5년 이내를 기한으로 하는 4대 강국에 의한 신탁통치의 협정은 한국 임시정부와의 협의를 거쳐 4개국이 심의한 후 제출한다.

이와 같은 모스크바 3상회의 결과가 알려지자 국내에서 반탁운동이 거세게 일어났다. 40여 년 동안의 식민통치를 경험한 우리 민족 입장에서는 어떤 형식이든 또다시 다른 나라에 의하여 통치된다는 것은 감정적으로 받아들이기 어려운 것이었다.

그런데 이 신탁통치안에 대하여 박헌영을 중심으로 하는 공산세력들이 찬성하고 나오자, 반탁운동은 반소 · 반공운동으로 번져나갔다.[1] 이로써 해방 공간에서 친일부역자에 대한 민족주의적 반감이 공산주의에 대한 반감으로 바뀌었고, 우리나라 내부에서 좌익과 우익의 이념 대결이 불붙었다.[2]

한편 모스크바 3상회의 결과 구성된 미 · 소 공동위원회가 1946년 3월제1차 공위 및 1947년 5월제2차 공위에 각각 개최되었으나, 이 위원회에 참가하여 임시정부 수립에 관여할 정당 · 사회단체의 자격에 대한 논란이 벌어졌다. 즉 소련측에서는 반탁세력은 모스크바 협정을 거부하는 세력이므로 미 · 소 공동위원회에 참가할 수 없다고 한 데 반하여 미국측은 표현의 자유는 절대적이며 반탁세력의 참가도 인정되어야 한다고 맞섰다.

이러한 논란은 한반도에 미국 혹은 소련에 우호적인 정권을 수립하기

---

1 원래 신탁통치안은 미국의 제안이었지만, 그 당시 해방정국에서 공산세력들이 이 안에 대하여 찬성을 함으로써 신탁통치안은 소련의 안으로 오해되었고, 결국 반탁운동은 반소 · 반공운동으로 이어졌다.

2 "이 반탁운동에 앞장섰던 세력 중 가장 중심세력이 김구를 중심으로 한 임정파였다. 그러나 반탁의 회오리를 일으키는 데는 성공하였으나, 이것이 정치 세력의 재편을 가져와 그동안 숨어 지내던 친일세력들이 반공세력으로 변신하면서 결국 단독 정부수립의 중추세력으로 커져가는 것을 막을 수 없었다.

위한 전략적 판단의 일환이었으므로 서로 양보하기 어려웠다. 더욱이 1947년 3월 12일에 미국이 트루먼 독트린[1]을 선언하고 강경한 대소대공산권 봉쇄작전을 시작한 시기여서 상호간의 이해일치는 사실상 불가능했다고 볼 수 있다. 그런 까닭에 미·소 공동위원회는 아무런 성과도 없이 끝나 버리고 말았다.

이에 미국은 1947년 9월 17일 한국의 문제를 유엔으로 가져가 논의하기로 하였다. 유엔에서는 같은 해 11월 14일 총회에서 유엔한국임시위원단의 설치 및 인구비례에 따른 총선거를 결정했다.[2] 그러자 인구가 남한의 절반밖에 되지 않던 북한은 불리한 안이라며 거부했고, 남한에서는 이승만과 한민당을 중심으로 단독정부 구성을 주장하는 세력과 남북협상을 주장하는 김구, 김규식 사이에 심각한 논쟁이 일어났다.

그럼에도 미국이 주도하던 유엔은 1948년 2월 26일 실시 가능한 지역에서만이라도 총선거를 실시하겠다고 결정했고, 미군정은 같은 해 3월 1일 남한만의 총선거를 5월 10일에 실시하기로 발표했다.[3] 이에 대하여 김구

---

1 1947년 3월 12일 공산주의 폭동으로 위협을 받고 있던 그리스와 지중해에서 소련의 팽창으로 압력을 받고 있던 터키에 대해 즉각적인 경제·군사 원조를 제공할 것을 공약한 선언이다.

2 한국 문제는 근본적으로 한국 국민 자체의 문제이며, 그 자유와 독립에 관련된 문제는 그 지역 주민 대표의 참석 없이는 해결될 수 없으므로, (A)선거에 의해 선출된 한국 국민의 대표들은 본 문제 심의에 참여하도록 초청하며, 공정한 선거를 감시할 목적으로 한국 전역을 통하여 여행 감시 협의할 권한이 부여되는 9개국으로 구성된 유엔한국임시위원단을 설치하고 (B)1948년 3월 31일 이전에 한국에서 동 위원단의 감시 하에 인구비례에 따라 보통선거 원칙과 비밀투표에 의한 총선거를 실시하고, 선거 후 가급적 빨리 국회를 구성, 정부를 수립하며, 정부는 남북한 군정 당국으로부터 정부의 여러 기능을 이양받고 ①자체의 국방군을 조직하며 ②가급적 빨리, 가능하면 90일 이내에 점령군이 철수하도록 조치한다.

3 선거는 미군정이 1947년 3월 17일 군정법령 제175호로서 임시입법원에서 제정한 국회의원선거법에 따라서 실시되었다. 이 법률에 따르면 친일파에게는 선거권과 피선거권을 인정하지 않았고, 선거인의 자진등록제와 단기무기명투표 등의 제도를 가진 미국식 선거제도에 가까웠으며, 임기는 2년으로 했다.

는 남한만의 총선거는 결국 국토의 분단을 가져올 수밖에 없다며 이를 거부하고, 북한과 협상을 통한 통일정부 구성을 위한 남북협상에 임하였으나[1] 오히려 김일성 단독정부 수립의 명분만 주고 끝나 버렸다.[2]

한편 이승만과 한민당 등은 남한만의 단독정부 수립을 주장하면서 1948년 5월 10일 총선거에 적극 임한 반면 김구 등의 통일국가주의자들의 선거 거부와 좌익계열의 불법화로 제헌의회는 이승만과 그 추종세력이 주를 이루게 되었다.

1948년 7월 17일 우리나라에서 최초로 실질적인 헌법이 제정, 공포되었다. 그리고 1948년 8월 15일에 대한민국 정부수립 선포식이 거행됨으로써 우리나라는 대한민국으로 정식으로 출범[3]하게 되었다. 이로써 우리나라는 일제강점기와 미군정을 거쳐 명실상부한 독립국가, 그것도 수천 년동안 내려오던 군주정이 아니라 민주공화정의 국가로서 새롭게 출발하게 되었다.

그러나 우리나라는 제국주의라는 세계적 조류 앞에 식민지로 전락했던 것과 비슷하게 동서냉전이라는 또 하나의 세계적 파도에 휩쓸려 이번에는 남북이 분단되어 남한에서는 자본주의 체제가, 북한에서는 공산주의 체제

---

1 김구는 1948년 4월 "…나는 통일된 조국을 건설하려다가 38선을 베고 쓰러질지언정 일신의 구차한 안일을 취하여 단독정부를 세우는 데는 협력하지 않겠다"는 내용의 「삼천만 동포에게 읍고함」이라는 성명서를 발표하고 북한으로 올라가 북한이 주장하는 '남북 정당·사회단체 연석회의'에 참석하고 김일성 등과 면담했다.

2 "반공적 입장으로 정평 있는 남한의 저명한 지도자들과 평양에서 연석회의를 갖는다는 것은 공산주의자들에게 그들의 주장이 '전 조선 인민'의 전폭적인 지지를 받고 있다는 주장을 할 수 있는 '황금의 기회'를 제공한 것이다. 북한 정권이 이 연석회담을 스스로의 합법성 구축에 이용했음은 물론이다."라고 역사학자들은 평가하고 있다.

3 초대 대통령은 이승만(부통령은 이시영), 국회의장은 신익희, 대법원장은 김병로, 국무총리는 이범석이었다.

가 들어서게 되었다. 이런 분단구조는 아직도 우리 민족이 해결하지 못한 과제로 남아 있다.

대한민국 제헌헌법, 1948년

5·10 선거 결과 선출된 198명[1]의 국회의원이 1948년 5월 31일 국회를 구성하고,[2] 헌법 제정을 준비했다. 6월 3일에는 서상일을 위원장으로 30인의 헌법기초위원회를 구성하고, 위 기초위원회는 헌법전문가를 중심으로 10명을 전문위원으로 선정 위촉하였다. 이 기초위원회는 유진오 안을 원안으로 하고, 최승열 안을 참고안으로 하여 초안을 작성했다. 양안 모두 국회를 양원제로 하고, 정부 형태를 의원내각제로 하며, 법률의 위헌심사권을 대법원에 부여한 것이었다.[3]

그러나 논의과정에서 국회는 단원제, 정부 형태는 대통령제, 법률의 위헌심사권은 헌법위원회가 갖는 것으로 바뀌었다. 이와 같이 의원내각제에서 대통령제로 바뀌게 된 가장 큰 이유는 미국식의 대통령이 되고 싶었던

---

1 의원의 정수는 298명이었으나 북한 지역에 배당된 100명을 제외한 198명으로 구성되었다. 결과는 무소속 의원이 의원 총수의 42.5퍼센트인 85명, 이승만의 대한독립촉성국민회가 55명, 김성수의 한민당이 29명이었으며, 이청천의 대동청년단 12석, 이범석의 민족청년단 6석, 기타 13석이었다.

2 의장에 이승만, 부의장에 신익희와 김동원이 선출되었다.

3 의원내각제를 초안하였던 유진오는 "그러나 국회와 정부와의 관계에 있어서 양자의 관계를 밀접하게 하여 의원내각제로 하느냐 이를 분리하여 대통령제로 하느냐 하는 문제는, 국회의 구성을 양원제로 하느냐 단원제로 하느냐 하는 문제와 달라서 쉽사리 양보할 수 없는 중대한 문제였다. 여러 해 동안 헌법학을 강의하고 연구하는 동안에 나로서는 이것은 반드시 의원내각제로 하여야 한다는 확신을 가지게 되었기 때문이다. 내가 섭렵한 미국학자들의 저서 중에도 미국식 대통령제가 반드시 좋다고 주장하는 사람은 거의 없었다"라고 하였다.

제헌국회 개원식 광경
1948년 5월 31일 현 중앙
청 회의실에서 개원식이 거
행되었고 이승만이 의장으로
선출되었다. 사회를 보고 있
는 사람이 이승만이다.

이승만의 주장 때문이었다.[1]

이승만은 임시정부 시대에도 임시헌법에서 대통령제를 채택하도록 하여
자신이 대통령으로 취임한 바가 있었는데, 이는 미국에서 오랫동안 활동했
던 그가 미국식 대통령제 아래의 대통령이 되고 싶었기 때문이다. 이렇게
제헌헌법에서 대통령제가 도입됨으로써 우리나라는 4·19혁명 헌법 시절의
잠시를 제외하고는 건국 이래 줄곧 대통령제를 유지하는 나라가 되었다.

이렇게 작성된 헌법 초안은 1948년 6월 23일 제16차 국회 본회의에 상

---

1 그 과정에 대하여 유진오는 다음과 같이 회고했다. "…내가 들어서자 김성수 씨는 나를 청하게 된 까닭을 설
  명했다. 대통령으로 모셔야 될 단 하나밖에 없는 이승만 박사가 의원내각제에 절대로 반대하는 태도를 변하지
  않는 이상 한국민주당도 더 이상 의원내각제를 고집할 수 없어 헌법을 대통령책임제로 바꾸는 데 찬성하기로
  했는데 그곳에 모인 사람들끼리 만들어보기는 했지만 역시 전문가의 의견을 들어야 하겠어 나를 청했다는 것
  이었다."

정되어 활발한 질의 토론을 거친 후 같은 해 7월 12일 통과됐다. 본회의에서 수정된 것은 외국인의 법적 지위 보장에 관한 조항을 첨가한 것제7조 제2항, '초등교육은 의무적이다'라는 데에 '적어도'라는 문구를 삽입한 것제16조 제1항 후단, 사기업에 있어서 근로자의 이익균점권을 규정한 것제18조 제2항, 혼인과 가족의 건강을 보호하는 규정을 신설한 것제20조, 국무총리의 임명에 국회의 승인을 필요로 하게 한 것제69조, 국회에서 예산통과가 늦어질 때는 가예산을 의결하기로 한 것제94조 등이었다.

제헌헌법은 전문, 제1장 총강, 제2장 국민의 권리의무, 제3장 국회, 제4장 정부, 제5장 법원, 제6장 경제, 제7장 재정, 제8장 지방자치, 제9장 헌법 개정, 제10장 부칙 순으로 총 103조로 구성되어 있다.

제헌헌법의 전문에서 '3·1운동으로 대한민국을 건립하여 …독립정신을 계승한다'고 하면서 헌법 제정에 있어 3·1운동 정신의 승계를 주장하였다. 우리 대한민국 헌법이 계승하는 민족사적 사건의 이념이 무엇인가에 대하여는 각 개헌 때마다 다르게 나타났는데, 박정희의 3공화국 헌법과 유신헌법에서는 3·1운동의 독립정신 외에도 4·19혁명과 5·16군사정변이 그 이념으로 등장했고, 전두환 헌법에서는 그중 4·19혁명과 5·16군사정변의 이념은 모두 빠졌다가, 87년 헌법에서는 4·19 민주이념은 부활시키되 5·16군사정변 이념은 빠지는 식이었다. 그러나 이 3·1운동의 독립정신은 9차 개헌 과정에서 한번도 빠짐없이 전문에 규정됨으로써 우리 대한민국 헌법의 기본정신이 대외의 침략에 항거한 3·1운동의 독립정신에 있음을 명백히 하고 있다.

3·1 독립정신 외에도 '유구한 역사와 전통에 빛나는 우리 대한국민은 …정의·인도와 동포애로써 민족의 단결을 공고히 하고 모든 사회적 폐습

을 타파하고,[1] 민주주의 제도를 수립하여[2] 정치·경제·사회·문화의 모든 영역에서 각인의 기회를 균등히 하고, 능력을 최고도로 발휘케 하며, 각인의 책임과 의무를 완수케 하여, 안으로는 국민생활의 균등한 향상을 기하고 밖으로는 항구적인 국제평화 유지에 노력하여 우리들과 우리들 자손의 안전과 자유와 행복을 영원히 확보할 것'을 결의하는 내용은 9차 개헌 과정에서도 거의 변함없이 전문에서 밝히고 있다.[3] 따라서 우리 국민이 헌법을 제정하는그리하여 대한민국이라는 국가를 창설하는 궁극적 목적은 우리들과 우리들 자손의 '안전, 자유와 행복'이며, 이를 위하여 민족의 단결, 사회적 폐습 타파, 기회의 균등, 능력의 발휘, 책임과 의무의 완수, 국민생활의 균등한 향상, 세계평화와 인류공영에의 기여 등을 할 수 있도록 해야 함이 우리 대한민국 국민이 헌법을 제정한 이래 지금까지의 기본적이고 절대적인 결의요, 결단이다.[4]

---

1 '정의·인도와 동포애로써 민족의 단결을 공고히 하고 모든 사회적 폐습을 타파하고'라는 구절은 유신헌법(1972년 헌법)에서 한 번 삭제되었다가 1980년 헌법에서 다시 부활되어 현행 헌법에도 그대로 존속하고 있다.

2 이 구절은 유신헌법에서 '자유민주적 기본질서를 더욱 공고히 하는 민주공화국을 건설함에 있어서'로 바뀌었다가 1980년 헌법에서는 '자유민주적 기본질서를 더욱 확고히 하여'라고 개정되고 현행 헌법에는 '자율과 조화를 바탕으로 자유민주적 기본질서를 더욱 확고히 하여'라고 되어 있다.

3 이외 조국의 평화적 통일의 사명에 대한 것이 유신헌법에 처음으로 나타나 현행 헌법까지 존속하고, 조국의 민주개혁의 사명이 현행 헌법에 처음으로 선언되었다.

4 다만 여기서 대한민국의 창설 이념을 설정하는 주체인 '우리들 대한국민'은 한반도 전체가 아니라 남한의 국민일 수밖에 없다. 그 결과 제헌헌법의 전문에 따르면 북한 지역의 우리 민족은 이와 같은 국가 창설의 울타리에서 완전히 벗어나 있다. 이러한 반성으로 유신헌법 이래 '조국의 평화적 통일의 사명'이 헌법 전문에 나타나 있으나, 이것으로 북한 지역에 대한 우리 국민들의 강렬한 통일의지와 북한 지역 주민들에 대한 '안전, 자유와 행복'에 대한 결의를 나타내기는 부족하다. 이에 비하여 독일 통일 전의 서독 기본법은 서독 지역의 모든 주를 언급하면서, '제주(諸州)의 독일 국민은 과도기의 국가생활에 새로운 질서를 확립하기 위하여 헌법 제정 권력에 의하여 이 독일연방 국가기본법을 의결한다. 독일 국민은 참여를 거부당하고 있는 독일인을 대신하여 행동하였다. 모든 독일 국민은 자유로운 자기결정에 따라 독일의 통일과 자유를 성취할 것이 요청된다'라고 규정하고 있다.

한편 이와 같은 전문은 우리 대한민국 국민들이 '대한민국'이라는 나라를 창설함에 있어 왜 대한민국이라는 나라를 건국하는지에 대한 이유를 밝히는 것일 뿐 아니라, 헌법이 국민들의 국가 창설에 대한 계약이라는 관점에서 본다면 우리 국민들의 국가 창설 계약의 근본 이유기도 하다. 따라서 이와 같은 전문은 단순한 선언이 아니라 우리 헌법을 지도하는 근본원리이자 각 조항의 해석기준이 될 수밖에 없다.

제1장 총강에서는 제1조에서 제7조까지 다음과 같이 규정되어 있다.

제1조 대한민국은 민주공화국이다.

제2조 대한민국의 주권은 국민에게 있고 모든 권력은 국민으로부터 나온다.

제3조 대한민국의 국민 되는 요건은 법률로써 정한다.

제4조 대한민국의 영토는 한반도와 그 부속도서로 한다.

제5조 대한민국은 정치, 경제, 사회, 문화의 모든 영역에 있어서 각인의 자유, 평등과 창의를 존중하고 보장하며 공공복리의 향상을 위하여 이를 보호하고 조정하는 의무를 진다.

제6조 대한민국은 모든 침략적인 전쟁을 부인한다. 국군은 국토방위의 신성한 의무를 수행함을 사명으로 한다.

제7조 비준 공포된 국제조약과 일반적으로 승인된 국제법규는 국내법과 동일한 효력을 가진다. 외국인의 법적 지위는 국제법과 국제조약의 범위 내에서 보장된다.

이 총강에서 대한민국의 국가 형태와 주권, 영토, 국민이라는 국가의 3요소에 대해 정하고, 침략전쟁의 부인과 국제조약 준수를 정하고 있다. 이 총강 규정 역시 9차 개헌에서 거의 내용 변화 없이 규정되어 오늘날 대한민국의 성격을 규정하고 있다.[1] 이 총강에서 정한 것은 우리 대한민국이 단군 이래 수천 년 동안 이어져 내려오던 왕조국가가 아니라 국민이 주인이 되는 국민주권의 나라, 민주주의의 여러 제도를 가진 왕이 없는 공화국이라는 것이다. 이것은 우리나라의 정치 및 국가 형태를 근본적으로 정한 것이다.[2]

한편 제3조 영토 조항에서 '대한민국의 영토는 한반도와 그 부속도서로 한다'고 규정하여 당시 실제적으로 통치권이 미치지 않은 북한 지역까지도 영토로 보았다. 이것은 우리와 처지가 비슷했던 서독 헌법 제23조에서 기본법의 적용 지역을 그 당시 서독 지역으로 한정하고, '독일의 그밖의 지역은 그들이 연방국에 가입한 후에 기본법이 효력을 발생한다'고 규정한 것과 대조되는 조항이다.[3]

제2장의 국민의 권리와 의무에 관련해서는 제8조 평등권 조항, 제9조 신체의 자유, 제10조 거주 이전의 자유, 주거의 자유, 제11조 통신비밀의 자유, 제12조 신앙과 양심의 자유, 제13조 언론·출판·집회·결사의 자

---

1 다만 제5조는 박정희의 62년 헌법 이래 삭제되었다. 헌법의 다른 규정에 비추어 국가의 당연한 의무이기 때문이다.

2 다만 이와 같은 국민주권, 민주공화국이라는 규정이 규정으로 그치는 것이 아니라 실제적 의의와 효력을 가지기 위하여 몇십 년의 민주화 투쟁이 필요했던 것은 주지의 사실이다. 그럼에도 불구하고 이와 같은 국가형태에 대한 근본 규정으로 권력자들은 형식적으로나마 국민의 선거나 국민투표, 국회 의결을 통하여 자신의 권력을 정당화하려 하였고, 국민들은 여기에 근거하여 저항하고 국민주권과 민주주의를 주장할 수 있었던 것이다.

3 이 영토 조항과 관련해서는 과연 북한의 실체를 인정하지 않는 이와 같은 규정이 통일을 위하여 바람직한 것인지 하는 논의가 치열하다.

유, 제14조 학문과 예술의 자유, 저작자·발명가·예술가의 권리 보호, 제 15조 재산권의 보장, 제16조 교육받을 권리, 제17조 근로의 권리와 의무, 제18조 노동권, 제19조 노령자 등의 국가보호를 받을 권리, 제20조 혼인 및 가족의 보호, 제21조 청원권, 제22조 판사에 의한 재판받을 권리, 제23 조 형벌불소급 및 일사부재리의 원칙, 제24조 형사피고인의 공개재판 받을 권리 및 형사보상권, 제25조 선거권, 제26조 공무담임권, 제27조 국가 배상청구권 등을 규정하면서 제28조에서는 국민의 모든 권리는 열거되지 아니한 이유로 경시되지 아니하며, 국민의 권리와 자유를 제한하는 법률 의 제정은 질서유지와 공공복리를 위하여 필요한 경우에 한한다는 일반규 정을 두었다. 이러한 우리나라의 권리장전이 오늘날 헌법에도 거의 그대 로 계수되고 있음은 물론이다.

다만 제헌헌법 제18조에는 '근로3권 외에도 영리를 목적으로 하는 사기 업에 있어서는 근로자는 법률이 정하는 바에 의하여 이익의 분배에 균점할 권리가 있다'고 하는 조항이 있었다. 그 당시 헌법제정권자들이 수정자본 주의적 입장을 깊이 받아들여 노동자의 권익을 위한 조항을 두었으나[1] 실 제 아무런 효력은 발휘하지 못하였고, 62년 헌법 이래 이것은 삭제되었 다.[2]

---

1 원래 이익균점권은 헌법기초위원회 안에는 없던 것이었으나, 근로자가 기업의 경영에 참가할 수 있는 경영참 가권과 함께 수정안으로 발의되었다. 결국 경영참가권과 이익균점권을 동시에 보장하는 수정안은 부결되고 이 익균점권을 인정하는 수정안은 가결되었다.

2 제헌헌법에서 4·19혁명헌법까지 헌법 개정은 전면개정 형식이 아니라 부분개정 형식으로 헌법이 개정되었 으므로 제헌헌법에서의 전문 및 권리의무의 장은 4·19혁명헌법까지 변함없이 그대로 이어졌다.

제헌헌법의 통치구조와 관련해서는 앞서 지적한 대로 대통령 중심제로 정부 형태를 구성하였다. 그럼에도 불구하고 대통령보다는 국회를 먼저 규정함으로써 국민대표기관으로서의 국회의 위상을 배려하였다. 이후 헌법 역시 모두 이 편제에 따랐다.[1]

국회는 4년 임기제제헌의원은 부칙 제102조에 의해 2년[2]의 단원제였다. 국회는 입법권, 예산심의권, 조약 등의 동의권, 국정감사권, 국무총리 등의 출석요구권, 대통령 등의 탄핵소추권, 불체포특권 및 면책특권이 인정되었다.

대통령부통령도 포함은 임기 4년으로 1차에 한하여 중임할 수 있는데, 국회에서 선출하기로 하였다. 대통령은 행정권의 수반이며 외국에 대하여 국가를 대표하는 자로서, 비상조치권, 대통령령제정권, 조약의 체결 및 비준 전쟁선포 및 강화권, 법률안 거부권, 국회출석 발언권, 국군통수권, 공무원 임면권, 사면권, 계엄선포권, 훈장수여권, 불소추특권 등의 권한이 부여되었다.

국무원은 대통령과 국무총리 기타 국무위원으로 구성되는데, 국무총리와 국무위원은 대통령이 임명하고다만 국무총리는 국회의 승인을 얻어야 한다, 국무회의의 의장은 대통령이 된다. 행정 각부의 장은 국무위원 중 대통령이 임명한다. 대통령이 수반으로 있는 정부는 법률안 제출권이 있고, 예산편성

---

1 다만 유신헌법에서는 통일주체국민회의가 국회보다 먼저 왔다.

2 초대 국회의원의 임기를 2년으로 한 것은 대통령 임기 중간에 중간평가적 성격으로 국회의원 선거가 있도록 하기 위한 것이다. 그리하여 이승만 정권 시절에는 1948년 국회의원 선거 및 대통령 선거(간선)가 있은 후, 1950년 국회의원 선거(2대), 1952년 대통령 선거(2대), 1954년 국회의원 선거(3대), 1956년 대통령 선거(3대), 1958년 국회의원 선거(4대), 1960년 대통령 선거(4대) 등으로 2년에 한 번 꼴로 국회의원 선거와 대통령 선거가 교차되었다.

권, 국회출석 발언권, 총리령 혹은 부령제정권 등이 있었다.

사법부는 법관으로 구성하되 임기는 10년이고, 중임할 수 있으며, 대법원장은 대통령이 임명하되 국회가 승인한다. 이외에도 부통령이 재판장을 맡고, 대법관 5인, 국회의원 5인의 재판관으로 구성된 탄핵재판소가 있었고, 이와 동일한 방식으로 구성된 헌법위원회가 있어 법률의 위헌 여부를 심사하였다.

경제 질서와 관련해 제헌헌법은 그 당시 사회주의의 영향을 많이 받아 고전적 자본주의에 대하여 수정을 많이 가하였다. 대한민국의 경제 질서는 모든 국민에게 생활의 기본적 수요를 충족할 수 있게 하는 사회정의의 실현과 균형 있는 국민경제의 발전을 기함을 기본으로 삼는데, 각인各人의 경제상 자유는 이 한계 내에서 보장된다제84조. 그리고 광물 기타 중요한 자원은 국유로 하고제85조, 농지는 농민에게 분배하고제86조, 중요한 운수, 통신 등 공공성을 가진 기업은 국영 또는 공영으로 하고 대외무역은 국가의 통제 하에 두며제87조, 국방상 또는 국민생활상 긴절한 필요에 의하여 사영기업을 국유 또는 공유로 이전하거나 또는 그 경영을 법률로써 통제, 관리할 수 있다제88조.

이러한 조항을 보면 제헌헌법은 마치 공산주의에는 미치지 못하지만 서구식 사회주의 국가의 경제 질서를 우리나라에 도입하려고 했던 것처럼 보인다. 그러나 이 조항이 갓 태어난 대한민국의 경제 질서와 어울리지 않는다는 것이 곧 밝혀졌고, 통치구조 외 거의 다른 헌법 조문에 대하여 손을 대지 않았던 이승만의 2차 개헌 때, 광물 기타 중요한 자원에 대한 국유 규정 및 중요한 운송 등 공공기업의 국영 또는 공영 규정은 삭제되고, 사기업을 긴절한 필요에 의하여 국유 또는 공유를 할 수 있던 것을 특별한 경우를 제외하고 할 수 없게 하였으며, 대외무역도 무조건 국가가 통제하는 것이 아니라 법률이 정하는 바에 따라 통제하도록 했다.

이후 62년 헌법에 이르러 경제상 자유의 한계를 설정한 규정84조을 개정하여 오히려 '대한민국의 경제 질서는 개인의 경제상의 자유와 창의를 존중함을 기본으로 한다'라고 자본주의 시장경제원리를 천명하고 현행 헌법까지 이를 이어오고 있다. 또한 농지의 농민 분배 조항도 삭제되고 소작제도 금지조항이 들어와 제헌헌법이 지녔던 과도한 사회주의적 편향성이 시정되었다. 마지막으로 헌법 개정은 대통령과 국회의원 재적의원 3분의 1 찬성으로 제안하되, 국회의원 재적의원 3분의 2 이상 찬성으로 개정할 수 있게 하였다따라서 지금과 같이 국민투표를 거칠 필요는 없었다.[1]

제헌헌법은 우리나라 최초의 실제적 헌법으로 우리나라 헌정질서를 정하는 중요한 역할을 하였다. 특히 많은 정치지도자들이 의원내각제를 원하였음에도 이승만이라는 정치인에 의하여 대통령제를 시행하게 된 것은 우리나라 이후 역사에 지대한 영향을 미쳤다.

이것은 프랑스 해방 이후 국민의 압도적 지지를 받던 드골의 주장에도 불구하고 프랑스 제4공화국이 의원내각제를 채택한 것과 비교되는 점이다. 의원내각제가 그 당시 민주헌정의 경험이 거의 없고 남북한이 대치되는 상황에서 정국의 불안정을 야기할 수밖에 없었을 것이라는 주장도 있지만, 우리나라처럼 동서로 분단된 독일에서 오히려 대통령제의 반성으로 의원내각제를 채택한 점에 비추어 보면 반드시 옳은 주장은 아닐 것이다.

---

1 국민투표제도가 도입된 것은 박정희의 1962년 헌법부터다.

결과적으로 우리는 대통령제를 선택했고, 이 제도가 가진 약점인 대통령의 독재화라는, 미국을 제외한 여타 대통령제의 신생독립국의 경험이 우리나라에도 그대로 반복되었다. 특히 권력지향적인 이승만이 종신집권을 꾀함으로써,[1] 우리나라에서도 서구에서와 같이 실질적인 국민주권을 이루고 민주주의를 쟁취하기 위해 국민들의 피나는 노력이 필요했다.

　한편 당시 국회와 이승만의 타협으로 도입되었던 국무총리 및 국무위원 제도, 정부의 법률제출권 및 예산편성권, 국무총리 및 국무위원의 국회출석권 등 의원내각제적 요소들은 아직도 우리 헌법에 남아 우리나라 특유의 헌법적 요소가 되고 있다.

　특히 국가원수면서 동시에 실질적인 행정부의 모든 권한을 행사하는 대통령제 하에서 다시 행정을 총괄하는 국무총리를 둠으로써 대통령은 마치 입헌군주제의 군주와 같은 지위를 갖게 되었다. 즉 국무총리를 국회나 사법부에 대등한 위치에 있는 행정부를 총괄하는 지위로 만들어내면서도 국무총리는 국회에 책임을 지는 것이 아니라 대통령의 신임에 의존하도록 함으로써, 대통령은 마치 3부를 통할하는 듯한 위치가 된 것이다. 이런 구조는 결국 국무총리가 대통령 실정에 대한 방패막이 역할을 하게 하여 대통령의 권위주의적 통치가 가능하도록 하였다.

　그리고 대통령제면서도 국회의 가장 본질적 권한인 법률제출권과 예산편성권을 정부에 부여하고 이 제도가 고착화됨으로써 국회가 정부가 만든

1　미국의 워싱턴이 미국 독립혁명의 총사령관으로서 제헌의회의 성격이었던 필라델피아회의 의장으로서 역할을 하고 초대 대통령으로 당선된 이후 중임한 이후 3선을 거부하고 고향으로 돌아가 평범한 시민으로 돌아감으로써 미국 대통령의 귀감이 되었던 것에 비추어 너무나 아쉬운 대목이 아닐 수 없다.

법을 통과시키기만 하는 통법부가 되거나 편성된 예산을 삭감만 할 수 있는 반쪽자리 예산기관으로 전락하였다. 이 결과 우리나라 헌정사의 가장 큰 폐해인 '강한 정부, 약한 의회'의 구도가 고착화되었다.

조선민주주의인민공화국 수립과 북한 헌법의 제정, 1948년

남한 지역에 여운형의 건국준비위원회 등이 결성되어 독립정부 구성을 위한 우리 민족의 자발적인 노력이 있었던 것과 마찬가지로, 북한 지역에도 1945년 8월 17일 민족주의자인 조만식을 중심으로 한 평남건국준비위원회[1]가 만들어지고 치안유지 활동을 개시했다. 공산주의자들도 같은 날 조선공산당 평남지구위원회를 결성하였다. 그 외에도 각 지역마다 자치조직이 생겨나 치안 및 일본인 재산의 접수와 관리를 맡았다.[2]

1945년 8월 9일 일본군과 전투를 개시한 소련이 같은 달 21일 원산항에 상륙하고 22일 일본으로부터 공식적으로 항복을 받고, 26일에는 평양에 입성하였다. 소련은 평남건국준비위원회를 평남인민정치위원회로 개편하도록 중재하고 이 위원회에 그 지역의 행정권을 이양하는 등 각 지역의 자발적인 인민위원회[3]에 행정권을 이양하는 작업을 시작하였다. 그리고

---

1 여운형의 건준과는 전혀 별개의 단체였다.

2 자치조직의 성격은 그 지방에서 전개되었던 항일민족해방운동의 성격과 밀접한 관련이 있었다. 즉 그것은 좌·우익의 세력 판도에 의해 결정되었다. 민족 진영이 강한 평안도 지역에서는 자치조직에 우익이 강한 영향력을 행사하였으나 함경도는 그 반대였다. 황해도는 중간 형태로서 좌·우익의 조직들이 대등하게 조직되었다.

3 각 인민위원회는 대개 좌우합작 형태로 구성되었다. 예를 들어 평남인민정치위원회는 민족주의자와 공산주의자 각 16명으로 구성되었다.

1945년 10월 8일 평양에서는 5도인민위원회 연합회의가 개최되어 이북 5도의 행정을 통일하고 중앙집권적인 체계를 만들려는 시도가 있었다.

그러나 이 회의는 각급 지방인민위원회를 선거로 선출한다는 것만 정하고 나머지 체계적인 행정기구를 만들지 못하였다. 이후 1945년 11월 '북조선 5도 행정국'이 소련에 의하여 만들어짐으로써 비로소 중앙행정기구가 생겨났다.[1]

이런 가운데 북한 지역을 근거지로 한 독립운동가들이 속속 귀국하였는데, 만주 지역에서 항일무장투쟁을 이끌었다고 알려진 33세의 김일성을 비롯해 만주계 공산주의자들, 조선의용군이라는 무장부대를 거느리고 실제 중국 공산군과 함께 일본군과 전쟁을 치른 김두봉, 무정 등을 지도자로 하는 조선독립동맹계연안에서 활동해서 연안계라고도 한다 공산주의자들, 그리고 독립운동가는 아니나 소련의 필요에 의하여 소련 영토 내에 거주하던 조선인 중 차출된 사람들이 그들이다. 김일성은 1945년 10월 10일[2] 조선공산당 북조선분국을 설치하여 지도자가 되었고, 김두봉 등의 연안계는 조선신민당을 만들어 독자적 활동을 하였으나, 이 두 당은 이후 1946년 8월 합당하여 '북조선로동당'이 되었다.[3]

그런데 1945년 12월 모스크바 3상회의 결과가 전해지자, 민족주의자인 조만식은 이 결정이 신탁통치안에 지나지 않는다고 주장하면서 이를 받아

---

1 각 국의 국장은 각 정당 혹은 무소속의 조선인이 되고, 소련군 사령부의 대표는 고문을 맡았다. 5도 행정국은 산업국, 교육국, 보안국 등 10개국이 설치되었다.

2 이날을 북한에서는 조선로동당 창건일로 정하여 기념하고 있다.

3 이 북조선로동당은 이후 1949년 6월 남로당을 흡수하여 조선로동당이 되어 북한의 유일독재정당이 되었다.

들이지 않았다. 그러나 소련은 조만식을 연금하고 북한 전역이 모스크바 3상회의 결과를 받아들이는 분위기를 조성하였다. 이는 남한 지역에서 반탁의 열기가 불어닥쳐 온 국민이 반탁의 분위기에 휩싸였던 것과는 대조적이었다. 이런 와중에 1946년 2월에 북한의 임시 최고 권력기관으로 '북조선임시인민위원회'가 결성되고 김일성이 위원장으로 나서면서 우익은 거세당하고 좌익이 북한의 주도권을 완전히 장악하게 되었다. 이 기구는 사실상 북한의 임시정부와 같은 역할을 하였는데, 각 지방 인민위원회를 총괄하는 중앙권력기구로서 5도 행정국 10국에다 기획·선전·노동·총무의 4개 부서를 증설·보완하여 체계화한 것이었다.

북조선임시인민위원회는 1946년 3월 5일, '북조선 토지개혁에 관한 법령'을 발표하고 북한 지역에서의 농지개혁을 단행, 일본과 일본인 소유의 토지뿐만 아니라 민족반역행위자, 월남자, 지주들의 토지를 몰수하여 농민에게 분배하여 주었다. 이로써 농민들의 절대적 지지를 얻었고, 같은 해

6월에는 '북조선 로동자 및 사무원에 대한 로동법령'을 제정하여 8시간 노동제, 여성 출산휴가제를 비롯한 근대적 노동법을 도입하여 노동자들의 지지를 이끌었다. 그리고 같은 해 8월에는 중요 산업시설에 대한 국유화 조치를 단행하였다.

이러한 혁명적 제도개혁과 더불어 인민들로부터 주권을 위임받는 절차 선거를 통하여 북조선에서의 임시정부를 구성하는 과정에 들어갔다. 그리하여 같은 해 9월 13일, 제2차 확대위원회에서 각급 인민위원회의 선거를 결정하고 같은 해 11월 3일 도·시·군 인민위원회 선거가 치러졌다. 이 선거를 토대로 1947년 2월에는 북조선 도·시·군 인민위원회 대회가 개최되어 대의원 선거 규정에 따라 '북조선인민회의'를 구성하였다.

이 북조선인민회의는 '조선에 민주주의 임시정부가 수립되기까지 북조선 인민정권의 최고기관'으로서, 입법권의 행사와 더불어 제정된 법령을 집행할 수 있는 인민위원회를 조직하는 국가의 최고권력을 행사하는 기관이다. 그리고 이 북조선인민회의는 '조선에 민주주의임시정부가 수립되기까지 북조선 인민정권의 최고집행기관'인 '북조선인민위원회'를 구성하였는데, 그 위원장이 김일성이었다. 이로써 김일성을 중심으로 하는 노동당은 북한을 확고히 지배할 수 있는 정치·사회적 기반과 제도적 발판을 마련하였다.

그런데 모스크바 3상회의에 따라 개최된 미·소 공동위원회가 1, 2차 개회에도 불구하고 1947년 10월 공식적으로 결렬되었고, 이 후속 조치로서 소련은 미·소 양군의 철수와 자주적 정부수립을 주장했고 미국은 유엔을 통한 통일 정부의 수립을 주장했다. 유엔에 한반도 문제가 상정되어 자유 총선거에 의한 통일정부수립 결의가 있었으나, 북한에서는 이를 거부했고, 결국 유엔은 선거 가능한 지역에서만 선거를 치르기로 결정하였다.

이에 북한에서는 단독 선거를 반대하는 김구와 김규식 등을 초청해 1948년 4월 19일 '전조선 제정당·사회단체 연석회의'를 개최하였으나, 이는 결국 명분을 위한 것이었을 뿐 이미 남한에서의 단독선거를 막을 수 있는 것은 아니었다. 결국 남한에서는 5월 10일 총선거가 실시되었고, 북한에서도 총선거를 통해 조선최고인민회의 대의원을 선출하기로 하되, 남쪽에서는 대의원 선거가 공개적으로 불가능하므로 비밀지하선거를 실시하기로 결정하였다. 이로써 8월 25일 총선거가 실시되어 조선최고인민회의 대의원이 선출되었고,[1] 9월 2일 평양에서 제1차 조선최고인민회의가 개최되었다. 이 회의에서 북한의 헌법이 제정되었고, 9월 9일 정부 수립을 선포하였다. 이로써 한반도에는 대한민국과 조선민주주의인민공화국이라는 두 개의 분단 국가가 성립되었다.

이러한 정치적 배경 아래에 제정된 북한 헌법은 총 10장, 104개조로 구성되었다. 제1장은 근본원칙을 정한 것으로, 국호를 조선민주주의인민공화국이라 하고제1조, 주권은 인민에게 있으며, 주권은 인민이 최고주권기관인 최고인민회의와 지방주권기관인 인민위원회를 근거로 하여 행사한

---

1 북에서는 선거구 212개에 모두 1,217명의 후보가 나왔는데, 그중 227명이 북조선로동당을 비롯한 주요 정당들의 연합체인 북조선민주주의민족전선의 공동후보였다. 투표는 흑백함에 찬성 또는 반대표를 던지는 찬반투표였는데, 유권자들은 212명의 공동후보에게 98.49퍼센트의 찬성표를 던졌다. 이렇게 북한 지역은 대의원 212명이 선출되었다. 남쪽에서는 7월 중순부터 조선최고인민회의 대의원 선거를 치를 대표자들을 선출하는 예비 선거에 돌입하여 1,080명이 선출되어, 8월 23일부터 25일까지 해주에서 '조선최고인민회의 대의원 선거를 위한 남조선인민대표자회의' 본회의를 개최하여 대의원 360명을 선출하였다. 이리하여 남과 북에서 조선최고인민회의 대의원 572명을 선출했다.

다는 것제2조 등이 규정되어 있다. 제2장은 공민의 기본적 권리와 의무를 규정했고, 제3장에는 최고주권기관이라는 명칭으로 최고인민회의와 최고인민회의 상임위원회를 규정했다.

이 최고인민회의는 공산주의 국가들의 헌법에 있어 공통적인 권력집중형 인민대표 기관으로서, 구소련의 '전연방소비에트대회'나 중국의 '전국인민대표대회'와 같은 성격의 기구다. 최고인민회의 대의원은 인구 5만에 1명의 비율로 선출되는데 임기는 3년이다. 최고인민회의는 내각을 조직하고 입법권을 행사하며 예산을 승인하고 최고재판소의 선거 및 검사총장의 임명 권한이 있다제37조. 최고인민회의 상임위원회는 최고인민회의의 휴회 중의 최고주권기관으로 최고인민회의의 모든 권한을 행사하는 것이 아니라 일부만 대행한다.

제4장에는 국가중앙집행기관에 관한 규정이 있다. 국가주권의 최고집행기관을 내각으로 정하고, 내각은 수상, 부수상, 3명의 위원장과 20명의 상들로 구성되었다.[1] 수상은 조선민주주의인민공화국 정부의 수석으로서 내각회의를 소집하고 지도하여제59조 결국 북한의 최고지도자에 해당한다. 김일성은 이 헌법에 따라 수상에 취임하였다. 제5장에서는 지방주권기관으로서 각급 인민위원회를 규정하였는데 각급 인민위원회의 집행기관은 상무위원회다.

제6장에서는 재판소 및 검찰소에 대하여 규정하고 제7장에서는 국가예

---

1 국가계획위원회 위원장, 국가건설위원회 위원장, 인민검열위원회 위원장 등 3인의 위원장과 민족보위장, 내무상, 외무상, 전기상, 수산상, 무임소상 등 20명의 상들로 구성된다(58조).

산에 대하여 규정하였는데, 예산은 내각이 편성하고 최고인민회의의 승인을 받도록 하였다. 제8장에서는 조선인민군을 조선민주주의인민공화국을 보위하기 위하여 조직하도록 했고, 제9장에서는 국장, 국기 및 수부를 정했는데, 당시 조선민주주의인민공화국의 수부수도는 서울시로 규정되었다 103조. 제10장에서는 헌법 수정 절차를 규정했는데, 최고인민회의 대의원 전원의 3분의 2 이상의 발의에 의하여 최고인민회의에서 수정하도록 했다.

북한의 제헌헌법은 권력체제 면에서 전통적인 인민주권을 바탕으로 인민들이 선출한 국가의 최고주권기관인 인민들의 대표자회의최고인민회의가 주권행사기관을 구성하여 입법권뿐 아니라 집행권 및 사법권까지도 구성 감독한다. 이런 점에서 서구식 삼권분립에 기초한 권력체제와 다른 공산국가적 권력체제라고 할 수 있다.

그러나 이 헌법이 공산주의 혹은 사회주의 헌법이라고 규정하기 힘든 것은 경제체제 면에서 개인의 생산수단 보유를 인정할 뿐 아니라[1] 나아가 이를 법적으로 보호하고 있기 때문이다.[2] 그리고 이 헌법에서 규정하고 있는 공민의 권리의무도 실제 그 보장은 별론으로 하더라도 서구식 헌법과 별다른 차이가 없다.

오히려 이 헌법의 특성이라고 할 만한 것은 해방 직후 일제 및 봉건주의의 청산에 대해 헌법에서 명확히 이를 규정한 것이다. 그리하여 제6조에서

---

1 조선민주주의인민공화국의 생산수산은 국가, 협동단체 또는 개인자연인이나 개인법인의 소유다(5조).

2 법령에 규정한 토지, 축력, 농구 기타 생산수단, 중소산업, 기업소, 중소상업기관, 원료, 제조품, 주택과 그 부속시설, 가정용품, 수입, 저금에 대한 개인소유는 법적으로 보호한다. 개인소유에 대한 상속권은 법적으로 보장한다. 개인경리의 창발력을 보장한다(제8조).

는 '전 일본 국가와 일본인의 소유 토지 및 조선인 지주의 소유 토지는 몰수한다.'고 규정할 뿐 아니라 친일분자에 대하여는 선거권 및 피선거권도 박탈하였다제12조. 이와 같은 헌법의 특성은 북한에서 정권이 들어설 당시에는 북한에서의 공산당조선노동당의 헤게모니가 완전히 확립되지 않았을 뿐 아니라, 한반도 전역에서 북한 정권의 국민적 지지를 확보하여 종국적으로 남한과의 통일을 염두에 둔 과도적인 헌법이었음을 보여준다. 이런 북한 제헌헌법의 특성은 1972년에 제정된 북한의 '조선민주주의인민공화국 사회주의헌법'과 비교하면 더욱 선명해진다.

이승만의 발췌개헌(1차 개헌), 1952년

우리나라 헌법 역사의 비극은 한국전쟁이라는 전대미문의 참화 속에서 권력자가 자신의 권력을 연장하기 위하여 물리력을 동원하여 헌법 개정을 했다는 데서 시작되었다.

이후 헌법은 국민들의 요구보다는 최고권력자인 대통령이 자신의 권력을 연장하거나 권력을 강화하기 위하여 혹은 탈취한 권력을 정당화하기 위하여 개정되었다. 9차례의 개정 중 국민들의 요구에 의하여 헌법이 개정된 것은 4·19혁명 이후의 의원내각제 개헌, 6월 민주화운동 이후의 대통령 직선제 개헌과 같이 국민의 힘으로 떨쳐 일어날 때뿐이었다. 서구의 역사 속에서 국민과 권력자의 피나는 투쟁 속에 쟁취되었던 헌법의 기본원리인 국민주권, 민주주의 및 법치주의 원리가 우리 대한민국에서도 그 이름뿐이 아니라 생명력을 얻기 위해 대한민국 국민들의 민주화를 향한 투쟁을 요구했던 것이다.

**발췌개헌 당시
거수하는 국회의원들**

한국전쟁 중 이승만은 임시수
도인 부산에서 계엄령을 선포하
고 국회 프락치 사건 등을 조작
하는 방법으로 국회를 협박, 발
췌개헌을 하였다. 이로써 헌법
은 대통령 개인의 집권 연장을
위한 도구로 전락되고, 역사의
고비마다 이런 행태는 반복되었
다. 사진은 1952년 7월 3일 발
췌개헌안을 심의하고 있는 부산
피난 국회 본회의장이다.

    1950년 한국전쟁 발발 직전 5월 30일에 실시된 제2대 국회의원 선거[1]에
서 210명 중 이승만에 반대하는 중도, 무소속이 대거 당선되는 결과가 나
타났다.[2] 이것은 국민이 기성 정당에 대한 혐오감과 동시에 초대 국회의원
선거에 참여하지 않았던 많은 중도세력과 남북협상세력들이 대거 무소속
으로 참여한 까닭이었다. 이승만의 4년 임기가 끝나는 1952년에 치러야
할 대통령 선거에서 이승만이 이길 가망이 없게 된 것이다. 그런데 총선이
치러진 그다음 달인 6월 25일 우리 민족의 최대의 비극인 한국전쟁이 발
발하고 말았다.

    북한 인민군은 개전 4일 만에 서울을 점령하고, 8월과 9월 사이에는 경

---

1 1948년 초대 국회의원은 헌법의 부칙에 따라 그 임기가 2년이었다.

2 210명 중 무소속 126명, 민주국민당(민국당) 24명, 대한국민신당(국민당) 24명, 국민회 14명, 대한청년단 10
  명, 기타 12명 등이다.

주, 영천, 대구, 창녕, 마산을 연결하는 경상남북도의 일부만 남기고 국토 전체를 점령하였다. 그러나 이후 미국을 비롯한 16개국의 유엔군이 참전을 결정하고 같은 해 9월 15일 인천상륙작전을 감행하여 성공함으로써 전세는 역전되었다. 연합군은 서울을 탈환, 38선을 넘어 압록강변까지 나아갔다. 그런데 그해 10월 중국군이 개입하는 바람에 12월 다시 38선 가까이까지 밀렸다.[1] 1951년 6월에는 휴전 교섭에 들어감과 동시에 휴전 교섭이 완전히 끝난 1953년 7월 27일까지 어느 쪽도 압도적 우위를 점하지 못한 채 현재의 휴전선 부근에서 지루하고 참혹한 전쟁이 계속되었다.

이런 와중에 국회에서의 간선제로는 대통령으로 당선될 가망이 없음을 예상한 이승만이 대통령 직선제 개헌 및 양원제를 골자로 하는 개헌안을 1951년 11월에 제출하고, 같은 해 12월에는 자신을 지지해줄 자유당을 창당하였다. 그러나 이 개헌안은 1952년 1월 국회에서 부결되었다.[2] 한편 야당은 초대 의회 시절인 1950년 3월 14일에 이미 의원내각제로 개헌을 추진했다가 부결된 바 있었는데,[3] 대통령 선거가 있을 해인 1952년 4월 유리해진 국회의원 분포를 이용하여 의원내각제 개헌안을 다시 국회에 제출했다. 이에 여당에서는 5월 부결되었던 대통령 직선 제안을 다시 제출했다.

이승만은 1952년 5월 25일 한국전쟁을 기화로 임시 수도였던 부산을 중

---

1 1950년 12월 26일 북한 인민군이 38선을 넘어 남하하고 1951년 1월 4일 서울을 점령하여 한국 정부는 부산으로 이전하였다(1·4후퇴). 그러나 같은 해 3월 25일 유엔군이 다시 38선을 돌파하였다.

2 재석 163명 중 찬성 19표, 반대 143표, 기권 1표였다.

3 한민당이 신익희 등 명망가들과 통합하여 민주국민당(민국당)을 1949년 2월 10일 창당하였고, 이후 민국당 주도로 의원내각제 개헌안이 발의되었다. 그러나 재석 179명 중 찬성 79표, 반대 33표, 기권 66표, 무효 1표로 부결되었다.

심으로 한 일원에 계엄령을 선포하고, '백골단' '땃벌대' 등 정체 모를 폭력조직이 생겨나 국회의원들에게 협박장을 보내고 국회의원 소환 벽보를 붙이며 심지어 국회해산을 요구하였다. 급기야 같은 해 5월 26일 헌병대는 국회 통근버스를 견인차를 동원해 통째로 끌고가 야당 국회의원 10여 명을 국제공산당의 자금을 받았다는 혐의로 연행하는 등 온갖 폭력과 불법수단을 동원하여 국회의원들을 압박해나갔다부산 정치파동. 같은 달 29일 김성수 부통령은 불법행위를 규탄하며 부통령직 사퇴 성명서를 발표하고 국회도 구속된 국회의원들에 대한 석방결의안을 채택하였다. 그러나 오히려 이승만은 6월 30일 대통령 직선제와 국회 양원제를 골자로 하는 발췌 개헌안을 통과시킬 것을 요구하면서 만약 국회가 이를 거부하면 해산시키 겠다고 위협하였다. 이런 가운데 1952년 7월 4일 밤 경찰의 삼엄한 포위 속에서 정부 여당의 대통령 직선제 개헌안에 야당의 의원내각제 개헌안 일부를 절충한 개헌안을 기립표결로 통과시켰다출석 의원 166명, 찬성 163명, 기권 3명. 한국전쟁이란 비극 속에 우리나라 헌법이 물리력을 동원한 독재권 력에 의해 유린되면서 헌법이 오히려 장기독재를 위한 도구로 전락하는 계기가 되었다.[1] 결국 1차 개헌을 통하여 이승만은 1952년 8월 5일 제2대 대통령에 당선될 수 있었다.[2]

---

1 부산 정치파동은 전쟁 중 임시 수도 부산에서 벌어진 이승만의 집권 연장을 위한 폭력적인 정치 탄압이었다. 이 사건은 이후 이승만 장기독재의 시발점이 되었다는 점에서, 그리고 경찰과 폭력단·우익청년단 등을 동원 한 국가권력의 직접적인 정치폭력이었다는 점에서 정치사에 길이 남을 사건이었다. 이후에 행해지는 모든 탈법적 정치폭력이나 날치기는 이 부산 정치파동을 모범으로 삼고 있다고 해도 과언이 아니다.

2 부통령은 무소속의 함태영이 자유당의 이범석을 누르고 당선되었는데, 이승만이 이범석을 견제하기 위해 함태영을 지지했기 때문이다.

얼핏 오늘날의 관점에서 보면 당연한 것 같은 대통령 직선제가 그 당시에는 권력자가 국민주권의 이름을 빌려 자신의 불법을 정당화시키기 위해 동원되었다. 그것이 가능하였던 것은 당시 대한민국은 오늘날과 같은 성숙한 시민사회가 형성되지 않았고, 한편으로는 한국전쟁이라는 특수한 상황에서 국민들이 정치적 상황을 객관적으로 바라볼 수 있는 상태가 아니었기 때문이다. 따라서 권력자는 정부를 마치 자신의 사조직처럼 동원하여 불법적이고 부정적인 투표를 감행할 수 있었다. 이와 같이 국민의 이름을 빌려 독재권력의 정당성을 얻는 방법은 프랑스의 나폴레옹 이래 숱하게 있어 왔고, 우리나라에도 1980년대 전두환 정권 시절까지도 이런 방법이 동원되었다.

제1차 발췌개헌의 내용은 오로지 통치구조 부분에만 한정되었다. 이승만이 요구했던 대통령^{부통령} 선출은 직선제로 개정되었고, 국회는 민의원과 참의원으로 구성하게 했다. 민의원 의원은 4년, 참의원 의원은 6년의 임기로 하되 2년마다 의원 3분의 1을 개선한다.[1] 법률안 기타 의안에 관하여 양원의 의견이 일치하지 아니할 때에는 각 원의 재적과반수가 출석한 양원합동위원회에서 출석의원 과반수로서 의결한다. 국무위원은 국무총리의 제청으로 대통령이 임면하고, 국무총리와 국무위원은 국무원에 속하는 일반국무에 대하여는 연대하여 개인의 행위에 대하여는 개별적으로 국회에 대하여 책임진다. 민의원에서 국무원불신임결의를 하였거나 민의원

---

1 처음 시행되는 참의원 선거에서는 득표수에 따라 참의원 의원을 제1부, 제2부, 제3부로 나누고 제1부 의원의 임기는 6년, 제2부는 4년, 제3부는 2년으로 정해 2년마다 참의원 3분의 1이 개선되도록 하였다(부칙).

총선거 최초에 집회된 민의원에서 신임결의를 얻지 못한 때에는 국무원은 총사직해야 한다. 헌법 개정은 대통령, 민의원 재적 3분의 2 이상, 참의원 재적 3분의 2 찬성으로 제안하되, 헌법 개정 의결은 양원에서 각각 재적 3분의 2 이상의 찬성으로 하도록 했다.

발췌개헌이 합헌적인 절차에 의하지 아니한 것은 명백하다. 야당안과 정부안은 각각 공고되었으나, 이를 발췌한 개헌안은 국회에서 정식으로 독회를 거치지도 않고 가결된 것이기 때문에 공고의 절차를 위반한 것이었다. 게다가 국회의사당이 군대에 의해 포위되고 국회의원의 토론의 자유 없이 강행된 것이기 때문에 더욱 그러하다. 이와 같이 집권자의 권력욕을 채우기 위해 불법적인 개헌이 이루어진 것은 우리나라 헌정사의 암울했던 과거를 보여주는 상징과도 같은 것이 되었다.

1차 발췌개헌의 가장 중요한 목적은 이승만이 대통령 간선제를 직선제로 고쳐 대통령 선거를 용이하게 하려는 데 있었다. 그러나 그 외에도 우리 헌법에서 처음으로 양원제를 도입했다. 즉 임기 6년의 참의원제도를 도입해 참의원이 민의원과 대등한 위치에서[1] 법률안 및 기타 의안을 심의하게 하였다.[2] 양원제는 주로 신분제도를 유지하는 나라에서 도입하는 것이 일반적이나 우리나라에는 이른바 '민주형 양원제'로서 상·하원 모두가

---

1 즉 양원의 의견이 다를 경우 민의원이 재심의 의결할 수 있는 것이 아니라 민의원 참의원 합동위원회에서 의결하도록 했다. 이에 비하여 순수 내각책임제를 채택하였던 4·19혁명 헌법은 민의원에서 재심의·의결해 결정했다.

2 다만 법률안 기타 의안은 먼저 민의원에 제출하도록 하고, 국무총리와 대법원장의 임명에 관한 의안은 참의원에 먼저 제출할 수 있도록 하였으며, 내각(국무원) 불신임권은 민의원에게만 주어졌고, 탄핵재판소의 국회 몫 5인은 참의원 의원이, 헌법위원회 국회 몫 5인 중 3인은 민의원 의원이 2인은 참의원 의원이 맡게 되어 있는 등의 차이가 있었다.

일반 민선의원으로 구성되는 형태였다. 양원제는 귀족원이나 지방원 같은 경우는 상원의 역할이 뚜렷한 반면, 민주형 상원의 경우에는 그 역할이 뚜렷하지 못하다. 다만 다수당의 전제를 방지하고 국회에서의 의안 처리에 있어 경솔, 부당한 의결과 과오를 피하며 정부와 국회간의 충돌을 완화하는 기능을 할 수는 있을 것이다. 그러나 이것은 역으로 말하면 국회가 상·하원으로 나누어져 국회의 대정부 견제기능을 약화시킬 수 있고, 비용이 많이 들며, 의결이 지연되는 단점도 있는 제도다.

한편 국회의 개헌안 내용이었던 의원내각제의 요소도 일부 도입하였는데, 국무위원을 국무총리의 제청에 의하여 대통령이 임면하게 함으로써 국무총리가 의원내각제의 수상과 같은 조각권을 행사할 수 있도록 하고, 내각국무원에 대해서는 국회민의원에서 불신임 의결을 하거나 총선거 직후 집회된 민의원에서 신임 의결을 얻지 못하는 경우에는 내각이 총사퇴하게 함으로써 내각이 대통령뿐만 아니라 국회에도 정치적 책임을 지게했다.

그러나 이런 양원제와 의원내각제적 요소의 헌법 도입은 이승만의 대통령 직선제 개헌을 위한 들러리 조항으로서 참의원 선거는 실제 이루어지지 않았고, 국무총리의 조각권, 내각의 국회에 대한 책임제도도 2년 뒤 다시 개헌으로 말미암아 없어지거나 유명무실해졌다.

이승만의 사사오입 개헌(2차 개헌), 1954년

한국전쟁이 끝난 1954년 5월 20일에 치러진 3대 국회의원민의원 선거에서 이승만의 자유당이 후진적 부정선거를 바탕으로 압승을 거두었다. 이에 자유당은 이승만의 3선이 가능하도록 다시 헌법을 개정하기로 하고 같은 해

11월 개헌안을 제출하였으나, 재적의원 203명 중 찬성 135명, 반대 60명, 기권 7명으로 나와 재적의원 3분의 2인 136명 중 1명이 모자라 부결이 선포되었다. 그런데 자유당은 개헌안이 부결된 다음날인 11월 28일 긴급의 원총회를 소집하여 개헌안 부결에 따른 대책을 논의한 끝에 203의 3분의 2는 135.333…인데 0.333…은 0.5이하로서 수학의 사사오입四捨五入의 원칙에 따라 버릴 수 있는 수이므로 203명의 3분의 2는 136명이 아니라 135명이라고 주장하였다. 이에 11월 29일 다시 본회의를 개의하여 부결을 선포한 것을 취소하고 203명의 3분의 2는 135표로서 통과됨이 정당하므로 헌법개정안은 헌법 제98조 제4항에 의하여 가결되었다고 선포했다.

이것은 정족수 계산에 있어서 영점 이하 단수가 나오면 한 사람이 나누어 투표할 수 없으니 1인으로 셈하여야 한다는 투표의 일반원칙을 정면으로 뒤집은 것이다. 결국 또다시 권력자의 권력 연장을 위하여 헌법을 유린한 것이다. 그러나 당시 한국전쟁 직후의 참화 속에서 이런 헌법 유린에 대하여 떨쳐 일어날 국민들의 의지와 능력이 있을 수 없었다. 헌법은 국민과 유리된 채 권력자들의 권력다툼을 위한 방편으로만 기능했던 것이다.

이 사사오입 헌법의 목적은 이승만의 3선을 가능하게 한 제55조의 개정이었으나,[1] 그 외에도 이승만이 직선으로 대통령에 재선되기 위하여 국회와 허겁지겁 타협하여 도입된 의원내각제적 요소들을 삭제하거나 유명무실하게 하는 것이었다. 즉 의원내각제적 요소의 가장 중요한 직책인 국무

---

1 제55조 단서에서는 대통령은 재선에 의하여 1차 중임할 수 있다고만 하였으나 부칙 제3항으로 '이 헌법공포 당시의 대통령에 대하여는 제55조 제1항 단서의 제한을 적용하지 않는다' 라고 규정하여 이승만이 종신적으로 대통령 선거에 출마가 가능하도록 했다.

총리제도를 없애버리고따라서 국무총리의 조각권도 없어졌다, 국회의 내각불신임도 개별 국무의원 한 사람에 대하여만 불신임권을 행사할 수 있도록 함으로써 내각의 총사퇴를 통한 정부의 불신임을 불가능하게 만들었다. 그 외에도 제헌헌법 시절 경제질서와 관련하여 사회주의적 조항들을 수정하여 광물이나 기타 중요한 자원에 대한 국유 규정 및 중요한 운송 같은 공공기업의 국영 또는 공영 규정은 삭제되고, 사기업을 긴절한 필요에 의하여 국유 또는 공유를 할 수 있던 것을 특별한 경우를 제외하고 할 수 없게 했으며, 대외무역도 무조건 국가가 통제하는 것이 아니라 법률이 정하는 바에 따라 통제하도록 했다.[1] 그리고 우리 헌법에 처음으로 직접민주제의 한 방편인 국민투표제도가 도입되었는데, 제7조의 2에서 '대한민국의 주권의 제약 또는 영토의 변경을 가져올 국가안위에 관한 중대한 사항은 국회의 가결을 거친 후에 국민투표에 부의하여 민의원 의원 선거권자 3분의 2 이상의 투표와 유효투표 3분의 2 이상의 찬성을 얻어야 한다'는 규정을 신설했다.[2] 기타 대통령 궐위 시 부통령의 권력승계제도, 군법회의의 헌법상 근거 명시 등도 신설했다.

---

[1] 정부는 1954년 1월 23일 외국인 투자를 유치하기 위해 경제조항을 자유화한다는 명분을 내세워 헌법 개정안을 국회에 제출했다가 3월 9일 자진철회한 바 있다.

[2] 신익희 국회의장(그 당시 야당인 민국당 소속)이 영국의 엘리자베스 여왕 대관식에 참석한 후 귀국길에 인도 뉴델리 공항에서 한국전쟁 때 납북된 조소앙과 밀담하고 남북협상을 추진하여 한국의 중립화를 모색하려 했다는 이른바 '뉴델리 밀담설'을 제기하여, 이승만 정권은 이와 같은 통일과 관련된 중요한 문제는 국민투표에 의해야 한다며 사사오입 개헌의 정당성을 주장한 바 있다.

4·19혁명과
내각책임제 헌법

·19혁명은 대한민국 역사상 최초의 국민봉기자 국민들의 저항권 행
사로서 서구의 헌법 역사에 있어 1789년의 프랑스 혁명에 비견할 만한 것
이다. 1945년 해방 이래 서구에서 이식되어 온 헌법이 이승만 정권에 의해
자신의 독재적 통치의 정당성을 부여하는 장식물 정도로만 치부되어 오다
가, 4·19혁명에 의해 비로소 국민의 헌법으로 재탄생하는 순간을
맞게 된 것이다.

©조선일보사

**4·19혁명 당시 경무대(현 청와대)를
향해 가는 시위대**

4·19혁명은 우리나라 민주주의 역사
상 처음으로 국민이 부정하고 부패한
정권을 몰아낸 역사적 사건이다. 4·
19혁명은 우리나라에서 민주주의가
정착하기 위한 뿌리를 형성하였다. 사
진은 60년 4월 19일 아침 경무대로
향하던 시위대다. 이날 경찰은 시위대
에 총격을 가했다

4·19혁명, 1960년

1956년에 실시된 제3대 대통령 선거에서 이승만이 3선 대통령으로 당선되었으나, 이는 야당(민주당)[1]의 유력 후보였던 신익희가 선거 직전 급사한 가운데 이루어진 것이었다. 게다가 이승만은 504만 표를 득표한 반면, 사회주의 계열의 조봉암이 216만 표, 사망한 신익희가 180만 표가 나와 이승만의 권력기반이 많이 무너졌음을 보여주었다. 더구나 부통령 선거에서는 장면 민주당 후보가 이기붕 자유당 후보를 누르고 당선되는 일이 벌어졌다.

이후 부통령으로 당선된 야당의 장면이 1956년 9월 28일 피격되는 일이 벌어지고, 대통령 선거에서 이승만과 맞서 국민들로부터 많은 지지를 받았던 진보당 당수 조봉암이 1959년 7월 30일 간첩혐의로 처형되는 등 결코 정상적인 민주주의 국가라고 할 수 없는 사태가 연이어 벌어졌다. 특히 조봉암은 제헌의회 의원으로서 초대 농림부장관을 지내고, 제2대 및 제3대 대통령 선거에 연거푸 출마하여 이승만 다음의 차순위 득표자였다. 그런 그가 간첩혐의로 체포되어 1심에서는 일부 무죄가 선고되고 5년형이 선고되었으나, 2심에서 사형이 선고되고 이것이 확정되어 얼마 지나지 않아 사형이 집행되었다. 이것은 이승만 정권이 북한과의 대립을 이용하여 조봉암이라고 하는 최대의 정적을 제거한 정치적 판결이었다.[2]

---

1 민주당은 당시 신익희, 조병옥 등이 이끌던 민국당, 장면 등의 흥사단계, 현석호 등의 자유당 탈당파, 무소속 구락부 등이 연합해서 만든 한국 최초의 통합야당이었다. 이 당시 가장 진보적인 정당이었던 조봉암계는 보수 계열에서 반대해 통합되지 못했다.

2 2007년 9월 27일, 진실·화해를 위한 과거사 정리위원회는 '진보당 사건은 정적 조봉암을 제거하기 위한 비인도적, 반인권적 인권 유린이자 정치 탄압'이라고 결정한 후 '유가족에게 국가가 사과하고 피해 구제와 명예 회복을 위한 적절한 조치를 취할 것'을 권고했다.

1960년 3월 15일에 실시된 제4대 대통령 선거에서는 자유당이 전체투표 85퍼센트를 확보하기 위해 내무부장관은 사전투표에서 먼저 40퍼센트를 확보하고, 정식투표에서도 3인조, 9인조 투표를 조장의 감시 아래 감행하게 하여 다시 40퍼센트를 확보하도록 각 행정기관에 비밀지령을 내리는 등 온갖 부정선거를 획책하였다. 대통령 선거에 있어서는 야당의 대통령 후보인 조병옥이 선거 한 달 전에 급사함으로써 이승만이 승리할 것은 명백한 사실이었으나, 당시 이승만의 나이가 85세의 고령이었으므로 만약의 사태에 대비해 대통령을 승계할 부통령 선거가 더 큰 이슈가 된 상황이었다. 이런 상황에서 자유당은 부통령 후보인 이기붕의 당선을 위해 전국적인 부정선거를 감행했던 것이다3·15부정선거.

이 같은 부정선거의 결과 이승만은 92퍼센트의 지지로 대통령에 당선되고, 이기붕은 72퍼센트로 장면을 누르고 부통령에 당선되었다. 그러나 선거 당일인 3월 15일 이와 같은 40퍼센트 사전투표가 사실임을 알게 된 마산 시민들이 부정선거를 규탄하며 시위를 벌였고마산 3·15의거 이에 경찰은 총기를 발포하며 대응했다. 이후 4월 11일 3·15의거 당시 행방불명되었던 16살 김주열 학생이 마산 앞바다에서 눈에 최루탄을 맞은 채 어부에 의해 시체로 발견되자 마산뿐 아니라 전국에서 시위가 벌어졌다. 마침내 4월 19일 서울의 학생들이 궐기해 지금의 청와대인 경무대로 진군했고, 이에 경찰은 총기를 난사 159명이 사망하고 6,259명이 총상을 입는 피투성이의 잔인한 역사적 사건이 벌어졌다. 이에 온 국민이 궐기하자 4월 26일 이승만이 하야하고, 이기붕 일가는 모두 권총자살하면서 마침내 12년의 자유당 정권은 막을 내리게 되었다.

4·19혁명은 대한민국 역사상 최초의 국민봉기자 국민들의 저항권 행사

로서 서구의 헌법 역사에 있어 1789년의 프랑스 혁명에 비견할 만한 것이다. 1945년 해방 이래 서구에서 이식되어 온 헌법이 이승만 정권에 의해 자신의 독재적 통치의 정당성을 부여하는 장식물 정도로만 치부되어 오다가, 4·19혁명에 의해 비로소 국민의 헌법으로 재탄생하는 순간을 맞게 된 것이다.

그러나 1789년 프랑스 혁명 이후 나폴레옹 황제 등의 등장으로 민주주의 국가 건설에는 실패하였으나 이후 다시 그 정신이 부활하여 오늘날의 서구 민주주의를 완성한 정신적 기초가 되었듯, 4·19혁명 또한 질곡의 역사 속에 수면 안으로 들어갔다가 오늘날 부활해 우리 헌법이 자유민주주의 헌법으로 꽃피게 하는 뿌리가 되었다. 그리고 4·19혁명 정신은 우리 국민들이 우리나라를 건설하는 데 있어서의 기본이념으로 오늘날 우리 헌법의 전문에서 이를 명시하고 있다.

4·19혁명 헌법[1](3차, 4차 개헌), 1960년

4·19혁명 이후 국회는 같은 해 4월 26일 본회의의 결의로서 '의원내각제 개헌안 기초특별위원회'를 구성해 5월 11일자로 헌법 개정안을 마련, 국

---

1 통상 이를 제2공화국 헌법이라고 한다. 그러나 우리나라는 제헌헌법 이래 군주정으로 회귀한 적 없이 공화정을 계속 유지해 왔으므로, 공화정과 군주정이 번갈아 등장했던 프랑스와 같이 제1공화국, 제2공화국 하는 식으로 구분할 필요가 없다. 또한 헌법의 명칭 역시 그 헌법이 만들어진 경위나 특징을 나타내는 것으로 하든지 아니면 그냥 연도를 표시하는 것이 바람직하다. 따라서 이 책에서는 통상 제2공화국 헌법이라 칭하는 것을 4·19혁명헌법(또는 내각책임제 헌법), 제3공화국 헌법을 62년 헌법, 제4공화국 헌법을 유신헌법, 제5공화국 헌법을 80년 헌법, 제6공화국 헌법으로 불리는 현행 헌법을 87년 헌법으로 했다.

회에 제출하고 6월 15일 국회 본회의에서 통과,[1] 같은 날 공포했다.

4·19혁명 헌법은 통치구조와 관련해 의원내각제로 하는 것은 이론의 여지가 없다. 그 이유는 4·19혁명이 이승만의 독재와 부정부패에 항거하여 일어난 것이고, 이승만 독재의 이유가 무소불위의 권력을 가진 대통령제에 있다고 생각했으며, 야당 또한 건국 이래 줄기차게 의원내각제 개헌을 주장했기 때문이다.

그리하여 대통령을 양원합동회의에서 선거하도록 하고, '제4장 정부 제1절 대통령'이란 식으로 편제되어 있던 것을 독립된 장으로 떼어내며, 대통령은 '행정권의 수반이며 외국에 대해 국가를 대표한다'는 규정에서 '국가의 원수이며 국가를 대표한다'로 고쳐 대통령이 행정부의 수반이 아닌 단순히 국가의 원수로 의원내각제의 대통령과 같은 의례적이고 상징적인 권한만을 행사하게 했다. 대통령제 하의 기존 헌법에서 인정하고 있던 비상조치권, 조약의 체결 및 비준 전쟁선포 및 강화권, 사면권, 계엄선포권, 훈장수여권 등은 '국무회의의 의결에 의하여' 행하게 했다. 대통령의 권한을 형식적 발표 주체로만 한정시켰고, 국군통수권은 '헌법과 법률의 정하는 바에 의하여' 하도록 함으로써 그 권한을 제한할 수 있는 근거를 두었으며, 공무원 임명권은 임명을 확인하는 것으로 바꾸었고, 대통령령의 제정권과 법률안거부권은 인정되지 않았다다만 대통령령과 같은 것은 국무총리가 국무원령으로 발할 수 있게 되었다.

행정권은 국무총리와 국무위원으로 조직되는 국무원에 속하였는데, 국

---

1 재적 218인 중 총 투표자 211인, 찬성 208인, 반대 3인의 압도적 다수로 가결되었다.

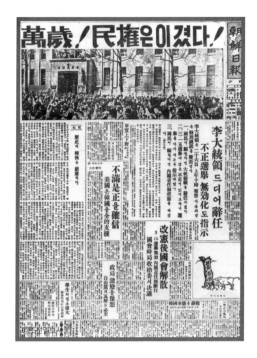

하야하는 이승만
1960년 4월 26일 이승만은 마침내 국민이 원하면 물러가겠다는 하야성명을 발표했다. 사진은 허정 과도 정부에 관한 조선일보 1960년 4월 26일자 기사다.

무총리는 대통령이 지명하여 민의원의 동의를 얻되, 대통령이 민의원의 동의를 얻지 못한 날로부터 5일 이내에 다시 지명하지 아니하거나 2차에 걸쳐 민의원이 대통령의 지명에 동의하지 아니한 때에는 국무총리는 민의원이 선거하도록 하였다. 대통령에게 국무총리의 지명권을 주되 민의원의 동의 없이는 불가능하도록 했고[1], 민의원에서 실제 국무총리를 선거할 수도 있도록 해 국회가 행정부를 구성하는 전형적인 의원내각제 형태였다.

---

1 실제 대통령으로 선출된 윤보선은 자파(민주당 구파) 소속 김도연을 국무총리로 지명하였으나, 신파들의 반대로 국회에서 총리지명인준안이 부결되었다. 이후 윤보선은 신파의 장면을 지명하지 않을 수 없었고, 장면은 인준통과선인 115표에서 2표를 더 얻어 117표로 인준되었다(반대 107표, 기권 1표).

국무위원은 국무총리가 임명하여 대통령이 확인함으로써, 대통령은 내각에 대한 국가원수로서 형식적 확인권만이 있을 뿐이고 실제 내각은 국무총리가 구성토록 하였다. 그리고 국무총리와 국무위원은 반드시 국회의원일 필요는 없으나 과반수는 국회의원이어야 하도록 했다.

국무원은 민의원에서 재적의원 과반수의 찬성으로 불신임 의결을 할 수 있었는데, 이럴 경우 국무원은 10일 이내 민의원 해산을 결의하거나 총사직해야 했다. 즉 민의원의 불신임 의결에 대하여 국무원은 민의원 해산을 결의할 수 있도록 하여 의원내각제적 견제장치를 마련한 것이다.

국회는 민의원과 참의원 양원제로 하였는데, 4·19혁명 헌법에서는 민의원의 참의원에 대한 우위를 인정하여 민의원과 참의원의 의결이 일치되지 않는 경우 민의원에 부의하여 재심의하여 의결하면 이로써 국회의 의결이 된 것으로 하였다.[1] 이는 참의원을 특별시와 도를 선거구로 하여 선출하고 민의원의 정수의 4분의 1을 넘지 않게 하여 참의원은 국민의 대표라기보다 광역지역의 대표라는 성격을 가졌기 때문이다.

한편 4·19혁명의 직접적 원인이 이승만 정권에 의해 행해진 불법선거 때문이었으므로, 공무원의 정치적 중립성을 헌법에 규정하고 선거의 공정한 관리를 위해 '중앙선거관리위원회'를 헌법기관으로 하고,[2] 사법권의 독립과 민주화를 위하여 대법원장과 대법관은 법관의 자격이 있는 자로서

---

1 1차 발췌개헌 때에는 양원 합동회의에서 이를 의결하였다.
2 중앙선거관리위원회는 대법관 중 호선한 3인과 정당에서 추천한 6인의 위원으로 조직하고 위원장은 대법관인 위원 중 호선한다.

조직되는 선거인단이 선거하도록 하며, 위헌법률심사를 위하여 87년 헌법과 같은 헌법재판소를 설치했다.

한편 이승만 독재 12년 동안 형식적인 법률로써 국민의 자유와 권리를 침해하였다는 반성에서 질서유지와 공공복리를 위하여 국민의 자유와 권리를 법률로서 제한할 수는 있으되 그 본질적 내용을 훼손해서는 안 된다고 명문화했다. 이후 이 '기본권의 본질적 내용 침해금지'는 유신헌법을 제외하고는 우리 헌법에 계속 규정되어 입법권의 한계를 설정하는 중요한 규범이 되었다. 또한 이승만 정권이 표현의 자유언론·출판의 자유 및 집회, 결사의 자유를 침해하여 국민의 입을 막았다는 것에 대한 반성에서 언론·출판에 대한 허가나 검열과 집회, 결사에 대한 허가는 인정되지 않는다는 규정을 신설하였다. 이 조항 또한 유신헌법과 80년 헌법 외에는 이후 헌법에 계속 규정되어 왔다.

그리고 이 헌법에서 특기할 것은 제13조로서 정당조항을 신설한 것이다. 즉 '정당은 법률이 정하는 바에 의하여 국가의 보호를 받는다. 단 정당의 목적이나 활동이 헌법의 민주적 기본질서에 위배될 때에는 정부가 대통령의 승인을 얻어 소추하고 헌법재판소가 판결로써 그 정당의 해산을 명한다'고 규정한 것이다. 정당은 국가의 정치의사를 결집하는 기본적인 단위로서, 오늘날 정당 없는 민주주의가 불가능한 것이 사실이다. 만약 정당의 존재를 인정하지 않는다면, 국민들은 개인의 정치적 의사표현의 자유는 누릴 수 있겠지만 단체적, 집단적 정치 의사표현의 자유는 있을 수 없을 것이고 집권을 위한 각 정치집단 사이의 건전한 경쟁도 불가능할 것이다. 따라서 현대 국가에 있어 복수정당제의 인정은 민주주의의 한 척도가 되고 있고, 많은 헌법에서 정당의 설립 자유뿐 아니라 정당의 보호도 규정하고 있는 것이다. 그러나 우리 헌법의 핵심적 가치인 자유민주주의 체제를 파괴하려고 하는 정당은 이를 용인할 수 없으므로 헌법재판소 판결로 해산을 명할 수 있도록 하였다.

4·19혁명 헌법을 제정한 국회는 1960년 7월 28일 자진해산하고, 국회 민의원과 참의원 구성을 위한 총선거가 같은 달 29일 실시되었다. 이에 의하여 구성된 국회에서 대통령은 윤보선, 국무총리는 장면이 각각 선출되었다. 그런데 3·15부정선거 및 4·19 발포책임자와 관련한 재판에서 8명이 무죄가 선고되고 3명은 공소기각되거나 면소되었으며 나머지 피고인에 대하여도 가벼운 형량이 선고되고 서울시경 국장만이 발포책임자로 사형이 선고되자, 4·19혁명 때 부상당한 학생들이 1960년 10월 8일 판결에 불만을 품고 민의원의 단상을 점거하는 사태가 발생했다.

이에 국회는 반민주행위자에 대한 특별법을 만들기로 했으나, 이는 소급 입법의 성격이었으므로 헌법에 그 근거규정을 둘 수밖에 없는 사정이어서 헌법 부칙을 개정하였다.[1] 이것이 1906년 11월 29일에 이루어진 제4차 개헌이다. 이후 이 헌법 부칙에 근거해 같은 해 12월 31일 국회는 '민주반역자처리법', '부정선거처리법', '공민권제한법' 등을 공포하였다.

---

1 이 헌법 시행 당시의 국회는 단기 4293년 3월 15일에 실시된 대통령, 부통령 선거에 관련해 부정행위를 한 자와 그 부정행위에 항의하는 국민에 대해 살상 기타의 부정행위를 한 자를 처벌, 또는 단기 4293년 4월 26일 이전에 특정 지위에 있음을 이용하여 현저한 반민주행위를 한 자의 공민권을 제한하기 위한 특별법을 제정할 수 있으며, 단기 4293년 4월 26일 이전에 지위 또는 권력을 이용하여 부정한 방법으로 재산을 축적한 자에 대한 행정상 또는 형사상의 처리를 위하여 특별법을 제정할 수 있다.

5·16군사정변과
군사정권 시절의 헌법

국가권력을 장악한 군부는 1962년 12월 17일 새 헌법이 효력을 가지기까지 2년여 동안 군정을 실시하였다. 1961년 5월 18일 장면 국무총리로부터 정권을 이양받은 군사혁명위원회는 같은 달 19일 그 명칭을 '국가재건최고회의'로 바꾸었다. 그리고 의장을 장도영, 부의장을 박정희 등으로 하고, 같은 달 20일 장도영을 수반으로 하는 내각을 임명했다. 6월 6일에는 전문 4장 24개조로 된 '국가재건비상조치법'을 제정·공포하였다.

ⓒ조선일보사

5·16군사정변 직후의 박정희(朴正熙, 1917~1979)
1961년 쿠데타로 집권한 후 1979년 사망 시까지 18년 동안 우
리나라를 통치하였다. 정치적으로는 전형적인 후진국의 군사독
재였지만, 경제적으로는 대한민국의 경제부흥을 이끌어 역사적
평가가 양극단으로 갈린다. 헌법사적으로는 유신헌법이라는 가
장 비민주적인 헌법을 만들어 종신 대통령을 꿈꾸었다.

5·16군사정변과 1962년 헌법(5차, 6차 개헌)

4·19혁명을 바탕으로 우리나라에 진정한 민주주의를 꽃피우기 위한 국민들의 노력을 한순간에 물거품으로 만들어버리는 일이 1961년 5월 16일 벌어졌다. 육군소장 박정희를 비롯한 군의 일부가 쿠데타를 일으켜 전국에 계엄령을 선포하는 한편 '국가재건최고회의'라는 쿠데타 정부를 구성하여 입법, 행정, 사법의 모든 권한을 국민들로부터 빼앗아버린 것이다. 국가의 물리력을 담당하는 집단이 군대라는 물리력을 이용하여 국민의 의사와는 상관없이 국가권력을 불법적으로 탈취하는 쿠데타가 우리나라에서도 벌어진 것이다.

쿠데타란 본디 프랑스어 'coup d'Etat'란 말에서 온 것으로 국가에 대한 일격一擊 또는 강타強打라는 말이다. 쿠데타의 첫 유래는 나폴레옹이다. 프랑스에서는 1789년 프랑스 혁명 이후 혼란을 거쳐 1794년 5인의 총재정부와 양원제를 골간으로 하는 제1공화국 헌법이 선포되었는데, 그 당시 군사력을 장악하고 있던 나폴레옹이 1799년 그의 추종세력들과 함께 군사력을 동원해 이 헌법을 무력화시키고 국가권력을 장악하였다. 이것이 쿠데타의 기원이다.

이런 쿠데타는 국민들이 전혀 알 수 없는 상태에서 급작스럽게 물리력을 동원해 불법적으로 권력을 장악하는 것이기 때문에 정당성에 대한 근거가 부족하기 마련이다. 따라서 쿠데타 세력은 정권을 찬탈한 후 그 정당성을 인정받기 위하여 3권 및 언론을 장악한 상태에서 국민투표와 같은 방법으로 자신의 정당성을 획득하려고 하는데, 그 시초 또한 나폴레옹이다. 나폴레옹은 쿠데타 이후 헌법 개정과 심지어 공화국의 폐지 및 황제제도의 도입조차 국민투표를 통해 그 정당성을 획득하고자 했다. 쿠데타가 혁명이 될 수 없는 것은, 혁명은 국민의 천부적 저항권을 바탕으로 국민의 힘으로 통치자를 몰아내거나 그 힘을 분쇄하는 것이나, 쿠데타는 국가권력의 일부특히 군사력를 장악한 집단이 국민의 의사와 상관없이 자신의 독자적 판단에 의해 국가권력 전체를 장악하는 것이기 때문이다.

흔히 5·16군사정변의 원인이 4·19혁명 이후의 집권 민주당이 신·구파로 나뉘어져 권력투쟁에 여념이 없었고, 사회가 극도로 혼란했기 때문이라고 한다. 그러나 이는 헌법적 관점에서도, 역사적 관점에서도 그 정당성을 인정받기 어렵다. 민주주의 자체가 항상 서로의 의견을 주장하고 토론하는 과정이기 때문에 얼핏 보아서는 혼란스러울 수밖에 없고, 이런 과정을 거쳐 국민의 선거를 통해 형성된 국회와 정부가 그 책임 하에 국정을 운영하는 것이기 때문이다. 기껏 4·19혁명으로 정부가 구성된 지 채 1년도 되지 않은 시점에서 이런 혼란을 이유로 쿠데타를 감행한다면 어느 정부도 살아남지 못할 것이다.[1] 이와 같은 5·16군사정변 세력의 자기 정당화 논리가 20년이 지난 1980년에도 전두환 세력에 의하여 또다시 반복되었다는 것이 우리나라 민주주의의 비극이요, 그 20년 동안 우리나라에서 민주주의는 동면상태에 빠진 것이나 다름없었다는 것을 반증하는 것이다.

결국 5·16군사정변은 민주주의가 성숙하지 않은 나라에서 흔히 볼 수 있는 후진형 정치변혁과 헌법 파괴의 전형적인 행태였다. 5·16군사정변

---

1 5·16군사정변이 현실적으로 가능했던 것은 그 당시 우리나라 민주주의의 성숙도가 가장 큰 문제였겠지만, 그 외에도 그 당시 육군참모총장이었던 장도영 중장의 쿠데타 승인, 미국의 방관적 동의, 윤보선 대통령의 승인(그는 쿠데타 이후 10개월 동안 대통령직에 머물렀다), 장면 총리의 피신(그는 수도원에 피신하여 외부와의 연락을 단절함으로써 내각수반으로서 정부를 지킬 의지를 보여주지 못하였다) 등도 한몫을 하였다.

은 이와 같이 한국 헌법사에 있어서는 정당화될 수 없는 것이었으나, 이를 계기로 정권을 장악한 박정희는 경제적 측면에서 우리나라를 산업국가와 근대국가로 비약적으로 발전시켜 오늘날 우리 대한민국이 세계 12위라는 경제대국으로 올라설 수 있는 기반을 마련했다. 그러나 결과가 모든 수단을 정당화시킬 수 없고, 또 우리나라에 부정적 유산 또한 많이 남겨놓은 것도 사실이다.[1] 여하튼 헌법적 측면에서 보자면 이후 유신헌법과 같은 악법은 어떤 형태로든 용납될 수 없고, 앞으로도 우리나라의 진정한 발전을 위해서 절대 있어서도 안 되고 용납되어서도 안 된다.

국가권력을 장악한 군부는 1962년 12월 17일 새 헌법이 효력을 가지기까지 2년여 동안 군정을 실시하였다. 1961년 5월 18일 장면 국무총리로부터 정권을 이양받은 군사혁명위원회는 같은 달 19일 그 명칭을 '국가재건최고회의'로 바꾸었다. 그리고 의장을 장도영, 부의장을 박정희 등으로 하고, 같은 달 20일 장도영을 수반으로 하는 내각을 임명했다. 6월 6일에는 전문 4장 24개조로 된 '국가재건비상조치법'을 제정·공포하였다. 이 국가재건비상조치법은 2년 군정시대의 헌법과 같은 역할을 하였는데,[2] 이에 의하면 대한민국을 공산주의 침략으로부터 수호하고 부패와 부정과 빈곤으로 인한 국가와 민족의 위기를 극복하여 진정한 민주공화국으로 재건하

---

1 대표적인 것이 절차를 무시한 결과지상주의, 힘의 논리, 명령과 복종 등을 강조하는 군사문화의 지배, 관료적 권위주의, 정경유착, 빈부격차와 지역감정의 조장 등일 것이다.

2 다만 이 법 제24조로서 '헌법의 규정 중 이 비상조치법에 저촉되는 규정은 이 비상조치법에 의한다'고 규정하고 있어 간접적으로 이 비상조치법에 언급되지 않은 헌법규정은 여전히 효력이 있었다. 대표적인 것이 대통령에 관한 규정이다.

기 위한 비상조치로서 국가재건최고회의를 설치하는데제1조, 이 국가재건 최고회의는 20인 이상 32인 이내의 최고위원으로 조직되며제4조, 5·16군 사혁명 과업 완수 후에 시행될 총선거에 의해 국회가 구성되고 정부가 수립될 때까지 대한민국의 최고통치기관으로서의 지위를 가진다제2조. 그리고 헌법에 규정된 국민의 기본적 권리는 혁명 과업 수행에 저촉되지 아니하는 범위 내에서 보장되었다제3조. 국회의 권한은 국가재건최고회의가 대행하고제9조, 내각 수반은 국가재건최고회의가 임명하고 각 원은 국가재건 최고회의의 승인을 얻어 내각 수반이 임명하도록 하였다제14조. 국가재건 최고회의는 사법에 관한 행정의 대강을 지시·통제할 수 있으며제17조, 대법원장과 대법원 판사의 임명제청권 및 그 외 법관에 대한 임명승인권이 있었다제18조, 제19조.

결국 국가재건최고회의가 입법·행정·사법 3권을 모두 통제하는 형태였다. 그리하여 기존의 국회는 해산되었고, 정부의 각료는 총사퇴하였으며, 헌법재판소는 기능이 정지되었다. 다만 대통령제는 폐지하지 아니하여 윤보선 대통령이 그 직을 계속 유지하였으나, 1962년 3월 '정치활동정화법' 제정에 반대하여 사임하자 같은 달 24일 국가재건최고회의 의장을 맡고 있던 박정희가 권한을 대행했다.

한편 이 기간 동안 박정희를 비롯한 쿠데타 핵심세력은 육군참모총장이던 장도영을 반혁명사건으로 구속시키면서 군부를 장악했고,[1] 중앙정보부

---

1 1961년 7월 3일 장도영을 비롯한 44명의 군인들을 반혁명을 음모했다는 이유로 체포하고, 이와 함께 정군운동이라는 이름 아래 40여 명의 장군과 2천여 명의 장교를 예편시켜 젊은 세력들이 군의 요직을 장악하였다.

를 설치했으며,[1] 정치정화법을 통과시켜 기존 정치인 4,374명의 정치활동을 금지시키고, 쿠데타 세력 중심의 민주공화당을 창당했다. 그리고 1962년에 국가재건최고위원회 위원 9명과 민간인 학자 및 전문가 21인으로 구성된 헌법심의위원회를 만들어 헌법공고 및 국가재건최고위원회의 의결을 거쳐 1962년 12월 17일 국민투표로 확정하였다제5차 개헌. 이 헌법이 1962년 헌법이다.

이 헌법은 통치구조와 관련해 의원내각제에서 대통령제로 다시 복귀하였다. 이는 쿠데타 정부가 국가 혼란을 이유로 쿠데타를 일으켰고, 당시 통치구조가 의원내각제였으므로 의원내각제에서 대통령제로 통치구조를 변경한 것은 어쩌면 당연한 개편이다. 그러나 이런 변형은 이승만 정권이 대통령제를 이용하여 독재정권으로 전락하였듯이 박정희 정권 또한 그 길을 따라가는 역사적 결과를 가져왔다.

한편 이 헌법에서는 대통령제로 통치구조를 변경하면서도 미국식의 순수한 대통령제가 아니었다. 그것은 제헌헌법에 도입되었던 대통령제 아래에서의 국무총리제도를 그대로 존속시킨 점에서 뚜렷하다. 그리하여 대통령은 국무총리를 임명하여62년 헌법에서는 제헌헌법이나 현행 헌법과 달리 그 임명에 국회의 승인이나 동의가 필요하지 않았다 행정에 관하여 대통령의 명을 받아 행정 각부를 통괄할 수 있게 하였다제89조. 그러면서 제헌헌법과 달리 미국식의 부

---

1 1961년 6월 10일에 중앙정보부법이 공포되어 설치되었다. 중앙정보부와 군부는 박정희 정권을 떠받치는 두 개의 기둥이었다. 군부가 정권을 지키는 무력이었다면 정보부는 정권의 안위를 지키는 신경망이었다.

통령제도를 도입하지 아니하여[1] 결국 국무총리는 대통령에 의해 임명된 제 2인자의 역할을 할 수 있게 하였다. 이와 같이 대통령의 유고시에 그 권한을 대행하고제70조, 국정 전반을 통괄할 수 있는 국무총리가 국민으로부터 선출되거나 최소한 국회의 승인이나 동의도 없이 임명될 수 있다는 것은 그 어떤 명분을 들이대어도 민주적 정당성이 결여된 것이었다.

또한 국회는 제1차 발췌개헌 이래 양원제로 규정되어 있었는데,[2] 제5차 개헌으로 단원제로 복귀하였다. 양원제가 단원제 국회가 가지는 단점, 예를 들면 하원에서의 다수파 혹은 다수 정당에 의한 독재나 다수결원칙의 악용을 상원에서 재의결을 통하여 제어하는 기능을 하는 것은 사실이나, 양원제가 국회의 의사결정을 지연시키고 비용이 많이 드는 단점이 있는 것 또한 사실이므로 단원제로 복귀한 것이다. 그리고 이 헌법에서의 특징은 국회의원이 당적을 이탈하거나 변경한 때에는 그 자격을 상실하도록 한 것이다제38조. 정당을 헌법에 명기하고 보호한 것은 4·19혁명 헌법부터 현행 헌법에 이르기까지 변함없다. 그러나 62년 헌법처럼 국회의원이 정당을 탈당할 경우 그 자격을 박탈하는 것은 국회의원이 국민의 대표이지 정당의 대표가 아니라는 사실과 국회의원이 국민의 의사와 상관없이 이른바 당론에 따라 의정활동을 해야 하는 불합리를 야기할 수 있다. 결국 이

---

1 제3공화국 헌법에서 부통령을 두지 않은 것은 부통령제가 국비를 낭비하는 무용지물로 간주되었을 뿐 아니라, 정부 내에서 대통령과 부통령이 파당을 조성할 염려가 있으며 제1공화국 시대와 같이 소속정당이 다를 수 있어 그 위험성이 크다는 주장에 따른 것이라 한다.

2 다만 이승만 정권 시절에는 참의원(상원) 선거의 고의적 기피로 한 번도 시행된 적은 없었고, 4·19혁명 헌법 시절 참의원 선거가 행해졌으나, 5·16군사정변으로 곧 해산되었다.

후 헌법에서 이 조항은 채택하지 않았다.

그 외 이 헌법에서는 헌법재판소를 폐지하고 대법원에 위헌법률심사권을 부여하여제102조 사법권을 강화하고, 인사에 있어서도 '법관추천회의'를 도입하여 대법원장의 임명제청권과 대법원 판사의 임명동의권을 행사하게 하여[1] 사법부의 독립을 이루려고 하였다.

기본권과 관련해서는 인간으로서의 존엄과 가치를 처음으로 규정하여제8조[2] 이후 우리 헌법상 기본권의 중핵이나 기본권의 전제가 되는 기본원리가 되게 하였고, 직업선택의 자유제13조, 주거의 자유제14조, 양심의 자유제17조, 인간다운 생활을 할 권리제17조 등을 신설하여 기본권 목록을 확장하였다. 제10조 신체의 자유보장에 관하여 보다 상세한 추가가 있어, 고문 및 불리한 진술 강요의 금지, 영장제도의 정비,[3] 국선변호인 제도 등이 추가되었다.

이 헌법에 따라 1963년 10월 15일 치러진 제5대 대통령 선거에서는 박정희 후보가 윤보선 후보를 15만 6천여 표 차이로 승리했고,[4] 11월 26일

---

1 대법원장인 법관은 법관추천회의의 제청에 의하여 대통령이 국회의 동의를 얻어 임명한다. 대통령은 법관추천회의의 제청이 있으면 국회의 동의를 요청하고, 국회의 동의를 얻으면 임명해야 한다. 대법원 판사인 법관은 대법원장이 법관추천회의의 동의를 얻어 제청하고 대통령이 임명한다. 이 경우에 제청이 있으면 대통령은 이를 임명해야 한다. 대법원장과 대법원 판사가 아닌 법관은 대법원판사회의의 의결을 거쳐 대법원장이 임명한다. 법관추천회의는 법관 4인, 변호사 2인, 대통령이 지명하는 법률학 교수 1인, 법무부 장관과 검찰총장으로 구성한다'(제99조).

2 모든 국민은 인간으로서의 존엄과 가치를 가지며, 이를 위하여 국가는 국민의 기본적 인권을 최대한 보장할 의무를 진다(제8조).

3 영장제도는 제헌헌법 이래 존재하였으나, 영장을 검찰관(현재 검사) 이외의 자가 영장신청을 한 폐단을 제거하였다.

4 총 1,100만여 표 중에서 박정희 후보가 총 유효투표의 46.65퍼센트인 470만 642표, 윤보선 후보는 총 유효투표의 45.1퍼센트인 454만 6,614표를 획득하였다.

실시된 제6대 국회의원 선거에서는 민주공화당이 국회의 압도적 다수당이 되었다.[1] 1963년 12월 17일 국회가 개원됨으로써 이 헌법이 전면적으로 효력을 발생하게 되었다.

이렇게 개정된 62년 헌법 시절은 우리나라가 그동안 농업중심의 경제와 미국의 원조에 의해 유지되던 경제체제를 2차 산업 중심의 근대적 경제체제로 급속도로 바꾸어가는, 그리하여 우리나라가 산업국가로 발돋움하고 한강의 기적을 이루어내는 계기가 되는 시기였다. 특히 박정희 정권이 1962년부터 1966년 사이에 추진한 제1차 경제개발계획은 목표를 초과 달성함으로써[2] 우리 국민들에게 할 수 있다는 자신감과 함께 향후 눈부신 경제건설을 할 수 있는 밑거름이 되었다. 그리고 제2차 경제개발계획이 완료된 1971년에는 국민총생산이 95억 달러로 1962년 23억 달러에 비해 4배 이상 증가했고, 국민 1인당 GNP도 87달러에서 289달러로 3.3배 이상 증가했으며, 수출은 5,480만 달러에서 11억 3,200만 달러로 20배 이상 증가하여 그야말로 비약적 경제성장을 이루었다.

그러나 이런 경제성장과 달리 정치 분야에서는 민주주의가 오히려 후퇴하는 이른바 '개발독재'가 하나씩 자리 잡게 되었다. 원래 1962년 헌법에

---

1 총 175석 가운데 민주공화당이 110석, 민정당이 41석, 민주당이 13석, 자유민주당이 9석, 국민의당이 2석 등이었다.

2 제1차 경제개발계획의 시행 결과 국민총생산은 1962~1966년 사이에 7.8퍼센트가 늘어 목표를 초과 달성하였다. 산업별로는 2차 산업이 연평균 14.9퍼센트로 늘어나 전체 성장을 선도하였고, 1차 산업과 3차 산업도 각각 5.6퍼센트와 7.7퍼센트의 성장을 보였는데 특히 전기·기계·금속 등 수입대체산업의 성장이 두드러졌다. 수출은 기간 중 연평균 43.7퍼센트로 급속한 성장을 보여 1964년에 1억 달러를 넘어섰고, 목표 연도에는 2억 5,000만 달러로 계획보다 거의 2배를 초과 달성했다.

서는 대통령이 2회 중임만이 가능하였다. 그런데 박정희는 1967년 5월 3일 제6대 대통령 선거에서 무난히 재선하고 1968년 6월 8일 제7대 국회의원 선거에서 민주공화당이 총 175석 중 129석을 얻는 압도적 승리를 하자, 1969년 3선 개헌을 시도하였다. 3선 개헌의 추진은 야당뿐 아니라 여당 내 김종필 세력의 거센 저항을 불러 일으켰으나, 1969년 9월 14일 새벽 2시 30분경 국회 본회의장 건너편 제3별관에서 기습적으로 공화당 의원들만이 참석한 가운데 개헌안을 통과시키고 국민투표로 이를 확정하였다제6차 개헌.

  3선이 가능하게 된 박정희는 1971년 4월 27일 제7대 대통령 선거에서 야당인 신민당의 후보로 나선 김대중과 맞서 대통령 선거를 치른 결과 신승하였다박정희 634만 표, 김대중 539만 표 표차 95만표. 결국 김대중이 43.6퍼센트를 득표하였는데, 그 당시 관권선거의 분위기를 볼 때 이는 사실상 승리나 마찬가지였다. 같은 해 5월 25일 벌어진 국회의원 선거에서는 야당인 신민당은 종전의 44석에서 89석으로 두 배 이상이 늘어났다. 박정희 정권은 경제성장을 정치적 기반으로 하여 3차례 선거에서 모두 승리하였으나, 국민의 지지도는 떨어지고 있었다.

유신헌법(7차 개헌), 1972년

1971년 7대 대통령 선거에서 박정희는 선거 유세 중 다시는 국민에게 표를 달라고 호소하는 일이 없을 것이며 이번이 마지막이라고 말했다. 그러나 김대중은 박정희 정권이 종신총통제를 획책함으로써 공개적 대통령 선거는 이번이 마지막이라고 말했다. 그런데 박정희의 친위쿠데타가 1972

7·4남북공동성명
급변하는 국제정세 속에서 남북의 정부요인들이 비밀리에 접촉해 1972년 7월 4일에 7·4남북공동성명이 발표되기에 이르렀다. 사진은 7·4남북공동성명 발표 후 게시판에 붙일 게시용 사진 화보를 만들고 있는 초등학교 어린이들이다.

년 10월 17일 일어나서 두 사람의 말이 다 맞게 되었다. 즉 박정희는 이 날짜로 헌법을 정지시켜 전국에 비상계엄령을 선포하고 정당 및 국회를 해산하고 비상국무회의가 국회를 대신하는 친위쿠데타를 감행하고, 연이어 같은 해 12월 27일 이른바 유신헌법이라고 하는 우리나라 헌정 역사상 가장 부끄러운 헌법이 제정되었다[1]. 이 헌법으로 더 이상 국민에게 직접 대통령을 만들어달라고 호소할 일이 없어졌고 동시에 종신총통제와 비슷한

---

1 국회를 대신한 비상국무회의가 1972년 10월 유신헌법을 심의·의결·공고하고 11월 국민투표로 확정되었다.

제왕적 대통령제도를 도입한 것이다.

그 당시 미국은 1970년대에 들면서 세계 전략 및 한반도 전략에 큰 변화를 주기 시작했다. 베트남전의 여파로 국내 반전 분위기 고양과 막대한 군사비 투입으로 인한 경제적 부담의 가중 등에 시달리던 미국은 1969년에는 닉슨 독트린[1]을 발표하고 1971년에는 중국과 핑퐁외교를 시작해 마침내 1972년에는 닉슨 대통령이 중국을 방문하면서 공산권과 화해를 모색했다. 또한 주한미군 철수와 군사원조를 앞세워 남북대화를 종용하고, 이제껏 북한을 인정하지 않던 정책에서 두 개의 한국을 인정하는 정책으로 전환하기 시작했다.

남북한은 이런 국제정세에 맞추어 새로운 정책을 펼칠 필요가 있었는데, 남북 이산가족 찾기를 위한 남북적십자회담은 그 대표적 사례다. 이 남북적십자회담을 준비하는 과정에서 남북의 정부요인들이 비밀리에 접촉해 1972년 7월 4일에는 '7·4남북공동성명'이 발표되기에 이르렀다.[2] 민족분단 이후 남북 정부에 의하여 최초로 통일문제에 대한 원칙적 합의

---

1 닉슨 미국 대통령은 1969년 7월 25일 괌에서 새로운 대아시아정책인 닉슨 독트린을 발표하고, 1970년 2월 국회에 보낸 외교교서를 통하여 세계에 선포하였다. 이것은 미국은 앞으로 베트남 전쟁과 같은 군사적 개입을 피하고, 아시아 국가들은 강대국의 핵에 의한 위협의 경우를 제외하고는 내란이나 침략에 대하여 스스로 협력하여 그에 대처하여야 하며, 미국은 직접적·군사적인 또는 정치적인 과잉개입은 하지 않고, 아시아 제국에 대한 원조는 경제중심으로 바꾸며 다수국 간 방식을 강화하여 미국의 과중한 부담을 피한다는 내용이다.

2 남한의 이후락 중앙정보부장과 북한의 김영주 노동당 조직지도부장이 서울과 평양에서 동시에 발표한 이 성명은 통일의 원칙으로, 자주·평화·민족대단결의 3대 원칙을 공식 천명하였다. 공동성명은 이밖에도 상호 중상비방과 무력도발의 금지, 다방면에 걸친 교류 실시 등에 합의하고 이러한 합의사항의 추진과 남북 사이의 문제해결, 그리고 통일문제의 해결을 목적으로 이후락과 김영주를 공동위원장으로 하는 남북조절위원회를 구성, 운영하기로 했다. 그러나 이후 남한에서는 1972년 10월 17일 유신헌법이, 북한에서는 같은 해 12월 사회주의 헌법이 채택되어 이러한 통일 논의가 남북 모두 권력자의 권력 강화에 이용되었다. 남북조절위원회도 김대중 납치사건(1973년 8월)을 계기로 중단됨으로써 7·4남북공동성명은 무위로 끝나고 말았다.

에 이른 것이다.

그러나 이러한 국제정세와 남북한의 움직임은 도리어 대한민국의 헌정을 파괴하는 빌미를 제공하는 결과를 낳았다. 박정희는 이런 정세를 이용하여 통일을 위한 준비를 한다는 명분으로 친위쿠데타를 일으키고, 통일을 준비하는 헌법적 기구라는 명목의 '통일주체국민회의'라는 것을 헌법에 두어 오히려 이를 통하여 자신의 종신독재에 이용하는 유신헌법을 만든 것이다.

이와 같이 박정희 정권이 유신체제를 감행하였던 것은 더 이상 정상적인 방법으로 정국을 장악하고 정권을 유지시킬 수 없다는 자기 인식 때문이었다. 박정희 정권은 대통령 선거 및 국회의원 선거에서 승리하기는 하였지만 정치적으로는 사실상 패배나 다름 없었고 국회의 개헌 저지선이 야당에 의해 확보됨으로써 개헌을 통한 집권연장이 불가능하였다. 경제적으로는 1960년대의 고도성장에 따른 부작용이 1970년대에 나타나기 시작하여 심한 인플레이션과 지속적인 국제지수의 악화 및 경기침체가 나타났다. 게다가 사회적으로는 경제성장의 그늘에 묻혀 있던 노동자들의 노동운동이 격화되어, 서울 평화시장 재단사 전태일이 근로기준법이 있으되 이 법이 전혀 지켜지지 않는 현실과 노동자들의 열악한 노동환경에 항의하여 분신자살하면서 대한민국 노동운동이 본격화되기 시작했다. 이와 같은 국내적 사정으로 인한 정권의 불안정에다, 영구집권을 꿈꾸는 박정희 개인의 야망이 어우러져 친위쿠데타가 발생했다.

유신헌법의 가장 큰 특징은 '통일주체국민회의'라는 기구의 신설이다. 이것은 법률이 정하는 바에 의하여 2,000인 이상 5,000인 이하의 선거를 통해 선출된 대의원으로 구성되는데 그 의장은 대통령이 된다. 이 기구는 행정·입법·사법이라는 전통적 3권 분립의 통치기구에 새로운 형태의 기구를 끼워넣은 것으로 '조국의 평화적 통일을 추진하기 위한 온 국민의 총의에 의한 국민적 조직체로서 조국통일의 신성한 사명을 가진 국민의 주권적 수임기관'유신헌법 제35조이라는 거창한 명분을 세우고 탄생했다. 일견 그 당시 미국과 중국의 화해라는 국제 정세 속에서 7·4남북공동선언 등의 남북 화해 분위기를 만들어가면서 통일을 준비하는 헌법적 기구처럼 보인다.

그러나 통일주체국민회의는 그 거창한 명분과는 달리 실제로는 박정희의 영구집권을 위한 도구에 지나지 않았다. 그것은 먼저 대통령을 통일주체국민회의에서 선거하게 함으로써 국민의 직접적 심판이 아닌 간접선거를 통해 국민으로부터 대통령 선출권을 빼앗아 종신토록 대통령에 당선될 수 있도록 하였고,[1] 둘째로는 통일주체국민회의가 대통령이 일괄 추천하는 국회의원 3분의 1에 대하여 찬반투표만으로 선거하게 함으로써 대통령이 실제적으로 국회의원 3분의 1을 지명할 수 있게 했기 때문이다통일주체국민회의는 대통령의 국회의원 3분의 1 추천에 대하여 찬반투표를 할 뿐 따로 선임하는 것이 아니고, 대통령은 찬성을 얻지 못한 경우 다시 의원명부를 작성하여 재투표를 요구할 수 있게 되어 있어 결국 대통령 임의로 국회의원 3분의 1을 임명하는 것과 같았다.[2]

---

1 제7대 대통령 선거에서 박정희는 김대중과 접전을 벌였다. 그러나 1972년 12월 23일 장충단 체육관에서 실시된 제8대 대통령 선거에서는 박정희 1인 후보에 대하여 2,359명의 대의원 중 2,357명(무효 2)으로 박정희가 압도적으로 당선되었다. 이는 대통령 선거가 거수기 선거가 되어버렸음을 반증하는 것이다.

2 헌법 제40조 ①통일주체국민회의는 국회의원 정원의 3분의 1에 해당하는 수의 국회의원을 선거한다. ②제1항의 국회의원 후보자는 대통령이 일괄 추천하며, 후보자 전체에 대한 찬반을 투표에 붙여 재적대의원 과반수의 출석과 출석대의원 과반수의 찬성으로 당선을 결정한다. ③제2항의 찬성을 얻지 못한 때에는 대통령은 당선의 결정이 있을 때까지 계속하여 후보자의 전부 또는 일부를 변경한 후보자 명부를 다시 작성하여 통일주체국민회의에 제출하고 그 선거를 요구해야 한다.

대통령이 이런 식으로 국회의원을 임명할 수 있다는 발상은 3권 분립을 기본으로 하는 근대적 헌법의 체제를 완전히 전복시킨 것으로서 유신헌법의 비헌법성을 적나라하게 드러낸 것이다. 이는 또 대통령이 정부의 수반이 아니라 국가의 모든 권력을 한 손에 장악한 제왕적 위치에 오르도록 한 것이다. 결국 통일주체국민회의라는 기구를 통하여 대통령은 임기를 쉽게 연장할 수 있었고 게다가 국회의원까지 자신이 임명할 수 있는 권력을 행사함으로써 대통령은 손쉽게 종신토록 제왕적 지위에 오를 수 있었던 것이다.

유신헌법의 또 다른 특징은 대통령에게 초헌법적인 비상조치권을 부여한 것이다. 유신헌법 제53조는 대통령에게 내정·외교·국방·경제·재정·사법 등 국정전반에 걸쳐 필요한 긴급조치를 내릴 수 있는 권한을 부여했고, 이에 대하여 국회의 동의나 승인도 필요하지 않았으며 사법적 심사의 대상도 되지 않도록 하였다.[1] 대통령에게 국회나 법원으로부터도 견제되지 않는 무소불위의 권력인 긴급조치권을 부여한 것이다.

이 긴급조치권은 실제로 9호까지 발동되어 국민의 기본권을 제약하는

---

1 헌법 제53조 ①대통령은 천재지변 또는 중대한 재정·경제상의 위기에 처하거나, 국가의 안전보장 또는 공공의 안녕 질서가 중대한 위협을 받거나 받을 우려가 있어 신속한 조치를 할 필요가 있다고 판단할 때에는 내정·외교·국방·경제·재정·사법 등 국정 전반에 걸쳐 필요한 긴급조치를 할 수 있다. ②대통령은 제1항의 경우에 필요하다고 인정할 때에는 이 헌법에 규정되어 있는 국민의 자유와 권리를 잠정적으로 정지하는 긴급조치를 할 수 있고, 정부나 법원의 권한에 관하여 긴급조치를 할 수 있다. ③제1항과 제2항의 긴급조치를 한 때에는 대통령은 지체없이 국회에 통고하여야 한다. ④제1항과 제2항의 긴급조치는 사법적 심사의 대상이 되지 아니한다. ⑤긴급조치의 원인이 소멸한 때에는 대통령은 지체없이 이를 해제하여야 한다. ⑥국회는 재적의원 과반수의 찬성으로 긴급조치의 해제를 대통령에게 건의할 수 있으며, 대통령은 특별한 사유가 없는 한 이에 응하여야 한다.

독재권력의 장치로 작동되었다.[1] 이 긴급조치권으로 말미암아 헌법에 보장된 국민의 기본권은 존재하지 않는 것과 같은 결과가 되어, 대통령은 언제든지 국회나 법원의 통제 없이 국민의 기본권을 박탈할 수 있었다.

통치구조와 관련해서도, 국민의 대표기관인 국회의 권한은 상당히 약화되었다. 구성상에서 앞서 지적한 대로 3분의 1을 대통령이 지명할 수 있었을 뿐 아니라 대통령은 언제든지 아무 조건 없이 국회를 해산할 수 있었으며,[2] 권한 면에서도 기존의 국정감사제도를 폐지함으로써 국회의 행정부에 대한 상시적 감시를 불가능하게 만들었고, 활동면에서도 정기회와 임시회를 합하여 150일을 초과할 수 없도록 하여 국회 활동 자체를 제한하였다.[3] 더욱이 제헌헌법 이래 국회는 국민의 대표기관이라는 의미에서 정부보다 항상 앞서 편제되었으나, 유신헌법은 국회를 통일주체국민회의,

---

1 긴급조치 1호는 1974년 1월 8일 유신헌법의 개정 또는 폐지 주장과 유언비어 날조·유포 등을 금지하는 취지였고, 긴급조치 2호는 같은 날 긴급조치 위반자에 대한 처벌을 담당할 비상군법회의의 설치를 위하여 발동되었다. 긴급조치 3호는 국민생활의 안정을 위하여 저소득층의 조세부담을 경감시키고, 악덕 기업인을 처벌하기 위한 조치였고, 제4호는 전국민주청년학생총연맹(민청련)과 이에 관련되는 제 단체의 가입 금지 등을 규정하였고, 제5호는 제1호와 제4호 조치를 해제하기 위한 것이었으며, 제6호는 제3호 조치를 해제하기 위한 것이었다. 제7호는 1975년 4월 8일에 단행되었는데, 1975년 4월 8일 17시를 기해 고려대학교의 휴교를 명하는 것이었다. 제8호는 위 제7호를 해제하는 것으로서 같은 해 5월 13일 선포되었다. 비상조치 제9호는 위 제8호와 같은 날 선포되었는데, 유언비어를 날조·유포하는 것 등을 금지하고 학생의 집회, 시위 또는 정치 관여 행위의 금지, 헌법의 반대, 개정, 폐지 등의 주장을 금지하는 내용이었다. 이 비상조치 제9호는 유신 말기까지 4년 동안이나 존속되었다.
2 제59조 ①대통령은 국회를 해산할 수 있다. ②국회가 해산된 경우 국회의원 총선거는 해산된 날로부터 30일 이후 50일 이전에 실시한다.
3 회기의 제한은 의회주의 합리화란 이름으로 도입되었으나, 국회가 국회의 자율적 결정에 의하여 개원을 하지 못한다는 것은 결국 국회의 활동을 원초적으로 불가능하게 하는 것으로서, 국회의 국정에 대한 비판 감시 활동을 한시적으로만 인정하는 꼴이 된다. 이는 명백히 반사적으로 대통령과 행정부에게 일방적으로 유리한 규정인 것이다.

대통령, 정부 이후에 편제함으로써 국회 경시 사상을 그대로 드러내었다. 사법부와 관련해서도, 제3공화국 시절 대법원 구성의 민주화를 위해 도입되었던 법관제청회의를 없애고, 대법원판사회의 의결을 거쳐 대법원장이 임명하던 일반 법관을 대통령이 임명하게 했다. 이는 사법부 구성에 있어 대통령의 권한이 비대해졌음을 알려주는 예다. 한편 위헌법률심사권도 62년 헌법에서는 대법원이 최종심사권한을 행사하였으나 유신헌법에서는 헌법위원회가 이를 담당하게 하였다. 이 헌법위원회는 제헌헌법과 달리 위헌심사뿐 아니라 탄핵과 정당의 해산까지 심판할 수 있었는데, 유신시절 한 번도 그 권한을 행사한 적은 없었다.

기본권과 관련하여, 앞서 본 대로 대통령이 비상조치권을 가지고 있었고 실제로 이 비상조치권을 행사함으로써 헌법상의 기본권 규정을 사문화시켰다. 그리고 62년 헌법에서는 질서유지와 공공복리를 위하여 국민의 자유와 권리를 제한할 수 있으되, 제한하는 경우에도 본질적 내용은 침해할 수 없다고 규정하고 있는데, 유신헌법에서는 제한 사유에 질서유지와 공공복리에다 국가안전보장을 더 보태었고 본질적 내용 침해금지 규정은 삭제해버림으로써 언제든 권력에 의하여 국민의 기본권을 박탈할 수 있음을 명백히 하였다.

결국 유신헌법은 권위주의적 통치를 일삼았던 이승만 시절이나 62년 헌법 시절 그래도 명목상 헌법만은 국민주권주의, 기본권보장, 권력분립 등과 같은 입헌주의적 헌법의 틀을 유지하면서도 헌법 실제에 있어서는 독재를 추구하였던 것과는 달리, 헌법 자체에서 이미 국민의 기본권보다는 대통령 영구집권과 독재를 전제하고 있다는 점에서 형식적으로라도 도저히 제대로 된 헌법이라고 할 수 없는 우리 헌정 사상 최악의 헌법이었다.

북한의 사회주의 헌법, 1972년

대한민국에서 유신헌법이 제정된 몇 달 후인 1972년 12월 북한에서도 이른바 '조선민주주의인민공화국 사회주의헌법'이 제정되었다. 이 헌법도 유신헌법과 같이 공산국가의 헌법 중에서도 특이한 헌법으로 김일성의 영구독재를 뒷받침하는 헌법이었다. 남북한이 분단된 지 20여 년이 지나 처음으로 민간 차원에서 1971년 남북적십자회담이 열리고 정부 당국 차원에서는 7·4남북공동성명을 발표하여 한반도 국민에게 통일의 환상을 심은 지 몇 달도 되지 않은 상황에서 남북 모두 1인 독재를 위한 헌법이 제정되었다는 것은 결국 통일 문제를 남북 모두 국내 독재 강화를 위한 수단으로밖에 삼지 않았다는 것이었다.

대한민국이 건국, 한국전쟁, 4·19혁명, 5·16군사정변, 그리고 박정희

북한 군중대회
북한은 소련과 중국으로부터 독립, 독자적 노선을 걸으면서 '주체사상'을 주창하게 되었다. 사진은 집단농장 농민들의 군중대회 광경이다.

시대를 거치며 정치적인 격변을 겪는 동안, 북한은 한국전쟁 후 급격하게 김일성 중심으로 권력이 공고화되어 갔다. 즉 한국전쟁 패배의 책임을 묻는 과정에서 중국 연안계의 지도자 무정과 남로당의 박헌영이 숙청되었고,[1] 1953년 이른바 '8월 종파 사건'[2]으로 소련과 중국을 배경으로 김일성을 반대하던 세력들이 제거당하였다.

경제면에 있어서는 한국전쟁으로 폐허가 된 북한을 스탈린식의 중공업 우선정책과 더불어 경공업·농업 동시 발전을 추진함으로써 복구해나갔다. 그리하여 1956년에는 전쟁 이전의 경제수준을 회복했고, 1957년에는 이른바 '천리마운동'을 시작해 북한의 온 인민들을 노력 경쟁체제로 이끌어 북한경제 재건을 이뤄냈다. 농업의 협동화 작업도 1953년 이래 계속되어 1958년 무렵에는 토지를 비롯한 생산수단들을 모두 통합하고 오직 노동에 의해서만 분배를 하는 완전한 사회주의 형태의 협동화가 이뤄졌다.[3] 개인

---

1 무정은 일제 하에서 연안독립동맹에서 조선의용군 총사령관 등을 지낸 인물로 중국공산당의 대장정에도 참가하여 살아남은 유일한 조선인 공산당원이었으나 1950년 12월 조선노동당 중앙위원회 제3차 전원회의에서 전투과정에서 오류를 범했다며 권력에서 밀려났고, 박헌영은 남로당의 총수로서 북한 건국 당시 김일성 수상 다음의 내각부수상 겸 외상이었으나 1953년 간첩죄, 국가전복죄 등의 혐의로 체포되어 1955년 12월 사형선고를 받고 그 이듬해 처형되었다.

2 1956년 6월에 김일성이 동유럽 순방에 나서자 김일성을 반대하는 일부 세력들이 김일성을 비롯한 당 지도부가 당을 독재적으로 운영한다며 반기를 들고 나섰다. 이 세력들은 중국과 소련의 지원을 받았으나, 급거 귀국한 김일성에 의하여 쉽게 진압되었다. 이후 중국과 소련에서 개입하여 반대파들이 복권되었으나 1956년 헝가리 사태 등으로 국제공산진영의 분위기가 혼란되고 중소분쟁이 발생하자 중국과 소련도 더 이상 북한의 일에 개입하기 어려운 처지가 되었다. 이에 김일성은 이 반대파들에 대한 대대적인 숙청을 단행하였다. 김일성 체제 하에서 유일하게 공식적으로 김일성의 권력에 도전한 사건이었다. 북한에서 종파란 정치적 야심을 가지고 당에 도전하여 당의 노선과 정책을 무턱대고 반대하는 무리라는 의미다.

3 이와 같은 농업협동화는 북한에서 큰 충돌 없이 진행되었는데, 그 이유는 북한의 농촌에는 부농이 0.6퍼센트에 불과하였고, 북한 정부에 비판적인 사람들은 전쟁 과정에서 거의 사라져 조직적으로 저항할 만한 세력이 없었으며, 북한 정부에서 농민의 반발을 최소화하기 위해 노력했기 때문이다.

상공업도 1958년에 이르면 사회주의적으로 개조되는데, 이미 해방 직후 일본인이나 친일세력들이 가지고 있던 공장 등은 국유화하였고 전쟁 이후 개인 기업가 및 개인 상인의 세력은 미약하였기 때문에 손쉽게 이와 같은 개조가 가능하였다. 그리고 60년대에는 50년대 경제 재건의 경험을 바탕으로 7개년 계획을 세워 경제발전을 이루려 하였다.

국제적으로는 1956년 소련의 흐루시초프가 스탈린 사후 그의 1인 독재를 비판하면서 미국과의 평화공존정책을 추구하자, 중국이 이를 '수정주의'로 비판하면서 중소분쟁이 일어났다. 이것이 1960년대에도 격렬하게 전개되자, 북한은 소련과 중국으로부터 독립, 새로운 길을 모색했다.

결국 북한은 1960년대 초반에는 소련과 격한 노선투쟁을 겪고[1] 후반에는 중국과도 현지 대사를 소환할 정도로 악화되면서 독자 노선을 걷게 되었다.[2] 소련은 흐루시초프 실각 이후, 중국은 문화대혁명이 잦아진 후 관계가 회복되었으나, 북한은 50년대의 종속적 대소·대중 관계에서 벗어나 나름대로 독자성을 찾게 되었다. 한편 당시 북한과 처지가 비슷했던 베트남에서 1964년 8월 통킹 만 사건을 계기로 베트남 전쟁이 일어나고 남한이 박정희 쿠데타 이후 일본과 국교정상화를 통하여 한국·미국·일본의 삼각 체제로 북한을 압박하기 시작하였다.

---

1 1962년 가을부터 1964년 10월까지 북·소 관계는 양국 간에 단 한 차례의 정부대표단 방문도 없을 정도로 극도로 악화되었다.

2 1967년 1월부터 중국의 홍위병 신문이나 벽보, 삐라 등에는 북한에서 정변이 일어나 정치적 불안 상태가 조성되고 있다는 허위선전이 유포되어 북한 당국이 해명하는 사태까지 발생하여 결국 양국 관계는 서로 현지 대사를 소환할 정도로 악화되었다.

이런 일련의 사태로 인하여 북한은 중국과 소련에 의존하지 않으면서도 미국의 위협에 대비할 군사력을 키우지 않을 수 없었고, 이것은 곧 경제에서의 자립과 군사에서의 자위로 나타났다. 그리고 이념적으로도 소련의 마르크스레닌주의, 중국의 마오주의와 차별화된 공산국가 전략이 필요하게 됨으로써 북한의 유일한 사상이 된 '주체사상'이 주창되었다.

주체사상이라는 용어는 1962년 12월 「로동신문」의 논설에서 '주체에 대한 사상은 우리당이 자기행동에서 확고하게 견지하고 있는 근본원칙'이라 천명하고, 자립적 민족경제노선을 사회주의 건설에서 '우리당의 주체사상'을 반영한 가장 현명한 방침이라 주장하면서 처음으로 사용되었다.

이후 김일성은 1965년 인도네시아 방문 중 연설에서 '사상에서의 주체, 정치에서의 자주, 경제에서의 자립, 국방에서의 자위, 이것이 우리당이 일관하게 견지하고 있는 입장'이라고 천명함으로써 주체사상을 공식화하고, 이후 이 사상은 북한 당국에 의하여 더욱더 발전되어 마르크스레닌주의의 공산 이론을 대체하는 새로운 사회역사 발전이론으로까지 드높여져 오늘날 북한의 유일사상이 되었다.

그리고 1967년을 기점으로 유일하게 김일성에게 이견을 제출할 수 있었던 이른바 갑산파를 숙청함으로써[1] 김일성은 북한 내에서의 절대적인 권력을 가지게 되었고, 이것은 김일성 유일체제의 시발점이 되었다. 이로써

---

1 갑산파는 김일성이 만주에서 항일유격대로 활동할 때 그를 국내에서 도와주었던 세력으로서 해방 이후 김일성이 남로당파, 소련파, 연안파 등을 제거하는 데 앞장서 1967년까지 확실한 김일성의 지지기반이었으나, 1967년 당 서열 박금철, 5위 이효순 등이 숙청당하면서 거세되었다. 숙청의 원인은 그들이 유일사상을 위배하고, 지방주의를 조장했으며, 수정주의를 내세웠다는 것이었다.

북한에서는 그 이전 조선노동당의 독재 속에서도 제한적이나마 국가 발전 전략이나 정책의 다양성이 수용되었으나 이후 오로지 수령 김일성만이 유일한 권력자가 되는 유일체제가 확립된 것이다.

이런 과정을 거쳐 김일성 유일체제가 형성된 북한은 1972년 해방 직후 건국을 위하여 제정된 1948년 헌법과는 완전히 다른 헌법을 만들었다. 이 헌법이 '조선민주주의인민공화국 사회주의헌법'이다. 이 헌법은 두 가지의 큰 목적이 있는데 첫째는 김일성 유일체제를 헌법화하기 위한 것이고, 둘째는 그동안 북한에서 진행되어온 사회주의를 규범화하는 것이었다.

유일체제를 헌법화하기 위해 국가 주석제와 중앙인민위원회가 도입됐다. 국가 주석은 국가의 수반이며 국가주권을 대표하는데제89조, 중앙인민위원회의 수위로서 이를 직접 지도하고제91조, 필요에 따라 정무원회를 소집하고 지도하며제92조, 전반적 무력의 최고사령관, 국방위원회 위원장으로 국가의 일체 무력을 지휘통솔하고제93조, 법령을 공포하도록 하였다제94조.[1]

중앙인민위원회는 행정뿐 아니라 국가 전 부문에 대하여 지도하거나 감독하는 기관이지만,[2] 이를 김일성이 수장에 앉음으로써 자기 수족처럼 사

---

1 그 외에도 명령제정권, 특사권, 조약 비준 및 폐기권, 외국 사신의 신임장, 소환장 접수권 등이 규정되어 있다.

2 제103조 중앙인민위원회는 다음과 같은 임무와 권한을 가진다. ① 국가의 대내외 정책을 세운다. ② 정무원과 지방 인민회의 및 인민위원회 사업을 지도한다. ③ 사법·검찰 기관 사업을 지도한다. ④ 국방 및 국가정치보위 사업을 지도한다. ⑤ 헌법, 최고인민회의 법령, 조선민주주의인민공화국 주석 명령, 중앙인민위원회 정령·결정·지시·집행·정형을 감독하며 그와 어긋나는 국가기관의 결정, 지시를 폐지한다. ⑥ 정무원의 부문별 집행기관인 부를 내오거나 없앤다. ⑦ 정무원 총리의 제의에 의하여 부총리, 각 부장, 그밖의 정무원 성원들을 임명 및 해임한다. ⑧ 대사와 공사를 임명 및 소환한다. ⑨ 중요 군사간부를 임명 및 해임하며 장령군사칭호를 수여한다. ⑩ 훈장, 명예칭호, 군사칭호 및 외교직급을 제정하며 훈장, 명예칭호를 수여한다. ⑪ 대사를 실시한다. ⑫ 행정구역을 새로 내오거나 고친다. ⑬ 유사시에 전시상태와 동원령을 선포한다.

용할 수 있도록 만든 것이다. 따라서 국가행정을 집행하는 기관인 정무원이나, 지방의 행정입법기구인 지방인민회와 지방인민위원회는 물론이고 재판소와 검찰소까지 중앙인민위원회의 실질적 지휘를 받게 된 것이다. 이로써 김일성은 주석으로서 모든 국가기관을 장악할 수 있는 통치구조를 마련하여 1인 독재가 가능하도록 한 것이다.

1972년 헌법의 특징은 1948년 헌법 당시 남한과의 통일과 국내 제 세력과의 연합을 위하여 미루어 놓았던 사회주의 헌법으로서의 성격을 명확히 하였다. 그리하여 북한을 자주적인 사회주의 국가로서 규정하고제1조, 북한의 주권은 노동자·농민·병사·근로인테리에게 있다고 하며제7조, 북한은 프롤레타리아 독재를 실시하며 계급노선과 군중노선을 관철한다제10조는 등으로 일반적인 공산헌법에 있는 내용을 담아 북한이 명실상부한 사회주의 국가임을 명백히 하였다. 경제와 관련해서도 1948년 헌법에서 생산수단 등의 개인 소유를 법적으로 보호하였으나1948년 헌법 제8조, 이 헌법에서는 생산수단은 국가 및 협동단체의 소유고제18조, 개인소유는 근로자들의 개인적 소비를 위한 소유만을 인정하였다제22조.

이외에도 북한은 마르크스레닌주의를 북한 현실에 창조적으로 적용한 조선노동당의 주체사상을 자기활동의 지침으로 삼는다고 명시하여제4조 북한의 이데올로기적 독자성을 규정하고, 북한의 수도를 평양으로 정하여 제149조 서울을 수도로 하던 지난 헌법과 다르게 분단 현실을 수용하였다.

유신체제의 붕괴와 80년 헌법(8차 개헌)

1972년 이른바 10월 유신에 의해 들어선 유신체제는 우리나라 역사의 명암을 한꺼번에 드러낸 시기였다. 정치적으로는 유신헌법에 기초한 독재권력에 의하여 민주주의가 깡그리 없어지고 후진국에서 흔히 볼 수 있는 독재정치가 행해진 반면에, 경제적으로는 60년대의 경제적 성과를 바탕으로 하여 우리나라가 제2차 세계대전 이후 독립된 나라 중 그 어떤 나라도 따라오지 못하는 경제적 발전을 이룩한 시기였다.

우리나라 경제는 1973년 중동전쟁으로 인한 오일쇼크가 전 세계를 강타하면서 극심한 어려움을 겪었으나, 이를 잘 견뎌내고 1976년에는 15.1퍼센트라는 최고의 경제성장률을 기록하였고 1977년과 1978년에도 10퍼센트 이상의 고성장을 유지하였다. 1977년 12월 22일에는 우리나라 수출고가 100억 달러를 돌파하였는데, 이것은 1962년 수출액 5,600백만 달러에 비하면 거의 200배가 늘어난 엄청난 성장이었다.

그러나 이러한 경제적 성장에 비하여 정치적으로는 민주주의가 후퇴하고 독재가 더욱더 강화되어 나갔고, 이는 필연적으로 정치적 자유와 민주주의를 염원하는 국민들의 반발을 살 수밖에 없었다. 그리하여 국민들은 유신헌법의 철폐를 요구하였고, 이에 대하여 박정희 정권은 1974년 1월 8일 긴급조치 1, 2호를 발동한 이래 1975년 5월 13일 긴급조치 9호까지 발동하면서 헌법 개정 논의 자체를 처벌하면서 법관의 영장도 없이 이를 위반하는 자를 체포·구속·압수·수색할 수 있도록 강경하게 대처하였다.[1]

---

1 긴급조치 1호 ①대한민국 헌법을 부정·반대·왜곡 또는 비방하는 일체의 행위를 금한다. ②대한민국 헌법의 개정 또는 폐지를 주장·발의·제안 또는 청원하는 일체의 행위를 금한다. (생략) ⑤이 조치에 위반한 자와 이 조치를 비방한 자는 법관의 영장 없이 체포·구속·압수·수색하며 15년 이하의 징역에 처한다. 이 경우에는 15년 이하의 자격정지를 병과할 수 있다. ⑥이 조치를 위반한 자와 비방한 자는 비상군법회의에서 심판, 처단한다.

그런데 이와 같은 유신체제는 1978년 12월 12일 치러진 제10대 국회의원 선거에서 야당인 신민당이 비록 공화당보다 의석수에서는 뒤졌으나 득표율에서는 1.1퍼센트 앞서는 헌정 사상 초유의 결과가 나타남으로써 서서히 균열이 갔다.[1] 그리고 야당에서는 1979년 5월 강경투쟁노선을 주장한 김영삼이 총재가 되어 강하게 맞서고 나오자, 유신정권은 이에 대하여 총재 직무정지 가처분결정과 국회의원 제명으로 이를 탄압하려고 했다. 이런 정국 속에서 같은 해 10월 16일부터 부산과 마산에서 시민들의 시위가 일어났고부마항쟁, 정부는 비상계엄과 위수령을 선포하였다.

그럼에도 불구하고 부마항쟁의 불씨가 전국의 대학들로 퍼져나가자 유신정권은 내부 갈등이 빚어졌고, 결국 1979년 10월 26일 중앙정보부장 김재규가 대통령 안가의 술자리에서 대통령과 대통령 경호실장 차지철을 총격하여 사망케 함으로써 박정희 18년 통치와 더불어 유신체제도 그 종말을 고하게 되었다.

이런 비상사태 속에 국무총리였던 최규하는 대통령권한대행이 되었다가 1979년 12월 6일 통일주체국민회의에 의하여 대통령으로 선출되었다. 유신헌법에 따라 대통령이 궐위되면 3개월 이내에 후임 대통령을 선출하게 된 규정에 따른 것이었다.

이후 1980년 이른바 '서울의 봄'이 찾아와 국민들은 조속한 개헌을 통하여 민주정부가 수립될 것을 기대하고 또 이를 요구하였다. 1980년 2월 29

---

1 제10대 국회의원 선거 결과 총 231석 중 공화당이 68석, 신민당이 61석, 무소속이 22석이었고, 대통령이 임명하는 유정회가 77석이었다.

일에는 김대중을 비롯한 재야인사들에 대한 사면복권조치가 발표되면서, 김대중, 김영삼, 김종필을 중심으로 하여 3김의 대권경쟁이 시작되었다.

그러나 정국은 일반 국민들의 예상과는 달리 엉뚱한 방향으로 흘러갔는데, 박정희 시대 가장 큰 권력집단이 되었던 군부에서 전두환을 중심으로 한 정치군인들이 치밀하게 쿠데타를 준비하였기 때문이다.

전두환은 10·26사태 당시 국군보안사령관으로 박정희 살해사건 수사의 책임을 맡으면서 중앙정보부장 서리를 겸임하였는데, 그를 중심으로 한 일련의 신군부 세력이 군부의 실권을 장악해나갔다. 특히 그 당시 육군참모총장으로 계엄사령관이었던 정승화를 박정희 살해사건과 관련되었다는 혐의로 군대를 동원하여 공관을 습격하여 체포하는 반란을 일으켜12·12사태[1] 군부를 장악하였다.

신군부는 1980년 5월 17일 제주도를 포함한 전국으로 비상계엄을 확대하는 계엄포고 10호를 발포하면서 정치활동 정지, 언론·출판·보도·방송의 사전검열, 대학에 대한 휴교조치 등을 단행하였고 동시에 이른바 '서울의 봄'을 맞아 대통령 직선제 개헌을 준비하던 김대중, 김종필을 체포하고 김영삼을 가택연금시킴으로써 헌정을 완전히 중단시켰다.

---

1 전두환의 이와 같은 12·12반란은 1997년 4월 7일 대법원에서 반란죄에 해당한다고 판결하였다. "군형법상 반란죄는 다수의 군인이 작당하여 병기를 휴대하고 국권에 반항함으로써 성립하는 범죄이고, 여기에서 말하는 국권에는 군의 통수권 및 지휘권도 포함된다고 할 것인 바, 피고인들이 대통령에게 정승화 총장의 체포에 대한 재가를 요청하였다고 하더라도, 이에 대한 대통령의 재가 없이 적법한 체포절차도 밟지 아니하고 정승화 총장을 체포한 행위는 정승화 총장 개인에 대한 불법체포 행위라는 의미를 넘어 대통령의 군통수권 및 육군참모총장의 군지휘권에 대한 반항한 행위라고 할 것이며, 원심이 적법히 인정한 바와 같이 피고인들이 작당하여 병기를 휴대하고 위와 같은 행위를 한 이상 이는 반란에 해당한다고 할 것이다"(대법원, 1997. 4. 7. 선고 96도3376 전원합의체 판결).

©조선일보사

이후 5월 31일에는 쿠데타 정부인 '국가보위비상대책위원회'[1]를 설치
하여 입법·사법·행정의 3권을 완전히 장악하여 쿠데타를 완성하였다.

이런 와중에 광주에서는 같은 달 18일 신군부의 계엄령 확대에 반대하
는 학생시위가 전남대학교를 중심으로 격렬하게 일어났고, 이를 진압하는
과정에서 유혈사태가 발생했다. 이에 분노한 시민들은 광주 시내 금난로
에 모여 유혈사태를 규탄했고 이마저도 다시 진압당하자 무기를 탈취한

---

1 이를 줄여 국보위라 불렀다. 이는 박정희 쿠데타 정부인 '국가재건최고회의'와 흡사한 것이다.

'시민군'이 형성되어 10일 동안 광주시 전체를 장악하였다가 계엄군이 다시 투입되어 무력으로 시민군이 진압되는 광주민주화운동이 벌어졌다.

이 광주민주화운동은 박정희의 사망으로 인하여 우리나라에 민주주의가 새롭게 꽃필 수 있는 절호의 기회에, 일단의 군부 세력이 자신의 무력을 이용하여 국가권력을 찬탈하려는 쿠데타를 일으킨 것에 대항하여 분연히 일어난 것으로 우리나라 민주화운동의 큰 이정표가 된 사건이다.

이 광주민주화운동은 대한민국 국민이 총칼에 의하여 국민 주권을 침탈하려는 세력에 맞서 민주주의를 지키기 위하여 봉기한 역사적 사건으로서, 4·19혁명과 함께 우리나라가 성숙한 민주시민사회로 나아가는 데 있

어 결정적 역할을 한 사건이었다.[1]

그러나 이러한 역사적 사건은 당시 언론을 철저히 통제했던 전두환 쿠데타 세력에 의해 은폐되어 전국적인 반향을 일으키지 못했다. 그럼에도 이 역사적 진실은 1980년대를 떠돌아다니다가 하나의 신화가 되어 1985년 학원자율화 이후 양지로 드러남으로써, 이후 전국을 달궜던 반독재운동의 기폭제가 됐고 결국 1987년 6월 민주화 운동으로 열매 맺게 됐다.

쿠데타에 성공한 전두환은 1980년 8월 16일 최규하를 사임케 하고, 같은 달 27일 통일주체국민회의에서 제11대 대통령으로 선출되었다. 대통령으로 당선된 전두환은 새 헌법을 만들어 1980년 10월 22일 국민투표에 부쳐 발효시켰다. 이후 전두환은 새 헌법에 따라 구성된 대통령 선거인단에 의하여 선출되어 1981년 2월 25일 제12대 대통령으로 취임하였다. 박정희는 총탄에 쓰러졌으나, 박정희가 남겨놓은 군부독재의 망령은 사라지지 않았고, 박정희 유신정권의 아류인 전두환 정권이 들어서게 된 것이다.

1980년 헌법[2]은 정권의 정당화를 위해 유신헌법에서 국민들의 지탄을

---

1 이와 관련하여 전두환 및 그 쿠데타 세력은 내란죄로 처벌받은 바 있는데, 대법원은 광주민주화운동 및 이에 대한 진압을 다음과 같이 판단하고 있다. "피고인들이 1980년 5월 17일 0시를 기하여 비상계엄을 전국으로 확대하는 등 헌법기관인 대통령, 국무위원들에 대하여 강압을 가하고 있는 상태에서, 이에 항의하기 위하여 일어난 광주시민들의 시위는 국헌을 문란하게 하는 내란행위가 아니라 헌정질서를 수호하기 위한 정당한 행위였음에도 불구하고 이를 난폭하게 진압함으로써, 대통령과 국무위원들에 대하여 보다 강한 위협을 가하여 그들을 외포하게 하였다면, 이 사건 시위 진압행위는 피고인들이 헌법기관인 대통령과 국무위원들을 강압하여 그 권능행사를 불가능하게 한 것으로 보아야 하므로 국헌문란에 해당하고, 이는 피고인들이 국헌문란의 목적을 달성하기 위한 직접적인 수단이었다고 할 것이다"(대법원, 1997. 4. 7. 선고 96도3376 전원합의체 판결).

2 이를 흔히 제5공화국 헌법이라 하고, 헌법의 서문에서도 "조국의 평화적 통일과 민족 중흥의 역사적 사명에 입각한 제5공화국의 출발에 즈음하여"라고 하여 박정희 시대와 다른 공화국이라고 불렀다. 그러나 이는 자신의 쿠데타를 정당화하려고 한 전두환 정권의 주관적 호칭일 뿐이다. 전두환 7년 통치 시절은 박정희 시절의 군부독재정권이 연장되었다는 의미에서 새로운 공화국이라 하기 어렵다.

받았던 대통령의 초헌법적 기관화를 지양하고, 기본권을 대폭 보강하였다. 통치구조와 관련해서는 통일주체국민회의를 폐지하고, 대통령이 국회의원의 3분의 1을 임명하는 제도도 없앴으며, 장기집권을 막기 위하여 대통령의 7년 단임 제도를 도입하였다. 또한 헌법 개정으로 인한 장기집권을 막기 위해 아예 헌법에서 헌법 개정 당시의 대통령은 임기연장 또는 중임변경의 효력이 미치지 못하도록 하였다.[1]

대통령 단임 제도는 이후 87년 현행 헌법에서도 그대로 유지됨으로써 우리나라에 있어서의 1인 대통령의 장기집권에 따른 폐해를 막는 역할을 하였다. 기본권과 관련해서는 기본적 인권의 불가침성과 행복추구권 조항을 신설하고, 구속적부심제와 임의성 없는 자백의 증거능력부인조항을 부활하고, 연좌제 금지조항을 신설하였으며, 거주 이전의 자유, 통신의 자유, 언론·출판·집회의 자유 등 개별적 유보조항을 삭제했고, 교원의 전문성과 교원의 지위보호조장을 신설하고, 평생교육의 진흥조항을 신설했으며, 병역의무이행자 및 국가유공자보호조항을 신설하고, 환경권을 신설하는 등 문헌상으로만 본다면 국민의 기본권 규정은 손색이 없을 정도로 충분히 규정되었다.

하지만 이런 진전에도 불구하고, 대통령이 국회해산권·비상조치권·헌법개정제안권·법률안제출권 등을 가지고 있어 여전히 국회보다 절대적 우위에 있도록 하였고, 또한 그런 막강한 권력을 가짐에도 불구하고 대통

---

1 헌법 제129조 제2항, "대통령의 임기연장 또는 중임변경을 위한 헌법 개정은 그 헌법개정안 당시 대통령에 대하여는 효력이 없다."

령은 국민의 직선이 아니라 선거인단에 의한 간접선거로 선출하게 하였다. 이로써 전두환 개인은 아니지만 전두환 쿠데타 세력이 장기집권할 수 있는 길을 열어놓은 것이다.

게다가 기본권이 많이 확충되었다고 하더라도 이를 실질적으로 담보하기 위한 헌법재판제도를 도입하지 않고 헌법위원회를 존속시킴으로써 헌법상의 기본권이 실질화되지 못하고 허울만의 기본권으로 전락하게 만들었다. 즉 위헌 여부를 헌법위원회에서 할 수 있도록 하였지만, 법원의 위헌제청에 의해서만 심판할 수 있도록 하여 실제적으로 전두환 헌법 시행 기간 동안 한 건도 심판하지 못하였다. 더욱이 헌법 부칙에서 '국가보위입법회의'를 국회 구성 전까지 국회의 권한을 대행하되, 이 회의가 제정한 법률과 이에 따라 행해진 재판 및 예산 기타 처분 등은 헌법을 이유로도 제소하거나 이의를 하지 못하도록 함으로써[1] 헌법 스스로 헌법 파괴적 조항을 가지고 있었다.

---

1 헌법 부칙 제6조 ①국가보위입법회의는 이 헌법에 의한 최초의 집회일 전일까지 존속하며, 이 헌법 시행일부터 이 헌법에 의한 국회의 최초의 집회일 전일까지 국회의 권한을 대행한다. (생략) ③국가보위입법회의가 제정한 법률과 이에 따라 행해진 재판 및 예산 기타 처분 등은 그 효력을 존속하며, 이 헌법을 기타의 이유로 제소하거나 이의를 할 수 없다. ④국가보위입법회의는 정치 풍토의 쇄신과 도의정치의 구현을 위하여 이 헌법 시행일 이전의 정치적 또는 사회적 부패나 혼란에 현저한 책임이 있는 자에 대한 정치활동을 규제하는 법률을 제정할 수 있다.

6 · 10민주항쟁과
87년 헌법

민주화 투쟁에 앞장서고 있던 대학가에서는, 전두환 정권의 화해 제스처
에 의하여 그동안 대학 캠퍼스에 상주하던 경찰병력이 철수하고 학도호국
단 대신 학생들이 선거로 선출한 총학생회가 공식적으로 출범함으로써,
민주화운동이 일부 극소수 학생의 것이 아니라 전 학생의 운동이 되
었다. 대학가는 민주화를 요구하는 대학생들의 시위와 이를 진압하는 전
투경찰과의 충돌이 일상화되어 최루탄 가스로 자욱하였다.

6월 민주화운동

6월 민주화운동 하루 전 전투경찰이 쏜 최루탄에 맞아
중태에 빠졌다가 숨진 당시 연세대생이었던 고 이한열
열사의 영결식. 이 사건은 국민들의 분노를 자아내 6월
민주화운동으로 이어졌고, 결국 87년 헌법이라는 새로
운 역사를 만드는 계기가 되었다.

6월 민주화운동

전두환 정권 7년은 박정희에서 전두환으로 바뀌었다 뿐이지 통치 행태는 유신 때와 다름없는 독재체제였다. 이에 대하여 학생과 지식인들은 반독재 민주화 투쟁을 계속하였으나 정권의 폭압적 탄압으로 근본적인 흐름을 바꾸기에는 쉽지 않았다.

그러던 것이 광주민주화운동 3년이 되던 1983년 5월 18일, 당시 가택연금을 당하고 있던 전 신민당 총재 김영삼이 구속 인사 석방, 전면해금, 해직 교수 및 해직 근로자, 제적 학생의 복직·복교·복권, 개헌 및 국가보위입법회의 제정법률의 개폐를 내걸고 단식투쟁을 선언하였다. 이 단식투쟁은 전두환 정권으로부터 1981년 사형선고를 받은 후 미국으로 출국한 김대중을 비롯한 민주 인사들로부터 많은 지지를 받으면서 민주화 세력들이 결집하여 전두환 정권에 맞서는 계기를 만들었다. 이후 1984년에는 '민주화추진협회민추협'가 결성되어 민주 세력의 조직화 작업이 진행되었다. 그리고 1985년 2월 12일 총선 직전에는 민추협을 근간으로 김영삼, 김대중을 중심으로 하는 정치 세력들이 '신한민주당'약칭 신민당을 창당하였다. 이 신민당은 창당한 지 채 한 달이 안 되었음에도 총선에서 돌풍을 일으켜 기존의 관제야당으로 지칭되던 야당들을 물리치고 전국 29.26퍼센트의 득표로 제1야당이 되었다. 국민들의 민주화 열망이 독재타도를 외치는 선명 야당에게 표를 몰아 준 것이다.

민주화 투쟁에 앞장서고 있던 대학가에서는, 전두환 정권의 화해 제스처에 의하여 그동안 대학 캠퍼스에 상주하던 경찰병력이 철수하고 학도호국단 대신 학생들이 선거로 선출한 총학생회가 공식적으로 출범함으로써, 민주화운동이 일부 극소수 학생의 것이 아니라 전 학생의 운동이 되었다.

대학가는 민주화를 요구하는 대학생들의 시위와 이를 진압하는 전투경찰과의 충돌이 일상화되어 최루탄 가스로 자욱하였다.

야당은 총선 이후 대통령직선제 개헌을 지속적으로 요구하면서 1986년 2월부터는 전국적으로 직선제 개헌 1천만 명 서명운동을 전개하여 국민들의 개헌에 대한 열망을 담아내면서 국회에 '헌법개정특별위원회'를 구성하는 성과를 올렸다. 그러나 여당은 의원내각제를 주장하는 반면 야당은 대통령직선제를 요구하여 서로 합의에 이르지 못하고 지지부진하였다. 이에 대하여 전두환은 1987년 4월 13일 개헌 논의를 중단하고 1988년 서울올림픽 이후로 미루며 제13대 대통령은 현행 헌법에 의하여 선출하겠다는 내용의 호헌조치를 발표하였다4·13호헌조치.

그러나 이런 호헌조치는 타오르고 있던 국민의 민주화 열망에 기름을 부은 격이었다. 전국적으로 더 격렬한 대통령직선제 개헌 쟁취를 위한 시위가 벌어졌다. 게다가 1987년 1월 서울대 학생 박종철 군이 수배 중이던 동료 대학생의 소재를 파악하기 위하여 수사기관에 참고인 자격으로 불려갔다가 물고문에 의하여 죽은 사실이 폭로됨으로써, 전두환 정권에 대한 국민들의 분노는 극에 달하였다.

이 사건은 1986년 7월 위장취업 혐의로 구속된 학생 출신 권인숙 씨를 성고문한 사건부천서 성고문 사건, 같은 해 10월 건국대에서 '전국 반외세 반독재 애국학생 투쟁연합'의 결성식을 위해 모여든 전국의 대학생 1,525명의 학생을 연행 1,259명을 구속한 사건건국대 애학투련 사건과 함께 전두환 정권의 반민주, 반인권성을 적나라하게 드러낸 사건이었다. 그러다 1987년 6월 9일 학교 앞에서 시위를 벌이던 연세대학교 이한열 군이 경찰의 최루탄에 맞아 중태에 빠지자, 민정당의 대통령 후보를 뽑는 6월 10일을 기해 전국에서 '독재타도, 호헌철폐'를 외치는 국민들의 함성이 불길처럼 일어났다. 이 시위에는 비단 학생들뿐 아니라 이른바 넥타이 부대라고 하는 일반 중산층 시민들과 상인들까지 거리에 나와 학생들을 격려하고, 시위대에 합류하기에 이르렀다.

이에 대하여 전두환 정권은 이미 대통령 후보로 지명된 노태우로 하여금 6·29선언[1]을 하게 함으로써 국민의 열망인 개헌을 수용하였다. 이로써 대한민국 국민들은 독재의 사슬을 끊고 역사를 바꾸는 엄청난 사건을 만들어낸 것이다. 다시 말해 헌법상 글자로만 있던 '국민주권'을 회복하였던 것이다.

이후 대통령직선제를 골자로 하는 개헌 작업이 빠르게 진행되어 '여야 8인 정치협상'이 시작된 지 한 달 만인 1987년 8월 31일 여야 합의로 개헌안 준비를 마치고, 9월 18일 발의되어 10월 12일 국회에서 의결되었다. 이후 10월 27일 국민투표에서 78.2퍼센트의 투표율과 93.1퍼센트 찬성으로 헌법 개정이 확정되고 10월 29일 공포되었다제9차 헌법 개정. 이것이 현행 헌법이다.

87년 헌법[2]은 비록 그 헌법에 의하여 정권교체를 곧바로 이루지는 못했

---

1 그 주요 내용은 대통령직선제 개헌을 통한 1988년 2월 평화적 정권이양, 대통령선거법 개정을 통한 공정한 경쟁 보장, 김대중의 사면복권과 시국 관련 사범들의 석방, 인간존엄성 존중 및 기본인권 신장, 자유언론의 창달, 지방자치 및 교육자치 실시, 정당의 건전한 활동 보장, 과감한 사회정화조치의 단행 등이었다.
2 이 헌법을 6공화국 헌법 또는 5공화국 헌법의 일종이라고 한다. 그러나 앞서 본 바와 같이 제헌헌법 이래 우리나라는 공화국의 국가체제를 바꾼 적이 없으므로 헌법의 제정에 가까운 개정이 있었다고 하더라도 이를 다른 공화국이라고 부를 이유는 없다. 따라서 이 헌법을 87년 헌법이라 칭하고 이 헌법의 시대를 87년 헌법 시대로 부르는 것이 더 타당할 것이다.

지만 정권의 호헌조치에 맞서 국민들의 개헌 의지를 관철시킨 그야말로 주권자인 국민이 헌법개정권력을 행사한 중요한 의미가 있는 헌법이다. 그리고 87년 헌법의 계기가 된 6월 민주화운동은 비록 정권을 전복시킨 혁명에는 이르지 못하였으나, 우리나라 민주주의 역사상 4·19혁명, 5·18 광주민주화운동과 더불어 국민의 민주화에 대한 열망을 극적으로 표출한 시민운동이었고, 이후 이어지는 노동, 여성, 환경 운동 등을 선도적으로 이끌어 우리나라에 명실 공히 민주의식으로 무장된 '시민사회'를 형성하는 계기가 되었다.

  87년 헌법은 이후 김영삼 정권이 들어섬으로써 박정희 이후 처음으로 군부가 아닌 민간에서 대통령이 나오는 계기가 되었고, 헌법적 절차에 의하여 평화적으로 정권을 교체하는 쾌거를 이루었다. 게다가 이후 정치적으로 빠른 민주화가 진행됨으로써 87년 헌법에서 보장한 헌법재판소에 의한 헌법재판이 활성화되어 헌법이 단지 통치구조를 정하는 것뿐 아니라 국민의 기본권을 보장하고 헌법적 가치를 지키지 못하는 입법 및 권력행사에 대하여 헌법적 통제를 가함으로써 우리나라 역사상 최초로 살아 있는 헌법의 기능을 담당하게 되었다.

87년 헌법(9차 개헌)

현행 헌법인 87년 헌법의 가장 큰 특징은 대통령의 직선제와 단임제다. 유신헌법 이래 국민들이 대통령을 직접 뽑지 못하고 그 결과 권력자가 통일주체국민회의나 선거인단을 통하여 국민의 의사를 왜곡하여 다시 집권하는 병폐를 막기 위하여 국민들이 궐기한 것이 6월 민주화운동의 가장 큰

1988년 제13대 대통령 선거
평화적 정권 교체를 이루게 한 제13대 대통령 선거의 대선 후보 포스터

이유이고 보면 대통령직선제의 채택은 당연한 일이었다. 그리고 단임제는 제헌헌법 이래 헌정 질서가 문란해지고 대통령이 민주적 대통령이 아니라 제왕적 대통령이 되는 통로가 임기 제한 철폐를 통한 장기집권이었다는 것이 우리나라 헌정사의 명백한 경험이었으므로 이를 채택하였다. 또한 임기를 전두환 헌법의 7년에서 5년으로 단축하였다. 이와 같은 대통령직 선제와 5년 단임제는 우리나라 헌정사의 가장 큰 폐해였던 대통령의 독재 를 방지하고 평화적 정권교체를 이루게 해 우리나라 민주주의를 발전시키

는 데 큰 역할을 하였다.

이외 개정된 헌법 부분을 보자면, 헌법 전문에서는 처음으로 3·1운동으로 건립된 대한민국 임시정부의 법통을 계승한다고 천명하면서,[1] 80년 헌법에서 없애버렸던 4·19 민주이념의 계승을 규정하였다.[2] 또 '조국의 민주개혁'의 사명을 밝혀 87년 헌법의 목표가 대한민국의 민주화에 있음을 명백히 하였다.

다음 통치구조와 관련하여, 대통령의 국회해산권과 비상조치권을 없앰으로써 대통령의 권한을 합리적으로 조정하였고,[3] 국회는 단원제로 구성하되, 국정감사권을 부활시켜 국회의 정부에 대한 감시기능을 강화하였다. 정부는 대통령 아래 행정각부를 통할하는 국무총리제도를 존치시켰는데, 이는 제헌헌법 이래 대통령제를 취하면서도 의원내각제의 요소인 국무총리 제도를 둔 헌법적 관행을 답습한 것이다.

국회와 관련해서는 국회의 자율권 및 정부감독권을 대폭 확대하였는데, 국회임시회 소집 요건을 재적의원 3분의 1 이상에서 4분의 1 이상으로 완화하여 국회를 개회하기 쉽도록 하였고, 정기회의 회기를 90일에서 100일로 연장하였으며 연간개회일수의 제한 규정을 삭제하여 언제든지 국정의

---

1 이전에는 3·1운동의 숭고한 독립정신을 계승한다고만 되어 있었는데, 87년 헌법에서 처음으로 대한민국의 법통이 임시정부로부터 시작함을 밝힌 것이다.

2 이 당시에 5·18광주민주화운동의 민주이념에 대한 논의가 있었으나, 여야 합의 과정에서 담아내지 못하였다. 향후 5·18광주민주화운동뿐 아니라 6월 민주화운동의 민주이념도 전문에 포함할 필요가 있을 것이다.

3 다만 비상조치권은 제1, 3공화국에 규정되어 있던 긴급명령권과 긴급재정경제명령권·처분권 제도로 대체되었다. 비상조치권이 헌법을 정지하는 권한까지 있었던 것에 비하여 이 국가긴급권은 법률 대체적인 효력을 가지는 것에 불과하며 국회의 승인을 못 받으면 효력을 상실하는 통제를 받는다(제76조).

감시 감독을 가능하게 하였고, 대통령이 요구한 임시회에서의 처리안건에 대한 제한 규정을 철폐하여 국회의 심의기능을 확대했으며, 국정감사권을 부활시켜 정부에 대한 국회의 감독기능을 강화하였다.

한편 87년 헌법은 4·19헌법에서 채택된 바 있으나 5·16군사정변으로 좌절되었던 헌법재판소 제도를 다시 도입하였다. 즉 위헌법률의 심사·탄핵심판·정당의 해산심판·권한쟁의심판 및 헌법소원심판을 맡는 헌법재판소 제도를 도입한 것이다. 헌법재판소는 법관의 자격을 가진 6년 임기의 9인의 재판관으로 구성되는데, 국회가 선출하는 3인, 대법원장이 지명하는 3인을 포함하여 대통령이 임명한다. 이 헌법재판소는 우리나라 민주화의 진전에 발맞추어 국회가 제정한 법률에 대하여 위헌심사를 통하여 위헌 여부를 활발히 결정함으로써 헌법이 단순히 권력구조를 정하는 법이 아니라 국민의 기본권을 지키는 재판규범으로서 헌법을 살아 있는 법이 되도록 하였다.[1]

기본권과 관련하여서는 적법절차 규정을 도입하여 신체의 자유와 절차적 보장을 보완하고, 형사피의자와 형사피고인의 권리를 확대하고 범죄피해자구조보상권을 신설하였으며, 주택개발정책의 실시, 여자·노인·청소년·신체장애자의 복지향상에 의한 규정을 보완하였고, 언론·출판·집회·결사에 대한 허가제와 검열제를 금지하는 규정을 두었다.

---

1 1988년 9월 1일부터 2009년 6월 30일까지 총 17,424건이 접수되었는데(위헌법률심판 598건, 탄핵 1건, 권한쟁의 61건, 헌법소원 16,764건), 이중 위헌법률심사에서 129건, 헌법소원에서 202건의 위헌결정이 있었다.

북한 헌법의 변천, 1992년, 1998년, 2009년

1980년대 말 전 세계에 밀어닥친 공산권의 붕괴는 북한에게도 엄청난 영향을 미쳤다. 그동안 대외무역과 협력의 가장 중요한 상대였던 소련과 동구 사회주의국가들이 몰락하면서 이들과의 관계가 끊어진 북한은 점차 경제난이 가중되어 갔다. 이에 북한은 세계사의 대변화에 맞추어 합영·합작·경제특구정책 등을 도입하면서 부분적으로 시장경제를 확대하였다.

이와 같은 공산권의 몰락, 탈냉전, 경제위기 등의 상황에서 북한에서는 1992년 헌법을 개정하여 이런 시대에 부응하기 위한 노력을 하였다. 이 헌법의 가장 큰 특징은 세계사에서 실패로 판명된 마르크스레닌주의를 완전히 삭제하고 그것을 주체사상으로 대체한 것이다.[1] 즉 74년 헌법 제4조에서 '조선민주주의인민공화국은 마르크스레닌주의를 우리나라의 현실에 창조적으로 적용한 조선로동당의 주체사상을 자기 활동의 지침으로 삼는다.'고 규정했던 것을 92년 헌법 제3조에서는 '조선민주주의인민공화국은 사람 중심의 세계관이며 인민대중의 자주성을 실현하기 위한 혁명사상인 주체사상을 자기 활동의 지침으로 삼는다'라고 바꾼 것이다. 그리고 주권도 74년 헌법에서는 '로동자, 농민, 병사, 근로인테리에게 있다'고 한 것을 92년 헌법에서는 '로동자, 농민, 근로인테리와 모든 근로인민에게 있다'로 바꾸고 독재의 형식도 74년 헌법에서는 프롤레타리아 독재에서 92년 헌법에서는 인민민주주의 독재로 변화하였다. 이 모든 것이 공산권 몰락에 따라 프롤레타리아 독재에 의한 사회주의 건설이 아니라, 인민 전체에

---

1 따라서 이를 '우리식 사회주의 헌법'이라고도 한다.

의한 인민의 국가 건설로 방향을 전환한 것이라 하겠다.[1]

그리고 경제와 관련하여 사회주의적 조항을 그대로 존치한 것은 변함없으나, 제37조에서 외국인이나 외국기업의 합작을 장려하는 규정을 두어[2] 대외적 상황변화에 적응하려고 하였다.

한편 통치구조와 관련해 72년 헌법에서 주석에게 절대권력을 부여하던 것과는 달리 92년 헌법에서는 국방과 관련한 권한[3]은 주석에 관하여 규정된 제6장 '국가기구' 제2절 '조선민주주의인민공화국 주석'의 다음 절에 '조선민주주의인민공화국 국방위원회' 절을 신설하여 국방위원회에게 이양하였다. 이것은 향후 김정일에게 국방위원장을 맡겨 권력승계를 자연스럽게 하기 위한 포석이었다. 그리고 실제 1993년 4월 김정일은 국방위원장으로 취임하였다.

그런데 김일성이 1994년 7월 8일 사망함으로써, 1946년 북조선임시인민위원회 위원장 이래 48년 이상 북한의 절대권력자수령로 통치하던 김일성의 시대가 막을 내렸다. 그의 사후 1974년, 공식적으로 후계자로 지명된 후[4] 김일성의 주체사상을 북한의 유일사상으로 만드는 등 확실한 권력을 장악하고 있던 김정일이 자연스럽게 김일성의 권력을 승계하였다.

---

1 여기에 관하여 사회발전 단계가 해방 직후의 인민민주주의 시대에서 사회주의로 나아갔다가 다시 인민민주주의로 하향화한 것이라는 해석하는 견해도 있다.

2 제37조 국가는 우리나라 기관 기업소, 단체와 다른 나라 법인 또는 개인들과의 기업 합영과 합작을 장려한다.

3 국방위원장은 북한의 일체 무력을 지휘통솔하고(제113조), 국방위원회는 국가의 전반적 무력과 국방건설사업을 지도하고 중요 군사간부를 임명 또는 해임하며 군사칭호를 제정하고 장령 이상의 군사칭호를 수여하고 유사시 전시상태와 동원령을 선포한다(제114조).

4 1974년 2월에 열린 당중앙위원회 제5기 8차 전원회의에서 김정일은 당내 핵심권력기구인 중앙위원회 정치위원회 위원이 되면서 후계자로 공인되었다.

김정일(金正日, 1942~2011)
1974년 김일성의 후계자로 공인된 이후 주체사상에 대한 유일적 해석자가 됨으로써 80년대 아버지 김일성과 함께 실질적으로 북한을 이끌었다. 1994년 김일성 사망 후 국방위원장으로서 북한을 통치하다 2011년 사망했다.

김일성의 사망과 김정일의 이와 같은 권력 승계 다음에 이를 뒷받침하기 위해 개정된 것이 1998년 헌법김일성 헌법이다. 이 헌법은 처음으로 '서문'을 두어 북한이 김일성의 유훈에 따라 통치될 것임을 명백히 하였다. 서문에서는 김일성에 대한 찬양[1]과 함께 '조선민주주의인민공화국 사회주의 헌법은 위대한 수령 김일성 동지의 주체적인 국가 건설사상과 국가 건설업적을 법화한 김일성 헌법이다'라고 규정하고 있다.

98년 헌법에서는 74년 헌법에서 설치된 이래 김일성이 사망할 때까지

---

1 '조선민주주의인민공화국은 위대한 수령 김일성 동지의 사상과 령도를 구현한 주체의 사회주의 국가이다. (생략) 김일성 동지께서는 영생불멸의 주체사상을 창시하시고 그 가치 밑에 항일혁명투쟁을 조직 령도하시어 영광스러운 혁명전통을 마련하시고 조국광복의 력사적 위업을 이룩하시었으며, 정치, 경제, 문화, 군사 분야에서 자주독립 국가 건설의 튼튼한 토대를 닦은 데 기초하여 조선민주주의인민공화국을 창건하시었다.(이하 생략)'

맡았던 주석 제도와 그 주석을 보좌하기 위한 중앙인민위원회를 폐지하였다. 그것은 김일성만이 북한에서 영원한 주석이라는 인식 때문이고, 이를 헌법 서문에서 '조선민주주의인민공화국과 조선인민은 조선로동당의 령도 밑에 위대한 수령 김일성 동지를 공화국의 영원한 주석으로 높이 모시며'라고 밝혔기 때문이다. 그리하여 기존의 주석과 중앙인민위원회가 가지고 있던 권한을 새로 신설된 최고인민회의 상임위원회[1]와 그 위원장 및 내각에 배분하였다. 즉 기존에 주석이 당연히 국가수반으로서 나라를 대표하였으나, 이번 헌법에서는 최고인민회의 상임위원회 위원장이 국가를 대표하며 다른 나라 사신의 신임장, 소환장을 접수하도록 하였고제111조,[2] 주석 또는 중앙인민위원회의 권한이었던 조약을 비준 또는 폐기하며 외교대표의 임명 또는 소환을 결정하고 대사권과 특사권을 행사하는 권한도 상임위원회가 맡도록 하였다. 또한 내각도 기존 중앙인민위원회가 하던 국가정책과 집행을 위한 대책권한을 부여받음으로써제119조 명실상부한 행정적 집행기관일 뿐 아니라 전반적 국가관리기관이 되었다제117조. 그러나 92년 헌법에 새로 생겼던 국방위원회는 그대로 존치되고 김정일이 이를 맡음으로써, 김정일은 자신이 맡아야 할 국가주석직을 폐지하는 대신에 당과 군대를 확고하게 장악하고 대신에 행정·경제 분야는 전문관료들

---

1 원래 최고인민회의 상임위원회는 1948년 헌법에서 최고인민회의의 휴회 중에 있어서 최고주권기관이었으나 (1948년 헌법 제47조), 1972년 헌법 및 1992년 헌법에서는 단순히 휴회 중의 상무기관으로서 '최고인민회의 상설회의'로 명칭이 변경됨과 아울러 권한도 최고인민회의와 관련된 것만 처리하는 기관으로 약화되었다가, 1998년 헌법에서 그 명칭과 기능이 부활된 것이다.

2 위와 같은 행태는 소련에서의 합의제 대통령의 기능을 수행한 '최고회의 간부회'와 유사하다는 지적도 있다.

에게 책임 위임하여 형식적으로 국정책임분산을 도모하면서도, 실질적으로 자신의 유일 권력을 관철될 수 있는 구조를 마련한 것이다.

한편 경제와 관련해서는 생산수단의 주체를 국가와 협동단체에서 국가와 사회·협동단체로 확대하였고제20조, 92년 헌법의 교통·운수의 국가 소유를 '철도·항공운수'로 제한함으로써제21조 도로 및 해상운수 부문이 국가의 배타적 소유대상에서 제외되었으며, 92년 헌법에서는 사회협동단체가 농기구나 고깃배 등과 같은 것만 소유할 수 있었으나 이번에는 농기계나 화물선, 여객선 등과 같은 다른 종류 선박도 소유할 수 있게 되었고제22조, 개인 소유의 범위를 확대하여 '합법적인 경리활동을 통하여 얻은 수입'도 개인 소유가 가능하도록 하여 상거래 등의 사적 경제활동을 허용하였다.

그런데 2009년 북한은 11년 만에 헌법을 개정하여, 김정일이 맡고 있는 국방위원장에 대한 절을 국가기구의 장에서 새롭게 신설하고, 김정일이 내세웠던 선군사상[1]을 김일성의 주체사상과 나란히 국가의 지도이념으로 하며, 세계적으로 몰락한 공산주의라는 용어를 헌법에서 삭제했다.

이로써 1998년 개헌에서 김일성이 맡고 있던 주석직을 폐지하여 김일성을 영원한 북한의 주석으로 모셨던 북한이 2009년 개헌으로 국방위원장을 명실상부한 국가원수 및 1인 지도자로서 명문화한 것이다. 즉 헌법 제6장 국가기구에 제2절로서 국방위원장을 신설하여 '국방위원장은 조선민주주의인민공화국의 최고령도자이다'제100조로 규정하고, 국방위원회 사업을

---

1 북한에서 선군정치 사상이란 '군사 선행의 원칙에서 혁명과 건설에서 나오는 모든 문제를 해결하고 군대를 혁명의 기둥으로 내세워 사회주의 위업 전반을 밀고 나가는 영도방식'을 지칭한다.

지도할 뿐 아니라 국가의 전반사업을 지도하며, 다른 나라와 맺은 중요 조약을 비준 또는 폐기하고, 특사권을 행사하며, 나라의 비상사태와 전시상태, 동원령을 선포할 수 있는 권한을 부여하였다제103조. 이로써 김정일 국방위원장의 최고지도자로서의 현실을 헌법으로 규범화한 것이다. 그리고 1998년 헌법에서 조선민주주의인민공화국의 지도지침으로 언급되었던 주체사상과 나란히 선군사상을 병기함으로써 김정일이 주창한 선군사상이 김일성의 주체사상과 같은 반열에 놓이게 되었다. 그리고 기존 헌법에서 사용되었던 공산주의라는 용어를 모두 삭제함으로써 북한이 공산국가가 아니라 '자주적인 사회주의 국가' 제1조임을 명백히 하였다.

이러한 헌법상의 변화는 공산국가에서도 보기 드문 '핏줄에 의한 최고 권력자의 승계'라는 봉건적인 체제와 정치나 경제가 우선이 아닌 군사 우선의 국가전략이른바 선군정치을 정당화하고 있다. 그리하여 아버지인 김일성으로부터 그 아들인 김정일이 1인 최고 지도자가 되고 오늘날에는 다시 김정일의 아들에게 최고 권력이 승계될 것이 예상되고 있으며, 김정일은 행정권이나 입법권의 수반으로서가 아니라 국방의 수반인 '국방위원장'이라는 헌법상 지위로 국가권력을 틀어쥐고 있다.(편집자 주, 현재 북한은 김정은이 통치하고 있다.)

그러나 이런 체제가 비정상적임은 명백하다. 핏줄에 의한 권력 승계라는 것은 이미 인류 역사에서 후진적이라고 평가받는 봉건적 잔재이며 동시에 국가 발전을 위해서도 바람직하지 못하다. 게다가 전 세계가 하나의 시장으로 통합되는 마당에 시장경제를 우선하지 않는 나라가 국제사회에서 자신의 위치를 지킬 수 없으며 국민들의 복지를 향상시킬 수 없다는 점은 오늘날 보편적 진리로 받아들여지고 있다. 심지어 공산당 1당 독재를 유지하고 있는 중국도 이른바 사회주의 시장경제라는 개념으로 시장경제를 받아들이고 있는 실정이다.

그럼에도 불구하고 북한은 우리와 한 민족으로서 우리 헌법 전문에서도 규정되어 있는 바와 마찬가지로, 우리 대한국민은 북한과 평화적 통일이라는 사명을 안고 있는 것이다. 구체적인 통일방안에 대해서는 여기서 논의되기 어려우나 헌법적 관점에서 한 가지 지적하자면, 북한에게 당장 우리와 같은 자유민주주의 헌법체제를 가지라고 하는 것은 불가능하지만, 적어도 북한이 중국의 헌법체제와 같이 이른바 '사회주의 시장경제'를 받아들일 수는 있을 것이고 그것이 한 걸음이나마 대한민국과, 나아가 세계와 더 가까워지는 길이라는 것이다. 그러한 방향으로의 점진적 헌법 변화야말로 우리 민족이 통일로 나아갈 수 있는 밑거름이 될 것이다.

에 필 로 그 - 대 한 민 국 헌 법 의 과 제

1. 헌법은 국민의 것이다

국가의 최고 통치자가 핏줄에 의해 정해질 때가 있었다. 아버지혹은 할아버지
가 왕이었다는 이유로 자식은 한 나라를 통째로 물려받았다. 국민 역시 그
것을 당연하게 받아들였다. 이것은 인간은 태어나면서부터 불평등하다는
것을 받아들일 때만이 가능한 논리나, 그럼에도 인류가 국가라는 정치조
직체를 만든 이후 수천 년 동안 통용되어 왔다. 그것이 가능하였던 것은
한 나라를 세우는 과정이 무력에 의한 것이었기 때문이다. 무력에 의한 정
복은 왕권신수설이나 천명론과 같은 정복에 대한 정당화 논리에 따라 규
범화됨으로써 그 왕조는 다른 세력에 의해 무력으로 전복되지 않는 한 존
속되었다. 이런 논리가 지배할 당시 국가는 국민의 것이 아니라 왕조의 것
이었다.

　이후 국왕과 맞설 수 있는 힘을 키운 귀족들에 의해 왕의 권한이 제한되
기 시작했다. 마그나 카르타나 권리청원, 권리장전 등은 다 귀족들이 국왕
의 권한을 제한하고 그 권한 중의 일부를 귀족들에게 가져오는 과정에서
서로 타협해 만든 약정서였다. 그 가운데 국민으로부터 세금이란 명목으
로 재산을 걷는 것예산권과 국민의 자유를 제약하는 법을 제정하는 권한입법

권을 국왕으로부터 빼앗아 귀족집단이 차지했는데 그 집단을 의회라고 부르기 시작했다. 의회가 이 권한을 처음 차지하게 될 때에는 국왕과 전쟁을 벌이거나 무력을 동원한 혁명 등에 의해서였다. 또한 이것의 정당성을 국민에게서 찾았다. 다시 말해 의회 스스로 국민의 대표라고 말했던 것이다. 이로써 국왕도 국민의 대표인 의회의 권한을 어쩔 수 없이 받아들였고, 국왕도 의회가 제정한 법률에 의해서만 통치해야 하는 제약을 받았다.

한편 이런 과정에서 국가의 존재 이유가 국왕이 아닌 국민의 민복을 위해 있다는 사상, 국가를 구성하는 국민은 그 국가구성에 있어 모두 평등하다는 사상, 국가의 최고 권력 담당자도 핏줄에 의하여 당연히 되는 것이 아니라 국민의 뜻에 따라 정해져야 한다는 사상이 대두되었고, 이것은 봉건적인 신분에 의한 국가체제를 하루아침에 무너뜨리는 혁명적 사상이 되었다. 이는 곧 미국의 독립혁명과 프랑스 혁명을 거치면서 현실화되었고, 서구를 신분적 봉건사회에서 시민적 근대사회로 변화시키는 엄청난 에너지가 되었다.

그리하여 국왕의 권한 일부를 제한하는 것이 아닌 아예 국왕을 없애고 국민이 선출한 대표에게 그 역할을 맡기는 제도가 생겨나게 되는데, 그것이 미국의 '대통령'이고 프랑스 제1공화국 시절의 '5인의 집정관' 혹은 '3인의 통령', 제2공화국 이후의 '대통령'이었던 것이다. 그리고 이와 함께 기존의 국왕의 권한을 그 성질상 국가원수로의 권한, 행정부의 수반으로서의 권한, 입법권, 사법권 등으로 나누어 각 권한을 다른 국가기관에 각각 귀속시킴으로써 국가권력끼리 상호 견제와 균형을 이루게 해 국가권력의 남용을 막고 국민의 기본권을 보호하는 권력분립제도가 생겨나 널리 채택되었다.

이런 가운데 국가의 통치규범을 명문화시켜 국가권력을 가진 자도 그 규범에 따라 통치할 것을 정하는 제도가 생겨났는데 이것이 바로 '근대적 입헌주의'의 탄생인 것이다. 이것이 근대적인 것은 국가통치규범이 봉건적 신분제도를 기반으로 한 것이 아니라, 자유와 평등을 누리는 시민 혹은 국민을 기반으로 한 것이기 때문이다. 또한 입헌주의라고 하는 것은 이와 같은 규범을 '헌법'이라고 하는 성문규범으로 제정해 국민 누구나가 그 약속을 알 수 있게 했기 때문이다. 이와 같은 서구의 근대적 입헌제도는 전 세계로 퍼져나갔고, 이것이 오늘날 전 세계의 표준적인 통치체계가 된 것이다.

따라서 헌법은 그 누구의 것도 아닌 바로 국민들의 것이다. 대통령이나 정부, 국회, 혹은 사법부 등의 국가기관이 존재하는 이유는 국민의 기본권 자유, 평등, 정의, 복지 등을 보호하기 위함이지 국가권력자들을 위한 것이 아니다. 국민은 국가기관에 헌법을 준수할 것을 요구할 수 있고, 심지어 통치자가 그 권력을 남용하여 국민의 기본권을 박탈할 경우에는 이에 저항할 권리가 있으며, 헌법이 시대에 맞지 아니하고 국민의 요구 수준을 반영하지 못할 때에는 헌법을 개정할 권리도 가지고 있는 것이다. 헌법은 그 누구도 아닌 국민의 것이기 때문이다.

2. 자유민주주의와 국가 발전

헌법의 역사를 살펴보다 보면 한 국가의 발전이 반드시 자유민주주의의 성장과 비례하는 것은 아니라는 사실을 발견하게 된다. 영국과 미국의 경우에는 자유민주주의의 성장과 함께 국가의 경제도 성장하는 모범을 보이기는 했다. 그러나 프랑스의 경우에는 프랑스 혁명을 통하여 군주제를 폐지하고 공화정을 시도했으나 결국 나폴레옹이라는 전쟁 영웅의 등장과 함께 민주주의는 몰락하고 황제체제로 복귀하였다. 독일과 일본의 경우에는 산업화가 뒤처져 영국, 미국식의 민주정이 아니라 입헌군주정이라는 외견만 있었을 뿐 실제로는 전제적인 국왕권력을 바탕으로 비약적인 산업화가 가능했다.

우리나라 역시 근대화와 산업화가 이루어진 것은 박정희 군사독재시절이었고, 이른바 '개발독재'라는 용어가 만들어지기까지 하였다. 그리고 이와 같은 방식의 산업화 및 경제성장은 후진국 발전전략의 한 모델이 되어 중국의 현 경제성장도 박정희식 개발 모델과 크게 다를 바 없다. 그런 까닭에 헌법사적 관점에서 비판받는 지도자가 다른 관점에서는 오히려 영웅 취급을 받는 모순을 겪기도 한다. 전형적인 경우가 나폴레옹과 우리나라의 박정희다. 둘 다 군사력을 기초로 쿠데타를 일으켜 집권하였으나, 이후 프랑스를 영광된 시절로 이끈 지도자로, 또 대한민국의 경제기적을 이룬 지도자로 평가받고 있는 것이다.

그러나 강물의 물줄기가 큰 바위 앞에서 소용돌이쳐 역류하기도 하지만 결국은 바다로 흘러가듯이, 근대적 헌법에서 인류가 발견한 헌법적 가치, 즉 자유를 중심으로 하는 기본권의 보호와 민주주의라는 정치체제는 인류 역사가 궁극적으로 나아가야 할 방향이다. 이러한 논리에 입각해 한 국가의 정치체제가 그에 기초되지 않는 한 계속적인 발전은 불가능하다는 것 또한 역사적 사실이다. 앞서 예로 든 독일, 일본, 프랑스뿐 아니라 심지어 우리나라조차 이제는 자유민주주의의 가치에 바탕을 둔 통치 질서를 기초로 발전하고 있고, 또 그에 기초하지 않은 국가 발전은 상상할 수도 없게 되었다.

한편 20세기 인류의 가장 큰 실험이었던 공산주의 국가 건설도 결국 1989년 베를린 장벽의 붕괴가 상징적으로 보여주듯 지속적 발전 모델이 아님이 밝혀졌다. 공산주의가 제시했던 '능력에 따라 일하고, 필요에 따라 가져가는 사회'는 이상적이긴 하였지만, 이를 구현하기 위해 제시되었던 프롤레타리아의 독재는 결국 1인 독재 혹은 1당 독재로 이어져, 제2차 세계대전 이후의 소련, 중국, 한국전쟁 직후의 북한과 같이 일시적인 성공을 거둘 수는 있었지만, 민주주의 체제에 비하여 계속적인 국가 발전을 이룰 수 없다는 것이 명백해졌다. 그리하여 지구상에 처음으로 공산주의 국가를 건설한 소련도 민주주의의 가치를 받아들여 오늘날 우리와 유사한 국가 시스템을 가지게 된 것이다.

한편 중국은 정치적으로는 공산당 1당 독재를 시행하면서 경제적으로는 시장경제를 받아들여 21세기 들어 가장 눈부신 발전을 이룬 나라가 되고 있다. 그러나 중국도 우리나라나 '개발독재'에 의해 성장을 이루었던 여느 나라들처럼 일정 정도의 경제성장 이후에는 정치적으로 자유화, 민주화가 되지 않는다면 이런 가치들에 대한 중국 국민들의 요구에 의하여 국가 발전이 발목 잡히는 시기가 올 것이다.

북한은 중국과 다르게 김일성이 만들어놓은 유일체제에 의해 국가를 통치하면서 심각한 경제적 어려움에 처했음에도 불구하고 경제 문제보다 군사 문제를 앞세우는 국가 전략을 구사하고 있다. 그러나 이것이 한 시기 국가 존립을 위한 전략이 될 수 있을지 모르지만 향후 북한의 안정적이고도 지속적인 발전을 담보하지 못하리라는 것은 너무나 명백한 사실이다.

결국 인류가 18세기를 기점으로 실현하기 시작한 자유민주주의는 인류의 보편적 가치로서, 국가 발전을 항구적으로 보장하기 위해서 반드시 구현되어야 할 가치인 것이다.

3. 대통령은 국왕이 아니다

서구에서 발전한 근대적 입헌주의가 우리나라에서 시작된 것은 1919년 3·1운동 이후 중국 상하이에서 대한민국 임시정부가 수립된 이후다. 그러나 실제로 주권을 가지고 국민과 국토를 가지고 입헌주의가 실현된 것은 1948년 8월 15일 대한민국 건국 이후다. 그런데 건국과 함께 우리는 입헌주의에 따라 성문헌법을 가지게 되었으나, 실제적으로 그 운용에서는 대통령이 마치 국왕과 같은 지위를 누리려고 했고 또 누렸다.

아무리 대통령이라 할지라도 헌법에서 정한 임기를 마치면 일반 국민으로 돌아와야 하는 것이 당연한 일이지만 이를 어기고 개헌을 통해 종신적인 대통령을 꿈꾸었던 것이 1980년까지 우리나라 헌정사의 가장 큰 질곡이었다. 특히 초대 대통령 이승만은 미국에서 오랫동안 생활하여 미국식 대통령제에 익숙했음에도 불구하고 종신토록 대통령직을 유지하려고 했다. 그리하여 1954년 한국전쟁이 끝난 그 이듬해 자유당이 국회에서 다수당이 된 것을 빌미로 3선 개헌을 시도하였다. 재적의원 3분의 2에서 1명이 모자라 부결된 3선 개헌안을 수학의 '사사오입' 논리를 끌어들여 통과시켰다. 그것도 모든 대통령 당선자가 아니라 부칙으로 자신만이 중임의 제한을 받지 않게 하였다. 이것은 자신이 바로 대한민국을 건국한 아버지로서 자신은 대한민국의 대통령이 아니라 국왕과 같은 존재라고 여겼기 때문에 가능한 발상이었다.

이러한 헌법 개정을 통한 종신 대통령을 향한 병폐는 박정희 시대에도 다름없이 재현되었다. 1969년 공화당 내부의 저항을 무력화시킨 다음 야당 없이 본 회의장이 아닌 별관에서 새벽 시간에 3선 개헌안을 통과시켰고, 1972년에는 아예 유신헌법을 만들어 종신토록 대통령이 가능하도록 하였다.

그뿐만이 아니다. 역대 대통령들은 자신에게 유리한 방식으로 선거를 치러 재집권을 도모하기도 했다. 이승만은 국회에서의 간접선거가 자신에게 불리해지자 한국전쟁 중에 이른바 부산 정치 파동을 일으켜 국회를 총칼로 위협하여 직선제로 바꾸었고이른바 발췌개헌, 박정희는 1971년 직접선거에서 힘겹게 야당 후보인 김대중을 이기자 아예 통일주체국민회의라는 국가기관을 만들어 간접선거를 하게 하였으며, 전두환도 대통령선거인단을 구성하게 하여 국민들의 직접적 대통령 선출 권한을 박탈하였던 것이다. 역대 대통령들이 선거 과정에서 온갖 관권, 금권을 동원하여 국민의 의사를 왜곡하였음도 두말할 나위 없다.

한편 역대 대통령들은 자신이 3권 분립에 의한 행정부의 수반이라기보다는 입법부와 사법부의 우위에 있는 국가원수라는 것을 강조하여 자신의 지휘통솔을 받는 행정부뿐만 아니라 입법부와 사법부마저도 통제하려고 했다. 이는 대통령이 국가원수의 지위뿐 아니라 행정부의 수반임에도 다시 행정부 전체를 총괄하는 '국무총리'를 두어 각 입법부, 사법의 수장과 비슷한 지위를 가지게 함으로써 자신은 이들 위에 군림하는 지위를 유지한 것이다.

또한 역대 대통령들은 자신의 정당을 창당함으로써 국회에서 자신의 영향력을 행사하려 했고, 이것은 87년 헌법 이후 민주화 시대의 대통령도 다르지 않았다. 이승만은 자유당, 박정희는 민주공화당, 전두환은 민주정의당, 노태우는 자유민주당, 김영삼은 신한국당, 김대중은 새천년민주당, 노무현은 열린우리당이었다. 다만 87년 헌법 전후가 달라진 것이 있다면 집권여당으로서 부정선거를 감행했는지 여부일 것이다. 그 결과 입법부는 통법부로 사법부는 권력의 시녀로 전락하여 모든 권력이 대통령에게 집중되는 제왕적 대통령이 되었다.

그리고 대통령에게 헌법은 자신의 권력으로 언제든지 바꿀 수 있는 것이고, 헌법에 규정된 국민의 기본권은 그저 대한민국이 민주국가라는 것을 대외적으로 선전하기 위한 명목이나 장식에 지나지 않았다. 그리하여 쿠데타로 들어선 정부가 만든 헌법의 기본권 목록에서 오늘날 우리에게 중요한 기본권 조항이 들어가 있는 아이러니가 생기기도 하였다. 예를 들어 박정희 쿠데타 이후 '인간으로서의 존엄과 가치' 규정이 도입되었고, 전두환 쿠데타 이후 '기본적 인권의 불가침성'과 '행복추구권'이 기본권의 목록에 추가되었던 것이다.

그러나 군사정권 시절에 그 어느 누구도 인간으로서 존엄과 가치를 보장받고 기본적 인권을 침해받지 않았으며 행복을 추구할 권리를 실현했다고 여기지 않는다. 오히려 그 시절은 대통령의 말 한마디에 헌법이 정지되고, 헌법의 개정을 요구한다고 해서 처벌받기도 했던 것이다. 그리하여 헌법은 대통령이 따라야 할 규범이 아니라 대통령의 권력을 위한 도구나 장식에 지나지 않았다.

대통령이란 지위가 왕조국가 시절에 국왕이 담당했던 자리를 대체하여 만든 것은 사실이나 그것은 국민 통합과 국가의 상징인 국가원수로서 그러하다는 말이지 그 권한이 왕조 시절의 국왕과 같다는 것은 결코 아니다. 왕조 시절의 국왕은 기본적으로 행정·입법·사법이라고 하는 국가권력을 모두 가지고 있었을 뿐 아니라 대외적으로 국가를 대표하여 조약을 체결·비준하는 권한, 선전포고와 강화를 행하는 권한, 외교사절을 신임·접수하는 권한, 대내적으로 영전을 수여하고 사면할 권한 등을 가지고 있었다. 그러나 국가가 한 국왕이나 그 왕조의 것이 아니라 국가를 구성하는 국민의 것이고, 또 국가가 존립하는 이유가 국민의 기본권을 보호하기 위한 것이라는 인식이 명백해짐에 따라, 국왕이 가지고 있던 권한은 각각 입법부와 사법부에 넘겨졌을 뿐 아니라, 핏줄에 의한 상속이 아닌 국민의 선거에 의해 선출되는 국민의 대표인 대통령에게 나머지 행정권과 국가원수로서의 지위를 가지게 한 것이다.

따라서 대통령이 대내외적으로 국가를 대표하는 국가원수로서의 지위를 겸하기도 하나, 이는 오늘날 영국의 국왕과 같이 의례적이고 형식적인 국가원수이지 입법부와 사법부를 통괄하는 위치로서의 지위가 아닌 것이다. 그럼에도 우리 헌정사상 대통령은 자신이 국가원수이므로 입법부와 사법부보다 우위에 있다고 생각하였고, 이것이 제왕적 대통령으로 나아간 가장 큰 원인이기도 했다.

한편 이와 같은 제왕적 대통령을 제어하고 결국 헌법 안에서의 대통령으로 만들어낸 것은 어느 누구도 아닌 우리 대한민국 국민이었다. 3·15 부정선거를 통해 자신을 종신 대통령으로 만들려던 이승만에 항거하여 4·19혁명을 이루었고, 유신독재에 치열하게 저항함으로써 권력 내부에서 유신독재가 무너지게 하였으며, 5·18 계엄 확대를 통한 쿠데타를 시도하던 전두환 정권에 맞서 광주민주화운동을 일으키고, 호헌조치를 통하여

쿠데타 세력의 장기집권 기도를 분쇄하는 6월 민주화운동도 모두 국민이
해냈던 것이다.

87년 헌법 이래 노태우, 김영삼, 김대중, 노무현, 이명박을 거치면서 대
통령이 자기만의 대통령이나 그들만의 대통령이 아니라 우리들의 대통령
이 된 것이 사실이다. 그리하여 대통령도 집권을 위해서는 공정한 선거를
거쳐야 하고, 임기를 마치면 국민의 한 사람으로 돌아가야 하며, 임기 중
에 부정부패가 있었다면 다른 일반 국민들과 같이 처벌받는다는 정치 시
스템이 갖추어졌고 이것은 곧 대통령이 국왕이 아니라 국민의 한 사람이
되었다는 것을 뜻한다. 그러나 아직도 우리 대한민국에는 대통령제도에
대한 시스템이 잘되었다고 여기기는 어렵다. 특히 87년 헌법 이후 역대 대
통령마다 집권 말기에 인척의 부정비리 사건으로 온 나라가 시끄럽거나,
2009년에는 도덕성을 자랑하던 노무현 대통령이 검찰에 불려가 조사를 받
고 끝내 자살함으로써 우리들에게 '대통령은 무엇인가?' 하는 질문을 다
시 던지고 있는 것이다.

4. 국회는 국민의 대표기관이다

국회의회를 존중하는 서구적 전통에 비하면, 우리나라는 국회가 국민들로
부터 가장 지탄받는 국가기관 중 하나로 전락해 있다. 서구에서 의회를 존
중하는 것은 민주주의 역사를 만들어냄에 있어 의회가 큰 역할을 했고, 의
회는 정부의 무제한적 권력에 항쟁하여 국민의 권익을 지켜주는, 국민의
대표라는 확고한 인식 때문이다.

영국 의회가 마르나 카르타 이래 국왕에 대항하여 국왕의 권력을 제한

함으로써 결과적으로 국민의 자유와 재산을 지켜주고 오늘날 민주주의를 만들어냈다는 것은 주지의 사실이다. 즉 의회는 국왕과의 전쟁존 왕과 귀족들의 전쟁, 시몽 드 몽포르의 반란 혹은 혁명청교도 혁명, 명예혁명 등을 통해 전제적인 국왕에 맞서 싸우는 중심에 있었다. 그리하여 국왕 자의로 행해지던 입법권을 제어해 차지했을 뿐 아니라, 종국에는 국왕의 행정권마저 의회의 신임에 기초하는 내각에서 맡음으로써 의회가 명실상부한 국정의 중심이 되었고, 이것은 '의회주권'이라는 말을 낳게 했다.

미국에서도 영국과의 전쟁 중에 독립선언문을 채택하고 독립 이후 미국이라는 연방국가를 건설하는 미국 헌법을 제정할 때에도 어느 한 개인이 아니라 미국 전역의 대표들이 모인 의회에서 이와 같은 일을 해냈다. 따라서 국정의 중심은 국민의 대표가 모인 의회에서 정하는 것이 당연한 것으로 여겨졌고, 대통령은 의회가 제정한 법률을 집행하는 집행부의 수장으로서의 의미를 넘어 유럽식의 국왕이 되는 것은 상상할 수 없었다. 그 결과 국민의 대표인 의회가 만든 법에 의해 대통령이 미국을 통치해야 한다는 것은 너무나 당연한 일로 받아들여진 것이다.

프랑스의 경우에도 프랑스 혁명은 물론 국민들의 궐기에 의한 것이지만 이를 촉발하고 지도한 것은 1789년 테니스코트에서 결의한 국민의 대표인 국민의회를 시작으로 입법의회, 국민공회로 이어지는 의회였다. 따라서 이런 서구적 전통에 비추어 의회가 존중되는 것은 당연한 일이다.

그러나 불행히도 우리나라 헌정사에서 국회는 국민의 대표라는 것이 무색할 정도로 대통령의 하수인으로 전락하고 말았다. 제헌의회 구성 자체에서 이미 백범 김구를 비롯한 민족주의 세력이 빠짐으로써 절름발이로 시작되었을 뿐 아니라, 헌법 제정 과정에서도 그 당시 제도권 내에서 가장 영향력이 컸던 이승만 한 개인에 의해 정부 형태가 의원내각제에서 하루 아침에 대통령제로 바뀌는 일이 벌어졌다. 게다가 한국전쟁 중에 이승만의 폭압에 견디지 못하고 발췌개헌을 통과시켰으며 이승만의 3선 개헌을 위해 '사사오입'이라는 논리로 부결된 개헌안을 다시 통과시킨 것이 국회였다. 그리고 4·19혁명 이후 일부 군부에 의하여 5·16군사정변이 일어났음에도 국민의 대표기관이란 국회는 무기력하게 해산당했고, 박정희 시대에는 3선 개헌에 앞장섰고, 심지어 유신헌법을 통하여 대통령이 국회의원의 3분의 1을 지명하는 19세기 왕조시대에나 있을 법한 일이 벌어졌다. 게다가 국회는 정부가 제안하는 각종 법률을 통과시킬 뿐 국회 스스로 나라의 규범을 정하는 역할을 해내지 못함으로써 '통법부'라는 비난을 면할 길이 없었다.

그런 까닭에 국회가 서구에서와 같은 존경을 국민들로부터 기대한다는 것은 어려운 일이 되고 말았다. 그러나 대한민국의 건전한 민주주의 발전을 위해서는 국민의 대표인 국회가 제자리를 찾아야 한다. 그렇지 않다면 국회는 여전히 민주주의를 위한 장식품에 지나지 않을 것이고, 그 결과 대통령 1인에게 국민의 운명을 맡기는 위험한 일이 반복될 것이다. 무엇보다도 국민이 자신의 손으로 뽑은 공복을 제대로 부릴 수도 없는 결과를 낳게 될 것이다.

87년 헌법 아래에서 국회도 대통령의 통법부에서 벗어나 나름의 입법부로서 제자리를 찾아가려는 노력이 시도되고 있다. 그리하여 회를 거듭할수록 의원 입법이 많아져 통법부가 아니라 진정으로 법을 제정하는 국가기관으로 거듭나고 있기도 하다. 또한 대통령의 입김으로부터도 많이 자유로워져 예전처럼 청와대의 지시라고 하여 그대로 입법이 통과되는 경우도 줄어들고 있다. 집권여당이라고 해서 정부의 정책이나 법안을 무조건 적으로 지지하지도 않고 야당 못지않게 국정 감사와 조사에 임하는 경우도 많아졌다.

그러나 국회가 국민의 대표기관으로서, 또 진정으로 대통령으로부터 자유로운 의정활동을 하며 입법부로서의 권위와 존경을 받는다고 보기에는 아직도 미심쩍은 구석이 많다. 국회가 국민의 대표기관으로 거듭나기 위해서는 무엇보다도 국회의원 개개인의 자질과 책임의식이 요구된다. 한편 제도적으로도 국회가 민주주의의 장식물이 아니라 진정한 국정의 중심에 설 수 있도록 그 권한을 강화할 필요가 있다. 특히 국회의 가장 본질적 기능인 입법권과 정부의 예산심의권을 제자리로 갖다놓아야 한다.

입법권과 관련해서도 마찬가지다. 삼권분립론에 따르면 행정부는 법을 집행하는 부서지 법을 만드는 부서가 아니다. 그런데도 제헌헌법부터 엄격한 권력분립을 전제로 하는 대통령제를 채택하였음에도 불구하고 정부에도 법률안제출권을 부여함으로써 '어떤 법을 만들어야 하는가?' 하는 입법권의 가장 중추적인 기능을 국회에서 정부로 사실상 이전해버렸다. 그리하여 국회의 입법기능은 축소되고 실제 입법 과정에서 국회는 단지 정부가 제출한 법률안을 심사하는 심사원, 혹은 통법부의 역할을 해온 것이 지난 헌법의 역사였다. 이를 바로 잡아야 한다. 따라서 대통령제를 유지한다면 엄격한 삼권분립론에 따라 법률안제출권을 정부에 주어서는 안 된다.

예산심의권과 관련해 현재 국회는 예산편성권은 없고 예산심의 및 결산 심사 기능만을 가지고 있다. 그런데 이런 예산심의 및 결산심사도 정기국회 기간의 예산결산특별위원회에서 한 달도 채 안 되는 기간에 얼렁뚱땅

의결되고 있다. 이렇게 된 근본적인 원인은 영국, 미국, 독일, 프랑스 등의 나라처럼 예산을 국회의 법률 형식으로 하지 않고, 일본의 예에 따라 법률과 다른 형식으로 하고 있기 때문이다. 예산이 법률이 된다면 법률의 일반적 제정절차에 따라 국회가 예산편성의 주도권을 쥐는 것은 당연하다. 그러나 예산편성권을 정부에 독점적으로 부여해 예산을 증액할 경우 정부의 동의를 얻도록 하고 있다. 더욱이 일본은 의원내각제로 정부가 국회의 신임 하에 성립하므로 정부가 예산편성권을 가진다고 하더라도 실제적으로는 국회와 함께 하는 것과 마찬가지나 우리나라는 대통령제로 예산편성과 관련해서는 정부에게 백지수표를 주는 것과 다름없는 결과를 가져오고 있다. 따라서 예산을 법률형식으로 제정해 예산편성권을 국회에 주든지 아니면 정부의 예산편성에 국회가 상시적으로 참여할 수 있도록 예산결산위원회를 운영하거나 각 상임위원회에서 실질적인 예산심의가 이루어질 수 있도록 해야 할 것이다. 이와 같은 국회 기능 강화론은 국회가 국회다워지기 위해 반드시 필요하다.

5. 헌법재판소는 정치적 사법기관이므로 그 구성을 다양화하고 민주적 정당성을 강화해야 한다

87년 헌법의 제정 당시에는 누구도 예상 못했지만, 2009년 대한민국의 헌법체제 내에서 가장 강력한 권한을 행사하고 있는 국가기관이 헌법재판소다. 당시 위헌법률심사권을 맡을 국가기관의 필요성은 모두 인정했지만 이를 맡을 기관을 어떻게 구성할 것인지에 대해서는 심각하게 논의하지 않았다. 기실 국회가 위헌법률심사권을 대법원에 주려고 했어도 대법원이 정치적 이유로 이를 거절했기 때문에 불가피하게 독일에서 시행되고 있었고, 4·19 헌법에서 도입한 바 있었던 헌법재판소 제도가 도입되었다.

그런데 87년 헌법 시행과 더불어 우리나라가 급속히 민주화됨에 따라 그 이전에는 전무하다시피 했던 법률에 대한 위헌심사 청구가 봇물을 이루었고 이에 대한 헌법재판소의 판결이 쌓이면서 헌법이 장식용 문구가 아니라 재판의 규범이 되는 엄청난 결과를 가져왔다.

이와 같은 헌법재판소의 위상 변화를 실감하게 하였던 결정이 2004년에 두 번 있었다. 하나는 그해 5월 14일에 있었던 노무현 대통령에 대한 국회의 탄핵소추를 기각한 결정2004헌나1이고, 또 하나는 국회에서 제정된 '신행정수도의 건설을 위한 특별조치법'에 대한 위헌 결정2004헌마554이다.

노무현 대통령에 대한 탄핵은 대한민국 건국 이래 처음 있는 일로서, 지금까지 우리 대한민국의 헌정사가 제왕적 대통령에 의하여 국회가 하수인 노릇을 해오던 관행을 완전히 뒤집고 국회의 다수당이 대통령을 탄핵소추하기에 이른 역사적 사건이었다. 이것은 국민의 대표인 대통령과 국민의 대표기관인 국회가 정면으로 충돌한 사건으로서 예전 같으면 엄청난 정국의 혼란을 가져왔을 사건이었으나 헌법재판소의 탄핵기각 결정으로 헌법 시스템 내에서 자연스럽게 해결될 수 있었다. 반면 대한민국의 수도를 충청도로 옮긴다는 내용의 법률은 국회에서 여야가 치열하게 논쟁해 합의 제정한 법률에 대하여 헌법재판소가 위헌 결정함으로써 하루아침에 효력이 없는 것으로 만들어버리기도 했다.

이 두 사건은 전형적인 정치적 사법결정이었다. 정치적이라고 한 것은 그 결정 여부가 헌법 조문에 의한 것이 아닌 당시의 정치적 상황에 따라 행해졌고 또 각 헌법재판관의 정치적 성향에 따라 좌우되었기 때문이다.

사법결정이라는 것은 그럼에도 불구하고 헌법 조문에서 그 결정의 이유를 찾았기 때문이다. 노무현 대통령에 대한 탄핵기각 결정은 사실 탄핵소추 이후 이미 그해 4월 15일 행해진 총선에서 노무현 대통령을 지지하는 신생 정당인 열린우리당이 돌풍을 일으키며 승리함으로써 그 결과는 예견된 것이었다. 결국 그런 정치적 상황을 헌법의 이름으로 정리해준 것이다. 그리고 신행정수도에 관한 법률에 대한 헌법재판소의 위헌 결정은 당시 헌법학계에서도 잘 알려지지 않았던 '관습헌법'이란 논리가 동원되면서 헌법 개정 없이는 수도 이전이 불가하다는 이유였다. 참으로 엉뚱한 것이었는데, 대통령뿐 아니라 대한민국 국회의원들은 우리나라의 수도가 서울인 점은 관습헌법인 것도 모르고 이 법을 추진하고 제정한 우스꽝스런 국민의 대표가 되어 버렸다. 그럼에도 불구하고 이것이 수용되었던 것은 당시 많은 국민들이 수도 이전에 대해 부정적인 생각을 가지고 있었기 때문이다. 이 결정은 헌법재판소가 정치적 결정을 한 후 이를 헌법 이론으로 정당화한 것으로 전형적인 '사법부에 의한 정책결정judicial policy-making'이라 하지 않을 수 없다.

이와 같이 헌법재판소는 국회가 제정한 법률을 해석하고 적용하는 일반 사법부와는 전혀 다른 기관으로서 헌법 해석에 대한 독점적 권력을 헌법에서 부여하고 있다. 그 결과 전통적인 3권 분립에서 입법부는 국민을 대신하여 국가의 일반의지로서 국민 모두에게 적용될 법률을 제정할 권한이 부여되었지만, 그 법률은 헌법재판소에 의하여 언제든지물론 위헌심판이나 헌법소원이 전제되어야 하지만 위헌으로 무효화될 수 있다.

이 권한이 순기능을 한다면 헌법이 헌법으로서 생명을 지니게 해 헌법적 가치를 재판으로 실현하는 것이 될 것이다. 그러나 역으로 헌법이란 이름으로 국민의 대표가 입법한 법률들을 자신의 정치적 성향에 따라 무효화한다면, 이는 제왕적 사법부의 출현이자 민주주의에 대한 또 다른 위협일 수 있다.미국의 대법원도 존 마셜 대법원장이 위헌법률심사권한을 찾아낸 이래 지금까지 의회의 법률을 위헌 판결함으로써 숱한 논쟁과 비판의 대상이 되어 왔다. 제왕적 사법부라는 말 자체도 미국에서 나온 말이다.

결국 헌법재판은 다른 일반 재판과 달리 구체적 상황에서 바로 적용이 가능한 법률을 적용하는 것이 아니라, 국민들의 국가 구성에 관한 기본 합의인 헌법을 해석하는 것으로 이는 헌법의 문자를 넘어 재판 당시의 시대 상황과 시대정신을 반영할 수밖에 없는 정치적 사법재판이다. 그럼에도 현행 헌법에서는 법관의 자격이 있는 자제111조 2항만이 헌법재판관이 될 수 있도록 하여, 일평생 일반 법해석만을 담당한 사람결국 변호사 자격이 있는 자만이 헌법재판 담당자가 되도록 하였다. 이것은 헌법재판이 고도의 정치적 판단이 요구되는 재판이라는 점에서 바람직하지 않다. 오히려 문호를 개방하여 헌법이나 행정법을 연구한 교수나 법률적 소양이 있는 정치인 등 국민들로부터 신망받는 사람들도 재판관이 될 수 있는 길을 열어야 한다.

다음으로 9인의 헌법재판관을 대통령 3인, 국회 3인, 대법원장 3인이 지명하는 자를 임명하게 되어 있으나, 이는 민주적 정당성 측면에서 부당하다. 특히 헌법재판이 일반 재판과는 달리 선거를 통하여 국민의 대표성을 획득한 국회가 제정한 법률을 판결로써 무효화시킬 수 있는 엄청난 권한을 가지고 있으므로, 헌법재판소 구성에 있어서의 민주적 정당성 확보는 무엇보다 중요하다.

그런데 사법부의 수장은 국민으로부터 선출된 자가 아님에도 정치적 사법기관의 재판관을 지명할 수 있게 하는 것은 민주적 정당성이 결여된 것이다. 헌법재판소는 대법원과 대등한 지위에 있는 국가기관이기에 헌법재판소장이 대법관을 추천하거나 지명하는 것이 어불성설이듯 대법원장이 헌법재판소장을 임명하는 것도 이치에 어긋난다.

또 헌법재판소장은 국회의 동의를 얻도록 하였으나, 다른 재판관은 국회의 동의 없이 임명하도록 되어 있다. 이는 최소한의 민주적 정당성조차 확보하지 않은 것이다. 심지어 단순한 정치적 사법기구가 아닌 대법원의 대법관도 국회의 동의를 얻게 하였는데, 정치적 재판관인 헌법재판관에게 최소한의 국민적 동의 절차도 없게 한 것은 명백한 헌법상의 결함이라고 할 수 있다.

따라서 헌법재판관은 비법률가도 임명될 수 있도록 해야 하고, 국가원수인 대통령이 9명 전부를 국회의 동의 하에 임명할 수 있도록 하는 것이 헌법재판의 성격상 바람직한 것이다.

6. 의원내각제 혹은 분권형 대통령제를 고려해야 한다

우리나라도 이제 1인 영웅시대는 지났다. 우리 헌정사상 국민들로부터 가장 높은 지지를 받는 대통령은 박정희다. 5·16군사정변과 유신헌법이라는 헌법 파괴적이고 비민주적 통치에도 불구하고, 그가 쌓은 경제 치적에 대해서는 많은 이들이 공감한다.

그러나 오늘날 박정희식의 리더십이 통할 수 있겠는가? 오로지 경제발전을 위해 국민의 기본권을 한계 지우자고 하면 누가 찬성하겠는가. 아이가 어른이 되면 아이로 돌아갈 수 없듯이 지금 대한민국 역시 또다시 개발 독재로 돌아갈 수는 없다. 그리고 당시 박정희식 모델이 성공할 수 있었던 것은, 우리나라가 절대적 빈곤도 벗어나지 못한 후진국 상태에서 대통령이 국가의 모든 정보와 권력을 한 손에 움켜쥐고 지시하고 명령할 수 있었기 때문이다. 이제 그런 시대는 지났고, 어느 누구도 박정희 같은 권력을 향유할 수는 없다.

87년 헌법 시행 이래 우리 국민은 대통령도 '우리들 중의 1인'이라는 인식을 갖게 되었다. 이것이야말로 민주주의의 한 표식이기도 한 것이다. 그리고 대한민국의 현 수준은 무조건적인 지시와 명령으로 움직이기보다 자율성을 최대한 존중할 때 국가가 더 발전할 수 있다는 인식도 보편화되어 가고 있다.

이제 우리나라도 통치에 대한 패러다임을 바꿀 필요가 있다. 1인 대통령에게 모든 권한을 주기보다는 뛰어난 사람들과 함께 국가를 경영하도록 하는 패러다임으로 전환해야 한다. 대통령 선거에서 이겼다는 이유 하나만으로 임기 동안 국가의 모든 운명을 맡기기엔 시대가 너무 빨리 변하고 있고 또 국가의 책무가 너무나 무거워졌다. 그렇기에 우리는 지금껏 우리나라의 정부 형태였던 대통령제에서 벗어나 의원내각제 혹은 분권형 대통령제의 도입을 적극 검토할 때가 된 것이다.

대통령제의 한계는 다음과 같다. 첫째, 정부대통령가 무능력하거나 국민의 의사와 달리 운영되는 데도 단지 선거에서 이겼다는 이유로 임기가 끝날 때까지 자리를 지키고 국가를 이끌어간다는 것은 불합리하다. 정부의 입장에서도 국정 운영이 야당의 강한 반대에 의하여 되는 것 없이 흘러가고 있을 때는 오히려 선거를 통해 재신임을 묻는 것이 바람직할 경우가 있다. 실제 노무현 대통령 시절은 대통령제의 문제점을 그대로 드러내었다. 대통령 스스로가 강한 야당의 반대에 부딪쳐 국정에 대한 신임을 묻고 싶었는데 그런 제도적 장치가 없어, 대통령이 스스로 대통령직이 힘들다며 그만두고 싶다고 함에 불구하고 이를 제도적으로 수용할 수 있는 길이 없었다. 만약 의원내각제였다면 선거를 통하여 국민으로부터 재신임을 받거나 새로운 정부가 들어서는 등 책임정치가 가능했을 것이다.

둘째, 오늘날 정당정치의 발전과 정당의 이념적 대표성의 확립으로, 대통령 선거가 단지 그 개인의 상대방 후보에 대한 우월성을 의미하는 것이 아니라, 대통령이 몸담고 있는 정당에 대한 신임투표적 성격이 강해졌다. 그럼에도 불구하고 선거 결과에 대한 권력은 대통령 한 개인에게 집중됨으로써 대통령의 자의적 권력행사를 막을 길이 없다. 그렇기 때문에 그 정당은 선거 이후 다시 들러리로 전락하고 대통령 개인의 국정운영을 위한 도구에 지나지 않게 된다. 대통령 선거 자체가 정당 투표적 성격이 있다면 이에 비례하여 대통령의 권한도 제한되고 그 정당에 국정운영의 성패 책임을 물을 수 있도록 해야 한다.

그리고 대통령과 국회가 지난날 제왕적 대통령 시절과 달리 민주화됨에 따라 각자 제자리를 찾아가면 대통령과 국회가 비등한 권력을 행사하게 되고, 이것은 결국 국정의 갈등과 불필요한 국력낭비를 가져올 수 있다. 원래 대통령제의 단점 중 하나가 대통령과 국회 사이의 갈등으로 인한 국정 마비인데, 이것이 우리나라에서 문제가 되지 않았던 것은 이제까지 국회가 국회로서 그 기능을 다하지 못하고 대통령이 국회를 하수인으로 부릴 수 있었기 때문이다. 그러나 국회가 국회로서의 기능을 찾아가면 대통령이 국회를 통제할 수 있는 합법적 권한이 없어 국정 혼란을 야기할 수 있다.

이런 까닭에 우리나라도 의원내각제적 정부 구성을 고려해볼 때가 되었다. 대개 의원내각제의 가장 큰 단점으로 정국의 불안정을 든다. 그리고 실제 우리나라 헌정사상 의원내각제를 채택했던 4·19혁명 헌법에 의한 정부가 5·16군사정변으로 붕괴된 이유도 정국의 불안정 때문이라고도 한다. 그러나 의원내각제의 단점인 정국 불안정은, 현재 우리나라의 정당 구조가 양당체제로 되어 있고 국회의원 선거에서 다수대표제를 현행대로 유지한다면, 정당의 난립으로 인한 정국의 불안정은 상당 부분 해소할 수 있다. 또한 국회의 잦은 정부불신임으로 인한 정국의 불안정은 독일에서 제2차 세계대전 이후 도입한 건설적 불신임제도를 도입함으로써 이를 방지할 수 있다. 즉 국회의 다수로서 새로운 수상을 선출하지 못하면 내각을 불신임할 수 없도록 함으로써 국회에 의한 무책임한 내각 불신임을 막아 정국의 혼란을 방지할 수 있다.

만약 당장 의원내각제를 그대로 수용하기 어렵다면의원내각제가 당장 실시하기 어렵다고 생각하는 것은 국민들의 국회에 대한 인식이 서구와 달리 부정적이라는 것, 국민들이 대통령제에 너무 익숙해져 있다는 것, 국민들이 자신의 손으로 직접 국가의 최고지도자를 선출하고자 하는 의식이 쉽게 바뀌기 어렵다는 것 등을 들 수 있다 프랑스식의 분권형대통령제이원정부제도의 도입도 고려해볼 필요가 있다. 프랑스의 분권형대통령제는 대통령을 국민이 직접 선출하되 대통령에게 국가원수로서의 지위이지위에서 의회해산권과 수상지명권을 행사한다와 국가의 대외적 주권활동, 즉 외교와 국방에 관한 권한만 부여하고 일상적인 내정은 국회의 신임에 의존하는 수상우리로 치면 국무총리에게 맡기는 제도이다. 그럼으로써 내정에 있어서는 국민의 의사를 즉각적으로 반영하는 책임정치를 실현함과 동시에 내정의 혼란이 곧 국가 전체의 혼란으로 이어지는 것을 방지할 수 있는 것이다.

그리고 이와 같은 의원내각제 혹은 분권형 대통령제는 향후 우리나라가 북한과 통일된다면 취할 수 있는 이상적인 통치구조가 될 것이다. 왜냐하면 대통령제는 권력분점이 불가능하나 의원내각제 혹은 분권형 대통령제는 권력분점이 가능하여 북한 지역의 이익을 대표할 수 있는 세력을 그들의 대표성을 가지고 정부에 참여시킬 수 있기 때문이다. 우리도 이제 권력의 패러다임을 바꿀 때가 되었다.

7. 대통령제를 고수한다면 중임제로 개헌하고, 국회의원 선거는 대통령 임기 중간에 해야 하며, 국무총리제는 폐지해야 한다

우리나라 대통령의 5년 단임제는 평화적 정권교체의 경험이 전혀 없던 우리나라에서 이를 실현케 함으로써 우리나라 민주주의 발전에 큰 역할을 했다. 그러나 5년 단임제는 능력 있는 대통령에게는 다시 일할 기회를 뺏는 것이고, 무능력한 대통령에게는 면죄부를 주는 제도다. 이 제도는 대통령이 총칼이나 부정선거 혹은 권력을 이용해 자신의 집권을 연장하려던 시대에 이를 방지하기 위한 것이지, 민주화되어 있고 성숙한 시민사회가 형성된 오늘날의 대한민국에 있어서는 오히려 국민의 정부선택권에 대한 모독일 수 있을 정도로 그 시대적 소명을 다했다.

따라서 통치구조 자체를 아예 의원내각제나 분권형 대통령제로 바꾸는 것이 바람직하나, 만약 그럴 수 없다면 대통령을 중임할 수 있도록 해야 한다. 그리하여 4년 집권 시절을 평가받아 국민이 원한다면 재집권할 수 있도록 해야 하고, 국정 운영이 미숙했다면 다른 대통령으로 하루라도 빨리 교체할 수 있도록 해야 한다. 그래야 최소한의 정치적 책임을 대통령에게 지울 수 있는 것이다. 그리고 대통령 선거에 결선투표제를 도입하여 국민의 과반수가 그를 지지하지 않음에도 단순히 다른 후보보다 지지가 많다는 이유로 대통령이 되는 모순을 극복할 수 있다. 대통령의 민주적 정당성을 확고히 하기 위해서라도 결선투표제를 도입하는 것이 바람직할 것이다.

만약 그렇게 된다면 국회의원 선거는 대통령 임기 중간에 실시하여 대통령과 그가 속한 정당에 대한 중간평가를 할 수 있도록 해야 한다. 이런 방식은 우리나라 제헌헌법 시절에 채택된 것이었는데, 대통령제가 임기제여서 달리 중간평가를 할 수 없는 단점을 이와 같은 총선의 시기 조절로 보완할 수 있다. 지금 현재는 대통령 임기가 5년, 국회의원 임기가 4년이어서 국회의원 선거가 들쭉날쭉하여 현 대통령에 대한 중간평가도 아니고 전임 대통령에 대한 평가도 아닌 어정쩡한 의미의 선거가 되고 있다. 이에 대하여 항간에 대통령 중임제로 개헌을 하면 국회의원 선거와 대통령 선거를 함께 해야 한다는 주장을 하는 사람도 있으나, 이는 대통령제의 구성 원리가 대통령과 국회의 이원적 구성을 통한 상호 권력 분배와 견제라는 점을 망각한 주장이다. 만약 동시 선거가 실시된다면 선거의 정당 투표화가 심화된 오늘날 그 당시 유리한 정파가 정부와 입법부 모두를 석권하게 될 것인데, 이렇게 되면 대통령제의 병폐인 임기 내 책임정치의 부재는 불을 보듯 뻔하다. 동시 선거를 할 바에야 임기 중간이라도 무능과 실패의 책임을 지고 언제든지 다시 선거를 통하여 재신임을 묻는 의원내각제로 가든 혹은 분권형 대통령제로 가야 할 것이다.

따라서 지금 대통령 중임제로 개헌을 한다면 다음 국회의원 선거에서 당선될 국회의원의 임기를 2년으로 단축하여제헌의회에서는 그와 같이 하였다 2

년마다 한 번씩 국민의 선거를 통하여 정부와 국회를 심판할 수 있도록 해야 한다.

이에 대해 만약 대통령제를 지금과 같이 유지한다면 국무총리제도는 폐지해야 한다. 국무총리는 내각을 총괄하는 자리로 대통령제 아래에서는 그 자리가 대통령이 되는 것이 당연하다. 그럼에도 국무총리제도가 우리 헌법에 관행적으로 존치된 것은, 국무총리를 행정부의 수반 격으로 둠으로써 대통령은 삼부를 통할하는 듯한 지위를 누릴 수 있었고따라서 이런 지위가 대통령을 제왕적 지위로 끌어올렸다, 또 실정의 책임을 대통령 자신이 아니라 국무총리가 지도록 함으로써 대통령은 면책될 수 있었기 때문이다. 대통령의 책임정치를 위해서라도 국민에 의해 선출되지 않은 국무총리제도는 폐지되어야 한다. 국무총리제도를 폐지하는 대신, 부통령제를 신설하여 부통령이 정부내 2인자로서, 대통령의 유고시를 대비하고, 대통령을 보좌하여 정부를 이끌 수 있도록 하는 것이 바람직할 것이다. 제헌헌법 시절과 같이 대통령과 부통령이 당이 달라서 생길 수 있는 혼란은 대통령 후보가 부통령을 지명하여 러닝메이트제로 선거에 임할 수 있도록 함으로써 방지할 수 있을 것이다.

8. 통일된 대한민국 헌법을 꿈꾸며

우리 헌법사에 있어 가장 영광스러운 때가 앞으로 온다면 그것은 남북한이 통일되어 통일을 위한 헌법을 제정하는 일일 것이다. 우리와 같은 시기에, 비슷한 정치적 상황에 의해 동서독으로 분단된 독일이 1990년 통일을 이루고 통일헌법을 논의하는 과정은 우리 민족에게는 대단히 부러운 역사적 장면이었다.

우리 민족에게도 이런 통일이 반드시 올 것이라고 생각한다. 그것은 1945년 우리 민족을 둘로 가르던 세계적인 힘이었던 동서 냉전 이데올로기가 1990년대 소멸되어 이제 그 이유로 우리 민족과 한반도가 분단될 이유는 없어졌기 때문이다. 그 당시 북한을 공산주의 국가로 만들었던 가장 큰 힘이었던 소련도 이미 국가체제 자체를 민주주의 체제로 변혁시켰고, 북한의 혈맹인 중국도 경제 부문에서는 시장경제를 받아들여 우리나라와 교류하고 있다. 이런 마당에 우리 민족이 남북한 통일을 이루지 못할 이유가 없다.

그럼에도 현재 통일에 대한 전망을 가장 어둡게 하는 것은 북한의 국가체제다. 북한은 1960년대 중소분쟁을 거치면서 독자적인 국가 발전 노선을 정하고 김일성의 유일체제가 성립된 이후 세계적인 역사 흐름과는 반대로 19세기적인 봉건절대왕조로 퇴행하는 길을 걸어왔다. 역사 발전 동력을 인민의 주체 역량에서 찾으면서도 역설적이게도 수령의 지도 없이는 인민의 발전이 없다는 도그마에 빠져, 인민의 자율과 창의에 바탕을 둔 국가 발전을 담보해내지 못했다. 그리고 인류 역사에 있어 이미 구시대적이고 반인민적이라고 판명된 '핏줄에 의한 권력 승계'를 이루었고 또 이루려고 시도함으로써 북한이 19세기적 왕조국가로 전락하고 있다. 게다가 경제 부문에 있어서도 세계 경제로부터 고립되어 인민들의 생활수준이 절대 빈곤에서 벗어나지 못하고 있다. 이러함에도 체제 유지를 위해 군사력 증강에 매진하여 핵과 장거리 미사일 개발로 미국에 맞서겠다는 냉전시대적 전략을 버리지 않고 있다.

따라서 한반도 통일을 위한 급선무는 북한의 체제 변화다. 북한이 모든 분야에서 과감한 서구화가 불가능하다면, 적어도 중국과 같은 '사회주의 시장경제' 체제로 이행하는 체제 변화야말로 남북한 통일의 첫걸음이 될 것이다. 이런 체제 변화를 통하여 남북이 적어도 경제 분야에서는 상호 장벽 없는 교류가 이어지다가 결국 자연스럽게 정치 통합까지 이루는 것이 가장 바람직한 통일의 방안이 될 것이다.

그러나 이런 북한의 체제 변화를 우리 대한민국이 강제할 수는 없는 노릇이다. 체제 변화의 극단적인 방법인 전쟁은, 이미 한국전쟁을 통하여 그 피해가 얼마나 엄청난 것인지는 우리가 경험하였다. 전쟁을 통한 통일보다는 전쟁 없는 분단이 백번 나은 일이다. 우리가 할 수 있는 일은 북한이 군사적 모험주의를 버리고 세계와 보조를 맞추어 건설적인 국가 발전 전략을 수립하도록 도와주는 것이다.

이런 관점에서 현행 헌법 제3조에서 북한 지역을 대한민국의 영토로 규정한 이른바 영토조항을 개정하거나 삭제할 필요가 있다. 즉 우리 헌법 제3조에는 '대한민국의 영토는 한반도와 그 부속도서로 한다'고 규정하고 있어 북한 지역도 우리의 주권이 미치는 영토로 하고 있다. 이 규정은 전형적인 냉전시대의 논리에 의해 만들어진 것으로 북한 지역의 정부를 인정하지 않고 대한민국의 정당성만을 인정하는 것이다. 이것이 남북한 체제 경쟁과 동서 냉전시대에는 우리나라를 북한의 위협으로부터 보호하는 헌법적 근거 규정이 된 것은 사실이지만, 1989년 이래 와해된 동서 냉전과 오늘날의 현실을 보자면 불필요하거나 적어도 북한의 정치적 실체를 인정하는 식의 개정은 필요할 것이다. 이런 우리들의 적극적인 북한 실체 인정의 노력이야말로 향후 북한이 스스로 체제 변화를 시도할 수 있게 하는 첩경이 될 것이다.

우리나라의 현재적 모순 중 가장 큰 것은, 우리 민족의 일부인 북한이 세계에서 가장 폐쇄적인 전체주의적인 국가체제를 유지하고 있다는 것이다. 우리나라가 산업화되고 민주화되어 세계 어디를 가도 자신감을 가지고 일할 수 있어도, 항상 벽에 부딪히는 것이 바로 남북분단의 현실이다.

만약 우리나라가 통일만 된다면, 우리는 지리적으로 미국, 일본, 중국, 러시아라고 하는 세계 4대 강국의 중간에 위치하고 있어 그들의 모든 문화를 향유할 수 있고 그 시장을 이용할 수 있으며 그들이 상호 교통하는 나라가 될 수 있을 것이다. 그리하여 우리 민족이 대륙으로, 해양으로 뻗어나가 마음껏 우리의 창조력을 발휘하고 우리의 근면함으로 세계사의 한 획을 그을 수 있을 것이다.

다행히 세계사적 조류는 우리에게 통일의 희망을 가질 수 있게 하고 있다. 1980년 당시에는 꿈도 꾸지 못하던 일이 공산권의 붕괴로 일어났다. 한때 철의 장막으로 우리가 접근하기조차 어려웠던 중국과 러시아는 우리의 이웃이 되었다. 특히 중국과는 무역 교역량에서 전통적 우방인 미국을 앞지름으로써 경제적 측면에서는 미국보다 더 긴밀한 사이가 되었다. 북한이 우리에게 중국과 같은 나라가 되지 못하라는 법이 어디 있는가.

독일 민족이 1990년 이루어내었던 통일과 통일헌법의 제정을 우리 민족이라고 못할 이유가 어디 있는가. 아무리 멀어도 30년 안에는 우리 민족도 통일이나 통일에 준하는 나라를 건설하고 헌법을 마련할 수 있을 것이라 믿는다.

참 고 문 헌

박지향, 『영국사』, 까치출판사, 2007.

나종일·송규범, 『영국의 역사』, 한울아카데미, 2005.

케네스 O. 모건, 『옥스퍼드 영국사』, 도서출판 한울, 1997.

김철수, 『헌법학신론』, 박영사, 2004.

서희원, 『영미법강의』, 박영사, 2002.

권영성, 『비교헌법학』, 법문사, 1981.

존 로크, 강정인·문지영 역, 『통치론』, 까치출판사, 2008.

허영, 『한국헌법론』, 박영사, 2007.

몽테스키외, 이명성 역, 『법의 정신』, 홍신문화사, 2006.

루소, 정성환 역, 『사회계약론』, 홍신문화사, 2006.

앨런 와인스타인·데이비드 루벨, 이은선 역, 『사진과 그림으로 보는 미국사』, 시공사, 2004.

한국미국사학회 엮음, 『사료로 읽는 미국사』, 궁리출판, 2006.

칼 밴 도렌, 박남규 역, 『미국헌법을 만든 사람들의 이야기』, 홍익출판사, 1997.

박홍우, 『미국헌법』, 사법연수원, 2008.

정경희, 『중도의 정치 : 미국 헌법 제정사』, 서울대학교출판부, 2001.

강승식, 『미국헌법학강의』, 궁리출판, 2007.

로버트 달, 박상훈·박수형 역, 『미국 헌법과 민주주의』, 도서출판 후마니타스, 2002.

배영수 엮음, 『서양사강의』, 한울아카데미, 2000.

콜린 존스, 방문숙·이호영 역, 『사진과 그림으로 보는 케임브리지 프랑스사』, 시공사, 2005.

시에예스, 박인수 해제, 『제3신분이란 무엇인가』, 책세상, 2003.

페터 번데 엮음, 권세훈 역, 『혁명의 역사』, 시아출판사, 2005.

김태규, 『프랑스 헌법사』, 청주대학교논문집 제7집.

고드쇼, 『불란서헌법사』, 국회도서관, 1973.

이민호, 『새독일사』, 까치글방, 2003.

크리스티안 프리드리히 맹거, 김효전 · 김태홍 역, 『근대독일헌법사』, 교육과학사, 1992.

W. G. 비즐리, 장인성 역, 『일본근현대사』, 을유문화사, 2004.

박경희 엮음, 『일본사』, 일빛, 1999.

김창록, 『근대일본헌법사상의 형성』, 법과 사회, 1993.

김경묵, 『이야기 러시아사』, 청아출판사, 2006.

칼 뢰벤슈타인, 김효전 역, 『비교헌법론』, 교육과학사, 1991.

도회근, 『사회주의 국가의 헌법질서에 관한 연구』, 서울대학교 법학석사학위논문, 1984.

심경수, 『소련헌법의 발전과 그 변화에 관한 연구』, 충남대학교 대학원 박사학위논문, 1991.

성낙연, 『프랑스헌법학』, 법문사, 1995.

사법연수원, 『일본법』, 2008.

박한제 · 김형종 · 김병준 · 이근명 · 이준갑, 『아틀라스 중국사』, 사계절, 2000.

신승하, 『중국사』, 대한교과서주식회사, 2005.

한대원 편저, 정이근 역, 『신중국헌법발전사』, 오름, 2007.

김철수, 『독일통일의 정치와 헌법』, 박영사, 2003.

김승대, 『러시아헌법론』, 법문사, 1998.

김두수, 『EU헌법론』, 한국학술정보, 2007.

이종원 · 황기식, 『EU27 유럽통합의 이해』, 해남, 2008.

채형복, 『EU법』, 사법연수원, 2008.

이현희, 『대한민국임시정부사』, 한국학술정보, 2003.

김영수, 『한국헌법사』, 학문사, 2000.

김구, 도신순 주해, 『백범일지』, 돌베개, 2003.

임영태, 『대한민국50년사』, 들녘, 1998.

이정식, 『여운형 시대와 사상을 초월한 융화주의자』, 서울대학교출판부, 2008.

박명림, 『한국전쟁의 발발과 기원』, 나남, 2008.

송건호, 『해방전후사의 인식 1~6』, 한길사, 2007.

김성보 · 기광서 · 이산철, 『사진과 그림으로 보는 북한현대사』, 웅진지식하우스, 2005.

이종석, 『새로 쓴 현대북한의 이해』, 역사와 비평사, 2005.

북한연구학회편, 『북한의 정치 1』, 경인문화사, 2006.

심익섭 · 신현기외 공저, 『북한정부론』, 백산자료원, 2002.

David P. Curie, 『The Constitution of the Federal Republic of Germany』, The University of Chicago Press, 1994.

Elizabeth Wicks, 『The Evolution of a Constitution』, HART publishing, 2006.

Holt, 『World History』, Rinehart and Winston, 2003.

찾아보기